Julius Kardinal Döpfner (1913–1976)
Daten und Bilder zu seinem Wirken
in Würzburg, Berlin und München

SCHRIFTEN DES ARCHIVS
DES ERZBISTUMS MÜNCHEN UND FREISING

Herausgegeben von Peter Pfister

Band 17

Peter Pfister (Hrsg.)

Julius Kardinal Döpfner (1913–1976)
Daten und Bilder zu seinem Wirken
in Würzburg, Berlin und München

Redaktion:
Roland Götz / Guido Treffler

SCHNELL + STEINER

Bibliografische Information der Deutschen Nationalbibliothek:

Die Deutsche Nationalbibliothek verzeichnet diese Publikation in der Deutschen Nationalbibliografie; detaillierte bibliografische Daten sind im Internet über http://dnb.ddb.de abrufbar.

1. Auflage 2013
© 2013 by Verlag Schnell und Steiner GmbH, Regensburg
Leibnizstraße 13, D-93055 Regensburg
Umschlaggestaltung: Anna Braungart, Tübingen
Satz und Druck: Erhardi Druck GmbH, Regensburg

ISBN 978-3-7954-2824-2

Weitere Informationen zum Verlagsprogramm erhalten Sie unter:
www.schnell-und-steiner.de

Inhalt

GELEITWORT

In vielfacher Weise gedenkt die Erzdiözese München und Freising heuer ihres großen Erzbischofs Julius Kardinal Döpfner, der vor 100 Jahren, am 26. August 1913, im unterfränkischen Hausen geboren wurde. Neben dem traditionellen Jahresgedächtnis für den letztverstorbenen Erzbischof im Münchener Dom fanden auf dem Freisinger Domberg ein Gedenkgottesdienst und ein Festakt statt. Dazu kommen eine Reihe von Vorträgen und Studientagen sowie multimediale Angebote im Internet. Schließlich verwandeln sich die Münchener Domkrypta und die Johanneskirche in Freising auf Zeit zu Gedenkorten für Kardinal Döpfner, an denen mit zahlreichen Fotos die wichtigsten „Stationen eines Bischofslebens" vor Augen geführt werden.

Dabei geht es nicht allein um historische Erinnerung an eine für unser Erzbistum und die Kirche in ganz Deutschland prägende Bischofsgestalt. Das Leben und Wirken von Kardinal Döpfner fiel in eine bewegte Zeit mit Ereignissen und Themen, die uns heute noch bewegen. Ich denke dabei an das Zweite Vatikanische Konzil (1962–1965), dessen Moderator Kardinal Döpfner war, und die ihm vom seligen Papst Johannes XXIII. gestellte große Aufgabe einer „Verheutigung" der Kirche. Ich denke auch an die im Würzburger Dom tagende Gemeinsame Synode der Bistümer in der Bundesrepublik Deutschland (1971–1975), die die Konzilsbeschlüsse für die Verhältnisse in Deutschland zu übersetzen hatte. Ich denke weiterhin an das Bemühen, geeignete neue Strukturen für die Seelsorge zu schaffen und die Beteiligung aller Gläubigen zu fördern. Nicht zu vergessen sind schließlich die heftigen gesellschaftlichen Debatten – etwa um Geburtenregelung und Schwangerschaftsabbruch, um den Wandel des Familienbildes und um die Grundwerte der Gesellschaft –, in denen Kardinal Döpfner die Position der Kirche zur Geltung zu bringen suchte, auch wenn diese dem Zeitgeist zu widersprechen schien. Hinter all dem steht die Frage nach einer zeitgerechten Gestalt der Kirche und der Bedeutung ihrer Botschaft für eine sich immer rascher wandelnde Welt.

Es fügt sich glücklich, dass das Gedenken an Kardinal Döpfner in das von Papst Benedikt XVI., seinem Nachfolger auf dem Münchener Erzbischofsstuhl, ausgerufene „Jahr des Glaubens" fällt. Wenn wir uns aus diesem Anlass neu mit den Grundlagen unseres Glaubens beschäftigen, spielt dabei das letzte Konzil eine zentrale Rolle, in dessen Beschlüssen der überkommene Glaube für unsere Zeit neu formuliert wurde.

Das Erzbischöfliche Archiv hat im vergangenen Jahr mit einer großen Ausstellung von Dokumenten aus Münchener Kirchenarchiven neue Anstöße zur Konzilsforschung gegeben. Mit dem nun vorliegenden Band werden Grundlagen für eine breitere Beschäftigung mit Kardinal Döpfner und seiner Zeit bereitgestellt. Ich danke dem Herausgeber und allen Mitarbeitenden für ihre Arbeit und wünsche uns allen viele Anregungen aus der Geschichte für Gegenwart und Zukunft.

München, am 24. Juli 2013,
dem 37. Todestag von Julius Kardinal Döpfner

Reinhard Kardinal Marx
Erzbischof von München und Freising

Einführung

Peter Pfister

Für eine ganze Generation von Katholiken ist Julius Kardinal Döpfner ein Vorbild geblieben, das ihr Leben bis heute prägt. Gleichwohl ist er 37 Jahre nach seinem plötzlichen Tod auch bereits Gegenstand der kirchen- und zeithistorischen Forschung.

Dafür stehen zunächst die Quellen zur Verfügung, die ohne archivische Sperrfristen allgemein zugänglich sind: Die Bistumszeitungen[1], Amtsblätter[2] und Pressemitteilungen[3] der drei von Döpfner geleiteten Diözesen, Publikationen von Predigten und Ansprachen sowie die in den jeweiligen Diözesanarchiven vorhandenen Sammlungen von Presseartikeln und anderem Dokumentationsmaterial.

Die von Kardinal Döpfner hinterlassenen umfangreichen Amtsakten werden dagegen nach den Vorschriften der „Anordnung über die Sicherung und Nutzung der Archive der Katholischen Kirche" erst allmählich zugänglich.[4] Jedoch bemüht sich das Erzbischöfliche Archiv München, das sie zu einem erheblichen Teil verwahrt, mit Erlaubnis der Erzbischöfe Friedrich Kardinal Wetter und Reinhard Kardinal Marx schon seit mehr als einem Jahrzehnt, Forschungen zu Kardinal Döpfner zu ermöglichen.

---

1 Würzburger katholisches Sonntagsblatt. Kirchenzeitung der Diözese Würzburg 95 (1948) – 104 (1957); St. Hedwigsblatt. Katholisches Kirchenblatt im Bistum Berlin 4 (1957) – 8 (1961); Petrusblatt. Katholisches Kirchenblatt für das Bistum Berlin 13 (1957) – 17 (1961); Münchener Katholische Kirchenzeitung. Bistumsblatt der Erzdiözese München-Freising (bzw. Münchener Katholische Kirchenzeitung für das Erzbistum München und Freising) 54 (1961) – 69 (1976).
2 Würzburger Diözesanblatt. Amtliches Verordnungsblatt für die Diözese Würzburg (bzw. Würzburger Diözesanblatt. Amtliches Verordnungsblatt der Diözese Würzburg) 94 (1948) – 103 (1957); Amtsblatt des Bischöflichen Ordinariats Berlin 29 (1957) – 33 (1961); Amtsblatt für das Erzbistum München und Freising 1961–1976.
3 Die Mitteilungen der seit Anfang der 1960er Jahre aufgebauten erzbischöflichen Pressestelle in München sind in der „Ordinariatskorrespondenz" gesammelt.
4 Die derzeit gültige Kirchliche Archivordnung von 1988 sieht für „bischöfliche Handakten und Nachlässe" eine Sperrfrist von 60 Jahren vor. Der Beginn dieser Frist wird von den deutschen Diözesanarchiven unterschiedlich angesetzt, teilweise mit dem Aktenschluss, teilweise mit dem Amtsende bzw. Tod des Bischofs. Vgl. Anordnung über die Sicherung und Nutzung der Archive der katholischen Kirche § 8 Abs. 3, in: Päpstliche Kommission für die Kulturgüter der Kirche, Die pastorale Funktion der kirchlichen Archive. Schreiben vom 2. Februar 1997. Anhang: Dokumente zum kirchlichen Archivwesen für die Hand des Praktikers (= Sekretariat der Deutschen Bischofskonferenz. Arbeitshilfen 142), Bonn 1998, 51.

Um den deutschen Konzilsvätern und insbesondere Kardinal Döpfner einen angemessenen Platz in der internationalen Konzilsforschung zu sichern, erteilte Kardinal Wetter im Jahr 2000 den Auftrag zur Ordnung und Verzeichnung der Konzilsakten von Kardinal Döpfner und gab sie im Jahr darauf im Rahmen eines internationalen wissenschaftlichen Kolloquiums für die Forschung frei[5]. 2004 folgte die Publikation eines gedruckten Findbuchs[6], 2006 die Edition von fast 500 ausgewählten Dokumenten[7]. Anlässlich des 50. Jahrestages des Zweiten Vatikanischen Konzils 2012 zeigte das Erzbischöfliche Archiv München in Zusammenarbeit mit dem Archiv der Deutschen Provinz der Jesuiten und dem Karl-Rahner-Archiv, München, eine große Archivalienausstellung, die u.a. die wichtige Rolle Kardinal Döpfners auf dem Konzil beleuchtete.[8]

Auf Antrag der Forscher und mit Sondergenehmigung des Erzbischofs wurden in den letzten Jahren immer wieder Akten zu bestimmten Themen für die wissenschaftliche Forschung zugänglich gemacht.[9] Dies betraf z.B. Arbeiten zur politischen und gesellschaftlichen Rolle der katholischen Kirche in der jungen Bundesrepublik am Beispiel des Bistums Würzburg, zur Aussöhnung zwischen Polen und Deutschland, zur „Bruderhilfe" der Erzdiözese München und Freising für Ecuador, zu den kirchlichen Diensten bei den Olympischen Spielen in München 1972, zur Würzburger Synode und zur Ausländerseelsorge in der Erzdiözese.

Der vorliegende Band möchte – nach dem Vorbild einer Publikation zu den knapp fünf Münchener Amtsjahren von Erzbischof Joseph Kardinal Ratzinger[10]

5　Peter Pfister (Hg.), Julius Kardinal Döpfner und das Zweite Vatikanische Konzil. Vorträge des wissenschaftlichen Kolloquiums anläßlich der Öffnung des Kardinal-Döpfner-Konzilsarchivs am 16. November 2001 (= Schriften des Archivs des Erzbistums München und Freising 4), Regensburg 2002.

6　Guido Treffler / Peter Pfister (Bearb.), Julius Kardinal Döpfner. Archivinventar der Dokumente zum Zweiten Vatikanischen Konzil (= Schriften des Archivs des Erzbistums München und Freising 6), Regensburg 2004.

7　Guido Treffler (Bearb.), Julius Kardinal Döpfner. Konzilstagebücher, Briefe und Notizen zum Zweiten Vatikanischen Konzil (= Schriften des Archivs des Erzbistums München und Freising 9), Regensburg 2006. Die Dokumente entstammen zum weit überwiegenden Teil dem Münchener Bestand von Konzilsakten Kardinal Döpfners, einige auch seinen im Diözesanarchiv Berlin verwahrten Akten.

8　Andreas R. Batlogg / Clemens Brodkorb / Peter Pfister (Hg.), Erneuerung in Christus. Das Zweite Vatikanische Konzil (1962–1965) im Spiegel Münchener Kirchenarchive (= Schriften des Archivs des Erzbistums München und Freising 16), Regensburg 2012.

9　Vgl. Anordnung über die Sicherung und Nutzung der Archive der katholischen Kirche § 9, in: Die pastorale Funktion der kirchlichen Archive (wie Anm. 4) 51.

10　Peter Pfister (Hg.), Joseph Ratzinger und das Erzbistum München und Freising. Dokumente und Bilder aus kirchlichen Archiven, Beiträge und Erinnerungen (= Schriften des Archivs des Erzbistums München und Freising 10), Regensburg 2006.

– drei für die Beschäftigung mit dem Leben und Wirken von Kardinal Döpfner wichtige Informationsquellen bequem zugänglich machen: Ein Gesamtverzeichnis der bischöflichen Amtshandlungen 1948–1976, das Findbuch der im Erzbischöflichen Archiv München überlieferten Ansprachen und Predigten 1943–1976 und eine Auswahl aus dem großen Fotobestand des Erzbischöflichen Archivs. Kardinal Döpfner hat sowohl die Materialien zu seinen Ansprachen und Predigten als auch die Fotos offenkundig als persönliche Unterlagen betrachtet, die er deshalb von Wirkungsort zu Wirkungsort mitnahm und die schließlich Teil seines in München verwahrten persönlichen Nachlasses wurden.[11]

Die Zusammenstellung der Amtshandlungen beruht auf den Jahr für Jahr in den Amtsblättern der Diözesen Würzburg[12] und Berlin[13] sowie der Erzdiözese München und Freising[14] publizierten Verzeichnissen. Angesichts der unterschiedlichen Form dieser Verzeichnisse[15] erschien für die Zusammenstellung eine for-

---

11 Ebenso verhält es sich mit Korrespondenzakten. Dagegen finden sich keine Sachakten aus der Würzburger oder Berliner Zeit im Nachlass.

12 Würzburger Diözesanblatt 96 (1950) 58–67 (Bischöfliche Amtshandlungen im Jahre 1948 und 1949); 97 (1951) 1–8 (Jubiläumsjahr 1950); 98 (1952) 1–7 (Jahr 1951); 99 (1953) 2–8 (Jahr 1952); 100 (1954) 1–6 (Jahr 1953); 101 (1955) 2–7 (Jahr 1954); 102 (1956) 3–8 (Jahr 1955); 103 (1957) 2–6 (Jahr 1956); 104 (1958) 6 (Jahr 1957).

13 Amtsblatt des Bischöflichen Ordinariats Berlin 30 (1958) 2f (Pontifikalhandlungen im Jahre 1957); 31 (1959) 2–4 (Jahr 1958); 32 (1960) 3f (Jahr 1959); 33 (1961) 2f (Jahr 1960); 34 (1962) 8f (Jahr 1961).

14 Beilage zu Nr. 5 (1962) des Amtsblattes der Erzdiözese München und Freising, 2, 5–8 (Pontifikalhandlungen im Jahre 1961); Beilage zu Nr. 1 (1963) des Amtsblattes der Erzdiözese München und Freising, 2f, 5–9 (Jahr 1962); Beilage zu Nr. 2 (1964) des Amtsblattes der Erzdiözese München und Freising, 2, 4–8 (Jahr 1963); Beilage zu Nr. 4 (1965) des Amtsblattes der Erzdiözese München und Freising, 2, 4–9 (Jahr 1964); Beilage zu Nr. 3 (1966) des Amtsblattes der Erzdiözese München und Freising, 2, 4, 6–10 (Jahr 1965); Beilage zu Nr. 4 (1967) des Amtsblattes der Erzdiözese München und Freising, 2, 4–9 (Jahr 1966); Beilage zu Nr. 2 (1968) des Amtsblattes der Erzdiözese München und Freising, 2–10 (Jahr 1967); Beilage zu Nr. 6 (1969) des Amtsblattes der Erzdiözese München und Freising, 2–4, 6–10 (Jahr 1968); Beilage zu Nr. 5 (1970) des Amtsblattes der Erzdiözese München und Freising, 2, 4, 6–10 (Jahr 1969); Beilage zu Nr. 5 (1971) des Amtsblattes der Erzdiözese München und Freising, 2, 4, 8–13 (Jahr 1970); Beilage zu Nr. 5 (1972) des Amtsblattes der Erzdiözese München und Freising, 2, 4, 6–10 (Jahr 1971); Beilage zu Nr. 7 (1973) des Amtsblattes der Erzdiözese München und Freising, 2, 4, 7–12 (Jahr 1972); Beilage zu Nr. 15 (1974) des Amtsblattes der Erzdiözese München und Freising, 2, 4, 8–11 (Jahr 1973); Beilage zu Nr. 8 (1975) des Amtsblattes der Erzdiözese München und Freising, 2–4, 8–12 (Jahr 1974); Beilage zu Nr. 3 (1976) des Amtsblattes der Erzdiözese München und Freising, 2f, 8–12 (Jahr 1975); Beilage zu Nr. 3 (1977) des Amtsblattes der Erzdiözese München und Freising, 2f, 8–10 (Jahr 1976).

15 Während das Würzburger Diözesanblatt alle Amtshandlungen in zeitlicher Reihenfolge auflistet, sind die Verzeichnisse im Berliner und im Münchener Amtsblatt nach Sachgruppen aufgeteilt. Die Gliederung lautet im Amtsblatt des Bischöflichen Ordinariats Berlin: 1. Pontifikaläm-

male und inhaltliche Standardisierung angezeigt. Die Amtshandlungen wurden in eine durchgehend chronologische Ordnung gebracht, der Ort jeweils vorausgestellt, die Art der Amtshandlung ggf. aus der Kapitelüberschrift in den Einzeleintrag übernommen, die – in den Vorlagen selbst nicht selten variierende – Benennung der Amtshandlungen unter weitgehender Belassung des originalen Wortlauts vereinheitlicht. Die bei Firmungen in Klammern beigegebenen Zahlen bezeichnen die Anzahl der Firmlinge. Es wurde darauf verzichtet, aufgrund weiterer Quellen (z.B. der Terminkalender Kardinal Döpfners, des Verzeichnisses der Ansprachen und Predigten oder des Fotobestandes) Ergänzungen mit dem Ziel eines möglichst vollständigen „Itinerars" vorzunehmen.[16] Die Verknüpfung mit dem Verzeichnis der Ansprachen und Predigten erfolgt über die Register.

Zu den zahlreichen öffentlichen Äußerungen Kardinal Döpfners (Ansprachen, Predigten, Hirtenbriefe, Grußworte, Interviews etc.) findet sich in seinem Münchener Nachlass reiches und vielfältiges Material. Beginnend mit der Kaplanszeit ab 1943 sind Unterlagen zu über 1.900 Anlässen erhalten. Sie bilden unterschiedliche Arbeitsstadien ab. Eigenhändige Notizen bzw. Skizzen, eigenhändige ausformulierte Manuskripte, Typoskripte mit handschriftlichen Korrekturen und Ergänzungen, Reinschriften und Handexemplare mit eigenhändigen Unterstreichungen für den Vortrag geben ein eindrucksvolles Bild von der Arbeitsweise Döpfners bei der Vorbereitung seiner öffentlichen Äußerungen. Döpfners Texten liegen fallweise auch Vorarbeiten und Materialien von fremder Hand, Tonbandabschriften, redigierte Fassungen für Presseveröffentlichungen, Presseveröffentlichungen, Drucke und Zeitungsartikel bei. Eine erste Ordnung und Verzeichnung des Gesamtbestandes erfolgte wohl im erzbischöflichen Sekretariat in München. Zu einem späteren Zeitpunkt wurden diese Materialien mit einzelnen Dokumenten aus der Überlieferung der erzbischöflichen Pressestelle angereichert. Dieser

---

ter; 2. Pontifikalmessen; 3. Absolutio ad tumbam; 4. Firmungen; 5. Heilige Weihen; 6. Konsekrationen und Benediktionen; 7. Verschiedenes. Im Amtsblatt für das Erzbistum München und Freising gliedern sich die Pontifikalhandlungen in: 1. Ordinationen, Kirchen-, Kapellen- und Altarweihen; 2. Firmungen; 3. Außerordentliche Funktionen.

16 In den 1980er Jahren erarbeitete Dr. Helmut Witetschek im Auftrag des Direktors der Katholischen Akademie in Bayern, Dr. Franz Henrich, in Manuskriptform die Zusammenstellung „Der tabellarische Weg Kardinal Döpfners durch das Bischofsamt und seine Zeit (1948–1976)". Gestützt auf Vorarbeiten der Bischofssekretäre traf er einerseits eine Auswahl aus den publizierten Amtshandlungen, ergänzte diese andererseits aber mit Informationen aus den Terminkalendern. In einer zweiten Spalte stellte er den Amtshandlungen Döpfners wichtige Ereignisse der Zeitgeschichte gegenüber. Diese als „Beitrag zur Grundlagenforschung dieses so bedeutsamen Kardinals" verstandene Arbeit befindet sich in einem Exemplar im Erzbischöflichen Archiv München. – Herrn Professor Dr. Witetschek sei für brieflich mitgeteilte Informationen (Schreiben vom 21. April 2013) herzlich gedankt.

Zustand wurde bei der Neuverzeichnung belassen; auch Korrespondenzen, Programme und anderes Material zu den einzelnen Redeanlässen wurde im Bestand belassen. Das Findbuch verzeichnet Datum, Ort und Anlass einer Ansprache bzw. Predigt, den Titel (soweit zeitgenössisch vorhanden) sowie die Art der öffentlichen Äußerung[17]. Bei der Formulierung von Anlass und Titel wurden sowohl die Angaben auf den Manuskripten bzw. Typoskripten als auch das Verzeichnis der Amtshandlungen und eventuelle Publikationen von Ansprachen und Predigten berücksichtigt.

Neben dem zeitgenössischen Abdruck einzelner Ansprachen und Predigten (in Zeitungen, Pressemitteilungen etc.) wurden zu Lebzeiten und nach dem Tod Kardinal Döpfners auch mehrere Sammelbände mit Predigttexten veröffentlicht.[18] In mehreren Fällen wurde darüber hinaus Material aus diesem Teil des Nachlasses Forschern zugänglich gemacht oder in Ausstellungen gezeigt. Deshalb hielten wir es für verantwortbar, das Findbuch aller im Nachlass überlieferten und für die Öffentlichkeit bestimmten Äußerungen Kardinal Döpfners jetzt allgemein zugänglich zu machen. Die darin verzeichneten Ansprachen und Predigten bieten nicht nur Informationen zu einer Vielzahl von Ereignissen, sondern eröffnen auch einen Zugang zum theologischen Denken und zur Verkündigung Döpfners.

Der sehr umfangreiche Fotobestand zu Kardinal Döpfner im Erzbischöflichen Archiv München speist sich aus unterschiedlichen Quellen: Die frühen Jahre sind hauptsächlich durch Privataufnahmen aus dem Familien- und Freundeskreis dokumentiert. Mit dem Amtsantritt als Bischof von Würzburg kommt Pressefotos eine wichtige Rolle bei der Dokumentation der bischöflichen Auftritte zu. Für einen Teil der Würzburger Amtszeit existieren chronologisch geordnete und beschriftete Fotoalben. Immer wieder erhielt der Bischof auch Aufnahmen von Privatleuten und Fotoalben als Erinnerungsgeschenke von Pfarreien und anderen Institutionen. Für die Berliner Zeit bilden solche Alben den Hauptteil des Münchener Bestandes. In den Münchener Jahren hat die Sekretärin Sr. Eufreda Heidner von der Kongregation der Barmherzigen Schwestern vom hl. Vinzenz von Paul

---

17 Die Charakterisierung der jeweiligen Äußerung wurde nach Möglichkeit standardisiert; so sind Äußerungen in Gottesdiensten immer als „Predigt" (nicht als „Ansprache") bezeichnet, sofern nicht zeitgenössisch die Bezeichnung „Homilie" verwendet wurde. Zwischen Hirtenbriefen und kürzeren „Hirtenworten" wurde nicht unterschieden.

18 Wort aus Berlin. Rundfunkansprachen und Predigten des Bischofs von Berlin Julius Kardinal Döpfner, 2 Bde., Berlin 1960–1961; Julius Kardinal Döpfner, In dieser Stunde der Kirche. Worte zum II. Vatikanischen Konzil, München 1967; Kardinal Julius Döpfner. Weggefährte in bedrängter Zeit. Briefe an die Priester, hg. von Ernst Tewes, München 1986 ([5]1986); Julius Kardinal Döpfner. Das Flammenkreuz der Liebe. Predigten und Reden zu caritativen und sozialen Themen, München [1986].

aus Presseaufnahmen und sonstigen beim Erzbischof eingegangenen Aufnahmen eine Auswahl getroffen, die ausgewählten Fotos auf DIN A4-Blätter geklebt und mit Bildunterschriften versehen, die Datum und Anlass, z.T. auch dargestellte Personen angeben. Auf diese Weise entstand eine 14 Aktenordner mit gut 1.800 Fotos umfassende Bildchronik der Münchener Amtszeit, die schon wiederholt Grundlage für die Illustration von Werken über Kardinal Döpfner war.[19]

Die hier reproduzierten gut 200 Aufnahmen sollen über die Illustration des Bandes hinaus den Bestand in annähernd repräsentativer Auswahl vorstellen. Dabei war es auch die Absicht, die Vielfalt bischöflicher Amtshandlungen sichtbar werden zu lassen. Immer wieder ergänzen die Aufnahmen auch die Verzeichnisse der Amtshandlungen sowie der Ansprachen und Predigten, weshalb beim Layout eine möglichst enge Zuordnung angestrebt war. Die Bildunterschriften weisen, soweit möglich, Datum, Ort, Anlass und abgebildete Personen nach. Diese Verortung macht die Fotos zu einer historischen Quelle eigener Art. Zugleich lässt sich im Bild eindrücklicher als in schriftlichen Quellen der Wandel der Lebensverhältnisse und des bischöflichen Auftretens verfolgen.

Für die Erschließung und Verknüpfung der drei vorgestellten Quellengattungen kommt neben der jeweils chronologischen Sortierung den Registern von Orten und Personen entscheidende Bedeutung zu.

Mein herzlicher Dank gilt Herrn Professor Dr. Anton Landersdorfer als Autor des einleitenden biografischen Beitrags, den beiden erfahrenen Redaktoren Dr. Roland Götz und Guido Treffler M.A. sowie den Bearbeiterinnen und Bearbeitern von Verzeichnissen und Registern Dr. Benita Berning, Dr. Susanne Kaup M.A., Isabella Hödl und Paul Kink. Die umfangreichen Reproduktionsarbeiten besorgte Matthias Lebegern. Archivrat i.K. Michael Volpert M.A. M.A. leistete wichtige technische Hilfe.

Frau Ordinariatsdirektorin Dr. Gabriele Rüttiger als der verantwortlichen Koordinatorin des Döpfner-Gedenkens im Rahmen des „Jahrs des Glaubens" danke ich für vielfältige Unterstützung, dem Hochwürdigsten Herrn Erzbischof Reinhard Kardinal Marx für das anhaltende, ermutigende Vertrauen in sein Erzbischöfliches Archiv.

---

19 Vgl. z.B. Klaus Wittstadt, Julius Döpfner. Sein Weg zu einem Bischof der Weltkirche in Bilddokumenten, Würzburg 2001.

PRAEDICAMVS CRVCIFIXVM

Wappen als Kardinal und Erzbischof von München und
Freising mit dem traditionellen Freisinger Mohren und
den persönlichen Symbolen, dem fränkischen Rechen und
drei roten Ringen; Zeichnung von Bruno Heim, 1961

Auf der Würzburger Synode

Julius Kardinal Döpfner (1913–1976)
Ein biographisches Porträt*

Anton Landersdorfer

Es bedeutete einen gewaltigen Schock nicht nur für die katholische Kirche Deutschlands, sondern auch für unzählige Menschen weit darüber hinaus, als sich am Vormittag des 24. Juli 1976 die Nachricht vom Tod Julius Kardinal Döpfners, des Erzbischofs von München und Freising und Vorsitzenden der Deutschen Bischofskonferenz, wie ein Lauffeuer verbreitete. „Ein Mann Gottes und der Menschenliebe" – „Ein Hirte, wie wir ihn alle brauchten" – „Großer Bischof und Menschenfreund" – „Dolmetsch der Sache Gottes und der Zeit" – so oder ähnlich waren die zahlreichen Nachrufe überschrieben, und selbst Zeitungen, die kirchlichen Vorgängen ansonsten kaum Aufmerksamkeit schenken, geizten nicht mit anerkennenden Worten für das Lebenswerk des Verstorbenen[1]. Ebenso erstaunlich wie das überaus positive Echo in der Publizistik und in den Medien war die Resonanz auf sein plötzliches Ableben infolge eines Herzinfarktes in den unterschiedlichsten Schichten der Bevölkerung. Hunderttausende, unter ihnen Bischöfe aus der ganzen Welt, Vertreter aller politischen Parteien und gesellschaftlichen Gruppierungen, Kleriker und Laien, junge und alte Menschen, begleiteten den Kardinal fünf Tage später auf seinem letzten Weg durch die Münchener Innenstadt, ehe er in der Krypta des Domes Zu Unserer Lieben Frau seine letzte Ruhestätte fand. Damit ging, wie die „Herder-Korrespondenz" sogleich treffend resümierte[2], eine von

---

* Der Beitrag erschien zuerst in: Beiträge zur altbayerischen Kirchengeschichte 46 (2001) 235–255; für den Neudruck wurde er durchgesehen und in den Literaturhinweisen aktualisiert.

1 Eine Zusammenstellung der bis 2004 erschienenen Literatur über Döpfner findet sich bei: Guido Treffler / Peter Pfister (Bearb.), Erzbischöfliches Archiv München. Julius Kardinal Döpfner. Archivinventar der Dokumente zum Zweiten Vatikanischen Konzil (= Schriften des Archivs des Erzbistums München und Freising 6), Regensburg 2004, 35–44. – Vgl. auch die „Auswahlbibliographie zu Julius Kardinal Döpfner und seiner Zeit" auf der Internetseite des Erzbistums München und Freising (http://www.erzbistum-muenchen.de/Page002258.aspx). – Zum Druck vorgesehen sind die Vorträge der am 28. und 29. Juni 2013 von der Katholischen Akademie in Bayern und der Katholischen Akademie Domschule (Würzburg) in Bad Kissingen durchgeführten Tagung „,In dieser Stunde der Kirche'. Zum 100. Geburtstag von Julius Kardinal Döpfner".

2 David A. Seeber, Kardinal Döpfner †, in: Herder Korrespondenz 30 (1976) 433–436, hier 433: „Mit ihm ist abrupt eine Epoche beendet worden, die durch Konzil und Gemeinsame Synode [...] zweifellos zu den bewegtesten, turbulentesten, hoffnungsvollsten, vielleicht auch unsichersten der neueren Kirchengeschichte gehörte."

ihm ganz maßgeblich geprägte Epoche der neueren Kirchengeschichte unseres Landes abrupt zu Ende.

Wie Julius Döpfner zur beispiellosen und allseits respektierten Führungs- und Integrationskraft des deutschen Katholizismus in den stürmischen sechziger und siebziger Jahren des 20. Jahrhunderts avancierte und warum sein Tod eine derart schmerzliche, im Grunde nie mehr geschlossene Lücke riss, soll im Folgenden schlaglichtartig aufgezeigt werden.

1. Sein Werdegang bis zum Jahre 1948

Julius (August) Döpfner wurde am 26. August 1913 in dem kleinen Dorf Hausen bei Bad Kissingen in Unterfranken als viertes von fünf Kindern geboren und zwei Tage später in der dortigen Pfarrkirche getauft. Er stammte aus sehr bescheidenen kleinbürgerlichen Verhältnissen; sein Vater Julius Matthäus, der bereits 1923 einem Kriegsleiden erlag, war Hausdiener in einem Hotel, und seine Mutter Maria, eine geborene Büttner – sie starb 1934 –, arbeitete als Putzfrau. Da Döpfner, der sich seiner Heimat zeitlebens tief verbunden fühlte und einen anspruchslosen, keine Belastung scheuenden Lebensstil pflegte, in jungen Jahren wenig handwerkliches Geschick zeigte, jedoch mit großer Leidenschaft las, kam er 1924 an das Gymnasium der Augustiner im nahegelegenen Münnerstadt, wechselte aber schon ein Jahr später nach Würzburg, um als Zögling des Bischöflichen Knabenseminars Kilianeum das Neue Gymnasium, das heutige Riemenschneider-Gymnasium, zu besuchen. Döpfner war ein begabter Schüler und verspürte bereits damals, von den religiösen Erfahrungen in seinem Elternhaus geprägt und vom seelsorgerlichen Wirken seines Heimatpfarrers beeindruckt, ernsthaft den Wunsch, Priester zu werden. Dieser wurde in der Folgezeit weiter verstärkt durch die Begegnung mit dem damaligen Regens des Bischöflichen Knabenseminars, Kilian Joseph Meisenzahl[3], einem Schüler des bedeutenden Würzburger Reformtheologen Herman Schell[4]; auf sie führte er retrospektiv auch die Wurzeln seiner späteren theo-

---

3 Zu Meisenzahl (1876–1952), 1920–1930 Regens des Kilianeums, anschließend Domkapitular: Klaus Wittstadt, Kilian Joseph Meisenzahl und Vitus Brander: Ihre Bemühungen um den Seligsprechungsprozeß für Liborius Wagner, in: Würzburger Diözesangeschichtsblätter 43 (1981) 151–161, hier 151–155. – Vgl. auch Julius Döpfner, Regens Meisenzahl, in: 100 Jahre Kilianeum 1871–1971, Würzburg 1971, 88f.

4 Zu Schell (1850–1906): Karl Hausberger, Herman Schell (1850–1906). Ein Theologenschicksal im Bannkreis der Modernismuskontroverse (= Quellen und Studien zur neueren Theologiegeschichte 3), Regensburg 1999.

Geburtshaus in Hausen bei Bad Kissingen, wohl 1914; im Fenster Mutter Maria Döpfner
mit Julius, auf der Treppe die Großmutter mit den Geschwistern Maria und Otto

logischen und pastoralen Ausrichtung zurück: „Wenn ich zurückschaue, sehe ich
in Kilian Joseph Meisenzahl einen jener hochgebildeten, im besten Sinne liberalen
und dabei tieffrommen damaligen Priester der Diözese Würzburg, die von Herman Schell lernten, eigenständig zu denken und aus einer gläubigen Verwurzelung
in der Kirche in den Auseinandersetzungen mit der Zeit zu bestehen und den
Menschen der Gegenwart Christi Botschaft zu künden."[5]

Nach dem Abitur, das Döpfner 1933 als Bester seines Jahrgangs abgelegt hatte,
trat er zunächst in das Würzburger Priesterseminar ein und hörte im Sommersemester an der dortigen Katholisch-Theologischen Fakultät Philosophie. Im Herbst desselben Jahres siedelte er dann auf Betreiben seines Oberhirten Matthias Ehrenfried[6]
in das Collegium Germanicum et Hungaricum nach Rom über, statt mit Stolz je-

5 Döpfner, Regens Meisenzahl (wie Anm. 3) 88f.
6 Zu Ehrenfried (1871–1948), 1924–1948 Bischof von Würzburg: Klaus Wittstadt, Art. Ehrenfried, in: Erwin Gatz (Hg.), Die Bischöfe der deutschsprachigen Länder 1945–2001. Ein biographisches Lexikon, Berlin 2002, 583–585.

Klasse 7a des Neuen Gymnasiums in Würzburg, 1930/31; Julius Döpfner in der 2. Reihe als 2. v.r.

doch mit erheblichen Vorbehalten, wie sich seinen mittlerweile edierten Briefen an seinen Jugendfreund Georg Angermaier[7], den späteren Justitiar der Diözesen Würzburg und Bamberg und Widerstandskämpfer während der NS-Zeit, entnehmen lässt. Döpfner fürchtete „Marionettentypen", „kleine Karikaturen des Menschen- und Priestertums", „Nachtreter und Verwässerer Christi", den „lebendigen Regelautomaten"; zudem fiel ihm die „Eingliederung in den bis ins Kleinste durchgebildeten Totalstaat, der im Germanikum traditionelles System" sei, schwer[8]. Auch die Studieninhalte neuscholastischer Prägung, wie sie ihm an der Päpstlichen Universität Gregoriana vermittelt wurden, machten Döpfner zu schaffen, weshalb er immer bestrebt war, Anschluss an die in Deutschland neu aufbrechende Theologie zu finden. So beschäftigten sich Döpfner und Angermeier in ihren Briefen beispielsweise mit der Frage der Weiblichkeit Gottes[9]. Besonders bedeutsam für die Entwicklung

---

7   Zu Angermaier (1913–1945): Antonia Leugers, Georg Angermaier 1913–1945. Katholischer Jurist zwischen nationalsozialistischem Regime und Kirche. Lebensbild und Tagebücher, Frankfurt am Main ²1997. – Vgl. auch Antonia Leugers, Julius Döpfner. Briefe an Georg Angermaier 1932 bis 1944, in: Würzburger Diözesangeschichtsblätter 58, Ergbd. (1996) 9–99.

8   Näheres bei Leugers, Angermaier (wie Anm. 7) 18. – Zu Döpfners Aufenthalt im Germanikum vgl. auch J. K., Julius Döpfner im Kolleg, in: Korrespondenzblatt Collegium Germanicum et Hungaricum 84 (1977) 109–114.

9   Leugers, Angermaier (wie Anm. 7) 19 bzw. 251, Anm. 3: „Angermaier und sein Freund Döpf-

Als Germaniker auf dem Monte Tarino in Latium, 1938

Im roten Germaniker-Talar im Innenhof des Collegium Germanicum

seiner Priesterpersönlichkeit – Döpfners Kommilitonen attestierten ihm schon damals Führungsqualitäten – während dieser ansonsten von einer „reifenden Erfahrung mit der Weltkirche" gekennzeichneten römischen Jahre war P. Ivo Zeiger[10],

> ner hatten in ihrem Briefwechsel Jahre zuvor über das Wesen Gottes reflektiert. Döpfner [...] stimmte Angermaiers Vorstellungen vom *ewig Weiblichen* in Gott insofern zu, als keine Absolutsetzung erfolgen solle, da sich sonst ein *männlicher oder weiblicher Pantheismus* ergebe. *Das eine ist sicher richtig: unser Gottesbild ist sicherlich zu männlich geworden; die letzte Zeit hat auch hier ein Umdenken eingesetzt, in dem auch wir stehen."*

10 Zu Zeiger (1898–1952), seit 1921 Jesuit: Zeno Cavigelli-Enderlin, Art. Zeiger, in: LThk³ 10 (2001) 1404. – Zeiger soll auch maßgeblich an Döpfners Bestellung zum Bischof von Würzburg beteiligt gewesen sein. Siehe dazu Karl Forster, Julius Kardinal Döpfner (1913–1976), in: Jürgen Aretz / Rudolf Morsey / Anton Rauscher (Hg.), Zeitgeschichte in Lebensbildern, Bd. 3, Mainz 1979, 260–279, hier 263: „Es besteht kein Zweifel, daß P. Ivo Zeiger SJ [...], der damals in einem Sonderauftrag unter dem Apostolischen Visitator und späteren Nuntius in Deutschland, Erzbischof Aloysius Muench [...], tätig war, am Zustandekommen der Ernennung erheblichen Anteil hatte."

Heimatprimiz in Hausen, 7. Juli 1940

Professor für Rechtsgeschichte an der Gregoriana und später zugleich Rektor des Germanikums.

Am 29. Oktober 1939 in der Jesuitenkirche Il Gesù durch Titularerzbischof Luigi Traglia zum Priester geweiht, setzte Döpfner nach seiner Heimatprimiz im Sommer des nächsten Jahres seine Studien in Rom fort und wurde 1941 mit einer Arbeit über „Das Verhältnis von Natur und Übernatur bei John Henry Kardinal Newman"[11] zum Dr. theol. promoviert. Die intensive Beschäftigung mit dem großen englischen Konvertiten und Theologen des 19. Jahrhunderts, dessen Anschauungen und Erkenntnisse ihn nicht nur wissenschaftlich interessierten, sondern auch persönlich bewegten, bot ihm in späteren Entscheidungen wiederholt eine große Hilfe, nicht zuletzt im Hinblick auf seine ökumenischen Aktivitäten. Darüber hinaus hatte sie seinen eigenen Worten zufolge wesentlich dazu beigetragen, dass er Rom „in seinem Reichtum und zugleich in seiner Problematik" verkraften, ja lieben lernte[12].

---

11 Die Arbeit wurde abgedruckt in: Newman-Studien, hg. v. Heinrich Fries / Werner Becker, Bd. 4, Nürnberg 1960, 269–330. – Zu Newman (1801–1890), seit 1879 Kardinal: Günter Biemer, Art. Newman, in: LThK³ 7 (1998) 795–797.
12 Dies sagte Döpfner in einer Fernsehsendung. – Ausschnitte davon sind zu sehen in dem Video „In dieser Stunde der Kirche. Zum 20. Todestag von Kardinal Döpfner" von Andrea Kammhuber, Bayerischer Rundfunk 1996.

Bischofsweihe durch den Bamberger Erzbischof Joseph Otto Kolb im Neumünster zu Würzburg, 14. Oktober 1948

Der neu geweihte Bischof von Würzburg beim Zug durch die Stadt, 14. Oktober 1948

Nach der im Herbst 1941, also mitten im Zweiten Weltkrieg, erfolgten Rückkehr in sein Heimatbistum war Döpfner, der eigentlich nichts anderes als Pfarrer werden wollte und deshalb die ihm angebotene Habilitation ablehnte, drei Jahre als Kaplan in der Pfarrseelsorge tätig – anfänglich in Großwallstadt und seit 1942 in der Schweinfurter Pfarrei Heilig Geist, von wo aus er zusätzlich die benachbarte Diasporagemeinde Gochsheim zu versorgen hatte. 1944 kam er für kurze Zeit als Präfekt an das Kilianeum, und im August des darauffolgenden Jahres, nachdem er den verheerenden Bombenangriff auf Würzburg am 16. März 1945 miterlebt und bei den anschließenden Lösch- und Aufräumarbeiten energisch Hand angelegt hatte, rief ihn sein Bischof zur Mithilfe bei der Priesterausbildung, zunächst als Assistent und ab April 1946 als Subregens in das Würzburger Priesterseminar. Mit dieser Funktion war auch die spirituelle Begleitung der von allen möglichen Kriegsschauplätzen bzw. aus der Gefangenschaft heimgekehrten Alumnen verbunden.

2. Bischof von Würzburg (1948–1957)

Bislang also eher im kleinen Kreise wirkend und nach außen hin kaum in Erscheinung getreten, bedeutete es für Döpfner einen „richtigen Schrecken"[13], als er am 11. August 1948, noch nicht einmal 35 Jahre alt, von Papst Pius XII. (1939–1958) als Nachfolger Matthias Ehrenfrieds zum Bischof von Würzburg ernannt wurde[14]. Wenige Wochen später, am 14. Oktober, empfing er durch seinen Metropoliten, Erzbischof Joseph Otto Kolb[15] von Bamberg, die Bischofsweihe in der kahlen, erst notdürftig wiederhergestellten Neumünsterkirche; der Dom lag zu diesem Zeitpunkt noch in Trümmern. In konsequenter Umsetzung seines Wahlspruchs „Praedicamus crucifixum" (1 Kor 1,23) und seiner Ankündigung, für die Menschen da sein zu wollen, widmete sich der jüngste Oberhirte Europas sogleich mit

13 Zitiert nach Forster, Julius Kardinal Döpfner (wie Anm. 10) 263.

14 Nach Forster (ebd.) war das Echo auf die Ernennung Döpfners im Domkapitel und im Bischöflichen Ordinariat „zurückhaltend". – Im Gegensatz dazu äußerte P. Robert Leiber SJ 1949: „Für Rom war die Ernennung Döpfners kein Problem. Sein Name stand auf der Vorschlagsliste des Domkapitels und auch Bischof Ehrenfried hat ihn genannt." Julius Cardinal Döpfner, Meine fränkischen Jahre, in: Würzburger Diözesangeschichtsblätter 39 (1977) 7–18, hier 15. – Zu Döpfners Würzburger Zeit siehe Klaus Wittstadt, Julius Kardinal Döpfner (1913–1976). Anwalt Gottes und der Menschen, München 2001, 67–121.

15 Zu Kolb (1881–1955), 1943–1955 Erzbischof von Bamberg: Elmar Kerner, Joseph Otto Kolb (1881–1955), in: Josef Urban (Hg.), Die Bamberger Erzbischöfe. Lebensbilder, Bamberg 1997, 309–341.

Tatkraft und Weitblick dem inneren wie äußeren Wiederaufbau seines schwer an den Folgen des Zweiten Weltkrieges leidenden und mit den mannigfachen Problemen der Nachkriegszeit konfrontierten Bistums, das abgesehen von dem kleinen thüringischen Diasporagebiet um Meiningen nahezu deckungsgleich mit dem Regierungsbezirk Unterfranken war und damals über 872 000 Katholiken zählte[16].

Ein besonderes Augenmerk richtete Döpfner – der „erste Kreuzträger des Bistums", der jeglichen oberhirtlichen Standesdünkel ablehnte und auf eine menschlich vertrauensvolle Zusammenarbeit bedacht war – von Anfang an auf die vielfältigen sozialen Nöte, vor allem auf den gravierenden Wohnungsmangel. Unverzüglich rief er das St.-Bruno-Werk, ein seinem Protektorat unterstehendes gemeinnütziges Siedlungs- und Wohnungsbauwerk, ins Leben. Seine damals gesprochenen provokanten Worte „Wohnungsbau ist heute in Wahrheit Dombau, Wohnungssorge ist Seelsorge" fanden großen Widerhall, weit über die katholische Kirche hinaus, und machten seine überdies in zahlreichen Predigten, Ansprachen und Hirtenworten zum Ausdruck gebrachte pastorale Gesinnung deutlich. Infolgedessen war es nicht verwunderlich, dass ihn die Fuldaer Bischofskonferenz 1953 zum Beauftragten für die Seelsorge der Heimatvertriebenen bestellte. Nicht minder zielstrebig ließ Döpfner die Instandsetzung, Erweiterung und Neuerrichtung von Kirchen – insgesamt 91 während seiner Würzburger Amtszeit – in Angriff nehmen. Zu diesem Zweck schuf er ein Diözesanbauamt, das ganz in seinem Sinne Maßstäbe für eine moderne, bald in ganz Deutschland beachtete Sakral-Architektur setzte. Rückblickend bemerkte er hierzu: „[...] das Kirchenbauen gehört zu den kostbarsten Erinnerungen meiner fränkischen Jahre. Ich hatte das Glück, hervorragende Mitarbeiter zu haben und Künstler zu finden – ich nenne stellvertretend nur Diözesanbaumeister Hanns Schädel [...] –, mit denen in dieser einmaligen Zeit auch neue, mutige Ansätze gewagt werden konnten."[17]

Dem von Döpfner intendierten Neuaufbruch im kirchlichen Leben dienten zum einen große Feste des Glaubens, beispielsweise die Rückkehr der Reliquien der Frankenapostel Kilian, Colonat und Totnan von Gerolzhofen in die Neumünsterkirche (1949), die Katholikentage in Ochsenfurt, Aschaffenburg und Schweinfurt (1951) sowie das „Jahr der Frankenapostel" anlässlich der 1200-Jahr-

---

16 Schematismus der Diözese Würzburg 1950, 198. – Zum Bistum Würzburg: Dominik Burkard / Erwin Gatz, Bistum Würzburg, in: Erwin Gatz (Hg.), Die Bistümer der deutschsprachigen Länder von der Säkularisation bis zur Gegenwart, Freiburg i. Br. 2005, 764–777. – Johannes Merz / Wolfgang Weiß (Hg.), Aufbrüche und Kontroversen. Das Bistum Würzburg 1945–1963, Würzburg 2009.

17 Döpfner, Meine fränkischen Jahre (wie Anm. 14) 11. – Zu Schädel (1910–1996): Josef Kern, Art. Schädel, in: LThK³ 9 (2000) 100f.

Die bayerischen Bischöfe bei der Bischofskonferenz in Freising, 15. März 1950; vordere Reihe v.l.: Erzbischof Joseph Otto Kolb (Bamberg), Erzbischof Michael Kardinal von Faulhaber (München und Freising), Bischof Michael Buchberger (Regensburg); hintere Reihe v.l.: Bischof Joseph Schröffer (Eichstätt), Bischof Joseph Wendel (Speyer), Bischof Simon Konrad Landersdorfer (Passau), Bischof Julius Döpfner (Würzburg), Bischof Joseph Freundorfer (Augsburg)

Feier der Erhebung ihrer Gebeine (1952). Zum anderen förderte er nachhaltig die Verbandsarbeit im Rahmen der Katholischen Aktion sowie den Aufbau einer zeitgemäßen Erwachsenenbildung, zumal er im Apostolat der Laien eindeutig mehr erblickte als nur eine Gegenwartsaufgabe: „Es ist eine überzeitliche Wesenspflicht des Christen."[18] Und in der Silvesterpredigt 1952 präzisierte er seine diesbezüglichen Vorstellungen mit den Worten: „Wir Seelsorger fürchten nicht euer selbständiges Planen und Wirken, sondern wünschen es aus sehnsüchtigem Herzen. Wir wollen in euch Mitarbeiter sehen, die in eigener, freudiger, selbständiger Verantwortung ihre Aufgabe erkennen."[19] Demzufolge kam es auf seinen ausdrücklichen

18 Zitiert nach Klaus Wittstadt, Bischof Julius Döpfner und die Diözese Würzburg. Zum 20. Jahrestag seines Todes am 24. Juli 1976, in: Würzburger Diözesangeschichtsblätter 58, Ergbd. (1996) 101–123, hier 112.
19 Döpfner, Meine fränkischen Jahre (wie Anm. 14) 12.

Wunsch zur Gründung einer neuartigen, vielen anderen Bistümern als Vorbild dienenden Einrichtung: des Burkardushauses mit der Domschule in Würzburg. Des Weiteren initiierte Döpfner trotz mancher Widerstände das Erscheinen einer katholischen Tageszeitung, des „Fränkischen Volksblattes", und sorgte für erweiterte Ausgaben des „Würzburger Bistumsblattes".

Einen Höhepunkt all seiner Bemühungen um eine Aktualisierung der Glaubensbotschaft bildete ohne Zweifel die 1954 von ihm einberufene Diözesansynode[20]. Indem sie „Leitgedanken und Richtlinien einer zeitgerechten Reich-Gottes-Arbeit" erstellte, wurden wichtige Akzente für die nächsten Jahre gesetzt und dem Miteinander aller Gläubigen im Bistum wertvolle Impulse gegeben. Dass bei dem Versuch, sich der von einer zunehmenden Säkularisierung geprägten Gegenwart zu öffnen, in den Augen Döpfners weder rückwärtsgewandte Abkapselung noch billige Anpassung eine Lösung bieten konnten, hatte er bereits früher einmal unmissverständlich formuliert: „Der katholische Mensch ist weltoffen. Es ist unkatholisch, rückständig zu sein, ins Ghetto zu flüchten, diese Welt und diese Zeit sich selbst zu überlassen. Unser Jahrhundert mit seinen Strömungen in Kultur, Wissenschaft und Politik ist des Herrn und ist somit uns als Aufgabe gestellt."[21] Freilich, seine zupackende, bisweilen sogar recht impulsive Art bescherte Döpfner auch die „schwerste Prüfung"[22] seiner Würzburger Jahre, als er im Sommer 1953 überraschend und möglicherweise schlecht informiert die Segnung einer neuen Zuckerfabrik in Ochsenfurt abzulehnen drohte, weil der zuständige evangelische Dekan gleichberechtigt daran mitwirken sollte. Ein Sturm der Entrüstung in der Presse war die Folge, und obwohl Döpfners spontane Entscheidung in diametralem Gegensatz zu seiner sonstigen, nicht zuletzt in den regelmäßigen Predigten zur Weltgebetsoktav zum Ausdruck gebrachten ökumenischen Gesinnung stand und er sogleich einen Versöhnungsbrief[23] an den Dekan schrieb, galt er mit einem Male als „sturer, konfessio-

---

20 Näheres bei Georg Langgärtner, Die Würzburger Diözesansynoden von 1931 und 1954 als Spiegel des Aufbruchs der Kirche vor dem Zweiten Vatikanischen Konzil, in: Heinz Fleckenstein / Gerhard Gruber / Georg Schwaiger / Ernst Tewes (Hg.), Ortskirche – Weltkirche. Festgabe für Julius Kardinal Döpfner, Würzburg 1973, 251–268.

21 Zitiert nach Klaus Wittstadt, Biographisches Profil, in: zur debatte. Themen der Katholischen Akademie in Bayern 26 (1996), Nr. 4/5, 2–6, hier 5.

22 Döpfner, Meine fränkischen Jahre (wie Anm. 14) 13f, hier 13.

23 Darin steht u.a. zu lesen: „Sie wissen aus meinen Erklärungen, daß mir an dem bitteren Tag von Ochsenfurt eine Kränkung der evangelischen Christen, der evangelischen Kirche und damit auch Ihrer Person völlig fern lag. Es war mir sehr schmerzlich, daß mein Vorgehen, zu dem ich mich in echter Gewissensnot so plötzlich entschließen mußte, so aufgefaßt wurde. Der Ochsenfurter Zwischenfall hat mich gewiß darin bestärkt, wie notwendig nüchterne Klugheit ist, aber ebenso darin, daß wir brüderlich und verstehend einander begegnen müssen." Zitiert nach Wittstadt, Biographisches Profil (wie Anm. 21) 4.

Begrüßung durch das Berliner Domkapitel am Grenzkontrollpunkt Dreilinden, 21. März 1957; rechts: Kapitularvikar Maximilian Prange

nell engherziger Kirchenmann"[24] – ein Image, das ihm noch längere Zeit anhaften sollte. „Aber gelt, Ochsenfurter Geschichten dürfen sie in Berlin nicht machen", äußerte selbst Bundespräsident Theodor Heuss später einmal ihm gegenüber[25].

3. Bischof von Berlin (1957–1961)

Dessen ungeachtet hatte Döpfner sich mittlerweile in seinem oberhirtlichen Amt derart bewährt, dass er Anfang 1957 mit einer größeren und weitaus schwierigeren Aufgabe betraut wurde. Am 15. Januar transferierte ihn nämlich Papst Pius XII. auf den exponierten Bischofsstuhl von Berlin, nachdem er vom dortigen Domkapitel einstimmig zum Nachfolger Wilhelm Weskamms[26] gewählt worden

24 Döpfner, Meine fränkischen Jahre (wie Anm. 14) 13.
25 Ebd.
26 Zu Weskamm (1891–1956), 1951–1956 Bischof von Berlin, zugleich Vorsitzender der Berliner Ordinarienkonferenz: Josef Pilvousek, Art. Weskamm, in: Gatz, Die Bischöfe der deutschsprachigen Länder 1945–2001 (wie Anm. 6) 92–94.

war[27]. Verständlich, dass Döpfner der Wechsel aus seiner traditionsreichen, über-
schaubaren und vorwiegend katholischen Diözese in das junge, politisch, aber
nicht kirchlich geteilte und im Kräftefeld der großen Weltpolitik liegende Diaspo-
rabistum[28] mit 291 000 Katholiken im Westen und 284 000 im Osten überaus
schwer fiel. Am 25. März durch den Apostolischen Nuntius Aloysius Muench in
der Westberliner Sebastianikirche inthronisiert, übernahm Döpfner zudem den
Vorsitz in der Berliner Ordinarienkonferenz, was seiner neuen Aufgabe zusätzli-
ches Gewicht, aber auch hohe Brisanz verlieh. Er residierte ebenso wie seine beiden Vorgänger, Kardinal Konrad Graf von Preysing[29] und Bischof Weskamm, in
einem bescheidenen Privathaus in Zehlendorf im Westteil der Stadt[30]. Dank seiner
persönlichen Ausstrahlung und seines seelsorgerlichen Engagements gelang es
Döpfner erstaunlich rasch, Vertrauen und Sympathie seiner Diözesanen zu ge-
winnen. Wie ernst er die Alltagsprobleme der Menschen von Anfang an nahm, be-
weist die Gründung zweier unterschiedlicher Einrichtungen: Bereits 1958 wurde
auf seine Initiative zur Behebung der Wohnungsnot und zum Bau familiengerech-
ter Wohnungen und Siedlungshäuser nach Würzburger Vorbild das „Petruswerk"
ins Leben gerufen; ebenso begann im selben Jahr die „Offene Tür Berlin", ein von
Döpfner zunächst mit einiger Skepsis betrachteter Versuch moderner Großstadt-
seelsorge, ihre Arbeit in der Innenstadt. Auch die evangelischen Christen und ihre
führenden Repräsentanten revidierten nach Döpfners Begegnungen mit den Bi-
schöfen Otto Dibelius[31] (Berlin-Brandenburg) und Friedrich-Wilhelm Krummacher[32] (Greifswald) ihre anfänglichen Vorbehalte gegenüber seiner Person, und so
kam es rasch zu einem guten Miteinander beider Konfessionen.

Im Gegensatz dazu verschlechterte sich das Verhältnis zur DDR-Regierung
zusehends, zumal Döpfner, der von der SED schon im Vorfeld als „ein konsequenter Gegner der sozialistischen Staaten" eingestuft und zu den „treuesten und

---

27 Zu Döpfners Berliner Zeit siehe Wittstadt, Julius Kardinal Döpfner (wie Anm. 14) 122–168.
28 Zum Bistum Berlin: Gotthard Klein, (Erz-)Bistum Berlin, in: Gatz, Die Bistümer der deutsch-
    sprachigen Länder von der Säkularisation bis zur Gegenwart (wie Anm. 16) 91–115.
29 Zu Preysing (1880–1950), 1932–1935 Bischof von Eichstätt, 1935–1950 Bischof von Berlin, seit
    1946 Kardinal: Josef Pilvousek, Art. Preysing, in: Gatz, Die Bischöfe der deutschsprachigen
    Länder 1945–2001 (wie Anm. 6) 88–92. – Stephan Adam, Konrad Kardinal von Preysing. Ein
    Lebensbild, Regensburg 2010.
30 Abgebildet ist dieses Haus bei Hubert Bengsch, Bistum Berlin, Berlin 1985, 130.
31 Zu Dibelius (1880–1967), 1945–1966 Bischof von Brandenburg: Hartmut Fritz, Art. Dibelius,
    in: RGG⁴ 2 (1999) 833f.
32 Zu Krummacher (1901–1974), 1954–1973 Bischof in Greifswald: Deutsche Biographische En-
    zyklopädie 6 (1997) 129.

Bei der Amtseinführung in der West-Berliner Kirche St. Sebastian, 25. März 1957

Am Untersberg in den Berchtes-
gadener Alpen, 5. August 1956

vertrauten Personen des Papstes" gezählt wurde[33], anders als der mehr auf Zu-
rückhaltung bedachte Bischof Weskamm sogleich einen betont kämpferischen
Kurs gegen die letztlich auf eine Spaltung der katholischen Kirche in Berlin und in
der DDR abzielende Politik der Machthaber im Osten steuerte. Bereits wenige
Wochen nach seinem Antrittsbesuch bei Ministerpräsident Otto Grotewohl be-
klagte er sich in einer konzentrierten Beschwerde über „Maßnahmen staatlicher
Organe, die das eine gemeinsam haben, daß sie zu Einschränkungen der freien Re-
ligionsausübung und zur Erschwernis des kirchlichen Lebens führen" und bat
„sehr ernsthaft" um baldige Abhilfe[34]. Zudem erneuerte er Ende November 1957
einen Erlass Kardinal Preysings, allerdings in verschärfter Form, in dem unter anderem festgelegt war, dass für „Erklärungen zu Zeitfragen" im Bereich des Bistums ausschließlich der Bischof zuständig sei und dass staatlichen oder sonstigen

---

33 Martin Höllen, Loyale Distanz? Katholizismus und Kirchenpolitik in SBZ und DDR. Ein his-
    torischer Überblick in Dokumenten, Bd. 2: 1956 bis 1965, Berlin 1997, 48 (Dokument Nr. 306
    / 4. März 1957).
34 Ebd. 51f (Dokument Nr. 310 / 8. Mai 1957).

nichtkirchlichen Stellen keinerlei Auskünfte über das Ordinariat, den Klerus und die Gläubigen erteilt werden dürften. Die publizistische Reaktion in der DDR auf diesen so genannten „Döpfner-Erlaß"[35] war ungemein heftig, und auch administrative Schikanen ließen nicht lange auf sich warten.

Zunächst wurde Mitte Februar 1958 der Vertrieb der bereits fertig gestellten Ausgabe des St. Hedwigsblattes, der in Ostberlin erscheinenden Kirchenzeitung, untersagt, weil der darin abgedruckte erste Fastenhirtenbrief Döpfners unzweideutig Stellung zum Familienverständnis der kommunistischen Ideologie bezog. Drei Monate später, als die Berliner Ordinarienkonferenz in einem gemeinsamen Kanzelwort abermals die Einschränkungen der Glaubensfreiheit angeprangert hatte, verweigerte man ihm schließlich sogar die Einreise in die DDR außerhalb Berlins. Da dieses Verbot trotz heftigen Protestes bis zu Döpfners Abberufung nach München bestehen blieb, setzte rasch eine Gegenbewegung ein. Die Gläubigen kamen nun nach Berlin, um ihren Bischof zu erleben – am eindrucksvollsten ohne Zweifel anlässlich des 78. Deutschen Katholikentages im August 1958, der damals vorerst letzten großen Begegnung der Katholiken aus beiden deutschen Staaten. Bleibende Erinnerung an dieses denkwürdige Ereignis sollte die Gedächtniskirche „Maria Regina Martyrum" nahe der Hinrichtungsstätte Plötzensee werden, deren Errichtung man damals gelobte und die 1963 eingeweiht werden konnte. Für Döpfner aber hatte sein überzeugendes Auftreten beim Katholikentag, nicht zuletzt bei der Schlusskundgebung im Olympiastadion, als er den Versammelten zurief: „Wir bleiben zusammen mit sorgenden Augen, mit helfenden Händen und mit betenden Herzen"[36], zur Konsequenz, dass er nun immer mehr zu einem überregional beachteten Oberhirten wurde.

Sein Ansehen steigerte sich noch, als er am 15. Dezember 1958 von Papst Johannes XXIII. (1958–1963) zum Kardinal kreiert wurde[37]. Dadurch in seinem bisherigen kirchenpolitischen Konfrontationskurs bestärkt, erwies sich der mit 45 Jahren jüngste Purpurträger der Welt, der in der Verzahnung der deutschen Diözesen in Ost und West ein Geschenk der Vorsehung erblickte, auch in der Folgezeit als kompromissloser Widerpart der DDR-Politiker. Als sprechende Zeugnisse hierfür stehen neben seinen zahlreichen Lageberichten namentlich die beiden deutlich seine Handschrift tragenden Fastenhirtenbriefe der Berliner Ordinarienkonferenz „Kirche unter dem Kreuz" (1959) und „Der Christ in der atheistischen Umwelt" (1960) sowie seine für den Vatikan bestimmten vertraulichen „Aide mé-

35 Abgedruckt ebd. 73f (Dokument Nr. 330 / 26. November 1957).
36 Siehe dazu Julius Kardinal Döpfner, Praedicamus Crucifixum, Würzburg 1961, 99–101.
37 Titelkirche: Santa Maria della Scala in Trastevere.

moire" aus den gleichen Jahren. Parallel dazu suchte und fand Döpfner neue Möglichkeiten, um seine Diözesanen im Osten zu erreichen. Seit Anfang 1959 übernahm er an jedem zweiten Montagmorgen im Sender Freies Berlin das geistliche Wort für den Tag; diese gerne gehörten Kurzansprachen – „schlichte Lebenshilfen" – erschienen später in zwei Bänden gedruckt als „Wort aus Berlin"[38]. Zugleich erbat er sich für die Diözesanteile außerhalb Berlins einen zweiten, im Ostteil der Stadt residierenden Weihbischof, seinen späteren Nachfolger Alfred Bengsch[39], nachdem er zunächst selber ernsthaft erwogen hatte, zur Stärkung der kirchlichen Autorität in der DDR seinen Amtssitz nach Ostberlin zu verlegen.

Dass Döpfner keinerlei Scheu hatte, Position zu beziehen und Tabus zu brechen, zeigte sich besonders deutlich am Hedwigsfest 1960, als er in einer großes Aufsehen erregenden Predigt in der Neuköllner St. Eduard-Kirche zur Versöhnung mit Polen und zum Verzicht des gegenseitigen Aufrechnens von Unrecht aufforderte. Der Friede mit Polen, so betonte er, könne für Deutschland nach dem begangenen Unrecht nur unter großen Opfern erreicht werden. „Wollen wir nicht über das Grab der heiligen Hedwig hinweg uns die Hände reichen, um ein festes Band des Friedens neu zu knüpfen?"[40] Dies waren unmissverständliche, zugleich einen deutlichen Impuls setzende Worte, die ihm in der Öffentlichkeit allerdings nicht nur Beifall einbrachten. Gleichwohl begann damit ein ununterbrochener, leidvoller und bisweilen recht dramatischer, von Döpfner lebenslang maßgeblich mitbestimmter Dialog zwischen den deutschen und polnischen Katholiken bis zur Annäherung der beiden Völker in den siebziger Jahren[41].

Döpfners reifste theologische Frucht aus der damaligen Zeit stellten indes seine „Consilia et Vota" dar, welche er im Herbst 1959 für das mittlerweile angekündigte Zweite Vatikanische Konzil verfasst hatte[42]. Geprägt von den Erfahrun-

38 Wort aus Berlin. Rundfunkansprachen und Predigten des Bischofs von Berlin Julius Kardinal Döpfner, 2 Bde., Berlin 1960–1961.
39 Zu Bengsch (1921–1979), 1961–1979 Bischof von Berlin, zugleich Vorsitzender der Berliner Ordinarien- bzw. (seit 1976) Bischofskonferenz, seit 1967 Kardinal: Josef Pilvousek, Art. Bengsch, in: Gatz, Die Bischöfe der deutschsprachigen Länder 1945–2001 (wie Anm. 6) 94–97.
40 Zitiert nach Forster, Julius Kardinal Döpfner (wie Anm. 10) 268.
41 Siehe dazu Hansjakob Stehle, Der Briefwechsel der Kardinäle Wyszyński und Döpfner im deutsch-polnischen Dialog von 1970–1971, in: Vierteljahrshefte für Zeitgeschichte 31 (1983) 536–553.
42 Näheres bei Klaus Wittstadt, Kardinal Döpfners Vorstellungen vom Zweiten Vatikanischen Konzil nach seinen „Consilia et Vota", in: Würzburger Diözesangeschichtsblätter 52 (1990) 439–446. – Klaus Wittstadt, Perspektiven einer kirchlichen Erneuerung. Der deutsche Episkopat und die Vorbereitungsphase des II. Vatikanums, in: Franz-Xaver Kaufmann / Arnold Zingerle (Hg.), Vatikanum II und Modernisierung. Historische, theologische und soziologische Perspektiven, Paderborn u.a. 1996, 85–106.

Erhebung zum Kardinal durch Papst Johannes XXIII.; Aufsetzen des roten Biretts im öffentlichen Konsistorium, 18. Dezember 1958; im Hintergrund: Zeremonienmeister Erzbischof Enrico Dante

gen in einer bedrängten Kirche der Diaspora, gingen seine ganz auf der Linie des von Papst Johannes XXIII. propagierten Aggiornamento liegenden Gedanken anschließend nicht nur in das gemeinsame Antwortschreiben der Fuldaer Bischofskonferenz vom April 1960 ein, sondern wurden später zum Teil sogar Allgemeingut der Kirchenversammlung. So forderte er beispielsweise eine Dezentralisierung und eine deutliche Stärkung der Rechte der Bischöfe gegenüber der römischen Kurie, die auch in den Diözesen und Pfarreien ihren Niederschlag finden sollte, erachtete es im Hinblick auf die Ökumene für dringend indiziert, dass die Kirche ihre eigene Schuld eingestehe und fasste sein Anliegen bezüglich einer Erneuerung der Liturgie folgendermaßen zusammen: „Die aktive und bewußte Teilnahme aller Umstehenden soll in der Weise angeregt werden, daß jeder das, was auf ihn zutrifft, durch sich selbst einverleibt."[43]

Auf diese Weise zu einem der bekanntesten Sprecher der katholischen Kirche in Deutschland avanciert, kam für Döpfner 1961 das Ende seiner auch für die persönliche Entwicklung überaus wichtigen Berliner Jahre. Mitausschlaggebend hierfür scheint ein damals wenigstens in Ansätzen vollzogener Umschwung in der vatikanischen Ostpolitik gewesen zu sein. Zwar hatte Döpfner den Mitgliedern der Berliner Ordinarienkonferenz noch Ende Januar 1961 mitgeteilt, dass Rom „die große Linie unseres gemeinsamen Hirtenwirkens" ausdrücklich bestätige[44], aber schon wenige Monate später mehrten sich die Gerüchte, der Bischof von Berlin sei als Nachfolger des Ende 1960 unerwartet verstorbenen Münchener Kardinals Joseph Wendel[45] vorgesehen, weil, wie unter anderem spekuliert wurde, der Vatikan seine dem östlichen Regime so missliebige Person im Interesse eines Entspannungskurses entfernen wollte. Obwohl Döpfner in Rom mehrfach eindringlich und sogar unter Tränen bat, nicht zuletzt angesichts der mittlerweile verschärften politischen Situation, „seine Herde in notvoller Zeit" nicht verlassen zu müssen[46], ernannte ihn Johannes XXIII. nach einigem Hin und Her am 3. Juli 1961 zum neuen Oberhirten des großen, knapp zwei Millionen Katholiken zählenden, von starker Traditionsgebundenheit ebenso wie von kritischer Fortschrittlichkeit geprägten Erzbis-

---

43 Zitiert nach Wittstadt, Perspektiven einer kirchlichen Erneuerung (wie Anm. 42) 93.

44 Höllen, Loyale Distanz? (wie Anm. 33) 256.

45 Zu Wendel (1901–1960), 1941–1943 Koadjutor des Bischofs von Speyer, 1943–1952 Bischof von Speyer, 1952–1960 Erzbischof von München und Freising, seit 1953 Kardinal und seit 1956 zugleich Militärbischof für die deutsche Bundeswehr: Manfred Weitlauff, Joseph Kardinal Wendel (1901–1960). Koadjutor-Bischof und Bischof von Speyer (1941–1952), Erzbischof von München und Freising (1952–1960). Leben und Wirken eines Bischofs der Ära Pius` XII., in: Beiträge zur altbayerischen Kirchengeschichte 46 (2001) 9–207.

46 So Döpfner in seiner Ansprache in der Berliner Abendschau am 7. Juli 1961. Döpfner, Praedicamus Crucifixum (wie Anm. 36) 102f, hier 103.

tums München und Freising[47]. Gleichzeitig suchte der Papst in einem sonst nicht üblichen Handschreiben[48] seine vor allem in kirchlichen wie politischen Kreisen Westberlins mit großer Bestürzung aufgenommene Entscheidung zu begründen. Während Johannes XXIII. Döpfner für seinen letztlich „ergebenen Gehorsam" dankte, notierte Heinrich Krone, der Fraktionsvorsitzende der Unionsparteien im Deutschen Bundestag, in sein Tagebuch: „Mit Walter Adolph und Max Prange vom Ordinariat gesprochen. Beide sind wütend. Vor allem darüber, daß nach dem Weggang Döpfners eine Lösung für das Bistum Berlin geplant ist, die beide ablehnen."[49] Von Seiten der DDR-Führung hingegen verbuchte man die Abberufung des kämpferischen Kardinals begreiflicherweise als Erfolg. Ein SED-Agent sprach in diesem Zusammenhang von einer „relativen Weitsicht des Vatikans"[50].

4. Erzbischof von München und Freising (1961–1976)

Nachdem Döpfner Mitte August 1961, also gerade zum Zeitpunkt des Mauerbaus, sichtlich bewegt von Berlin Abschied genommen hatte[51] und am 30. September im Dom Zu Unserer Lieben Frau in München durch den Apostolischen Nuntius Corrado Bafile inthronisiert worden war, ging er sogleich mit der ihm eigenen Entschiedenheit ans Werk[52]. Wie gewohnt suchte er sogleich den unmittelbaren Kontakt mit den Geistlichen und den Gemeinden, forcierte die von seinem Vorgänger eingeleiteten Maßnahmen zu einer umfassenden Erneuerung der Seelsorge und rief insbesondere zu „einem neuen Denken über den Raum des Laien" in Kirche und Welt auf. „Die Laien der Kirche sind so wenig Christen zweiten Grades, wie auch für den Priester und die Ordensleute die Berufung aus der Taufe entscheidend bleibt", unterstrich er in seiner Silvesterpredigt 1961[53].

---

47 Zum Erzbistum München und Freising: Anton Landersdorfer, Erzbistum München und Freising, in: Gatz, Die Bistümer der deutschsprachigen Länder von der Säkularisation bis zur Gegenwart (wie Anm. 16) 507–529.

48 Auszüge bei Höllen, Loyale Distanz? (wie Anm. 33) 267f (Dokument Nr. 455 / 16. Juli 1961).

49 Heinrich Krone, Tagebücher, Bd. 1: 1945–1961, bearb. v. Hans-Otto Kleinmann (= Forschungen und Quellen zur Zeitgeschichte 28), Düsseldorf 1995, 514.

50 So wiedergegeben in einem Kommentar des „Rheinischen Merkur" vom 28. Juli 1961. Höllen, Loyale Distanz? (wie Anm. 33) 268f, hier 268 (Dokument Nr. 456 / 28. Juli 1961).

51 Näheres bei Ernst Tewes (Hg.), Zum Gedenken an Julius Kardinal Döpfner, gestorben am 24. Juli 1976, [München 1996], 22–26 („Abschied von Berlin in Ost und West").

52 Siehe dazu Wittstadt, Julius Kardinal Döpfner (wie Anm. 14) 270–322 („Erzbischof von München und Freising").

53 Abgedruckt in: Julius Kardinal Döpfner, In dieser Stunde der Kirche. Worte zum II. Vatikanischen Konzil, München 1967, 130–140, hier 131.

Freilich, allzu viel Zeit für die Leitung seiner in mancherlei Hinsicht problematischen Erzdiözese sollte Döpfner – als Münchener Erzbischof auch Vorsitzender der Bayerischen Bischofskonferenz und Protektor der Katholischen Akademie in Bayern – damals nicht bleiben. Denn mitten in die Jahre seines Münchener Neuanfangs fiel die Eröffnung des Zweiten Vatikanischen Konzils[54], auf dem er von Beginn an eine zentrale Rolle spielen, ja als behutsamer, zugleich immer um einen Ausgleich zwischen den divergierenden Gruppierungen bemühter Reformer zu den stärksten Antriebskräften der Kirchenversammlung werden sollte[55]. Den

54 Zum Zweiten Vatikanischen Konzil: Giuseppe Alberigo / Klaus Wittstadt (Hg.), Geschichte des Zweiten Vatikanischen Konzils (1959–1965), Bd. 1: Die katholische Kirche auf dem Weg in ein neues Zeitalter. Die Ankündigung und Vorbereitung des Zweiten Vatikanischen Konzils (Januar 1959 bis Oktober 1962), Mainz-Löwen 1997; Giuseppe Alberigo / Klaus Wittstadt (Hg.), Geschichte des Zweiten Vatikanischen Konzils (1959–1965), Bd. 2: Das Konzil auf dem Weg zu sich selbst. Erste Sitzungsperiode und Intersessio. Oktober 1962 – September 1963, Mainz-Löwen 2000; Giuseppe Alberigo / Klaus Wittstadt (Hg.), Geschichte des Zweiten Vatikanischen Konzils (1959–1965), Bd. 3: Das mündige Konzil. Zweite Sitzungsperiode und Intersessio. September 1963 – September 1964, Mainz-Löwen 2002; Giuseppe Alberigo / Günther Wassilowsky (Hg.), Geschichte des Zweiten Vatikanischen Konzils (1959–1965), Bd. 4: Die Kirche als Gemeinschaft. September 1964 – September 1965, Mainz-Löwen 2006; Giuseppe Alberigo / Günther Wassilowsky (Hg.), Geschichte des Zweiten Vatikanischen Konzils (1959–1965), Bd. 5: Ein Konzil des Übergangs. September – Dezember 1965, Ostfildern-Löwen 2008. – Vgl. auch Andreas R. Batlogg SJ / Clemens Brodkorb / Peter Pfister (Hg.), Erneuerung in Christus. Das Zweite Vatikanische Konzil (1962–1965) im Spiegel Münchener Kirchenarchive (= Schriften des Archivs des Erzbistums München und Freising 16), Regensburg 2012. – Franz Xaver Bischof (Hg.), Das Zweite Vatikanische Konzil (1962–1965). Stand und Perspektiven der kirchenhistorischen Forschung im deutschsprachigen Raum (= Münchener kirchenhistorische Studien. Neue Folge 1), Stuttgart 2012.

55 Näheres bei Klaus Wittstadt, Kardinal Döpfner und die Pastorale Konstitution „Über die Kirche in der Welt von heute". Vorschläge eines engagierten Bischofs, in: Thomas Franke / Markus Knapp / Johannes Schmid (Hg.), Creatio ex amore. Beiträge zu einer Theologie der Liebe, Würzburg 1989, 275–288. – Klaus Wittstadt, Julius Kardinal Döpfner und das Zweite Vatikanische Konzil, in: Würzburger Diözesangeschichtsblätter 53 (1991) 291–304. – Klaus Wittstadt, Julius Kardinal Döpfner. Eine bedeutende Persönlichkeit des Zweiten Vatikanischen Konzils, in: Instrumenta Theologica, Löwen 1996, 45–66. – Gerhard Gruber, Moderator des II. Vaticanums, in: Tewes, Zum Gedenken an Julius Kardinal Döpfner (wie Anm. 51) 28–37. – Paul-Werner Scheele, Julius Kardinal Döpfner. Gelebtes Konzil, in: Würzburger Diözesangeschichtsblätter 58, Ergbd. (1996) 127–134. – Klaus Wittstadt, Vorschläge von Julius Kardinal Döpfner an Papst Paul VI. zur Fortführung der Konzilsarbeiten (Juli 1963), in: Ebd. 135–156. – Klaus Wittstadt, Julius Kardinal Döpfner (wie Anm. 14) 169–224 („Kardinal Döpfner und das Zweite Vatikanische Konzil"). – Peter Pfister (Hg.), Julius Kardinal Döpfner und das Zweite Vatikanische Konzil. Vorträge des wissenschaftlichen Kolloquiums anläßlich der Öffnung des Kardinal-Döpfner-Konzilsarchivs am 16. November 2001 (= Schriften des Archivs des Erzbistums München und Freising 4), Regensburg 2002. – Guido Treffler (Bearb.), Julius Kardinal Döpfner. Konzilstagebücher, Briefe und Notizen zum Zweiten Vatikanischen Konzil (= Schriften des Archivs des Erzbistums München und Freising 9), Regensburg 2006. – Stephan Mokry, „Schema adhuc non plene satisfacit". Notizen zu Kardinal Julius Döpfners Wirken auf dem Zweiten Va-

Amtseinführung in München, 30. September 1961; mit dem Apostolischen Nuntius Erzbischof Corrado Bafile vor dem Erzbischöflichen Palais; rechts: Sekretär Matthias Defregger

Die vier Moderatoren des Zweiten Vatikanischen Konzils; v.l.: Kurienkardinal Grégoire-Pierre Agagianian, Kardinal Giacomo Lercaro (Bologna), Kardinal Döpfner, Kardinal Léon-Joseph Suenens (Mechelen-Brüssel)

Kernpunkt aller Reformen bildete seiner Ansicht nach „der Mut des Glaubens, der nicht schon für die Kirche fürchtet, wenn etwas ungewöhnlich erscheint, der aber auch sicher den von Gott vorgezeichneten Weg geht, wo dieser vielleicht weniger populär, weniger zeitaufgeschlossen, weniger fortschrittlich aussieht"[56].

Zunächst schon Mitglied der vorbereitenden Zentralkommission, wurde Döpfner im Dezember 1962 von Papst Johannes XXIII. in die Koordinierungskommission berufen und schließlich im September 1963 von dessen Nachfolger Paul VI. (1963–1978) zu einem der vier Moderatoren bestellt. In dieser herausragenden Funktion war er insbesondere auf die stringente Ausrichtung des Konzils auf die gesteckten Ziele und dessen konsequenten Ablauf bedacht, während er auf die inhaltliche Gestaltung der einzelnen Beschlüsse vor allem durch seine viel beachteten, stets sorgfältig und unter Einbeziehung kompetenter Fachleute, nicht zuletzt von Professoren der Katholisch-Theologischen Fakultät der Universität München, vorbereiteten Wortmeldungen, den so genannten „Interventionen", Einfluss nahm. Dabei konzentrierte er seine vornehmlich von einer realistischen

tikanischen Konzil unter besonderer Berücksichtigung der Kirchenkonstitution Lumen gentium, in: Batlogg / Brodkorb / Pfister, Erneuerung in Christus (wie Anm. 54) 47–68. – Stephan Mokry, Kardinal Julius Döpfner (1913–1976) und das II. Vatikanische Konzil. Forschungsthemen und vorläufige Bilanz, in: Bischof, Das Zweite Vatikanische Konzil (wie Anm. 54) 67–79.
56 Döpfner, In dieser Stunde der Kirche (wie Anm. 53) 37.

pastoralen Sorge gekennzeichneten Beiträge auf jeweils besonders wesentliche und zumeist auch strittige Fragen. Erholung von seiner kräftezehrenden Tätigkeit in Rom suchte der passionierte Bergsteiger, der eine ganze Reihe von Viertausendern, unter anderem auch den Montblanc und das Matterhorn erklomm[57], vor allem bei Wanderungen und Touren in der mittelitalienischen Bergwelt.

Inzwischen zu einer zentralen Gestalt des Gesamtepiskopats geworden, bekam Döpfner nach Abschluss des Konzils am 8. Dezember 1965 neben seiner Mitgliedschaft in der Päpstlichen Kommission für die Revision des Codex Juris Canonici sowie in den Kongregationen für die Ostkirchen, den Klerus und die Evangelisation der Völker zwei wichtige weltkirchliche Aufgaben übertragen: Er wurde in den Ständigen Rat zur Vorbereitung der Römischen Bischofssynode berufen, an deren Ordentlichen Generalversammlungen er dann bis zu seinem Tode dreimal teilnahm, zuletzt 1974, als er beim Thema „Die Evangelisierung in der Welt von heute" in einer vielbeachteten Intervention einige wesentliche Erfahrungen ansprach, denen man nachgehen sollte. Wörtlich sagte er: „Sehr viele Menschen empfinden in der geistigen und sittlichen Entfernung von Gott keinen Nachteil oder eine Beeinträchtigung ihres Daseins. Angesichts dieser Verdunklung des Antlitzes Gottes muß die Gottesfrage heute in allen Bemühungen den ersten Platz einnehmen. Wenn nicht alle Christen und besonders die, welche sich dem Dienst der Verkündigung widmen, sich um eine immer tiefere Erfahrung im Umgang mit dem lebendigen Gott mühen, dann werden sich alle anderen Versuche als vergebliche Auswege erweisen. Die Zeichen für eine mögliche Änderung der Situation in naher Zukunft müssen mit aller Klugheit und mit einer gründlichen Unterscheidung der Geister gedeutet werden."[58] Ebenso wurde Döpfner zum Vizepräsidenten der Päpstlichen Kommission für die Studien von Bevölkerung, Familie und Geburtenkontrolle bestellt. Als solcher hatte er kurze Zeit später Paul VI. das von ihm mitgetragene Mehrheitsvotum zu übergeben, dessen Plädoyer für eine verantwortete Elternschaft sich der Papst jedoch in seiner umstrittenen Enzyklika „Humanae vitae"[59] vom 25. Juli 1968 nicht zu eigen machte. Darüber hinaus war Döpfner bereits Anfang Dezember 1965 – noch in Rom – als Nachfolger des Kölner Kardinals Joseph Frings[60] zum Vorsitzenden der Fuldaer

---

57 Siehe dazu: „Ich habe prächtige Touren gemacht.", in: Fritz Bauer / Karl Wagner (Hg.), Kardinal Döpfner. Leben und Wort 1913–1976, München 1976, 47–50.

58 „Wer an Gott glaubt, liebt auch die Erde." Ebd. 57f, hier 57.

59 Zu „Humanae vitae": Gerfried W. Hunold, Art. Humanae vitae, in: LThK³ 5 (1996) 316–318.

60 Zu Frings (1887–1978), 1942–1969 Erzbischof von Köln, seit 1946 Kardinal: Eduard Hegel, Art. Frings, in: Gatz, Die Bischöfe der deutschsprachigen Länder 1945–2001 (wie Anm. 6) 287–290. – Norbert Trippen, Josef Kardinal Frings (1887–1978), Bd. 1: Sein Wirken für das Erzbistum

Bischofskonferenz[61] gewählt worden; sie konstituierte sich im Jahr darauf gemäß den Bestimmungen des Konzilsdekrets „Christus Dominus" als Deutsche Bischofskonferenz und erhielt anschließend auch eine neue Ordnung, etwa durch die Gründung des Verbandes der Diözesen Deutschlands, die Einrichtung eines Ständigen Rates, die Bildung von nicht weniger als 15 Kommissionen sowie den Ausbau des Sekretariates. Überdies führte Döpfner die im Anschluss an jede Bischofskonferenz stattfindende Pressekonferenz ein, auf der er sich während seiner elfjährigen Amtszeit (Wiederwahl 1971) dezidiert zu gesellschaftspolitisch brisanten Themen äußerte, mit besonderem Nachdruck zum Schutz des ungeborenen Lebens sowie von Ehe und Familie, ferner zu den Gefahren rechts- und linksextremer politischer Bewegungen, zu den Menschenrechten und zu den Grundwerten in Staat und Gesellschaft. Des Weiteren bemühte er sich um gute Kontakte zu den Episkopaten innerhalb Europas, aber auch anderer Kontinente, ferner zu den unierten wie getrennten Ostkirchen und unternahm zu diesem Zweck zahlreiche Reisen, so etwa in die USA und nach Lateinamerika, Indien, Afrika und Polen.

Die in jenen aufgewühlten Jahren trotz aller Unterschiede im Einzelnen sich bewährende Solidarität des deutschen Episkopates war in ganz erheblichem Maße das Verdienst Döpfners. Dies zeigte sich insbesondere bei der Verabschiedung der aufgrund seines persönlichen Einsatzes zustande gekommenen und vom ihm selbst dem Papst erläuterten „Königsteiner Erklärung"[62] vom 30. August 1968; sie trug angesichts einer nicht unerheblichen „Ratlosigkeit" unter den Gläubigen nach Erscheinen von „Humanae vitae" in Fragen der empfängnisregelnden Methodenwahl der eigenen Gewissensentscheidung Rechnung und ging bis an die Grenze dessen, was Rom gerade noch akzeptieren konnte. Weil die Diskussion hierüber jedoch nicht verstummte und man zudem erkannt hatte, dass die Grundprobleme der Pastoral in den deutschen Bistümern nach einer einheitlichen Ausrichtung und Lösung verlangten, wurde auf dem emotionsgeladenen Essener Katholikentag vom September 1968 der Gedanke einer gemeinsamen Synode ventiliert, deren Durchführung die Deutsche Bischofskonferenz schon ein halbes Jahr

Köln und für die Kirche in Deutschland (= Veröffentlichungen der Kommission für Zeitgeschichte, Reihe B: Forschungen 94), Paderborn u.a. 2003; Norbert Trippen, Josef Kardinal Frings (1887–1978), Bd. 2: Sein Wirken für die Weltkirche und seine letzten Bischofsjahre (= Veröffentlichungen der Kommission für Zeitgeschichte, Reihe B: Forschungen 104), Paderborn u.a. 2005.

61 Siehe dazu Wittstadt, Julius Kardinal Döpfner (wie Anm. 14) 225–251 („Kardinal Döpfner als Vorsitzender der Deutschen Bischofskonferenz").

62 Zur „Königsteiner Erklärung": Bernhard Häring, Art. Königsteiner Erklärung, in: LThK³ 6 (1997) 261f.

Frühjahrskonferenz der Deutschen Bischofskonferenz in Fulda, 1.–4. März 1971; rechts von Kardinal Döpfner: Erzbischof Lorenz Kardinal Jaeger (Paderborn); im Hintergrund (6. v.l.): Bischof Friedrich Wetter (Speyer)

später beschloss. Diese „Gemeinsame Synode der Bistümer in der Bundesrepublik Deutschland"[63] – sie tagte schließlich vom Januar 1971 bis zum November 1975 in acht Vollversammlungen im Würzburger Dom – bildete einen weiteren Höhepunkt im Leben und Wirken Döpfners[64]. Als deren Präsident war es namentlich seiner anerkannten Autorität und seinen integrativen Fähigkeiten zu verdanken, dass die weit auseinanderdriftenden Meinungen und Fronten zusammengehalten und diverse Zerreißproben gemeistert werden konnten, was ihm von

---

63 Näheres bei Klaus Wittstadt, Art. Einzelne Synoden. I. Deutschland, in: LThK³ 9 (2000) 1191.
    – Vgl. auch Gemeinsame Synode der Bistümer in der Bundesrepublik Deutschland. Beschlüsse der Vollversammlung. Offizielle Gesamtausgabe I, Freiburg-Basel-Wien ⁵1982; Ergänzungsband: Arbeitspapiere der Sachkommissionen. Offizielle Gesamtausgabe II, Freiburg-Basel-Wien ³1981. – Gemeinsame Synode der Bistümer der Bundesrepublik Deutschland. Offizielle Gesamtausgabe, hg. von der Deutschen Bischofskonferenz, Freiburg i. Br. 2012. – Wolfgang Weiß, Die Würzburger Synode. Ende statt Anfang?, in: Rottenburger Jahrbuch für Kirchengeschichte 26 (2007) 93–106.
64 Siehe dazu Wittstadt, Julius Kardinal Döpfner (wie Anm. 14) 252–269 („Kardinal Döpfner als Präsident der Würzburger Synode").

allen Seiten Respekt und am Ende der Synode stehende Ovationen einbrachte. Als Perspektive für den künftigen Weg der Kirche hatte er in seiner programmatischen Schlussansprache einen dreifachen praktischen Impuls gegeben: Aufeinander zugehen – miteinander reden und gemeinsam sprechen – den Geist Jesu Christi bezeugen und daraus handeln[65], worauf ihm Dr. Bernhard Servatius, Vize-Präsident der Synode, in seiner Dankansprache erwiderte: „Sie haben all das praktiziert, was wir selber lernen mußten, um zueinander zu kommen."[66]

Im größeren Kontext der nachkonziliaren Erneuerung standen zugleich all jene pastoralen Maßnahmen, welche Döpfner in seinem Erzbistum nach Abschluss des Zweiten Vatikanums, zum Teil bahnbrechend, in die Wege leitete. Als zentrales Anliegen hierbei galt ihm zum einen die Reform der Liturgie, an deren Beginn elf Priestertage mit Modellgottesdiensten in der Muttersprache sowie die Errichtung einer liturgischen Kommission standen, zum anderen die Beteiligung aller Gläubigen an der Verantwortung für das Ganze der Kirche.[67] Dementsprechend wurden 1968 die ersten Laien als Kommunionspender beauftragt und fünf Jahre später auch verstärkt zur Vorbereitung des Firmsakraments herangezogen, 1970 die ersten Ständigen Diakone geweiht und im Jahr darauf die ersten Pastoralassistenten ausgesandt – Entscheidungen, welche angesichts der stark zurückgehenden Zahl der Neugeweihten (1962: 26 – 1975: 4)[68] bei gleichzeitigem Anstieg der Laisierungsanträge von Priestern zusätzlich an Bedeutung gewannen. Das sinkende Interesse am geistlichen Beruf hatte Döpfner unterdessen auch veranlasst, die Priesterausbildung an der staatlichen Philosophisch-Theologischen Hochschule in Freising aufzugeben und das Priesterseminar nach München zu verlegen, was keineswegs nur Zustimmung fand. Dass er zugleich stets um einen guten Kontakt zu seinen Geistlichen bemüht war, bestätigen nicht zuletzt seine insgesamt dreizehn, besonders virulente Fragen ihres Dienstes erörternden Briefe[69], die er ihnen fast jedes Jahr in der Fastenzeit schrieb, den letzten 1976, gleichsam wie ein Vermächtnis wenige Monate vor seinem Tod. Ihm gab Ernst Tewes seinem Inhalt entsprechend den Titel: „Habt Mut, glaubt miteinander!". Darin stehen folgende, nach wie vor hochaktuelle Sätze zu lesen: „Unsere Verkündi-

---

65 „Türme von Papier, viel Geduld und neue Menschen". Bilanz zum Synodenschluß in Würzburg, in: Bauer / Wagner, Kardinal Döpfner (wie Anm. 57) 61–64.

66 Zitiert nach Tewes, Zum Gedenken an Julius Kardinal Döpfner (wie Anm. 51) 45 f, hier 46.

67 Vgl. Wolfgang Steck, Der Beginn der Liturgiereform in der Erzdiözese München und Freising. Eine chronologische Spurensuche, in: Batlogg / Brodkorb / Pfister, Erneuerung in Christus (wie Anm. 54) 215–232.

68 Amtsblatt der Erzdiözese München und Freising 1962, Nr. 9, 125 f; Amtsblatt für das Erzbistum München und Freising 1975, Nr. 8, 303.

69 Kardinal Julius Döpfner. Weggefährte in bedrängter Zeit. Briefe an die Priester, hg. von Ernst Tewes, München 1986.

gung wird glaubwürdiger, wenn wir zuerst uns selbst treffen lassen. So bleiben wir davor bewahrt, Routiniers des liturgischen Vollzugs und einer distanzierten, kühlen Verkündigung zu werden. Wenn wir uns immer neu Gott stellen, erfahren wir, daß wir selbst Anfangende sind und unser eigener Glaubensweg ein ständiger Reife- und Lernprozeß ist. Das macht menschlich, geduldig und verstehend."[70]

Gleichwohl kam es zu Döpfners großem Leidwesen zu einer nicht unbeträchtlichen Polarisierung unter seinen Geistlichen. Während sich reformfreudige Priester und Laien zum „Aktionskreis München" zusammenschlossen und ihn 1970 in einem Memorandum aufforderten, sich für eine Entflechtung von Priesteramt und Zölibat einzusetzen, bildete sich im Jahr darauf als Gegenbewegung die auf Wahrung von Kontinuität und Tradition bedachte „Priestergemeinschaft für konziliare Erneuerung". Derartige Spaltungen traten aber genauso unter den Gläubigen zutage, weshalb Döpfner sich immer wieder mit progressiven wie konservativen Kreisen auseinanderzusetzen hatte. Zu den bittersten Erfahrungen hierbei gehörten die Besetzung des Münchener Domes durch Mitglieder der „Integrierten Gemeinde" sowie die von Vertretern der Gruppe „Una voce" massiv gegen die Liturgiereform erhobenen Vorwürfe wenige Wochen vor seinem Tode.

Im Rahmen der von Döpfner und seinen Mitarbeitern erstellten neuen Seelsorgekonzeption war 1968 überdies eine Aufteilung des Erzbistums in drei Regionen (München, Nord und Süd) erfolgt; in ihnen nahmen fortan einzelne Weihbischöfe ihren Wohnsitz, um vor Ort eine engere Verbindung zu den Geistlichen wie den Gläubigen zu ermöglichen. Vier Jahre später legte das Erzbistum als erste deutsche Diözese auch eine „Kirchliche Raumordnung" vor, der zufolge es zur Bildung der ersten Pfarrverbände und zur Neugliederung der Dekanate in den Landregionen kam. In München war die Zahl der Dekanate bereits 1967 erheblich erweitert worden.

Neben der nachkonziliaren Erneuerung im eigenen Erzbistum zeigte Döpfner sich in all diesen Jahren um eine Verbesserung des ökumenischen Klimas bemüht, was dank seines engen „brüderlichen" Verhältnisses zu Hermann Dietzfelbinger[71], dem Landesbischof der Lutherischen Kirche Bayerns, überzeugend gelang. Ja, aufgrund der Tatsache, dass dieser gleichzeitig Vorsitzender des Rates der Evangelischen Kirche in Deutschland war, während Döpfner der Deutschen Bischofskonferenz vorstand, wurde München alsbald zum Brennpunkt der ökumenischen Bemühungen hierzulande, die sich in einer Reihe von gemeinsamen Gottesdiens-

---

70 Ebd. 137–146, hier 139.
71 Zu Dietzfelbinger (1908–1984), 1955–1975 Bayerischer Landesbischof, 1967–1973 Ratsvorsitzender der Evangelischen Kirche in Deutschland: Nora Andrea Schulze, Art. Dietzfelbinger, in: RGG⁴ 2 (1999) 850.

Aufbahrung im Münchener Dom, 26. Juli 1976

ten und Erklärungen manifestierten. „Es war das redliche Verhältnis eines durch und durch lutherischen Bischofs zu einem Kardinal, der auch seinerseits wahrhaft katholisch sein wollte. So waren beide bewußt und fest in ihrer Kirche verwurzelt und suchten den Willen des gemeinsamen Herrn, daß alle, die an ihn glauben, eins seien, Schritt für Schritt zu erfüllen", so beschrieb Döpfner lapidar seine Erfahrungen mit Dietzfelbinger[72].

Nicht unerwähnt bleiben soll schließlich, dass Döpfner, der lange Zeit auch Präsident des deutschen Zweiges von „Pax Christi" war und sich in vorbildlicher Weise um das weltweite Missionswerk sowie die aus seiner Erzdiözese stammenden Missionare kümmerte, 1970 vorbehaltlos hinter seinem Weihbischof Matthias Defregger[73] stand, als gegen diesen im Zuge einer publizistischen Kampagne mas-

---

72 Döpfner, Meine fränkischen Jahre (wie Anm. 14) 13. – Dietzfelbinger schrieb in einem Nachruf: „Sein Wahlspruch ‚praedicamus crucifixum' ist in den letzten Wochen oft zitiert worden. Er hat auch in unserer Beziehung zueinander eine Rolle gespielt. Als Kardinal Döpfner in der Nachfolge des an Silvester 1960 ebenso plötzlich verstorbenen Kardinals Wendel nach München kam, dachte ich mir: Wer unter diesem Wahlspruch angetreten ist, mit dem muß eine Begegnung möglich sein, nicht nur auf der Ebene der kirchlichen Diplomatie, sondern eben wie zwischen Christen. Sie wurde möglich in einer Weise, daß es mir bis heute zumute ist, als hätte ich nicht nur einen redlichen Gesprächspartner, sondern einen Bruder in Christus verloren." Hermann Dietzfelbinger, Zum Tode von Julius Kardinal Döpfner, in: Una Sancta 31 (1976) 178f, hier 178.

73 Defregger (1915–1995), seit 1968 Bischofsvikar der neugeschaffenen Seelsorgsregion Süd, trat 1970 zurück und war fortan bis 1986 Bischofsvikar für die Ordensleute. – Zu ihm: Anton Landersdorfer, Art. Defregger, in: Gatz, Die Bischöfe der deutschsprachigen Länder 1945–2001 (wie Anm. 6) 400.

Beerdigungszug auf dem Marienplatz, 29. Juli 1976

sive Vorwürfe wegen einer Geiselerschießung im Zweiten Weltkrieg erhoben wurden, und dass er im kirchlichen Lehrverfahren gegen den umstrittenen Tübinger Theologen Hans Küng wiederholt als Vermittler fungierte[74].

5. Versuch einer Bilanz

In Anbetracht all dessen bleibt zu konstatieren: In seiner fast dreißigjährigen Tätigkeit an der Spitze dreier Bistümer, zudem mit zahlreichen überdiözesanen und weltkirchlichen Aufgaben betraut, hat Julius Kardinal Döpfner in einer äußerst schwierigen, von vielerlei Umbrüchen gekennzeichneten Phase der deutschen Geschichte Erscheinungsbild und Handeln der katholischen Kirche hierzulande nachhaltig geprägt und als leidenschaftlicher, keiner bestimmten kirchlichen Richtung oder Bewegung verschriebener Vermittler unermüdlich für deren Einheit gerungen. Ausgestattet mit einer großen Sensibilität für das „in dieser Stunde der Kirche" Notwendige und Mögliche, stellte er sich den vielfältigen Herausforderungen der Zeit und suchte mit der ihm eigenen Aufrichtigkeit, Offenheit und Kooperationsbereitschaft nach Lösungen und in der Zukunft gangbaren Wegen, wobei er die Eigenverantwortung des Menschen ernst nahm, ohne Traditionen einfach über Bord zu werfen. Basis und Kraftquelle seines außerordentlichen, bis an die Grenzen der physischen Belastbarkeit reichenden Engagements bildeten sein tief wurzelnder Glaube und seine unverbrüchliche Liebe zur Kirche. Obwohl er nach außen hin sicher und klar wirkte, war er im Grunde ein eher ängstlicher und starken inneren Spannungen ausgesetzter Mensch, der zu heftigen Gefühlsausbrüchen neigen konnte. Doch trotz seiner ernsten, manchmal sogar grimmigen Miene verlor er nie den Sinn für echten Humor.

Kurzum: Julius Kardinal Döpfner war von einem besonderen, sich gewiss nicht jedermann gleich erschließenden, aber überaus gewinnenden und Vertrauen schaffenden Charakter. Dabei hatte er ein stets waches Gespür für das, was die Menschen bewegte und umtrieb, was sie zweifeln oder hoffen ließ. Zudem verkörperte er stets überzeugend, was Kirche heutzutage sein soll: pilgerndes Volk Gottes, „unter Apostelnachfolgern, die zwar auch Führer und Gesetzgeber, vor allem aber Diener und Knechte sind"[75].

---

74 Dies würdigte trotz aller Kritik auch Küng selbst: Hans Küng, Umstrittene Wahrheit. Erinnerungen, München-Zürich 2009, bes. 431f, 459–461.
75 Hans Heigert, Ein Mann Gottes und der Menschenliebe, in: Süddeutsche Zeitung Nr. 170, 26. Juli 1976.

Bronze-Epitaph von Hans Wimmer im Münchener Dom, übergeben zum 5. Todestag am 24. Juli 1981

Amtshandlungen 1948–1976

Benita Berning / Isabella Hödl / Paul Kink

1. Würzburg

1948

12.10.	Zell am Main, Kloster Oberzell: Übernahme der Regierung der Diözese durch Bekanntgabe des Apostolischen Ernennungsschreibens in feierlicher Sitzung des Domkapitels und Ernennung des bisherigen Kapitularvikars, Domkapitular Dr. Vinzenz Fuchs, zum Generalvikar
14.10.	Würzburg, Neumünster: Konsekration des Bischofs durch Joseph Otto Kolb, Erzbischof von Bamberg, unter Assistenz von Dr. Joseph Schröffer, Bischof von Eichstätt, und Dr. Artur Michael Landgraf, Weihbischof von Bamberg
15.10.	Würzburg, Marienberg-Lichtspiele: Ansprache über „Kirche und Film" anläßlich der Aufführung der Filmdichtung „Das Lied von Bernadette"
17.10.	Würzburg, St. Burkard: Pontifikalamt mit Ansprache
17.10.	Würzburg, Hl. Kreuz: 19 Uhr Predigt
22.10.	Vierzehnheiligen: Pontifikalamt mit Erteilung des Päpstlichen Segens anläßlich der 500-Jahrfeier des Wallfahrtsortes
23.10.	Vierzehnheiligen: Predigt; nachmittags sakramentale Prozession
24.10.	Höchberg: Pontifikalamt und Predigt anläßlich der Feier des 1200-jährigen Bestehens der Pfarrei
26.10.	Würzburg, Neumünster: Pontifikalrequiem für Bischof Matthias Ehrenfried
26.10.	Würzburg, Elisabethenheim: nachmittags Konferenz der Geistlichen der Dekanate Würzburg rechts und links des Mains
31.10.	Würzburg-Heidingsfeld: 13.30 Uhr Grundsteinlegung zum Neubau der Pfarrkirche St. Laurentius
31.10.	Würzburg, Mariannhiller Herz-Jesu-Kirche: 17.30 Uhr Feierstunde der Katholischen Jugend mit Predigt
02.11.	Würzburg, Neumünster: Pontifikalrequiem mit Ansprache für die Opfer des Krieges
03.11.	Obernburg: Konferenz der Geistlichen der Dekanate Obernburg und Klingenberg
03.11.	Miltenberg: nachmittags Konferenz der Geistlichen des Dekanats Miltenberg
04.11.	Miltenberg, Kilianeum: Pontifikalmesse mit Ansprache; Firmung (1 Konvertitin)

Inthronisation im Neumünster zu Würzburg, 14. Oktober 1948

Ansprache des neuen Bischofs vor dem Portal des Neumünsters zu Würzburg, 14. Oktober 1948

Zug durch die Stadt, 14. Oktober 1948

04.11.	Miltenberg, Kilianeum: Konferenz der Geistlichen der Dekanate Aschaffenburg-Ost und Aschaffenburg-West
04.11.	Miltenberg, Kilianeum: nachmittags Konferenz der Geistlichen des Dekanats Aschaffenburg-Stadt
04.11.	Großwallstadt: abends Ansprache in der Kirche
05.11.	Großwallstadt: Pontifikalmesse
05.11.	Großwallstadt: Konferenz der Geistlichen des Dekanats Alzenau
05.11.	Großwallstadt: nachmittags Konferenz der Geistlichen des Dekanats Lohr
07.11.	Würzburg, Neumünster: Pontifikalamt mit Te Deum
08.11.	Baldersheim: Konferenz der Geistlichen des Dekanats Röttingen
09.11.	Würzburg, Elisabethenheim: Konferenz der Geistlichen der Dekanate Ochsenfurt und Bütthard
10.11.	Würzburg, Augustinerkirche: Semester-Eröffnungsgottesdienst für Studenten und Akademiker (Pontifikalamt mit Predigt)
10.11.	Würzburg, Augustinerkirche: nachmittags Konferenz der Geistlichen der Stadt Würzburg
10.11.	Würzburg, Huttensaal: abends Ansprache anläßlich der Veranstaltung der Arbeitsgemeinschaft der Katholischen Deutschen Akademikerschaft
11.11.	Fahrt nach Thüringen zum Besuch der dortigen Diasporastationen; Besuch des Bischofs von Fulda und des Grabes des hl. Bonifatius; Überschreiten der Zonengrenze bei Wartha-Eisenach
11.11.	Bad Salzungen, Pfarrkirche: abends Ansprache
12.11.	Bad Salzungen: Pontifikalmesse und Firmung (164)
12.11.	Bad Liebenstein: nachmittags Gottesdienst
13.11.	Herrenbreitungen, evangelische Kirche: 9 Uhr Gottesdienst
13.11.	Wernshausen, Notkirche: 10 Uhr Gottesdienst
13.11.	Schwallungen: 12 Uhr Firmung in einem Wirtssaal (52); Prozession zur Waldkapelle bei Schwallungen
13.11.	Meiningen, Kirche: abends Ansprache
14.11.	Meiningen, Kirche: 8.30 Uhr Pontifikalmesse und Firmung (138)
14.11.	Hümpfershausen: 15:00 Uhr Firmung (44)
14.11.	Meiningen: 19.30 Uhr Gemeindeabend
15.11.	[Meiningen]: 7.15 Uhr Pontifikalmesse mit Ansprache
15.11.	Hermannsfeld: 9.00 Uhr Gottesdienst
15.11.	Helmershausen: 14.00 Uhr Gottesdienst
15.11.	Stepfershausen: 15.30 Uhr Firmung (26)
16.11.	[o.O.]: 6.30 Uhr Gemeinschaftsmesse der Jugend mit Ansprache
16.11.	Obermaßfeld: 12.00 Uhr Gottesdienst
16.11.	Bibra, evangelische Kirche: 14.00 Uhr Ansprache an die Flüchtlinge

16.11.	Wolfmannshausen, Saal des Kinderheims: abends Gemeindefeier
17.11.	Wolfmannshausen: Pontifikalmesse und Firmung (52)
17.11.	Jüchsen: 13.00 Uhr Gottesdienst
17.11.	Hildburghausen: 15.00 Uhr hl. Messe und Firmung (113)
18.11.	Römhild: Pontifikalmesse und Firmung (27)
18.11.	Römhild: Besuch der Lungenheilstätte am Hang des Großen Gleichberges und des Höhenlagers für Evakuierte
18.11.	Heldburg, evangelische Friedhofskapelle: 16.00 Uhr Gottesdienst
19.11.	Themar: 8.00 Uhr Pontifikalmesse und Firmung (54)
19.11.	Eisfeld, evangelische Pfarrkirche: 11.00 Uhr Firmung (101)
19.11.	Eisfeld, Barackenkirche: 15.30 Uhr sakramentale Andacht
19.11.	Schalkau, evangelische Friedhofskapelle: 16.30 Uhr Gottesdienst
19.11.	Sonneberg, Rathaus: 19.00 Uhr außerordentliche Sitzung des Stadtrates und Gemeinderates mit Eintrag in das Goldene Buch
19.11.	Sonneberg: 20.00 Uhr Feierstunde der katholischen Gemeinde
20.11.	Sonneberg: Pontifikalmesse und Firmung (103)
20.11.	Steinach: nachmittags Gottesdienst
20.11.	Lauscha: nachmittags Gottesdienst
20.11.	Gräfenthal: Firmung (51)
20.11.	Saalfeld: abends Empfang mit Weihe des Banners für die weibliche Jugend
21.11.	Saalfeld: Pontifikalmesse und Firmung (96)
21.11.	Lehesten: nachmittags Gottesdienst
21.11.	Leutenberg: Pontifikalmesse und Firmung (62)
21.11.	Saalfeld, Meininger Hof: 20.00 Uhr Gemeindefeier
22.11.	Pößneck: Pontifikalmesse und Firmung (83)
22.11.	Ranis: 13.30 Uhr Firmung (33)
22.11.	Ziegenrück: 16.00 Uhr Firmung (27)
22.11.	Pößneck: 18.30 Uhr Weihe des Jugendbanners; 20.00 Uhr Gemeindefeier
23.11.	Unterwellenborn: 8.00 Uhr Pontifikalmesse mit Ansprache
24.11.	Meiningen: Konferenz der Diasporageistlichen
25.11.	Meiningen: Pontifikalmesse mit Abschiedsansprache; Rückfahrt über Oberhof, Erfurt, Nordhausen, Walkenried, Göttingen, Fulda
28.11.	Würzburg, Kilianeum: Pontifikalmesse und Ansprache
29.11.	Würzburg, Mariannhiller Herz-Jesu-Kirche: Pontifikalmesse und Firmung für 43 Flüchtlinge
30.11.	Würzburg: Einweihung der wieder aufgebauten Luitpoldbrücke (Friedensbrücke)
08.12.	Hausen bei Bad Kissingen: Pontifikalmesse und Predigt
09.12.	Bad Kissingen: Konferenz der Geistlichen des Dekanats Bad Kissingen

09.12.	Bad Brückenau: nachmittags Konferenz der Geistlichen des Dekanats Bad Brückenau
12.12.	Würzburg, Augustinerkirche: Pontifikalamt mit Ansprache anläßlich der Generalversammlung des Diözesan-Cäcilienvereins
14.12.	Würzburg, Elisabethenheim: Bericht über den Besuch der Thüringer Diaspora in der Versammlung des Priestervereins
15.12.	Würzburg, St. Burkard: Pontifikalmesse mit Ansprache anläßlich der Tagung der Katholischen Erzieher-Gemeinschaft
16.12.	München: Besuch bei Kardinal Michael von Faulhaber
18.12.	Würzburg, Mariannhiller Herz-Jesu-Kirche: Tonsur (15 Alumnen, 2 Augustiner, 4 Mariannhiller) und Subdiakonat (10 Alumnen, 3 Augustiner)
19.12.	Würzburg, Mariannhiller Herz-Jesu-Kirche: Ostiariat und Lektorat (15 Alumnen, 2 Augustiner, 4 Mariannhiller) und Diakonat (10 Alumnen, 3 Augustiner, 4 Mariannhiller)
20.12.	Hofheim: Konferenz der Geistlichen des Dekanates Hofheim
20.12.	Ebern: 14.00 Uhr Konferenz der Geistlichen des Dekanates Ebern
21.12.	[o.O.]: Besuch des Erzbischofs Joseph Otto Kolb und des Weihbischofs Dr. Artur Michael Landgraf von Bamberg
21.12.	Burg Feuerstein: Besuch der Katholischen Jugend der Erzdiözese Bamberg
25.12.	Würzburg, Neumünster: Pontifikalamt mit Predigt
25.12.	Zell am Main, Kloster Oberzell: 14.30 Uhr Pontifikalvesper
26.12.	Würzburg, Kapelle der Ritaschwestern: Pontifikalmesse mit Ansprache für die Lukasgilde
26.12.	Predigt im Bayerischen Rundfunk
31.12.	Würzburg, St. Adalbero: 17.00 Uhr Predigt bei der Jahresschlußandacht

1949

03.01.	Limburg: Teilnahme an der Beisetzung des am 27.12.1948 tödlich verunglückten Bischofs Dr. Ferdinand Dirichs von Limburg
06.01.	Zell am Main, Kloster Oberzell: Pontifikalamt
09.01.	Würzburg, Flüchtlingslager am Galgenberg: Pontifikalamt mit Predigt
09.01.	Würzburg, Töchter des Allerheiligsten Erlösers: nachmittags Besuch des Mutterhauses mit Vortrag für die Schwestern
16.01.	Gochsheim: Pontifikalamt mit Predigt
16.01.	Schweinfurt, Hl. Geist: abends Predigt
17.01.	Schweinfurt, Hl. Geist: Pontifikalmesse als Gemeinschaftsmesse der Katholischen Jugend mit Ansprache
17.01.	Gerolzhofen: vormittags Konferenz mit den Geistlichen des Dekanats Gerolzhofen

17.01.	Schweinfurt: nachmittags Konferenz mit den Geistlichen der Dekanate Schweinfurt-Stadt und Schweinfurt-Land
18.01.	Zeil: vormittags Konferenz mit den Geistlichen des Dekanats Eltmann
18.01.	Haßfurt: nachmittags Konferenz mit den Geistlichen des Dekanats Haßfurt
19.01.	Marktheidenfeld: Konferenz mit den Geistlichen des Dekanats Marktheidenfeld
23.01.	Zell am Main, Kloster Oberzell: Vortrag für die Schwestern des Mutterhauses
23.01.	Würzburg, Pfarrsaal St. Burkard: Gründungsversammlung des St.-Bruno-Werkes
25.01.	Volkach: vormittags Konferenz mit den Geistlichen des Dekanats Volkach
25.01.	Werneck: nachmittags Konferenz mit den Geistlichen des Dekanats Werneck
26.01.	Kitzingen: vormittags Konferenz mit den Geistlichen des Dekanats Kitzingen
26.01.	Dettelbach: nachmittags Konferenz mit den Geistlichen des Dekanats Dettelbach
26.01.	Münsterschwarzach: Besuch der Abtei mit Erteilung des Pontifikalsegens in der Abteikirche
30.01.	Würzburg, Kapelle des Jugendheims am Schottenanger: Pontifikalmesse mit Ansprache anläßlich des Festes des hl. Johannes Bosco und Spendung der Firmung an 7 Konvertiten
02.02.	Würzburg, Institut der Englischen Fräulein in der Nikolausstraße: Benediktion des Altars und der Kapelle mit Pontifikalmesse und Ansprache
12.02.	Würzburg, Mariannhiller Seminar: Betrachtungspunkte für die Alumnen des Priesterseminars am Vorabend der Priesterweihe
13.02.	Würzburg, Mariannhiller Herz-Jesu-Kirche: Priesterweihe (10 Alumnen, 3 Augustiner, 1 Salesianer, 4 Mariannhiller)
13.02.	Würzburg, Hl. Kreuz: nachmittags Betstunde für Erzbischof Jószef Kardinal Mindszenty, Erzbischof von Gran, mit Abgabe einer feierlichen Erklärung unter Anteilnahme des lettischen Bischofs Antonius Urbšs von Libau
14.02.	Würzburg, Exerzitienhaus Himmelspforten: Anteilnahme an der Diözesantagung des Kolpingwerkes
15.02.	Unterweißenbrunn: vormittags Konferenz der Geistlichen des Dekanats Bischofsheim
15.02.	Lebenhan: Besuch des Missionshauses St. Kilian der Missionare von der Hl. Familie
15.02.	Mellrichstadt: nachmittags Konferenz der Geistlichen des Dekanats Mellrichstadt
16.02.	Rödelmaier, Karmelitenkloster Regina Pacis: Einkleidung einer Kandidatin mit Pontifikalmesse und Ansprache
16.02.	Königshofen: nachmittags Konferenz der Geistlichen des Dekanats Königshofen
16.02.	Münnerstadt: abends Besuch der Diözesan-Kirchenmusikschule
17.02.	Münnerstadt, Studienseminar: Gemeinschaftsmesse

Grundsteinlegung für eine Siedlung des St. Bruno-Werks in Würzburg-Heidingsfeld,
11. Mai 1949

17.02.	Münnerstadt, Aula des Gymnasiums: Morgenfeier
17.02.	Münnerstadt: nachmittags Konferenz der Geistlichen des Dekanats Münnerstadt
17.02.	Münnerstadt, Stadtpfarrkirche: abends Ansprache und Pontifikalsegen
06.03.	Volkach: Benediktion der Mainbrücke mit Pontifikalmesse und Predigt
06.03.	Volkach: Benediktion des Heimes für die Kolpingsjugend
08.03.	Rottenburg: Teilnahme an der Beisetzung des Bischofs Johann Baptist Sproll von Rottenburg
10.03.	Würzburg, Exerzitienhaus Himmelspforten: Ansprache und sakramentaler Segen anläßlich der Schlußfeier der Exerzitien für Jungmänner-Führer
13.03.	Würzburg, Neumünster: vormittags Pontifikalrequiem mit Predigt für die Toten des 16. März 1945
13.03.	Würzburg-Heidingsfeld, Notkirche: nachmittags Pontifikalmesse mit Ansprache für die Flüchtlinge; anschließend Besichtigung des Flüchtlingslagers
15.03.	Obernburg: Besuch der Glanzstoff-Werke; Ansprache an die Belegschaft, Besichtigung des Werkes
17.03.	Aschaffenburg, Stiftskirche: Begrüßung zum Seelsorgstag (18.03.)
18.03.	Aschaffenburg, Stiftskirche: Seelsorgstag
19.03.	Aschaffenburg, Stiftskirche: vormittags Pontifikalmesse mit Predigt
19.03.	Aschaffenburg, Herz Jesu: nachmittags Predigt und Andacht
22./23.03.	Freising: Konferenz der bayerischen Bischöfe
28.03.	Würzburg: Besuch der Diözesanjugendstelle am Dom, der Geschäftsstelle des Werkvolkes, der Katholischen Aktion, des St.-Bruno-Werkes, des Studentenseelsorgers
07.04.	Würzburg, Mutterhaus der Ritaschwestern: Einkleidungs- und Profeßfeier
14.04.	Zell am Main, Kloster Oberzell: Weihe der hl. Öle
16.04.	Würzburg, Mariannhiller Herz-Jesu-Kirche: Subdiakonatsweihe (20 Alumnen, 1 Benediktiner, 1 Augustiner, 3 Mariannhiller)
17.04.	Würzburg, St. Adalbero: Pontifikalamt und Predigt
17.04.	Zell am Main, Kloster Oberzell: Pontifikalvesper
18.04.	Würzburg, Mariannhiller Herz-Jesu-Kirche: Diakonatsweihe, Erteilung des Exorzistats und Akolythats an 16 Alumnen, 2 Augustiner und 4 Mariannhiller
19.04.	Beginn der Romfahrt
27.04.	Vatikan: Privataudienz bei Papst Pius XII.
07.05.	Rückkehr von Rom
08.05.	Würzburg, Exerzitienhaus Himmelspforten: Pontifikalmesse mit Ansprache bei der Ärztetagung
11.05.	Würzburg-Heidingsfeld: Grundsteinlegung der Siedlung des St. Bruno-Werkes
13.05.	Würzburg, Exerzitienhaus Himmelspforten: Pontifikalmesse mit Ansprache zum 25-jährigen Priesterjubiläum

14.05.	Bad Kissingen, Töchter des Allerheiligsten Erlösers: vormittags Einkleidungsfeier
14.05.	Frammersbach: nachmittags Beginn der Firmungs- und Visitationsreisen
15.05.	Frammersbach: vormittags Altarkonsekration, Pontifikalmesse mit Festpredigt auf der Kreuzkapelle bei Frammersbach; nachmittags Firmung (246)
16.05.	Lohr: vormittags Visitation und Firmung (381); Besuch der Filialen, Krankenhäuser und Anstalten
17.05.	Lohr: vormittags Firmung (478)
18.05.	Steinfeld: Visitation und Firmung (96)
20.05.	Langenprozelten: Visitation und Firmung (341)
21.05.	Burgsinn: Visitation und Firmung (280)
22.05.	Gräfendorf: vormittags Visitation und Firmung (30)
22.05.	Schönau: nachmittags Firmung (288)
22.05.	Kleinostheim: abends Grundsteinlegung der Kirche
25.05.	Bad Kissingen, Bruder-Klaus-Heim: Schlußfeier und Erteilung der Missio canonica an die Seelsorgshelferinnen
26.05.	Schweinfurt, Hl. Geist: Firmung (212)
26.05.	Schweinfurt, St. Kilian: Firmung (163)
26.05.	Schweinfurt, St. Josef: Firmung (69)
27.05.	Schweinfurt, Hl. Geist: Firmung für Schweinfurt-Land (539)
27.05.	Schweinfurt, Rathaus: Besuch
28.05.	Werneck: Firmung (240)
29.05.	Westheim bei Haßfurt: Kirchweihe
30.05.	Würzburg, Neumünster: Pontifikalrequiem für Bischof Matthias Ehrenfried
30.05.	Karlstadt: nachmittags Firmung (219)
31.05.	Wiesenfeld: Visitation und Firmung (100)
01.06.	Eußenheim: Visitation und Firmung (57)
01.06.	Harrbach: nachmittags Besuch der Filialgemeinde
02.06.	Zellingen: Visitation und Firmung (192)
04.06.	Würzburg, Wallgasse: Einweihung der neuen Räume des Diözesancaritasverbandes
05.06.	Würzburg, St. Burkard: Pontifikalamt und Predigt
05.06.	Zell am Main, Kloster Oberzell: Pontifikalvesper
06.06.	Würzburg, Hl. Kreuz: Firmung (239)
06.06.	Würzburg, St. Josef: Firmung (251)
07.06.	Zell: Firmung (185)
07.06.	Würzburg, Mariannhiller Herz-Jesu-Kirche: Firmung (376)
07.06.	Würzburg, Augustinerkirche: Firmung (241)
08.06.	Rimpar: Visitation und Firmung (116)

09.06.	Bergtheim: Visitation und hl. Firmung (57)
11.06.	Randersacker: Visitation und Firmung (69)
12.06.	Würzburg, St. Adalbero: Firmung (319)
13.06.	Kitzingen: Firmung (269)
13.06.	Dettelbach: nachmittags Firmung (185)
14.06.	Rottenbauer: Visitation und Firmung (47)
15.06.	Eisingen: Visitation und Firmung (86)
16.06.	Würzburg: Fronleichnamsprozession
18.06.	Hettstadt: Visitation und Firmung (118)
19.06.	Wörth am Main: Visitation und Firmung (266)
20.06.	Amorbach: Firmung (246)
21.06.	Mönchberg: Visitation und Firmung (111)
22.06.	Eisenbach: Visitation und Firmung (200)
23.06.	Heimbuchenthal: Visitation und Firmung (113)
24.06.	Obernburg: Firmung (368)
24.06.	Großwallstadt: nachmittags Firmung (242)
25.06.	Eichenbühl: Firmung und Visitation (178)
26.06.	Miltenberg: Visitation und Firmung (299)
26.06.	Breitendiel: Besuch der Filiale
27.06.	Miltenberg: Firmung (203)
27.06.	Großheubach: Firmung (267)
28.06.	Kirchzell: Visitation und Firmung (103)
29.06.	Klingenberg: Firmung (280), Pontifikalgottesdienst mit Festpredigt im Freien, Weihe der neuerbauten Mainbrücke
29.06.	Fechenbach: Firmung (195)
30.06.	Stadtprozelten: Visitation, Altarkonsekration und Firmung (214)
02.07.	Aschaffenburg, Clemensheim: Einkleidungsfeier
02.07.	Niedernberg: nachmittags Firmung (215)
03.07.	Aschaffenburg, Stiftskirche: Firmung (275)
03.07.	Aschaffenburg, Herz Jesu: Firmung (300)
03.07.	Aschaffenburg-Schweinheim: Firmung (208)
04.07.	Aschaffenburg, Stiftskirche: Firmung (211)
04.07.	Aschaffenburg, Herz Jesu: Firmung (242)
04.07.	Mainaschaff: nachmittags Firmung (247)
05.07.	Aschaffenburg, Stiftskirche: Firmung (221)
06.07.	Pflaumheim: Visitation, Firmung (256) und Glockenweihe
07.07.	Hösbach: Visitation und Firmung (226), Besuch der neuen Notkirche Hösbach-Bahnhof

Visitation und Firmung in Königshofen an der Kahl, 23. Juli 1949

Jubiläumsfeier des Bonifatius-Vereins in Regensburg, 1./2. Oktober 1949; vordere Reihe
3. v.l.: Erzbischof Josef Kardinal Frings (Köln), Bischof Michael Buchberger (Regensburg),
Erzbischof Lorenz Jaeger (Paderborn)

Firmung in Marktheidenfeld, 17. Oktober 1949

07.07.	Würzburg,: abends Einholung der feierlichen Reliquienprozession mit den Häuptern der drei Frankenaposteln vom Residenzplatz nach Neumünster
08.–15.07.	Würzburg: Festwoche der hl. Frankenapostel: täglich Predigt und Pontifikalmesse
10.07.	Würzburg, Residenzplatz: Diözesantreffen der Katholischen Jugend: Reliquienprozession zum Altar auf dem Residenzplatz, Pontifikalamt mit Festpredigt an die Jugend des Bistums
10.07.	Würzburg, Hofgarten: nachmittags Teilnahme an der Jugendkundgebung
12.07.	Würzburg: Ansprache und Gemeinschaftsmesse mit den Priestern, nachmittags Priesterkonferenz
16.07.	[o.O.]: Tagung der Religionslehrer an Mittel- und Berufsschulen;
17.07.	Heidenfeld, Kloster Maria Hilf: silbernes und goldenes Profeßjubiläum;
18.07.	Waldaschaff: Visitation und Firmung (174)
19.07.	Leidersbach: Visitation und Firmung (183)
20.07.	Sailauf: Visitation und Firmung (158)
20.07.	Eichenberg: Besuch der Filiale und neuen Kirche
21.07.	Ernstkirchen: Visitation und Firmung (309)
21.07.	Blankenbach: Besuch der Filialkirche
22.07.	Geiselbach: Visitation und Firmung (137), Feier des Patroziniums durch Pontifikalamt und Festpredigt im Freien

22.07.	Krombach: abends Firmung (86)
23.07.	Königshofen an der Kahl: Visitation und Firmung (31)
23.07.	Retzbach: Teilnahme an der Beerdigung von Staatsminister Ludwig Hagenauer
23.07.	Mömbris: nachmittags Firmung (288)
24.07.	Alzenau: Firmung (302)
24.07.	Kahl: Firmung (252)
25.07.	Hörstein: Visitation und Firmung (86)
27.07.	Burg Rothenfels: Besuch der Junglehrertagung
06.08.	Rödelmaier, Karmelitinnenkloster: Einkleidungsfeier
09.08.	Würzburg: offizieller Besuch bei der Stadt und dem Evangelisch-Lutherischen Dekanat
10.08.	Osthausen: Altarweihe und Glockenweihe
12.08.	Zell am Main, Kloster Oberzell: Erteilung der Tonsur an 1 Kleriker
13.08.	Zell am Main, Kloster Oberzell: Erteilung des Ostiariats und Lektorats an 1 Kleriker
14.08.	Würzburg, Augustinerkirche: Erteilung der Priesterweihe (2), des Diakonates (1), des Exorzistats und Akolythats (2)
15.08.	Würzburg, Franziskanerkirche: Pontifikalamt und Festpredigt
21.08.	Zeubelried: Visitation, Kirchweihe und Firmung
23.–26.08.	Fulda: Teilnahme an der Bischofskonferenz
01.–05.09.	Bochum: Teilnahme am 73. Deutschen Katholikentag
08.09.	Rottenburg: Teilnahme an der Inthronisation des Bischofs Dr. Karl Joseph Leiprecht
01./02.10.	Regensburg: Teilnahme an der Jubiläumsfeier des Bonifatiusvereins
03.10.	Zell am Main, Kloster Oberzell: Einkleidungsfeier
05.10.	Würzburg, Mariannhiller Herz-Jesu-Kirche: Pontifikalrequiem und Ansprache für den verstorbenen Präsidenten des Deutschen Caritasverbandes Apostolischen Protonotar Dr. Benedikt Kreutz
07.10.	Gaukönigshofen: Visitation und Firmung (53)
07.10.	Eichelsee: nachmittags Visitation und Firmung (16)
08.10.	Ochsenfurt: Firmung (289)
09.10.	Marktbreit: Visitation und Firmung (54)
10.10.	Junkershausen Kirchweihe und Firmung (12)
10.10.	Wargolshausen: Besuch der Filialgemeinde
10.10.	Wülfershausen: Firmung (35)
12.10.	Riedenheim: Visitation und Firmung (82)
13.10.	Bieberehren: Visitation und Firmung (138)
14.10.	Zell am Main, Kloster Oberzell: Konsekrationstag Sr. Exzellenz, Hochamt unter feierlicher Assistenz des Bischofs
16.10.	Birkenfeld: Visitation und Firmung (228)

16.10.	Billingshausen: Besuch der Flüchtlingsgemeinde
17.10.	Marktheidenfeld: Firmung in 2 Abteilungen (213, 210)
18.10.	Lengfurt: Visitation und Firmung (135)
19.10.	Röttbach: Visitation und Firmung (92)
19.10.	Kreuzwertheim: Besuch der Flüchtlingsgemeinde
20.10.	Neubrunn: Visitation und Firmung (143)
22.–23.10.	Pößneck: 50-jähriges Pfarrjubiläum der Pfarrei Pößneck, Besuch der Außenstationen Ziegenrück und Ranis
24.10.	Saalfeld: Seelsorgertagung
25.10.	Meiningen: Seelsorgertagung, Firmung (1 Erwachsener)
25.10.	Wasungen: Besuch der Seelsorgestation
25.10.	Wernshausen: Besuch der Seelsorgestation
26.10.	Eisfeld: kurzer Besuch der Seelsorgestationen
26.10.	Hildburghausen: kurzer Besuch der Seelsorgestationen
26.10.	Sonneberg: kurzer Besuch der Seelsorgestationen
28.10.	Würzburg, Mariannhiller Herz-Jesu-Kirche: Erteilung der Tonsur (20 Alumnen, 8 Franziskaner, 11 Mariannhiller, 8 Augustiner)
30.10.	Würzburg: Erteilung des Ostiariats und Lektorats an die gleichen 47 Kleriker
30.10.	Schweinfurt: nachmittags Jugendpredigt
31.10.	Kleinheubach: Teilnahme an der Tagung des „Internationalen Instituts für Sozialwissenschaft und Politik"; früh Pontifikalmesse mit Ansprache an die Tagungsteilnehmer
31.10.	Aschaffenburg: abends Teilnahme am Empfang des Ministerpräsidenten Dr. Hans Ehard in Schönbusch
01.11.	Aschaffenburg, St. Agatha: Konsekration der neu erbauten Pfarrkirche
05.11.	Hammelburg, Flüchtlingslager: Besuch und Firmung (110)
06.11.	Würzburg, Neumünster: Pontifikalamt mit Predigt zum Erntedankfest
11.11.	Eltingshausen: Konsekration der Pfarrkirche und Firmung
13.11.	Würzburg, St. Benedikt: Altarkonsekration
15.11.	Würzburg, Exerzitienhaus Himmelspforten: Erteilung der Firmung an 2 Konvertiten
19.11.	Würzburg, Domkapelle: Pontifikalmesse mit Ansprache für die Elisabethfrauen
20.11.	Frankenbrunn: Konsekration der Kirche
22.11.	Würzburg: offizieller Besuch bei der Militärregierung
29.11.	Zell am Main, Kloster Oberzell: Altarsteinweihe
03.12.	Würzburg, Priesterseminar: Betrachtungspunkte für die Weihekandidaten und Alumnen
04.12.	Würzburg, Mariannhiller Herz-Jesu-Kirche: Erteilung der Priesterweihe an 21 Diakone des Priesterseminars

06.–08.12.	Miltenberg, Kilianeum: kanonische Visitation; Besuch des Gymnasiums, Ansprache an Lehrer und Schüler
11.12.	Münsterschwarzach: Subdiakonatsweihe (4 Benediktiner)
13.12.	Würzburg, Exerzitienhaus Himmelspforten: Pontifikalmesse und Ansprache zum Abschluß der Exerzitien für Bürgermeister und Gemeinderäte; Teilnahme an der Versammlung des Priestervereins
13.12.	Würzburg, Kolpinghaus: Begrüßung und Dank an die Handwerker, die den Domherrnhof gebaut haben
17.12.	Würzburg, Mariannhiller Herz-Jesu-Kirche: Subdiakonatsweihe (15 Alumnen, 3 Mariannhiller); Erteilung des Exorzistats und Akolythats (20 Alumnen, 8 Franziskaner, 8 Augustiner, 11 Mariannhiller)
18.12.	Würzburg, Mariannhiller Herz-Jesu-Kirche: Diakonatsweihe (15 Alumnen, 6 Mariannhiller)
25.12.	Würzburg, Neumünster: Pontifikalamt mit Predigt
26.12.	Würzburg, Kapelle des Mutterhauses der Ritaschwestern: Pontifikalmesse mit Ansprache für die katholische Ärztevereinigung (Lukasgilde)
31.12.	Würzburg, Hl. Kreuz: Silvesterpredigt

1950

01.01.	Zell am Main, Kloster Oberzell: Vortrag für die Schwestern
04.01.	Würzburg, Marmelsteinerhof: Schlüsselübergabe im neu erstellten Ordinariatsgebäude Marmelsteinerhof
05.01.	Würzburg, Missionsärztliches Institut: Teilnahme an der Generalversammlung des Missionsärztlichen Instituts
06.01.	Würzburg: Pontifikalmesse mit Ansprache für die Mitglieder des Missionsärztlichen Instituts
10.01.	Würzburg: Umzug Sr. Exzellenz vom Kloster Oberzell nach Würzburg in die vorläufige Bischofswohnung Domerschulstraße 2
19.01.	Würzburg: Einweihung der Bischöflichen Hauskapelle, der Bischofswohnung und der Ordinariatsräume; Festakt im Vestibül des Ordinariatsgebäudes mit Ansprache
22.01.	Würzburg, Bischöfliche Hauskapelle: Konvertitenfirmung
22.01.	Würzburg, Mutterhaus der Töchter des Allerheiligsten Erlösers: Vortrag
27.01.	Würzburg, Ursulinenkloster: Besuch
29.01.	[o.O.]: Teilnahme an der Diözesanausschußsitzung der Katholischen Aktion
31.01.	Würzburg, Bischöfliches Ordinariat: Dechantenkonferenz
02.02.	Würzburg, Neumünster: Abendpredigt; Eröffnung des Gebetssturmes über Franken
12.02.	Würzburg, Kiliansgruft: Feierstunde mit den Kilianisten; Aufnahme einer Gruppe in den Bund Katholische Jugend

Festakt im Vestibül zur Einweihung des Ordinariatsgebäudes „Marmelsteiner Hof",
19. Januar 1950

28.02.   [o.O.]: Puncta meditationis bei der Jahresversammlung der Unio Apostolica

04.03.   Aschaffenburg, Herz Jesu: Beginn der Seelsorgstage „325 Jahre Marianische
           Männersodalität Aschaffenburg": abends Männerpredigt

05.03.   Aschaffenburg, Herz Jesu: Pontifikalmesse mit Ansprache und Kommuni-
           onfeier der Männer

05.03.   Aschaffenburg: nachmittags Katholikenkundgebung des Untermains mit
           Schlußwort Sr. Exzellenz in der Turnhalle

06.03.   Aschaffenburg, Mariä Heimsuchung (Sandkirche): Kommunionmesse mit
           Ansprache für die Studentenkongregation

06.03.   Aschaffenburg: Betriebsbesuche in Aschaffenburger Betrieben (Buntpapier,
           Desch, Vordemfelde, Güldner, Seibert)

07.03.   Kleinheubach: Pontifikalmesse mit Ansprache zur Eröffnung der Tagung
           christlicher Unternehmer; Teilnahme an der Tagung

12.03.   Würzburg, Augustinerkirche: Pontifikalamt aus Anlaß der Papstkrönung

13.–15.03. Freising: Konferenz der bayerischen Bischöfe

16.03.   Würzburg, Augustinerkirche: Pontifikalrequiem mit Predigt für die Toten des
           16. März 1945

16.–17.03.	Neustadt am Main: kanonische Visitation der Pfarrei
18.03.	Würzburg-Zell: Betriebsbesuch in der Schnellpressenfabrik Koenig & Bauer
20.03.	Schweinfurt, Hl. Geist: Vorbereitungspredigt für die Schweinfurter Volksmission
21.03.	Schweinfurt, Maria-Theresien-Heim: Einweihung, Pontifikalmesse und Ansprache in der Hauskapelle
22.03.	Würzburg, Augustinerkirche: Pontifikalrequiem für Bischof Adam Friedrich von Groß zu Trockau
23.03.	Würzburg, Bischöfliche Hauskapelle: Erteilung der Tonsur an 6 Alumnen des Priesterseminars
24.03.	Würzburg, Bischöfliche Hauskapelle: Erteilung der ersten beiden Niederen Weihen an die gleichen 6 Kleriker
25.03.	Würzburg, Mariannhiller Herz-Jesu-Kirche: Erteilung der Priesterweihe an 4 Mariannhiller, des Subdiakonats an 3 Kleriker des Priesterseminars und 3 Augustiner, der dritten und vierten Niederen Weihe an 6 Kleriker des Priesterseminars
26.03.	Münsterschwarzach, Abteikirche: Erteilung der Diakonatsweihe an 3 Kleriker des Priesterseminars und 4 Benediktinerfratres
27.03.	Würzburg, Lehrerbildungsanstalt: Schlußgottesdienst mit Ansprache und Erteilung der Missio Canonica
28.03.	Würzburg, Bischöfliche Hauskapelle: Einzelfirmung
06.04.	Würzburg, Augustinerkirche: Pontifikalamt und Weihe der heiligen Öle
09.04.	Würzburg, Augustinerkirche: Pontifikalamt mit Predigt
12.04.	Würzburg, Mariannhiller Herz-Jesu-Kirche: Besuch der Tagung der Strafanstaltgeistlichen
16.04.	Würzburg: Einweihung der Kapelle und der Wohnung im Domherrnhof Herrnstraße-Martinsgasse, Pontifikalmesse und Ansprache
18.04.	Würzburg, Gesellenhaus: Teilnahme an der Generalversammlung des Diözesan-Caritasverbandes
20.04.	Prosselsheim: Visitation und Firmung (51)
21.04.	Dettelbach: Visitation und Firmung (159); Konferenz für die Dekanatsgeistlichkeit
22.04.	Miltenberg: Pontifikalmesse und Predigt, Segnung der Mainbrücke
23.04.	Würzburg, Huttensäle: Teilnahme an der Generalversammlung des St. Bruno-Werkes
24.04.	Hausen: Visitation, Firmung (60)
24.04.	Leubach: Visitation
24.04.	Rüdenschwinden: Visitation, Firmung (28)
24.04.	Fladungen: nachmittags Firmung (171)
25.04.	Stockheim: Visitation und Firmung (123)

25.04.	Simonshof: Besuch
27.04.	Sandberg: Visitation und Firmung (91)
28.04.	Bischofsheim: Visitation und Firmung (334)
28.04.	Bischofsheim: nachmittags Konferenz für die Dekanatsgeistlichkeit
29.04.	Mellrichstadt: Visitation und Firmung (348)
29.04.	Mellrichstadt: nachmittags Konferenz der Dekanatsgeistlichkeit
30.04.	[o.O.]: Teilnahme am Diözesanverbandstag des Katholischen Werkvolks
02.05.	Würzburg, Exerzitienhaus Himmelspforten: Pontifikalmesse und Ansprache zur Konferenz der Dekanatsjugendseelsorger und Dekanatsjugendführer
03.05.	Bad Kissingen, Noviziatshaus der Töchter des Allerheiligsten Erlösers: Einkleidungsfeier
04.05.	Schondra: Visitation und Firmung (91)
04.05.	Römershag: nachmittags Besuch der Kreisanstalt
05.05.	Bad Brückenau: Firmung (463)
05.05.	Bad Brückenau: nachmittags Konferenz der Dekanatsgeistlichkeit
06.05.	Poppenroth: Visitation und Firmung (216)
07.05.	Bad Kissingen: Visitation und Firmung (568)
08.05.	Bad Kissingen: Firmung (286)
08.05.	Bad Bocklet: abends Visitation und Firmung (34)
09.05.	Aschach: Visitation und Firmung (43)
09.05.	Burkardroth: Firmung (251)
11.05.	Aura: Visitation und Firmung (58)
11.05.	Bad Kissingen: nachmittags Konferenz der Dekanatsgeistlichkeit
12.05.	Gaibach: Visitation und Firmung (58)
12.05.	Zeilitzheim: Visitation und Firmung (23)
13.05.	Obervolkach: Visitation und Firmung (22)
13.05.	Rimbach: Visitation und Firmung (28)
13.05.	Volkach: nachmittags Firmung (235)
14.05.	Volkach: Diözesankolpingstag und Firmung (112)
18.05.	Schweinfurt, Hl. Geist: Firmung (240)
18.05.	Schweinfurt, St. Josef: Firmung (90)
18.05.	Schweinfurt, St. Kilian: Firmung (188)
18.05.	Sennfeld: abends Männerpredigt mit Werkvolkbannerweihe
19.05.	Sennfeld: Visitation und Firmung (81)
20.05.	Röthlein: Visitation und Firmung (70)
21.05.	Bergrheinfeld: Visitation und Firmung (106)
22.05.	Hesselbach: Visitation und Firmung (36)
23.05.	Waldsachsen: Visitation und Firmung (54)

23.05.	Schweinfurt: nachmittags Firmung (338)
24.05.	Würzburg, Bischöfliche Hauskapelle: Firmung (4)
25.05.	Euerbach: Visitation und Firmung (21)
25.05.	Schweinfurt: nachmittags Konferenz der Dekanatsgeistlichkeit
26.05.	Brebersdorf: Visitation und Firmung (11)
28.05.	Würzburg, Augustinerkirche: Pontifikalamt und Predigt; nachmittags Pontifikalvesper
29.05.	Würzburg, St. Burkard: Firmung (321)
29.05.	Würzburg, St. Barbara: Firmung (340)
29.05.	Würzburg, Unsere Liebe Frau: Firmung (431)
30.05.	Wipfeld: Visitation und Firmung (77)
30.05.	Volkach: nachmittags Konferenz für die Dekanatsgeistlichkeit
31.05.	Würzburg, Augustinerkirche: Pontifikalrequiem für Bischof Matthias Ehrenfried
01.06.	Waigolshausen: Visitation und Firmung (158)
02.06.	Schnackenwerth: Visitation und Firmung (36, 79)
02.06.	Werneck: nachmittags Konferenz der Dekanatsgeistlichkeit
04.06.	Bad Neustadt an der Saale: Visitation und Firmung (332); Jugendpredigt zum Bekenntnistag der Katholischen Jugend
05.06.	Bad Neustadt an der Saale: Firmung (175, 213)
06.06.	Heustreu: Visitation und Firmung (88)
06.06.	Bad Neustadt an der Saale: nachmittags Konferenz für die Dekanatsgeistlichkeit
08.06.	Würzburg: Fronleichnamsprozession
09.06.	Kirchschönbach: Visitation und Firmung (77)
10.06.	Wiesentheid: Visitation und Firmung (91)
11.06.	Kitzingen: Visitation und Firmung (240)
12.06.	Kitzingen: Firmung (157); nachmittags Konferenz der Dekanatsgeistlichkeit
13.06.	Leutenberg: Firmung (76)
14.06.	Unterwellenborn: Firmung (82)
14.06.	Pößneck: Firmung (105)
14.06.	Ranis: Firmung (46)
14.06.	Ziegenrück: Firmung (77)
15.06.	Saalfeld: Firmung (115); Konferenz für die Geistlichen des östlichen Bezirks des Dekanates Meiningen
15.06.	Lauscha: Besuch der neu zu errichtenden Seelsorgestation
16.06.	Sonneberg: Firmung (143)
16.06.	Eisfeld: Visitation und Firmung (92)
17.06.	Hildburghausen: Visitation und Firmung (165)
17.06.	Themar: Visitation und Firmung (50)

Weihe der Pfarrkirche St. Peter und Paul in Gemünden, 29. Juni 1950

18.06.	Heldburg: Visitation und Firmung (108)
18.06.	Römhild: Firmung (51)
18.06.	Wolfmannshausen: Firmung (45)
18.06.	Jüchsen: Besuch der neuen Kapelle
18.06.	Meiningen: abends Einführung des neuen Pfarrers
19.06.	Meiningen: Firmung (294)
19.06.	Meiningen: Konferenz für die Geistlichen des westlichen Bezirks des Dekanates Meiningen
19.06.	Bettenhausen: Einweihung der Kapelle und Firmung (40)
19.06.	Bad Salzungen: abends Missionspredigt
20.06.	Bad Salzungen: Firmung (216)
20.06.	Wasungen: Firmung (38)
23.06.	Hausen: Visitation und Firmung (54)
24.06.	Stetten: Visitation und Firmung (128)
24.06.	Hösbach: nachmittags Firmung (310)
25.06.	Aschaffenburg, Stiftskirche: Firmung (248)
25.06.	Aschaffenburg, Herz Jesu: Firmung (282)
25.06.	Aschaffenburg, Muttergottespfarrkirche: Firmung (265)
26.06.	Greßthal: Visitation und Firmung (64)
26.06.	Wasserlosen: Visitation und Firmung (21)
27.06.	Arnstein: Visitation und Firmung (439)
27.06.	Arnstein: nachmittags Konferenz für die Dekanatsgeistlichkeit
29.06.	Gemünden, St. Peter und Paul: Konsekration der Pfarrkirche
30.06.	Königshofen im Grabfeld: Visitation und Firmung (406)
01.07.	Herbstadt: Visitation und Firmung (68)
02.07.	Saal an der Saale: Visitation
02.07.	Saal an der Saale, Findelberg: Pontifikalamt und Festpredigt; nachmittags Firmung in der Wallfahrtskirche auf dem Findelberg (202)
03.07.	Trappstadt: Visitation und Firmung (96)
03.07.	Königshofen: nachmittags Konferenz für die Dekanatsgeistlichkeit
04.07.	Altenmünster: Visitation der Pfarrei
04.07.	Sulzdorf: Firmung (18)
06.07.	Neuses bei Hofheim: Visitation und Firmung (76)
07.07.	Hofheim: Visitation und Firmung (159, 162)
08.–15.07.	Würzburg, Neumünster: Kiliani-Festwoche; täglich Pontifikalgottesdienst mit Predigt
09.07.	Würzburg, Residenzplatz: Reliquienprozession, Festgottesdienst und Predigt für die Männer und Frauen der Arbeit

09.07.	Würzburg, Frankenhalle: nachmittags Kundgebung in der Frankenhalle
16.07.	Würzburg, St. Burkard: Pontifikalamt anläßlich der Heiligsprechung des Stifters der Claretinerkongregation Antonius Maria Claret
16.07.	Würzburg, Neumünster: 10 Uhr Predigt anläßlich des Fränkischen Bauerntages
17.07.	Maroldsweisach: Visitation und Firmung (64)
18.07.	Ebern: Visitation und Firmung (362)
18.07.	Ebern: nachmittags Konferenz für die Dekanatsgeistlichkeit
19.07.	Würzburg, Ebrachergasse: Generalkapitel der Kongregation der Töchter des Allerheiligsten Erlösers
21.07.	Baunach: Visitation und Firmung (388)
22.07.	Theinheim: Visitation und Firmung (208)
23.07.	Gerolzhofen: Visitation und Firmung (262)
24.07.	Gerolzhofen: Firmung (542)
24.07.	Gerolzhofen: nachmittags Konferenz für die Dekanatsgeistlichkeit
25.07.	Würzburg, Mariannhiller Herz-Jesu-Kirche: Erteilung der Subdiakonatsweihe an 16 Kleriker des Priesterseminars, 1 Augustiner und 3 Mariannhiller
26.07.	Münnerstadt: Visitation und Firmung (427)
26.07.	Münnerstadt: nachmittags Konferenz für die Dekanatsgeistlichkeit
27.07.	Münnerstadt: Pontifikalamt und Predigt anläßlich des 9. Studiengenossenfestes
28.07.	Würzburg, Exerzitienhaus Himmelspforten: Pontifikalmesse und Ansprache für die Priesterjubilare
30.07.	Würzburg: Erteilung der Diakonatsweihe an 16 Kleriker des Priesterseminars, 3 Augustiner, 3 Mariannhiller und 1 Claretiner
31.07.	Rannungen: Visitation und Firmung (104)
31.07.	Stadtlauringen: nachmittags Firmung (211)
11.08.	Würzburg, Exerzitienhaus Himmelspforten: Pontifikalmesse und Ansprache zum Abschluß eines Priesterkurses
13.08.	Würzburg: Erteilung der Priesterweihe an 3 Augustiner, des Diakonates an 1 Claretiner und des Subdiakonates an 1 Claretiner; Spendung der Firmung (8)
15.08.	Würzburg, Käppele: Pontifikalamt und Marienpredigt
16.08.	Würzburg, Haugerring: Einweihung des Caritasaltersheimes
16.08.	Würzburg, Haugerring: Konferenz der Caritaspfarrer
21.08.	Bad Kissingen, Marienkapelle: Pontifikalmesse und Ansprache für Seelsorgshelferinnen
21.08.	Garitz, Bruder-Klaus-Heim: Besuch des Fortbildungskurses der Seelsorgshelferinnen
22.–24.08.	Fulda: Konferenz der Deutschen Bischöfe
27.08.	Wildflecken: Visitation und Firmung (117)
27.08.	Bad Brückenau: abends Männerpredigt

Religionsprüfung in Maroldsweisach, 17. Juli 1950

28./29.08.	Würzburg: Besuch nordischer Bischöfe; abendliche Feierstunde in der Neumünsterkirche
01.–03.09.	Passau: Teilnahme am 74. Deutschen Katholikentag
02.09.	Passau, Dom: mitternächtliches Pontifikalamt mit Predigt für die deutsche Diaspora
29.09.	Eltmann: Visitation und Firmung (193)
30.09.	Eltmann: Firmung (193)
01.10.	Kitzingen, St. Vinzenz: Benediktion der neuen Kirche, Altarkonsekration, Visitation und Firmung (43)
03.10.	Zell am Main, Kloster Oberzell: Einkleidungsfeier
05.10.	Knetzgau: Visitation und Firmung (134)
06.10.	Mechenried: Visitation und Firmung (66)
06.10.	Kleinmünster: Visitation und Firmung (30)
07.10.	Haßfurt: Firmung (547)
07.10.	Haßfurt: nachmittags Konferenz für die Dekanatsgeistlichkeit
08.10.	Hammelburg: Visitation und Firmung (426)
09.10.	Hammelburg: Firmung (215)

Diözesanpilgerfahrt nach Rom, 17.–25. Oktober 1950

10.10.	Langendorf: Visitation und Firmung (91)
10.10.	Westheim: Einweihung der Anstalt
11.10.	Wartmannsroth: Visitation und Firmung (82)
11.10.	Weizenbach: Einweihung der Kapelle
11.10.	Hammelburg: nachmittags Konferenz für die Dekanatsgeistlichkeit
12.10.	Zeil: Firmung (279)
12.10.	Zeil: nachmittags Konferenz für die Geistlichkeit des Dekanates Eltmann
15.10.	Würzburg, St. Burkard: Jahrestag der Bischofsweihe: Pontifikalamt und Predigt anläßlich des St. Burkardusfestes und der Fertigstellung der Pfarrkirche St. Burkard
17.–25.10.	Diözesanpilgerzug nach Rom aus Anlaß des Jubiläumsjahres 1950
27.10.	Würzburg, Priesterseminar: Betrachtungspunkte zur Vorbereitung auf die Priesterweihe
28.10.	Würzburg: Erteilung der Priesterweihe an 19 Diakone des Priesterseminars, 3 Mariannhiller und 2 Claretiner
29.10.	Würzburg-Heidingsfeld, St. Laurentius: Konsekration der Pfarrkirche; nachmittags Jugendpredigt anläßlich des Christkönigsfestes in der neu geweihten Kirche
30.10.–07.11.	Romfahrt zur Teilnahme an der feierlichen Verkündigung des Glaubenssatzes von der leiblichen Aufnahme Mariens in den Himmel
01.11.	Rom, St. Peter: Teilnahme am feierlichen Akt der Dogmaverkündigung durch Papst Pius XII. auf dem Petersplatz und am Papsthochamt in der Basilika
02.11.	Rom, St. Peter, Benediktionsaula: Papstaudienz aller in Rom anwesenden Bischöfe
10.11.	Würzburg, Augustinerkirche: Eröffnungsgottesdienst mit Predigt für die Studenten aus Anlaß des Semesterbeginns
11.11.	Würzburg: Teilnahme an der Amtseinführung des neuen Regierungspräsidenten für Unterfranken Dr. Karl Kihn
12.11.	Würzburg, Neumünster: Orgelweihe mit Ansprache; Enthüllung des Grabmales für Bischof Matthias in der Kiliansgruft
16.11.	Hausen bei Bad Kissingen: Firmung (71)
19.11.	Würzburg, Juliusspital: offizieller Besuch; Pontifikalmesse mit Predigt, Besichtigung des Hauses, Besuch der Kranken und Pfründner
20.11.	Würzburg, Neumünster: Pontifikalmesse und Firmung in der Kiliansgruft (55)
25.11.	Würzburg, Neumünster: Konsekration von 30 Altarsteinen
26.11.	Kleinheubach, St. Burkardus-Haus: Pontifikalmesse mit Ansprache, Einweihung des Hauses, Festakademie
28.11.	Freudenberg: Brückenweihe; Pontifikalmesse
28.11.	Kirschfurt: Besuch der Katholiken im Schulsaal

Segnung des Druck- und Verlagshauses Echter an der Juliuspromenade in Würzburg,
10. Dezember 1950

03.12.	Würzburg, Friedensstraße: Einweihung des Missionsärztlichen Instituts und Julianums; Pontifikalgottesdienst
06.12.	Würzburg, Exerzitienhaus Himmelspforten: Pontifikalmesse und Ansprache aus Anlaß der Exerzitien für Bürgermeister und Gemeinderäte
07.12.	Würzburg, Mutterhaus der Rita-Schwestern: Einweihung der Kapelle; Einkleidungs- und Profeßfeier
08.12.	Würzburg: öffentliche Feier der Verkündigung des Glaubenssatzes von der leiblichen Aufnahme Mariens in den Himmel
08.12.	Würzburg, Neumünster: vormittags Pontifikalamt
08.12.	Würzburg: abends Predigt des Bischofs, Feierstunde, Weihe des Bistums an die Gottesmutter; Lichterprozession der Vertreter der Pfarreien, Ordensleute und katholischen Verbände vom Neumünster zum Käppele
10.12.	Würzburg: 50-jähriges Bestehen der Fränkischen Gesellschaftsdruckerei; Pontifikalmesse mit Ansprache in der Kapelle des Elisabethenheimes
10.12.	Würzburg: Weihe des fertig gestellten Echterhauses; Festakt im Huttensaal
10.12.	Würzburg, Elisabethenheim: nachmittags Teilnahme an der Jahressitzung der Katholischen Aktion
17.12.	Reichenberg (Pfarrei Rottenbauer): Einweihung der Kirche; Pontifikalmesse mit Predigt; nachmittags Bonifatius-Feierstunde
24.12.	Würzburg, Mutterhaus der Rita-Schwestern: Pontifikalmesse und Ansprache für die Mitglieder der St. Lukas-Gilde
25.12.	Würzburg: mitternächtliches Pontifikalamt; Pontifikalvesper
31.12.	Würzburg, Neumünster: Silvesterpredigt

1951

04.01.	Würzburg, Augustinerkirche: Pontifikalmesse zur 40-jährigen Gründungsfeier der MC der Gymnasiasten
06.01.	Würzburg, Kapelle des Priesterseminars: Erteilung der Tonsur an 39 Alumnen und 10 Ordenskleriker
07.01.	Würzburg, Mariannhiller Herz-Jesu-Kirche: Erteilung der ersten beiden Niederen Weihen an 39 Alumnen und 8 Ordenskleriker, des Subdiakonats an 1 Alumnus und 12 Ordenskleriker
07.01.	Würzburg, Exerzitienhaus Himmelspforten: Besuch der Tagung der katholischen Studentenvertreter der deutschen Universitäten und Hochschulen
09.01.	Würzburg, St. Lioba-Heim: Einweihung; Pontifikalmesse mit Ansprache
10.–12.01.	Würzburg, Kuratie des Luitpoldkrankenhauses: kanonische Visitation
14.01.	Würzburg: Erteilung der 3. und 4. Niederen Weihe an 47 Kleriker, der Subdiakonatsweihe an 2 Ordenskleriker, der Diakonatsweihe an 1 Alumnus und 16 Ordenskleriker
14.01.	Würzburg: Teilnahme am Schulungsabend der Gruppenführer der Katholischen Jugend Würzburgs
16./17.01.	München: Bayerische Bischofskonferenz
25.01.	Würzburg, Augustinerkirche: Predigt zum Abschluß der Weltgebetsoktav
29./30.01.	Rödelmaier, Karmelitinnen: Kanonische Visitation
07.02.	Würzburg, Elisabethenheim: Teilnahme an der Sitzung des Diözesanausschusses der Katholischen Aktion
10./11.02.	Aschaffenburg: Bischofspredigt zur Vorbereitung der Volksmission in 6 Pfarreien der Stadt
12.–14.02.	Würzburg, Kilianeum: kanonische Visitation
25.02.	Würzburg, Neumünster: Pontifikalmesse und Vorbereitungspredigt für die Volksmission in der Pfarrei Dom-Neumünster
26.02.	Würzburg, Priesterseminar: Visitationstag
27.02.	Würzburg: Puncta meditationis bei der Jahresversammlung der Unio Apostolica
02.03.	Würzburg, St. Josef: Vorbereitungspredigt auf die Volksmission
03.03.	Kleinheubach: Pontifikalmesse und Ansprache zur Tagung des Föderalistenbundes
04.03.	Würzburg, Hofkirche: Pontifikalmesse mit Predigt zur Vorbereitung auf die Volksmission für die Pfarrei St. Peter
06.03.	Würzburg, Priesterseminar: Dechantenkonferenz
07.03.	Würzburg, St. Barbara: Vorbereitungspredigt für die Volksmission
08.03.	Würzburg, St. Adalbero: Vorbereitungspredigt für die Volksmission
09.03.	Würzburg, Hl. Kreuz: Vorbereitungspredigt für die Volksmission

11.03.	Würzburg, Neumünster: Pontifikalamt aus Anlaß des Jahrestages der Papstkrönung
11.03.	Würzburg, Stift Haug: abends Vorbereitungspredigt für die Volksmission
16.03.	Würzburg, Neumünster: Pontifikalrequiem für die Toten des 16. März 1945 der Stadt Würzburg
16.03.	Würzburg, St. Laurentius: abends: Vorbereitungspredigt für die Volksmission
18.03.	Würzburg, Kapelle Marienruhe: Vorbereitungspredigt für die Volksmission
18.03.	Würzburg, Steinbachtal: Vorbereitungspredigt für die Volksmission
18.03.	Würzburg, St. Bruno: Vorbereitungspredigt für die Volksmission
20.03.	Würzburg, St. Gertraud: Vorbereitungspredigt für die Volksmission
21.03.	Würzburg, Unsere Liebe Frau: Vorbereitungspredigt für die Volksmission
22.03.	Würzburg, Neumünster: Pontifikalamt und Weihe der heiligen Öle
25.03.	Würzburg, Neumünster: Pontifikalamt mit Predigt; Pontifikalvesper
27.03.–30.03.	Freising: Teilnahme am „Internationalen Studientag des Sozialen Instituts"
28.03.	Freising: Pontifikalmesse mit Ansprache zur Eröffnung des Studientages in Freising
31.03.	Würzburg, Ludwigstraße: Einweihung des Landratshauses
05.04.	Sulzdorf: Visitation und Firmung (28)
05.04.	Ingolstadt: Visitation und Firmung (7)
06.04.	Eßfeld: Visitation und Firmung (121)
07.04.	Bütthard: Visitation und Firmung (102)
07.04.	Bütthard: nachmittags Konferenz für die Dekanatsgeistlichkeit
08.04.	Hausen bei Bad Kissingen: Festpredigt zum Priesterjubiläum
09.04.	Gelchsheim: Visitation und Firmung (93)
10.04.	Röttingen: Visitation und Firmung (164)
10.04.	Röttingen: nachmittags Konferenz für die Dekanatsgeistlichkeit
11.04.	Würzburg, Augustinerkirche: Heilige Weihen: Subdiakonat (7 Ordenskleriker), Diakonat (5 Ordenskleriker) und Priesterweihe (4 Ordenskleriker)
12.04.	Würzburg, Kilianeum: Pontifikalmesse mit Ansprache
13.04.	Tückelhausen: Visitation und Firmung (31)
13.04.	Hohestadt: Visitation und Firmung (8)
14.04.	Eibelstadt: Visitation und Firmung (71)
15.04.	Karlstadt: Altarkonsekration
15.04.	Würzburg: Einweihung des Kolpinghauses
15.04.	Karlstadt: nachmittags Firmung (289)
16.04.	Rohrbach: Visitation und Firmung (15)
16.04.	Karlstadt: Firmung (311)

Vor den Ruinen eines im Zweiten Weltkrieg zerstörten Domherrenhofs bei der Einweihung
des Kolpinghauses in Würzburg, 15. April 1951; rechts: Diözesanpräses Max Rößler

16.04.	Karlstadt: nachmittags Konferenz für die Dekanatsgeistlichkeit
17.04.	Erlach: Visitation und Firmung (25)
17.04.	Ochsenfurt: Firmung (532)
17.04.	Ochsenfurt: Konferenz für die Dekanatsgeistlichkeit
20.04.	Retzbach: Visitation und Firmung (209)
21.04.	Esselbach: Visitation und Firmung (101)
22.04.	Marktheidenfeld: Visitation und Firmung (390)
23.04.	Windheim: Visitation und Firmung (24)
23.04.	Marktheidenfeld: Firmung (188)
24.04.	Helmstadt: Visitation und Firmung (169)
24.04.	Helmstadt: nachmittags Konferenz für die Dekanatsgeistlichkeit
26.04.	Lohr-Steinbach: Visitation und Firmung (12)
26.04.	Lohr: Firmung (525)
27.04.	Lohr: Firmung (280)
27.04.	Lohr: nachmittags Konferenz für die Dekanatsgeistlichkeit
29.04.	Wernfeld: Visitation und Firmung (94)
30.04.	Bad Brückenau: Pontifikalamt und Predigt zum „Bundestag des Männerrings von Neudeutschland"
01.05.	Würzburg, Exerzitienhaus Himmelspforten: Pontifikalmesse und Ansprache (Jugendführer)
03.05.	Schweinfurt, Hl. Geist: Firmung (309)
03.05.	Schweinfurt, Notkirche St. Kilian: Firmung (195)
04.05.	Zell am Main, Kloster Oberzell: Einkleidung
05.05.	Rechtenbach: Visitation und Firmung (147)
06.05.	Rieneck: Visitation und Firmung (90)
07.05.	Partenstein: Visitation und Firmung (32)
08.05.	Wiesen: Visitation und Firmung (84)
10.05.	Neuendorf: Visitation und Firmung (28)
10.05.	Burgsinn: nachmittags Firmung (242)
11.05.	Gemünden: Firmung (378)
11.05.	Gemünden: nachmittags Konferenz für die Dekanatsgeistlichkeit
13.05.	Würzburg, Neumünster: Pontifikalamt und Predigt; Pontifikalvesper
14.05.	Würzburg, St. Adalbero: Firmung (253)
14.05.	Würzburg, Unsere Liebe Frau: Firmung (368)
15.05.	Zell: Firmung (274)
15.05.	Würzburg, Neumünster: Firmung (314)
15.05.	Würzburg: nachmittags Konferenz für die Geistlichkeit der Dekanate Würzburg Stadt, rechts und links des Mains

17.05.	Würzburg, Augustinerkirche: Firmung (274)
17.05.	Würzburg, Neumünster: Firmung (249)
18.05.	Kirchheim: Visitation und Firmung (62)
19.05.	Unterleinach: Visitation und Firmung (66)
20.05.	Würzburg, Hl. Kreuz: Firmung (267)
20.05.	Würzburg, St. Gertraud: Firmung (218)
20.05.	Würzburg, Unsere Liebe Frau: nachmittags Jugendpredigt
21.05.	Waldbüttelbrunn: Visitation und Firmung (236)
22.05.	Güntersleben: Visitation und Firmung (65)
24.05.	Würzburg: Fronleichnamsprozession
25.05.	Versbach: Visitation und Firmung (134)
26.05.	Ochsenfurt: Grundsteinlegung der Zuckerfabrik Franken
27.05.	Amorbach: Visitation und Firmung (163)
28.05.	Amorbach: Firmung (223)
28.05.	Miltenberg, Krankenhaus: Firmung zweier Kranken
29.05.	Miltenberg: Firmung (837)
29.05.	Miltenberg: Konferenz für die Dekanatsgeistlichkeit
30.05.	Würzburg, Neumünster: Pontifikalrequiem für Bischof Matthias Ehrenfried
31.05.	Walldürn: Pontifikalamt, Pilgerpredigt und Prozession
01.06.	Rüdenau: Visitation und Firmung (26)
02.06.	Dorfprozelten: Visitation und Firmung (74)
02.06.	Stadtprozelten: Firmung (190)
03.06.	Erlenbach am Main: Visitation und Firmung (129)
03.06.	Erlenbach am Main: Besuch der neu zu errichtenden Seelsorgestelle Glanzstoff-siedlung und der Glanzstoffkolonie
04.06.	Röllfeld: Visitation und Firmung (95)
05.06.	Klingenberg: Visitation und Firmung (405)
05.06.	Klingenberg: nachmittags Konferenz für die Dekanatsgeistlichkeit
08.06.	Mömlingen: Visitation und Firmung (111)
09.06.	Estenfeld: Visitation und Firmung (195)
10.06.	Großostheim: Visitation und Firmung (195)
11.06.	Kleinwallstadt: Visitation und Firmung(127)
12.06.	Obernburg: Visitation und Firmung (569)
12.06.	Obernburg: nachmittags Konferenz für die Dekanatsgeistlichkeit
15.06.	Glattbach: Visitation und Firmung (163)
16.06.	Schmerlenbach: Visitation und Firmung (65)
17.06.	Würzburg, Schottenanger: Einweihung des Don-Bosco-Heimes
18.06.	Goldbach: Visitation und Firmung (217)

Einkleidungsfeier im Noviziatshaus der Kongregation der Töchter des Allerheiligsten
Erlösers in Bad Kissingen, 13. Oktober 1951

19.06.	Soden: Visitation und Firmung (30)
22.06.	Oberbessenbach: Visitation und Firmung (165)
23.06.	Aschaffenburg, Stiftskirche: Firmung (253)
23.06.	Aschaffenburg, Herz Jesu: Firmung (259)
24.06.	Aschaffenburg, Stiftskirche: Firmung (216)
24.06.	Aschaffenburg, Muttergottes-Pfarrkirche: Firmung (266)
24.06.	Aschaffenburg, Herz Jesu: Firmung (320)
25.06.	Aschaffenburg, St. Agathakirche: Firmung (291)
25.06.	Aschaffenburg, Herz Jesu: Firmung (472)
25.06.	Aschaffenburg: nachmittags Konferenz für die Geistlichkeit der Dekanate Aschaffenburg-Stadt, -Ost und -West
29.06.	Münsterschwarzach: Erteilung der Priesterweihe an zwei Benediktiner
29.06.	Kitzingen: abends Festpredigt und Pontifikalassistenz beim Festgottesdienst zur 1200-Jahrfeier der Stadt
30.06./ **01.07.**	Würzburg, Exerzitienhaus Himmelspforten: Vertretertagung
02.07.	Aschaffenburg, Clemensheim: Einkleidungs- und Professfeier bei den Schwestern der Göttlichen Vorsehung

03.07.	Kleinkahl: Visitation und Firmung (86)
04.07.	Ernstkirchen-Kleinblankenbach: Firmung (269)
04.07.	Mömbris: Firmung (259)
04.07.	Kahl: Firmung (233)
05.07.	Großwelzheim: Visitation und Firmung (158)
06.07.	Albstadt: Visitation und Firmung (18)
06.07.	Alzenau: Firmung (227)
06.07.	Alzenau: nachmittags Konferenz für die Dekanatsgeistlichkeit
08.–15.07.	Würzburg, Neumünster: Kiliani-Festwoche; täglich Pontifikalgottesdienst mit Predigt
08.07.	Würzburg, Neumünster: Reliquienprozession, Pontifikalamt, Predigt, Vesper
15.07.	Würzburg, Neumünster: Pontifikalgottesdienst und Predigt zur Flüchtlingswallfahrt
16.–18.07.	Aachener Heiligtumsfahrt
17.07.	Aachen, Kaiserdom: Pontifikalamt
17.07.	Aachen, St. Elisabeth: abends Pilgerpredigt
19.07.	Würzburg, Ursulinenkloster: Leitung der Oberinnenwahl
20.07.	Würzburg, Neumünster: Pontifikalamt und Festpredigt zum 75. Stiftungsfest der KDStV Normannia
22.07.	Würzburg, Mariannhiller Herz-Jesu-Kirche: Erteilung der heiligen Priesterweihe (17 Diözesanpriester, 4 Franziskaner, 6 Augustiner)
19.08.	Aub: Visitation, Altarkonsekration und Firmung (63)
21.–23.08.	Fulda: Plenarkonferenz der Deutschen Bischöfe
26.08.	Ochsenfurt: Diözesankatholikentag
30.08.	Krausenbach: Visitation, Kirchenkonsekration und Firmung (62)
31.08.	Wintersbach: Visitation und Firmung (96)
01./02.09.	Aschaffenburg: Unterfränkischer Katholikentag
09.09.	Schweinfurt: Unterfränkischer Katholikentag
12.09.	Würzburg, Exerzitienhaus Himmelspforten: Pontifikalmesse und Ansprache aus Anlaß der Studentinnen-Werkwoche der KDStE
16.09.	Haßfurt: Pontifikalmesse mit Ansprache und Einweihung eines Erweiterungsbaues der Oberschule
23.09.	Steinbach hinter der Sonne: Visitation und Kirchenkonsekration
24.09.	Johannesberg: Visitation und heilige Firmung (1)
28.09.	Würzburg, Exerzitienhaus Himmelspforten: Pontifikalmesse und Ansprache zum Exerzitienschluß eines Priesterkurses
30.09.	Würzburg, Neumünster: Predigt zum Abschluß der Volksmission der Stadt Würzburg
30.09.	Würzburg, Neumünster: Eröffnung der Ewigen Anbetung in der Kreuzgruft

Segnung der Mainbrücke in Zell am Main, 9. Dezember 1951

03.10.	Würzburg, Exerzitienhaus Himmelspforten: Pontifikalmesse und Ansprache für die Tagungsteilnehmer vom Bund katholischer deutscher Erzieher
10./11.10.	Freising: Bayerische Bischofskonferenz
13.10.	Bad Kissingen, Noviziatshaus der Töchter des Allerheiligsten Erlösers: Einkleidungsfeier
14.10.	Würzburg, Neumünster: Pontifikalassistenz beim Festgottesdienst des Konsekrationstages; nachmittags Predigt für die Mitglieder des Päpstlichen Werkes für Priesterberufe

15.10.	Bad Kissingen, Noviziatshaus der Töchter des Allerheiligsten Erlösers: Profeßfeier
19.10.	Würzburg, Exerzitienhaus Himmelspforten: Pontifikalmesse und Ansprache zum Abschluß eines Exerzitienkurses für Priester
20.10.	Würzburg, Sitzungssaal des Rathauses: Besuch der Tagung des Bayerischen Richtervereins
21.10.	Kreuzwertheim: Kirchenkonsekration
23./24.10.	Würzburg, Exerzitienhaus Himmelspforten: Priesterkonferenz
27.10.	Würzburg, Hauskapelle des Priesterseminars: Erteilung der Tonsur an 22 Alumnen, 3 Franziskaner-, 7 Augustiner-, 4 Mariannhillerkleriker
27.10.	Würzburg, Priesterseminar: abends Betrachtungspunkte zur Vorbereitung auf die Priesterweihe
28.10.	Würzburg, Neumünster: Erteilung der ersten und zweiten Niederen Weihe an insgesamt 37 Kleriker; Erteilung der Subdiakonatsweihe an 7 Alumnen, 4 Franziskaner, 1 Benediktiner, 4 Augustiner, 2 Mariannhiller, 1 Claretiner
28.10.	Bad Kissingen: nachmittags Jugendpredigt zum Christkönigsfest
29.10.	[o.O.]: Erteilung der dritten und vierten Niederen Weihe an 37 Kleriker; Erteilung der Diakonatsweihe an 18 Subdiakone
01.11.	Würzburg, Ursulinenkloster: Einkleidungsfeier
04.11.	Würzburg, Neumünster: Pontifikalamt zum Erntedankfest
04.11.	Hausen bei Bad Kissingen: Glockenweihe
11.11.	Aschaffenburg, St. Josef: Visitation und Altarkonsekration
12.11.	Aschaffenburg: Besuch im Gymnasium und in der Lehrerinnenbildungsanstalt
17.–18.11.	Würzburg: Teilnahme an der Generalversammlung des Diözesan-Cäcilien-vereins
18.11.	Würzburg, Neumünster: Pontifikalamt und Predigt zum Tag der Kirchenmusik
25.11.	Kleinostheim: Visitation und Konsekration der neuen Pfarrkirche und Einweihung der Schule
01.12.	Würzburg, Neumünster: Konsekration von 30 Altarsteinen
02.12.	Aschaffenburg-Leider, St. Laurentius: Visitation
02.12.	Aschaffenburg, Herz Jesu: nachmittags Frauenpredigt
04.12.	Aschaffenburg: Besuch der Mittelschulen der Englischen Fräulein und der Oberrealschule
08.12.	Würzburg, Neumünster: Frauenpredigt
09.12.	Zell/Main: Pontifikalamt, Predigt und Weihe der Mainbrücke
16.12.	Trennfurt: Konsekration der erweiterten Pfarrkirche
25.12.	Würzburg, Neumünster: Pontifikalamt, Festpredigt und Pontifikalvesper
26.12.	Hausen bei Bad Kissingen: Bannerweihe der Katholischen Jugend
31.12.	Würzburg, Neumünster: Silvesterpredigt

1952

01.01.	Würzburg, Kirche des Mutterhauses der Kongregation der Töchter des Allerheiligsten Erlösers: Altarkonsekration
07.01.	Würzburg, Exerzitienhaus Himmelspforten: Pontifikalmesse mit Ansprache zum Abschluß der Arbeiter- und Betriebsräte-Exerzitien
13.01.	Bad Neustadt an der Saale: Einweihung des Kolpinghauses
17.01.	Würzburg: Einweihung des Blindenheimes
29.01.	Großheubach, Kloster Engelberg: Pontifikalrequiem und Beerdigung des Fürsten Alois zu Löwenstein
01.–04.02.	Miltenberg, Kilianeum: Visitation
10.02.	Würzburg, Exerzitienhaus Himmelspforten: Pontifikalmesse mit Ansprache, anläßlich des CAJ-Schulungstages
10.02.	Aschaffenburg: nachmittags Firmung von 40 amerikanischen Kindern
24.02.	Würzburg, Kilianeum: Pontifikalmesse mit Ansprache anläßlich des Elterntages
28.02.	Würzburg, Exerzitienhaus Himmelspforten: Pontifikalmesse mit Ansprache anläßlich der Dekanatsjugendseelsorgertagung
01.03.	Miltenberg: Einweihung des Gymnasiumneubaues
04.03.	Würzburg: Puncta meditationis bei der Generalversammlung der Unio Apostolica Würzburg
05.03.	Würzburg, Augustinerkirche: Erteilung der heiligen Priesterweihe (6 Regularkleriker)
07.03.	Würzburg, Bischöfliche Hauskapelle: Erteilung der Tonsur (1 Kandidat)
08.03.	Würzburg, Bischöfliche Hauskapelle: Erteilung der ersten beiden Niederen Weihen (1 Säkularkleriker)
11.03.	Würzburg, Exerzitienhaus Himmelspforten: Pontifikalmesse mit Ansprache anläßlich der Tagung des Katholischen Siedlungswerkes
12./13.03.	Freising: Teilnahme an der Bayerischen Bischofskonferenz
15.03.	Würzburg, Bischöfliche Hauskapelle: Erteilung der letzten beiden Niederen Weihen (1 Säkularkleriker)
16.03.	Würzburg, Neumünster: Pontifikalrequiem anläßlich der Wiederkehr des Tages der Zerstörung der Stadt Würzburg im Jahre 1945
23.03.	Schweinfurt, St. Josef: Visitation
24.03.	Würzburg: Einweihung des St. Josef- und St. Hedwigheimes
29.03.	Würzburg, Bischöfliche Hauskapelle: Erteilung des Subdiakonates (1 Säkularkleriker)
30.03.	Würzburg, Bischöfliche Hauskapelle: Erteilung des Diakonates (1 Säkularkleriker)
10.04.	Würzburg, Neumünster: Pontifikalamt mit Weihe der heiligen Öle
13.04.	Würzburg, Neumünster: Pontifikalamt mit Predigt

Einweihung des Blindenheims in Würzburg, 17. Januar 1952

13.04.	Würzburg, Neumünster: nachmittags Pontifikalvesper
14.04.	Würzburg, Kapelle des Priesterseminars: Erteilung der Priesterweihe (1 Säkularkleriker)
24.04.	Geldersheim: Visitation und Firmung (42)
26.04.	Eßleben: Visitation und Firmung (74)
27.04.	Würzburg, Neumünster: Erteilung des Subdiakonates (16 Säkular-, 1 Regularkleriker)
28.04.	Werneck: Visitation und Firmung (380)
29.04.	Oberpleichfeld: Visitation und Firmung (77)
30.04.	Würzburg, Neumünster: Erteilung des Diakonates (16 Säkular-, 2 Regularkleriker)
01.05.	Miltenberg: Pontifikalamt mit Predigt anläßlich des 25. Jahrestages der Gründung des Kilianeums
02.05.	Effeldorf: Visitation und Firmung(24)
02.05.	Dettelbach: Firmung(149)
02.05.	Dettelbach: nachmittags Konferenz für die Dekanatsgeistlichkeit
03.05.	Untereisenheim: Visitation und Firmung (38)
04.05.	Würzburg, Neumünster: Firmung (250)
04.05.	Würzburg, Unsere Liebe Frau: Firmung (264)

05.05.	Volkach: Visitation und Firmung (279)
05.05.	Volkach: nachmittags Konferenz für die Dekanatsgeistlichkeit
08.05.	Gramschatz: Visitation und Firmung (21)
09.05.	Binsfeld: Visitation und Firmung (25)
10.05.	Arnstein: Firmung (128)
10.05.	Maria Sondheim: Firmung (251)
10.05.	Maria Sondheim: nachmittags Konferenz für die Dekanatsgeistlichkeit
11.05.	Würzburg, Exerzitienhaus Himmelpforten: Pontifikalmesse und Ansprache anläßlich der Ärztetagung
11.05.	Aschaffenburg: nachmittags Einweihung des Kolpinghauses
12.05.	Schneppenbach: Kirchweihe
13.05.	Schwärzelbach: Visitation und Firmung (34)
15.05.	Hammelburg: Firmung (537)
15.05.	Hammelburg: nachmittags Konferenz für die Dekanatsgeistlichkeit
16.05.	Sulzthal: Visitation und Firmung (85)
17.05.	Burkardroth: Visitation und Firmung (233)
18.05.	Schweinfurt, Hl. Geist: Firmung (283)
18.05.	Schweinfurt, St. Kilian: Firmung (183)
20.05.	Würzburg: Einweihung des Juliusspitals
21.05.	Hösbach: Firmung (213)
22.05.	Aschaffenburg, Stift: Firmung (223)
22.05.	Aschaffenburg, Herz Jesu: Firmung (288)
22.05.	Aschaffenburg, Mariä Geburt: Firmung (175)
23.05.	Ebenhausen: Visitation und Firmung (67)
25.05.	Üchtelhausen: Visitation und Firmung (58)
26.05.	Marktsteinach: Visitation und Firmung (67)
27.05.	Grettstadt: Visitation und Firmung (46)
28.05.	Schweinfurt, Hl. Geist: Firmung (628)
29.05.	Bad Kissingen: Firmung (594)
30.05.	Würzburg, Neumünster: Pontifikalrequiem für Bischof Matthias Ehrenfried
31.05.	Würzburg, Neumünster: Pontifikalmesse mit Ansprache anläßlich des Deutschlandtreffens der Führerschaft des Stammes des Bundes der Deutschen Katholischen Jugend
31.05.	Würzburg, Festung: Eröffnungsfeier des Deutschlandtreffens
01.06.	Würzburg, Neumünster: Pontifikalamt und Predigt zur Eröffnung der 1200-Jahr-Feier der Erhebung der Gebeine der heiligen Frankenapostel
01.06.	Würzburg, Neumünster: nachmittags Pontifikalvesper
02.06.	Würzburg, St. Burkard: Firmung (270)

Eröffnung der Ausstellung „Franconia Sacra" zur 1200-Jahr-Feier des Bistums Würzburg und zur Erhebung der Kilians-Reliquien, Mainfränkisches Museum Würzburg, 13. Juni 1952; 2. v.l. Ministerpräsident Hans Ehard, Max von Freeden (Direktor des Mainfränkischen Museums), Apostolischer Nuntius Erzbischof Aloysius Muench

03.06.	Reichenbach: Kirchweihe
05.06.	Fuchsstadt: Visitation und Firmung (84)
06.06.	Großlangheim: Visitation und Firmung (64)
07.06.	Frankenwinheim: Visitation und Firmung (50)
09.06.	Kitzingen: Firmung (532)
09.06.	Kitzingen: nachmittags Konferenz für die Dekanatsgeistlichkeit
10.06.	Bischwind: Visitation und Firmung (16)
11.06.	Untersteinbach: Visitation und Firmung (83)
12.06.	Würzburg: Fronleichnamsprozession
14.06.	Unterwellenborn: Grundsteinlegung, Pontifikalmesse und Firmung (52)
15.06.	Saalfeld: Pontifikalmesse, Fronleichnamsprozession und Firmung (336)
15.06.	Pößneck: abends Kiliansfeier
16.06.	Pößneck: Pontifikalmesse und Firmung (208)
17.06.	München: Teilnahme an den Beisetzungsfeierlichkeiten von Erzbischof Kardinal Michael von Faulhaber

18.06.	Lauscha: Besuch der Gemeinde
18.06.	Steinach: Besuch der Gemeinde
18.06.	Köppelsdorf: Besuch der Gemeinde
18.06.	Sonneberg: abends Kiliansfeier
19.06.	Sonneberg: Pontifikalmesse und Firmung (158)
19.06.	Hildburghausen: abends Kiliansfeier
20.06.	Hildburghausen: Pontifikalmesse und Firmung (187)
20.06.	Heldburg: nachmittags Firmung (13)
21.06.	Wolfmannshausen: Pontifikalmesse und Firmung (32)
21.06.	Römhild: nachmittags Kiliansfeier und Firmung (36)
21.06.	Meiningen: abends Kiliansfeier
22.06.	Meiningen: Pontifikalmesse und Firmung (168, 123)
22.06.	Bad Salzungen: abends Kiliansfeier
23.06.	Bad Salzungen: Pontifikalmesse und Firmung (123)
23.06.	Bad Liebenstein: nachmittags Firmung (72)
24.06.	Meiningen: Konferenz in für die Dekanatsgeistlichkeit
26.06.	Gerolzhofen: Firmung (533)
27.06.	Haßfurt: Visitation und Firmung (189)
28.06.	Haßfurt: Firmung (288)
28.06.	Haßfurt: nachmittags Konferenz für die Dekanatsgeistlichkeit
29.06.	Würzburg, Kilianeum: Pontifikalmesse mit Ansprache für den KKV Konstantia Würzburg
29.06.	Würzburg: Einweihung des DJK-Sportplatzes Würzburg
30.06.	Eltmann: Firmung (295)
01.07.	Zeil am Main: Visitation und Firmung (223)
01.07.	Zeil am Main: nachmittags Konferenz für die Dekanatsgeistlichkeit
03.07.	Kirchlauter: Visitation und Firmung (60)
04.07.	Pfarrweisach: Visitation und Firmung (67)
05.07.	Ebern: Firmung (202)
05.07.	Baunach: Firmung (150); nachmittags Konferenz für die Dekanatsgeistlichkeit
07.07.	Würzburg, Kilianeum: Altarkonsekration
08.07.	Würzburg: Pontifikalamt und Ansprache des Erzbischofs Dr. Wendelin Rauch von Freiburg
08.07.	Würzburg: Pontifikalmesse und Ansprache des Diözesanbischofs
09.07.	Würzburg: Pontifikalamt und Ansprache des Bischofs Dr. Albert Stohr von Mainz
09.07.	Würzburg: Pontifikalmesse und Ansprache des Bischofs Dr. Joseph Wendel von Speyer

Firmung in Wolfmannshausen (Thüringen), 21. Juni 1952

Diözesansportfest in Würzburg, 29. Juni 1952

10.07.	Würzburg: Pontifikalamt und Ansprache des Weihbischofs Adolf Bolte von Fulda
10.07.	Würzburg: Pontifikalmesse und Ansprache des Bischofs Dr. Carl Joseph Leiprecht von Rottenburg
11.07.	Würzburg: Pontifikalamt und Ansprache des Bischofs Alfons Streit von Mariannhill (Südafrika)
11.07.	Würzburg: Pontifikalmesse und Ansprache des Bischofs Dr. Joseph Schröffer von Eichstätt
12.07.	Würzburg: Pontifikalamt und Ansprache des Bischofs Augustin Quinn von Kilmore (Irland)
12.07.	Würzburg: Pontifikalmesse und Ansprache des Weihbischofs Dr. Artur Michael Landgraf von Bamberg
13.07.	Würzburg: Reliquienprozession und Pontifikalamt des Apostolischen Nuntius Dr. Aloysius Muench mit Predigt des Diözesanbischofs
13.07.	Würzburg, Residenzplatz: nachmittags Kilianskundgebung
14.07.	Würzburg: Pontifikalamt mit Ansprache des Abtes Burkard Utz von Münsterschwarzach
14.07.	Würzburg: Pontifikalmesse und Ansprache des Erzbischofs Dr. Joseph Otto Kolb von Bamberg
14.07.	Würzburg, Mariannhiller Herz-Jesu-Kirche: Pontifikalamt zur Einweihung der Missionsärztlichen Klinik Würzburg
15.07.	Würzburg: Pontifikalamt mit Ansprache des Erzbischofs Dr. Lorenz Jaeger von Paderborn
15.07.	Würzburg: Pontifikalmesse und Ansprache des Diözesanbischofs
15.07.	Würzburg, Elisabethenheim: nachmittags Kleruskonferenz
17.07.	Königsberg: Visitation und Firmung (46)
18.07.	Bundorf: Visitation und Firmung (28)
19.07.	Hofheim: Firmung (202)
19.07.	Hofheim: nachmittags Konferenz für die Dekanatsgeistlichkeit
20.07.	Würzburg, Neumünster: Erteilung der Priesterweihe (8 Säkular-, 3 Regularkleriker)
21.07.	Kleineibstadt: Visitation und Firmung (20)
21.07.	Kleinbardorf: Visitation und Firmung (16)
22.07.	Althausen: Visitation und Firmung in Althausen (14)
22.07.	Aub: Visitation und Firmung (12)
23.07.	Untereßfeld: Visitation und Firmung (43)
24.07.	Königshofen: Firmung (463)
24.07.	Königshofen: nachmittags Konferenz für die Dekanatsgeistlichkeit
27.07.	Seligenstadt, Liebfrauenheide: Predigt anläßlich der Ketteler-Gedächtnis-Feier
03.08.	Aidhausen: Kirchweihe, Visitation und Firmung (42)

11.–13.08.	Fulda: Teilnahme an der Deutschen Bischofskonferenz
15.08.	Dettelbach, Wallfahrtskirche: Pontifikalmesse und Ansprache
17.08.	Stockstadt: Kirchweihe und Firmung (49)
18.–24.08.	Berlin: Teilnahme am 75. Deutschen Katholikentag
21.09.	Würzburg: Pontifikalamt des Erzbischofs Dr. Lorenz Jaeger von Paderborn mit Predigt des Diözesanbischofs anläßlich der Generalversammlung des Bonifatiusvereins
24.09.	Stadtlauringen: Visitation und Firmung (130)
25.09.	Strahlungen: Kirchweihe, Visitation und Firmung (21)
26.09.	Münnerstadt: Firmung (497)
26.09.	Münnerstadt: nachmittags Konferenz für die Dekanatsgeistlichkeit
27.09.	Unsleben: Visitation und Firmung (41)
28.09.	Aschaffenburg, St. Michael: Kirchweihe
01.10.	Brendlorenzen: Visitation und Firmung (52)
02.10.	Bad Neustadt an der Saale: Firmung (399)
02.10.	Bad Neustadt an der Saale: nachmittags Konferenz für die Dekanatsgeistlichkeit
03.10.	Zell am Main, Kloster Oberzell: Pontifikalmesse und Einkleidungsfeier
05.10.	Würzburg, Neumünster: Pontifikalamt und Predigt anläßlich der Tagung der Görresgesellschaft
08.10.	Bastheim: Visitation und Firmung (76)
09.10.	Fladungen: Visitation und Firmung (149)
10.10.	Niederlauer: Visitation und Firmung (17)
10.10.	Mellrichstadt: Firmung (234)
10.10.	Mellrichstaadt: nachmittags Konferenz für die Dekanatsgeistlichkeit
11.10.	Unterweißenbrunn: Altarkonsekration, Visitation und Firmung (12)
12.10.	Würzburg, Neumünster: Pontifikalamt und Predigt anläßlich des Abschlußes der 1200-Jahr-Feier des Bistums
12.10.	Würzburg, Frankenhalle: nachmittags Papstfeier
13.10.	Bad Kissingen: Pontifikalmesse mit Einkleidungsfeier
15.10.	Bad Brückenau: Kirchweihe
16.10.	Wernarz: Visitation und Firmung (51)
17.10.	Bad Brückenau: Visitation und Firmung (280)
17.10.	Bad Brückenau: nachmittags Konferenz für die Dekanatsgeistlichkeit
18.10.	Schweinfurt: Ansprache bei der Werkvolktagung
19.10.	Niederwerrn: Kirchweihe
20.10.	Modlos: Kirchweihe
21.10.	Motten: Kirchweihe, Visitation und Firmung (53)
22.10.	Frankenheim: Kirchweihe und Firmung (13)

Gesellschaftsratssitzung des Universitätsbundes im Rektorat der Universität Würzburg,
20. Dezember 1952

23.10.	Schmalwasser: Visitation und Firmung (34)
23.10.	Bischofsheim: Firmung (236); nachmittags Konferenz für die Dekanats-geistlichkeit
26.10.	Schweinfurt, St. Anton: Kirchweihe; abends Jugendpredigt
27.10.	Klosterhausen: Firmung (87)
28.10.	Würzburg, Neumünster: Erteilung des Subdiakonates (40 Säkular-, 4 Regularkleriker)
29.10.	Würzburg, Kapelle des Priesterseminars: Erteilung der Tonsur (23 Säkular-, 3 Regularkandidaten)
30.10.	Würzburg, Kapelle des Priesterseminars: Erteilung der ersten beiden Niederen Weihen (23 Säkular-, 3 Regularkleriker)
01.11.	Würzburg, Neumünster: Erteilung des Diakonates (40 Säkular-, 6 Regularkleriker)
01.11.	Zell am Main, Kloster Oberzell: nachmittags Aussendungsfeier
02.11.	Würzburg, Neumünster: Erteilung der beiden letzten Niederen Weihen (23 Säkular-, 3 Regularkleriker)
05.11.	Würzburg, Augustinerkirche: Altarweihe
09.11.	Würzburg, Neumünster: Pontifikalamt mit Predigt anläßlich des Diözesan-erntedankfestes; nachmittags Pontifikalvesper

11.11.	Würzburg, Neumünster: Weihe von 30 altaria portatilia
12.11.	Würzburg, Augustinerkirche: Pontifikalmesse und Predigt anläßlich der Eröffnung des Wintersemesters der Universität
16.11.	Hundsbach: Kirchweihe
28.11.	Würzburg: Dechantenkonferenz
30.11.	Würzburg, Neumünster: Erteilung der Priesterweihe (15 Säkular-, 1 Regularkleriker)
07.12.	Würzburg, St. Adalbero: Visitation
08.12.	Aschaffenburg: Einweihung des Mädchenlehrlingsheimes
14.12.	Würzburg, St. Barbara: Visitation
25.12.	Würzburg, Neumünster: Pontifikalamt mit Predigt; nachmittags Pontifikal-vesper
29.12.	Pullach, Seminarkirche: Pontifikalrequiem für P. Ivo Zeiger SJ
31.12.	Würzburg, Kilianeum: Pontifikalmesse und Ansprache anläßlich des Abschlusses der Diözesan-Organistenkonferenz
31.12.	Würzburg, Neumünster: nachmittags Jahresschlußpredigt

1953

05.01.	Würzburg, Exerzitienhaus Himmelspforten: Pontifikalmesse mit Ansprache zum Abschluß von Werktätigen-Exerzitien
06.01.	Würzburg, Missionsärztliches Institut: Pontifikalmesse mit Ansprache und Entgegennahme von 2 Missionsversprechen
16./17.01.	Würzburg, Exerzitienhaus Himmelspforten: Betrachtungsvorträge zu den Einkehrtagen für die Dekanatsvorsitzenden der Katholischen Aktion
18.01.	Würzburg, Kiliansgruft: Pontifikalmesse mit Ansprache zum Abschluß der Einkehrtage der Katholischen Aktion
25.01.	Würzburg, Augustinerkirche: Pontifikalmesse mit Predigt zum Abschluß der Weltgebetsoktav
29.01.	Würzburg, Altes Gymnasium: Besuch mit Ansprachen an Lehrkörper und Schüler
31.01.	Garitz: Weihe der neuen Landwirtschaftsschule
08.02.	Würzburg, Exerzitienhaus Himmelspforten: Pontifikalmesse mit Ansprache anläßlich der Landjugendtagung
11.02.	Bad Kissingen, Mutterhaus der Elisabethinerinnen: Vorsitz bei der Wahl der neuen Generaloberin der Elisabethinerinnen
14.02.	Würzburg: Ansprache beim 50. Richtfest des St.-Bruno-Werks
24.02.	Würzburg: Pontifikalmesse mit Ansprache und Hausweihe in der Gehörlosen-schule

25.02.	Würzburg, Mariannhiller Herz-Jesu-Kirche: Pontifikalmesse mit Erteilung der Tonsur (18 Regularen)
26.–28.02.	Würzburg, Kilianeum: Visitation
27.02.	Würzburg, Mariannhiller Herz-Jesu-Kirche: Erteilung des Ostiariats und Lektorats (4 Regularkleriker) und des Subdiakonats (8 Regularkleriker)
01.03.	Würzburg, St. Gertraud: Altarkonsekration
04.03.	Würzburg, Priesterseminar: Dechantenkonferenz
08.03.	Würzburg, Neumünster: Pontifikalamt anläßlich des Jahrestages der Papstkrönung
15.03.	Würzburg, Hl. Kreuz: Visitation
16.03.	Würzburg, Neumünster: Pontifikalrequiem anläßlich des Jahrestages der Zerstörung Würzburgs
19.03.	Würzburg, Neumünster: Pontifikalmesse mit Ansprache anläßlich der Tagung der Katholischen Erziehergemeinschaft
22.03.	Zell am Main: Visitation
22.03.	Würzburg, amerikanische Armeekapelle am Flugplatz: Firmung (39)
24./25.03.	Freising: Teilnahme an der Bayerischen Bischofskonferenz
27.03.	Zell am Main, Kloster Oberzell: Pontifikalmesse und Vorsitz beim Generalkapitel der Dienerinnen der hl. Kindheit Jesu
02.04.	[o.O.]: Gründonnerstagspontifikalamt mit Weihe der hl. Öle
04.04.	[o.O.]: Osternachtriten mit Vigilpontifikalamt
05.04.	[Würzburg, Neumünster]: Osterpontifikalamt mit Predigt; Pontifikalvesper
16.04.	Burgerroth-Buch: Visitation und Firmung (13)
16.04.	Aub: Firmung (200)
16.04.	Aub: Konferenz für die Dekanatsgeistlichkeit Röttingen
17.04.	Hopferstadt: Visitation und Firmung (21)
18.04.	Acholshausen: Visitation, Firmung (4) und Altarkonsekration
19.04.	Sonderhofen: Visitation und Firmung (34)
20.04.	Darstadt: Visitation und Firmung (6)
20.04.	Aufstetten: Visitation und Firmung (11)
23.04.	Wolkshausen: Visitation und Firmung (15)
23.04.	Ösfeld: Visitation und Firmung (4)
24.04.	Euerhausen: Visitation und Firmung (43)
25.04.	Erlabrunn: Visitation und Firmung (35)
26.04.	Mühlbach: Visitation, Firmung (13) und Altarkonsekration
27.04.	Karlstadt: Firmung (508)
27.04.	Karlstadt: Konferenz für die Dekanatsgeistlichkeit
28.04.	Greußenheim: Visitation und Firmung (25)
30.04.	Aschfeld: Visitation und Firmung (25)

01.05.	Würzburg, Exerzitienhaus Himmelspforten: Pontifikalmesse mit Ansprache anläßlich der Konferenz der Dekanatsjugendführer und -führerinnen
02.05.	Retzstadt: Visitation und Firmung (36)
03.05.	Altötting: Predigt zum Landjugendtag
05.05.	Lohr am Main: Firmung (498)
05.05.	Lohr am Main: Konferenz für die Dekanatsgeistlichkeit
07.05.	Sendelbach: Visitation und Firmung (42)
08.05.	Habichsthal: Visitation und Firmung (5)
08.05.	Lohr: Firmung (229)
09.05.	Ansbach-Waldzell: Visitation und Firmung (23)
10.05.	Schweinfurt, Hl. Geist: Firmung (191)
10.05.	Schweinfurt, St. Anton: Firmung (280)
11.05.	Würzburg, Augustinerkirche: Pontifikalamt mit Ansprache anläßlich des Stiftungsfestes der Universität
14.05.	Rothenfels: Visitation und Firmung (50)
15.05.	Ochsenfurt: Firmung (490)
15.05.	Ochsenfurt: Konferenz für die Dekanatsgeistlichkeit
16.05.	Urspringen: Visitation und Firmung (39)
17.05.	Würzburg, Himmelspforten, Karmelitinnenkirche: Pontifikalmesse mit Ansprache für die Teilnehmer an der Tagung der St.-Lukas-Gilde
17.05.	Münsterschwarzach: Festandacht mit Ansprache zum Ministrantentag
18.05.	Marktheidenfeld: Firmung (522)
19.05.	Hafenlohr: Visitation und Firmung (38)
20.05.	Unterwittbach: Visitation und Firmung (22)
20.05.	Marktheidenfeld: Konferenz für die Dekanatsgeistlichkeit
21.05.	Würzburg, Neumünster: Pontifikalrequiem für Bischof Matthias Ehrenfried
23.05.	Würzburg, Augustinerkirche: Erteilung des Subdiakonats (1 Regularkleriker) und des Diakonats (3 Regularkleriker)
24.05.	Würzburg, Neumünster: Pfingstpontifikalamt mit Predigt; Pontifikalvesper
25.05.	Würzburg, St. Josef: Firmung (231)
25.05.	Würzburg, St. Adalbero: Firmung (287)
26.05.	Zell am Main: Firmung (185)
28.05.	Würzburg, Augustinerkirche: Firmung in (251)
28.05.	Würzburg, St. Adalbero (263)
28.05.	Würzburg: Konferenz für die Dekanatsgeistlichkeit Würzburg links des Mains und Bütthard
29.05.	Holzkirchhausen: Visitation und Firmung (13)
30.05.	Maidbronn: Visitation und Firmung in Maidbronn (12)

Firmung in Rothenfels am Main, 15. Mai 1953

Einkleidung und Professfeier von Missionsdominikanerinnen in der Pfarrkirche
Neustadt am Main, 21. Mai 1953

30.05.	Mühlhausen: Visitation und Firmung (6)
31.05.	Würzburg, Unsere Liebe Frau: Firmung (253)
31.05.	Würzburg, Hl. Kreuz: Firmung (276)
02.06.	Unterdürrbach: Visitation und Firmung (50)
02.06.	Würzburg, Mariannhiller Herz-Jesu-Kirche: Firmung (253)
04.06.	Würzburg: Fronleichnamsprozession
05.06.	Veitshöchheim: Visitation und Firmung (102)
06.06.	Theilheim bei Würzburg: Visitation und Firmung (24)
07.06.	Großheubach: Visitation und Firmung (71)
08.06.	Miltenberg: Firmung (518)
08.06.	Miltenberg: Konferenz für die Dekanatsgeistlichkeit
09.06.	Würzburg, Augustinerkirche: Firmung (155)
09.06.	Würzburg, Mariannhiller Herz-Jesu-Kirche: Firmung: (261)
09.06.	Würzburg: Konferenz für die Dekanatsgeistlichkeit Würzburg-Stadt und Würzburg rechts des Mains
11.06.	Walldürn: Pontifikalamt mit Predigt und Prozession

12.06.	Bürgstadt: Visitation und Firmung (72)
13.06.	Amorbach: Firmung (268)
13.06.	Stadtprozelten: Firmung (165)
14.06.	Klingenberg: Visitation und Firmung (70)
15.06.	Mechenhard: Visitation und Firmung (32)
16.06.	Klingenberg: Firmung (189)
16.06.	Klingenberg: Konferenz für die Dekanatsgeistlichkeit
19.06.	Roßbach: Visitation und Firmung (23)
19.06.	Wörth am Main: Firmung (187)
20.06.	Niedernberg: Visitation und Firmung (58)
21.06.	Obernburg: Visitation und Firmung (109)
22.06.	Obernburg: Firmung (573)
22.06.	Obernburg: Konferenz für die Dekanatsgeistlichkeit
23.06.	Dettingen: Visitation und Firmung (102)
23.06.	Aschaffenburg: Konferenz für die Dekanatsgeistlichkeit Aschaffenburg-Stadt, -Ost und -West
24.06.	Karlstadt: Pontifikalmesse mit Ansprache und Brückenweihe
25.06.	Hösbach: Firmung (208)
25.06.	Aschaffenburg, Herz Jesu: Firmung (599)
26.06.	Aschaffenburg, St. Agatha: Firmung (282)
26.06.	Aschaffenburg, Stift: Firmung (288)
26.06.	Aschaffenburg, Herz Jesu: Firmung (271)
27.06.	Laufach: Visitation und Firmung (93)
28.06.	Ochsenfurt: Pontifikalmesse mit Ansprache und Weihe der Zuckerfabrik Franken
28.06.	Kreuzberg: Ansprache anläßlich des Landjugendtreffens
29.06.	Alzenau: Visitation und Firmung (131)
30.06.	Haibach: Visitation und Firmung (69)
01.07.	Kälberau: Visitation und Firmung (16)
02.07.	Würzburg, Missionsärztliche Klinik: Pontifikalmesse mit Ansprache und Hausweihe
02.07.	Würzburg, Bischöfliche Hauskapelle: Erteilung der Tonsur (2 Almunen)
03.07.	Ernstkirchen: Firmung (322)
03.07.	Alzenau: Firmung (284)
03.07.	Alzenau: Konferenz für die Dekanatsgeistlichkeit
04.07.	Rottenberg: Visitation und Firmung (52)
05.07.	Aschaffenburg, Stift: Firmung (249)
05.07.	Aschaffenburg, Muttergottes: Firmung (259)

Brückenweihe in Karlstadt am Main, 24. Juni 1953

Segnung der Zuckerfabrik Franken in Ochsenfurt, 28. Juni 1953

06.07.	Kahl: Visitation und Firmung (153)
07.07.	Würzburg, Bischöfliche Hauskapelle: Erteilung des Ostiariats und Lektorats (2 Säkularkleriker)
08.07.	Würzburg, Kiliansplatz: Pilgerpontifikalgottesdienst mit Ansprache
09.07.	Würzburg, Kiliansplatz: Pilgerpontifikalgottesdienst mit Ansprache
10.07.	Würzburg, Kiliansplatz: Pilgerpontifikalgottesdienst mit Ansprache
11.07.	Würzburg, Kiliansplatz: Pilgerpontifikalgottesdienst mit Ansprache
12.07.	Würzburg, Kiliansplatz: Reliquienprozession und Pontifikalamt mit Predigt
13.07.	Würzburg, Neumünster: Pilgerpontifikalgottesdienst mit Ansprache
14.07.	Würzburg, Kiliansgruft: Ansprache an die Priester
14.07.	Würzburg, Neumünster: Pontifikalmesse mit Pilgeransprache
15.07.	Würzburg, Neumünster: Pilgerpontifikalgottesdienst mit Ansprache
16.07.	Würzburg, Juliusspital: Kirchweihe
17.07.	Würzburg: Pontifikalmesse und Vorsitz beim Generalkapitel der Kongregation der Töchter des Allerheiligsten Erlösers
18.07.	Würzburg, Neumünster: Erteilung des Presbyterats (17 Säkular-, 6 Regularkleriker)
19.07.	Würzburg, Neumünster: Erteilung des Presbyterats (22 Säkular-, 2 Regularkleriker)
19.07.	Würzburg, Residenzplatz: Ansprache an die Teilnehmer der Christophorus-Sternfahrt
15.08.	Würzburg, Neumünster: Pontifikalmesse mit Predigt anläßlich der Tagung der Katholischen Deutschen Studenteneinigung
16.08.	Schweinfurt, Sportstadion: Pontifikalmesse mit Ansprache anläßlich des Bundessportfestes der Deutschen Jugendkraft
18.–20.08.	Fulda: Teilnahme an der Deutschen Bischofskonferenz
22.08.	Kreuzberg: Pontifikalmesse mit Ansprache an die Pilger der Würzburger Kreuzbruderschaft
23.08.	Giebelstadt: Kirchweihe und Firmung (47)
28.08.	Würzburg, Exerzitienhaus Himmelspforten: Pontifikalmesse mit Ansprache anläßlich des Abschlusses von Priesterexerzitien
29.08.	Würzburg, Ursulinenkloster: Pontifikalmesse mit Ansprache und Professabnahme
30.08.	Seifriedsburg: Kirchweihe und Firmung (12)
31.08.	Wolfsmünster: Visitation und Firmung (38)
01.09.	Wolfsmünster: Fortsetzung der Visitation
03.09.	Gössenheim: Visitation und Firmung (25)
04.09.	Fellen: Visitation und Firmung (23)
05.09.	Aura im Sinngrund: Visitation und Firmung (27)

Weihe der Kirche im Würzburger Juliusspital, 16. Juli 1953

Priesterweihe im Neumünster zu Würzburg, 19. Juli 1953

Weihe der Pfarrkirche in Weilbach, 4. Oktober 1953

06.09.	Sulzbach: Kirchweihe
08.09.	Maria Limbach: Pontifikalmesse mit Ansprache
10.09.	Bad Salzungen: Visitation
11.09.	Wasungen: Visitation
12.09.	Römhild: Visitation
13.09.	Unterwellenborn: Kirchweihe
14.09.	Lauscha: Visitation
14.09.	Schalkau: Visitation
15.09.	Hildburghausen: Pontifikalmesse mit Ansprache
15.09.	Meiningen: Konferenz für die Dekanatsgeistlichkeit
16.09.	Erfurt: Besuch des Priesterseminars mit Ansprache an die Alumnen
19.09.	Würzburg, Neumünster: Pontifikalmesse mit Ansprache anläßlich der Generalversammlung des Katholischen Fürsorgevereins
20.09.	Schweinfurt, St. Kilian: Kirchweihe
21.09.	Gemünden: Firmung (271)
21.09.	Gemünden: Konferenz für die Dekanatsgeistlichkeit
25.09.	Würzburg, Exerzitienhaus Himmelspforten: Pontifikalmesse mit Ansprache anläßlich des Abschlusses von Priesterexerzitien

27.09.	Würzburg, Neumünster: Pontifikalmesse mit Ansprache für die Teilnehmer der Tagung „Kirche und Landvolk"
28.09.	Bonn: Bonifatiusansprache für den Seelsorgeklerus
29.09.	Köln: Bonifatiusansprache für den Seelsorgeklerus
01./02.10.	Freising: Teilnahme an der Bayerischen Bischofskonferenz
04.10.	Weilbach: Kirchweihe
06.–23.10.	Rom: Visitatio ad limina Apostolorum
24.10.	Würzburg, St. Adalbero: Pontifikalmesse anläßlich der Tagung der katholischen Kindergärtnerinnen
25.10.	Aschaffenburg-Nilkheim: Kirchweihe
25.10.	Aschaffenburg, Herz Jesu: Christkönigspredigt an die Jugend
27.10.	Würzburg: Pontifikalmesse mit Ansprache und Profeßabnahme bei den Ritaschwestern
30.10.	Würzburg, Kapelle des Priesterseminars: Erteilung der Tonsur (11 Säkular-, 4 Regularkandidaten) und des Exorzistats und Akolythats (2 Säkularkleriker)
31.10.	Würzburg, Kapelle des Priesterseminars: Erteilung des Ostiariats und Lektorats (11 Säkular-, 2 Regularkleriker)
01.11.	Würzburg, Neumünster: Erteilung des Subdiakonats (21 Säkular-, 4 Regularkleriker)
05.11.	Würzburg, Neumünster: Konsekration von 31 altaria portatilia
09.11.	Halsbach: Kirchweihe
14.11.	Würzburg, Kapelle des Priesterseminars: Erteilung des Exorzistats und Akolythats (11 Säkular-, 2 Regularkleriker)
15.11.	Grafenrheinfeld: Altarkonsekration
18.11.	Würzburg, Priesterseminar: Konferenz der Dechanten und Dekanatsjugendseelsorger
19.11.	Würzburg, Elisabethenheim: Pontifikalmesse mit Ansprache anläßlich des 100-jährigen Bestehens
20.11.	Kleinheubach, St. Burkardus-Haus: Pontifikalmesse mit Ansprache für die Teilnehmer an der Nationaltagung der CAJ
22.11.	Poppenhausen: Kirchweihe
23.11.	Oberthulba: Visitation und Altarkonsekration
25.11.	Würzburg, Neumünster: Firmung (23)
27.11.	Würzburg, Exerzitienhaus Himmelspforten: Pontifikalmesse mit Ansprache zum Abschluß von Ehevorbereitungsexerzitien
27.11.	Würzburg, Exerzitienhaus Himmelspforten: Weihe des vollendeten letzten Bauabschnittes des Exerzitienhauses
29.11.	Aschaffenburg, St. Konrad: Kirchweihe
06.12.	Würzburg, Neumünster: Erteilung des Diakonats (20 Säkular-, 9 Regularkleriker)

Nach der Audienz bei Papst Pius XII. in Castel Gandolfo anlässlich des Ad Limina-
Besuchs, 15. Oktober 1953

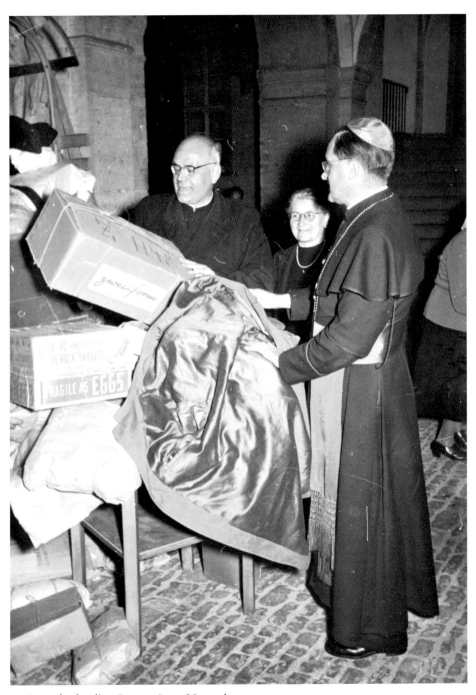

Caritasopfer für die „Ostzone", 11. November 1953

08.12.	Würzburg, Neumünster: Pontifikalamt mit Predigt anläßlich der Eröffnung des Marianischen Jahres
09.–11.12.	Miltenberg, Kilianeum: Visitation
12.12.	Würzburg, Vinzentinum: Pontifikalmesse mit Ansprache anläßlich des 100-jährigen Bestehens
13.12.	Würzburg, Gehörlosenschule: Erstkommunionfeier und Firmung (10)
16.12.	Köln: Teilnahme an der Sitzung des Katholischen Flüchtlingsrates
20.12.	Münnerstadt, Pfarrkirche: Altarweihe
25.12.	Würzburg, Neumünster. Weihnachtspontifikalamt mit Predigt; Pontifikalvesper
26.12.	Würzburg, Kapelle des Priesterseminars: Erteilung des Diakonats (2 Säkularkleriker)
31.12.	Würzburg, Neumünster: Jahresschlußpredigt

1954

06.01.	Würzburg, Missionsärztliches Institut: Pontifikalmesse mit Ansprache
12.01.	Würzburg, Exerzitienhaus Himmelspforten: Pontifikalmesse mit Ansprache anläßlich der Tagung des Katholischen Mädchenschutzes
21.01.	Kleinkahl: Teilnahme an der Beerdigung von Domdekan Dr. Karl Staab
22./23.01.	Würzburg, Exerzitienhaus Himmelspforten: Teilnahme an der Diözesanvertretertagung der Katholischen Aktion
24.01.	Würzburg, Exerzitienhaus Himmelspforten: Pontifikalmesse mit Ansprache zum Abschluß der Diözesanvertretertagung der Katholischen Aktion
24.01.	Würzburg, Augustinerkirche: Predigt zur Weltgebetsoktav
31.01.	Würzburg, Jugendheim der Salesianer: Pontifikalmesse mit Ansprache anläßlich des Don-Bosco-Festes
04.02.	Würzburg, Julianum: Pontifikalmesse mit Ansprache und Hausweihe
21.02.	Würzburg, Kilianeum: Pontifikalmesse mit Ansprache anläßlich des Elterntages
23.02.	Würzburg, Exerzitienhaus Himmelspforten: Pontifikalmesse mit Ansprache anläßlich der Dekanatsjugendseelsorgertagung
07.03.	Würzburg, Exerzitienhaus Himmelspforten: Pontifikalmesse mit Ansprache anläßlich der Tagung der Ackermanngemeinde
09.03.	Würzburg, Elisabethenheim: Puncta meditationis anläßlich der Jahrestagung der Unio Apostolica
10.03.	Würzburg, Franziskanerkirche: Erteilung des Subdiakonats (5 Regularkleriker)
14.03.	Würzburg, Neumünster: Pontifikalamt und Predigt anläßlich des Jahrestages der Papstkrönung
16.03.	Würzburg, Neumünster: Pontifikalrequiem anläßlich des Jahrestages der Zerstörung der Stadt Würzburg

Segnung von 15 Kapellenwagen der Ostpriesterhilfe auf dem Würzburger Residenzplatz, 4. April 1954; links: P. Werenfried van Straaten OPraem (Gründer des Hilfswerks „Kirche in Not")

21.03.	Schweinfurt, Hl. Geist: Visitation
25.03.	Würzburg, Käppele: Ansprache zum Priestergebetstag des Marianischen Jahres
26.03.	Würzburg, Exerzitienhaus Himmelspforten: Pontifikalmesse mit Ansprache zum Abschluß von Priesterexerzitien
28.03.	Würzburg, Unsere Liebe Frau: Visitation
31.03./ 01.04.	Freising: Teilnahme an der Frühjahrskonferenz der bayerischen Bischöfe
03.04.	Würzburg, Franziskanerkirche: Erteilung des Diakonats (2 Regularkleriker) und Presbyterats (3 Regularkleriker)
04.04.	Würzburg: Weihe von 15 Kapellenwagen der Ostpriesterhilfe
11.04.	Würzburg, amerikanische Armeekapelle am Flugplatz: Firmung (79)
12.04.	Würzburg, Kiliansgruft: Pontifikalmesse mit Ansprache für die Katholische Jugend
15.04.	Würzburg, Neumünster: Gründonnerstagspontifikalamt mit Ölweihe
17.04.	Würzburg, Neumünster: Osternachtszeremonien
18.04.	Würzburg, Neumünster: Vigilpontifikalamt, Osterpontifikalamt mit Predigt und Päpstlichem Segen, Pontifikalvesper
20.04.	Rosenheim: Pontifikalmesse mit Ansprache zum Abschluß der Winterschulung des Werkvolkes

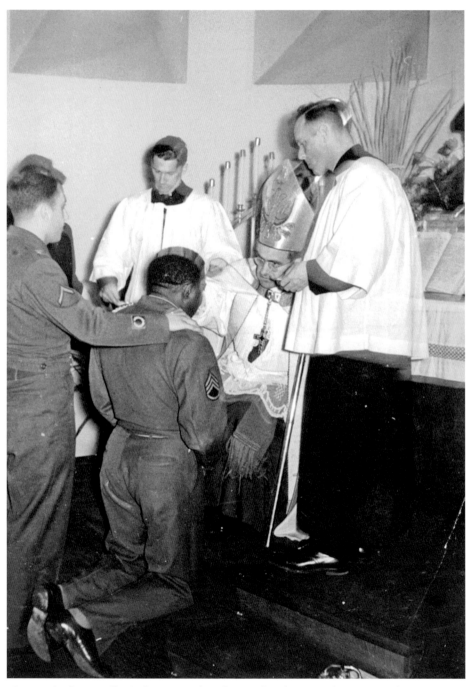

Firmung in der amerikanischen Armeekapelle am Flugplatz Würzburg, 4. April 1954

28.04.	Würzburg, Exerzitienhaus Himmelspforten: Pontifikalmesse mit Ansprache für die Teilnehmerinnen der Seelsorgehelferinnentagung
29.04.	Dipbach-Püssensheim: Visitation und Firmung (13)
30.04.	Theilheim bei Schweinfurt: Visitation und Firmung (22)
01.05.	Gerolzhofen: Pontifikalmesse mit Ansprache und Landmaschinensegnung
02.05.	Bad Neustadt an der Saale, St. Konrad: Kirchweihe
02.05.	Aschaffenburg-Obernau, Waldkapelle: Predigt
03.05.	Werneck: Firmung (260)
03.05.	Fährbrück: Firmung (145)
03.05.	Werneck: Konferenz für die Dekanatsgeistlichkeit
04.05.	Freiburg: Teilnahme an den Beerdigungsfeierlichkeiten für Erzbischof Dr. Wendelin Rauch
06.05.	Nordheim am Main: Visitation und Firmung (21)
07.05.	Reupelsdorf: Visitation und Firmung (16)
07.05.	Volkach: Firmung (202)
07.05.	Volkach: Konferenz für die Dekanatsgeistlichkeit
08.05.	Rödelsee: Visitation und Firmung (30)
09.05.	Aschaffenburg, Stift: Firmung (234)
09.05.	Aschaffenburg, Herz-Jesu: Firmung (288)
09.05.	Hösbach: Firmung (185)
10.05.	Gerolzhofen: Firmung (372)
10.05.	Gerolzhofen: Konferenz für die Dekanatsgeistlichkeit
13.05.	Schleerieth-Vasbühl: Visitation und Firmung (25)
14.05.	Hambach: Visitation und Firmung (32)
14.05.	Maibach: Visitation und Firmung (11)
15.05.	Alitzheim: Visitation und Firmung (21)
16.05.	Schweinfurt, Hl. Geist: Firmung (178)
16.05.	Schweinfurt, St. Kilian: Firmung (240)
17.05.	Schonungen: Visitation und Firmung (97)
18.05.	Schweinfurt, Hl. Geist: Firmung (255)
18.05.	Schweinfurt, St. Anton: Firmung (291)
18.05.	Schweinfurt: Konferenz für die Dekanatsgeistlichkeit Schweinfurt-Stadt und Land
20.05.	Kitzingen, St. Vinzenz: Firmung (185)
20.05.	Kitzingen, St. Johannes: Firmung (255)
20.05.	Kitzingen: Konferenz für die Dekanatsgeistlichkeit
21.05.	Würzburg, Neumünster: Pontifikalamt mit Predigt anläßlich des 150. Stiftungsfestes des Bayerischen Staatskonservatoriums für Musik

22.05.	Prölsdorf: Visitation und Firmung (72)
23.05.	Oberschwarzach: Visitation und Firmung (49)
24.05.	Münnerstadt, Lungenheilstätte: Pontifikalmesse mit Ansprache und Hausweihe
25.05.	Würzburg, Blindenanstalt: Pontifikalmesse mit Ansprache zum 100. Stiftungsfest
26.05.	Würzburg, Neumünster: Pontifikalrequiem für den Bischof Matthias Ehrenfried
27.05.	Garitz: Visitation und Firmung (50)
29.–31.05.	Rom: Teilnahme an den Heiligsprechungsfeierlichkeiten Pius' X.
04.06.	Arnshausen: Visitation und Firmung (12)
06.06.	Würzburg, Neumünster: Pfingstpontifikalamt und Pontifikalvesper
07.06.	Würzburg, St. Adalbero: Firmung (310)
07.06.	Würzburg, St. Josef: Firmung (218)
08.06.	Bad Kissingen: Firmung (521)
08.06.	Bad Kissingen: Konferenz für die Dekanatsgeistlichkeit
09.06.	Würzburg, Hl. Kreuz: Firmung (202)
10.06.	Fulda, Dom: Pontifikalamt und Predigt zur Bonifatiuswallfahrt des Bistums Würzburg
11.06.	Kothen: Kirchweihe
12.06.	Kothen: Visitation und Firmung (26)
13.06.	Fulda: Teilnahme am Bonifatiusjubiläum
14.06.	Bad Brückenau: Firmung (334)
14.06.	Bad Brückenau: Konferenz für die Dekanatsgeistlichkeit
15.06.	Gefäll: Visitation und Firmung (13)
15.06.	Burkardroth: Firmung (173)
16.06.	Diebach-Windheim: Visitation und Firmung (37)
17.06.	Würzburg: Fronleichnamsprozession
18.06.	Würzburg, Neumünster: Pontifikalmesse mit Ansprache anläßlich der Verkehrsübergabe der Neuen Schleuse Würzburg
19.06.	Elfershausen: Visitation und Firmung (30)
20.06.	Mainz, Dom: Predigt zum Bonifatiusjubiläum
21.06.	Stadtlauringen: Firmung (103)
21.06.	Hofheim: Firmung (169)
21.06.	Hofheim: Konferenz für die Dekanatsgeistlichkeit
22.06.	Hammelburg: Firmung (329)
22.06.	Hammelburg: Konferenz für die Dekanatsgeistlichkeit
24.06.	Burgpreppach-Gemeinfeld: Visitation und Firmung (19)
25.06.	Königshofen: Firmung (322)

25.06.	Königshofen: Konferenz für die Dekanatsgeistlichkeit
26.06.	Nordheim/Rhön: Visitation und Firmung (41)
27.06.	Margetshöchheim: Kirchweihe
28.06.	Frickenhausen/Rhön: Visitation, Firmung (11) und Altarweihe
29.06.	Würzburg, Mariannhiller Herz-Jesu-Kirche: Pontifikalamt mit Predigt und Päpstlichem Segen anläßlich des 25-jährigen Bestehens des Mariannhiller Piusseminars in Würzburg
01.07.	Merkershausen: Visitation und Firmung (13)
01.07.	Obereßfeld: Visitation und Firmung (14)
02.07.	Wermerichshausen: Visitation und Firmung (19)
03.07.	Salz: Visitation und Firmung (24)
04.07.	Münsterschwarzach: Erteilung des Presbyterats (5 Regularkleriker)
05.07.	Mellrichstadt: Firmung (297); Konferenz für die Dekanatsgeistlichkeit
06.07.	Münnerstadt: Firmung (354)
06.07.	Münnerstadt: Konferenz für die Dekanatsgeistlichkeit
08.07.	Würzburg, Kiliansplatz: Pilgerpontifikalgottesdienst mit Ansprache
09.07.	Würzburg, Neumünster: Pilgerpontifikalgottesdienst mit Ansprache
10.07.	Würzburg, Neumünster: Pilgerpontifikalgottesdienst mit Ansprache
11.07.	Würzburg, Kiliansplatz: Reliquienprozession, Pontifikalamt mit Predigt und Päpstlichem Segen
11.07.	Würzburg, Neumünster: Pontifikalvesper
12.07.	Würzburg, Kiliansplatz: Pilgerpontifikalgottesdienst mit Ansprache
13.07.	Würzburg, Kiliansgruft: Ansprache an die Priester
13.07.	Würzburg, Neumünster: Pontifikalmesse mit Pilgeransprache
14.07.	Würzburg, Kiliansplatz: Pilgerpontifikalgottesdienst mit Ansprache
15.07.	Würzburg, Kiliansplatz: Pilgerpontifikalgottesdienst mit Ansprache
16.07.	Bad Neustadt an der Saale: Firmung (368)
16.07.	Bad Neustadt an der Saale: Konferenz für die Dekanatsgeistlichkeit
17.07.	Burgwallbach: Visitation und Firmung (20)
18.07.	Würzburg, Neumünster: Erteilung des Presbyterats (22 Säkular-, 3 Regularkleriker)
19.07.	Bischofsheim: Firmung (208)
19.07.	Bischofsheim: Konferenz für die Dekanatsgeistlichkeit
20.07.	Klosterhausen: Firmung (68)
25.07.	Würzburg, Neumünster: Festpredigt für drei Priesterjubilare
22.08.	Mariabuchen: Pontifikalmesse mit Ansprache anläßlich der Vertriebenenwallfahrt
23.08.	Mürsbach: Visitation und Firmung (32)
24.08.	Ebern: Firmung (195)

24.08.	Baunach: Firmung (194)
24.08.	Ebern: Konferenz für die Dekanatsgeistlichkeit Ebern
26.08.	Schwebenried: Visitation und Firmung (22)
27.08.	Altbessingen: Visitation und Firmung (11)
27.08.	Arnstein: Firmung (279)
27.08.	Arnstein: Konferenz für die Dekanatsgeistlichkeit Arnstein
28.08.	Oberschleichach: Visitation und Firmung (57)
29.08.	Zeil am Main, Zeiler Käppele: Pontifikalmesse und Predigt
30.08.	Eltmann: Firmung (177)
30.08.	Zeil am Main: Firmung (171)
30.08.	Eltmann: Konferenz für die Dekanatsgeistlichkeit Eltmann
31.08.–	
02.09.	Fulda: Teilnahme an der Fuldaer Bischofskonferenz
03.–05.09.	Fulda: Teilnahme am 76. Deutschen Katholikentag
07.09.	Prappach: Visitation und Firmung (9)
09.09.	Oberschwappach: Visitation und Firmung (12)
10.09.	Haßfurt: Firmung (406)
10.09.	Haßfurt: Konferenz für die Dekanatsgeistlichkeit
11.09.	Stettfeld: Visitation und Firmung (38)
12.09.	Gemünden: Kirchweihe
14.–21.09.	Teilnahme an der Diözesanpilgerfahrt nach Lourdes
24.09.	Pößneck: Firmung (123)
24.09.	Unterwellenborn: Firmung (134)
25.09.	Saalfeld: Firmung (218)
26.09.	Sonneberg: Firmung (139)
27.09.	Hildburghausen: Firmung (140)
28.09.	Bad Salzungen: Firmung (90)
28.09.	Bad Liebenstein: Firmung (42)
29.09.	Meiningen: Konferenz für die Dekanatsgeistlichkeit
30.09.	Meiningen: Firmung (197)
03.10.	Würzburg, Neumünster: Pontifikalamt mit Predigt und Marienweihe des Bistums
04.10.	Zell am Main, Kloster Oberzell: Pontifikalmesse mit Ansprache und Profeßfeier
10.10.	Würzburg, Neumünster: Pontifikalamt anläßlich des Erntedankfestes
11.–13.10.	Würzburg: Diözesansynode
14.10.	Würzburg, St. Burkard: Pontifikalamt zum Abschluß der Diözesansynode
15.10.	Würzburg, Mutterhaus der Kongregation der Schwestern des Erlösers: Pontifikalmesse mit Ansprache, Einkleidungs- und Profeßfeier

16.10.	Würzburg, Franziskanerkirche: Altarweihe
17.10.	Homburg: Visitation
18.10.	Würzburg: Segnung des Grundsteines zum neuen Regierungsgebäude
20./21.10.	Freising: Teilnahme an der Herbstkonferenz der Bayerischen Bischöfe
23.10.	Kützberg: Visitation und Kirchweihe
24.10.	Poppenlauer: Kirchweihe
30.10.	Würzburg, Hauskapelle des Priesterseminars: Erteilung der Tonsur (26 Säkular-, 14 Regularkandidaten)
31.10.	Schweinfurt, St. Josef: Kirchweihe
01.11.	Würzburg, Neumünster: Erteilung des Subdiakonats (19 Säkular-, 6 Regularkleriker)
04.11.	Würzburg, Hauskapelle des Priesterseminars: Erteilung des Ostiariats und Lektorats (26 Säkular-, 24 Regularkleriker)
07.11.	Würzburg, St. Alfons: Kirchweihe
08.11.	Burg Rothenfels: Pontifikalmesse mit Ansprache anläßlich der Eröffnung der Landvolkhochschule für Mädchen
13.11.	Würzburg, Augustinerkirche: Pontifikalamt mit Predigt und Päpstlichen Segen anläßlich der 1600-Jahrfeier des hl. Augustinus
14.11.	Rüdenhausen: Altarweihe
15.11.	Schondra: Kirchweihe
21.11.	Würzburg, Neumünster: Pontifikalamt mit Predigt anläßlich der Jahrestagung der Diözesan-Cäcilienvereine
25.11.	Würzburg, Mutterhauskapelle der Kongregation der Töchter des Allerheiligsten Erlösers: Pontifikalmesse mit Ansprache anläßlich des Stiftungsfestes des Katholischen Frauenbundes
26.11.	Giebelstadt: Pontifikalmesse mit Ansprache zum Abschluß von Exerzitien des Labor Service
27.11.	Würzburg, Neumünster: Firmung (35)
28.11.	Würzburg, Neumünster: Erteilung des Diakonats (20 Säkular-, 6 Regularkleriker)
28.11.	Würzburg: Einweihung des neuen Noviziatshauses der Kongregation der Töchter des Allerheiligsten Erlösers
05.12.	Hörstein: Kirchweihe
08.12.	Würzburg, Käppele: Pontifikalamt mit Predigt und Päpstlichem Segen zum Abschluß des Marianischen Jahres
11.12.	Würzburg, Liobaheim: Pontifikalmesse mit Ansprache und Hausweihe
12.12.	Würzburg, Gehörlosenschule: Pontifikalmesse mit Ansprache, Erstkommunion und Firmung (14)
13.12.	Würzburg, Hauskapelle des Priesterseminars: Erteilung des Exorzistats und Akolythats (25 Säkular-, 24 Regularkleriker)

Grundsteinlegung des Regierungsgebäudes in Würzburg, 18. Oktober 1954; 2. v.r. Ministerpräsident Hans Ehard, 3. v.r. Innenminister Wilhelm Hoegner

19.12.	Würzburg, St. Burkardus-Haus: Pontifikalmesse mit Hausweihe und Eröffnungsfeier
25.12.	Würzburg, Neumünster: Weihnachtspontifikalamt mit Predigt, Pontifikalvesper
31.12.	Würzburg, Neumünster: Jahresschlußpredigt

1955

06.01.	Würzburg, Missionsärztliches Institut: Pontifikalmesse mit Ansprache
07.01.	Münsterschwarzach: Pontifikalmesse mit Ansprache und Hausweihe anläßlich der Eröffnung der Landvolkhochschule
23.01.	Würzburg, Augustinerkirche: Pontifikalmesse mit Predigt anläßlich der Weltgebetsoktav
28.–30.01.	Würzburg, St. Burkardus-Haus: Teilnahme an der Arbeitstagung der Katholischen Aktion
13.02.	Würzburg, Mutterhauskirche der Barmherzigen Schwestern: Pontifikalmesse mit Ansprache anläßlich der Tagung der katholischen deutschen Lehrerinnen
20.02.	München, St. Joseph: Festpredigt anläßlich des silbernen Bischofsjubiläums von Weihbischof Johannes Nepomuk Remiger, Prag

26.02.	Würzburg, Marmelsteinerhof: Weihe von 30 Tragaltären
27.02.	Würzburg, Juliusspitalpfarrei: Visitation
05.03.	Burg Rothenfels: Pontifikalmesse mit Ansprache anläßlich des Abschlusses eines Landvolkhochschulkurses
08.03.	Würzburg, St. Burkardus-Haus: Dechantenkonferenz
09.03.	Würzburg, Marmelsteinerhof: Erteilung des Ostiariats und Lektorats (1 Regularkleriker)
13.03.	Würzburg, Neumünster: Pontifikalamt mit Predigt anläßlich des Jahrestages der Papstkrönung
16.03.	Würzburg, Neumünster: Pontifikalrequiem anläßlich des Jahrestages der Zerstörung Würzburgs
18.03.	Würzburg, Marmelsteinerhof: Erteilung des Exorzistats und Akolythats (1 Regularkleriker)
19.03.	Würzburg, St. Josef: Visitation
20.03.	Würzburg, St. Benedikt: Erteilung des Subdiakonats (7 Regularkleriker)
22./23.03.	Würzburg, Kilianeum: Visitation
26.03.	Würzburg, Augustinerkirche: Erteilung des Diakonats (4 Regularkleriker) und Presbyterats (4 Regularkleriker)
27.03.	Höchberg: Visitation
27.03.	Würzburg, amerikanische Armeekapelle: Firmung (71)
28.03.	Würzburg, Karmelitenkirche: Altarweihe
30./31.03.	Teilnahme an der Frühjahrskonferenz der bayerischen Bischöfe
02.04.	Bamberg: Teilnahme an den Beisetzungsfeierlichkeiten von Erzbischof Dr. Joseph Otto Kolb mit Erteilung der 2. Absolution
07.04.	[o.O.]: Gründonnerstagspontifikalamt mit Ölweihe
09.04.	[o.O.]: Osternachtszeremonien
10.04.	Würzburg, Neumünster: Osterpontifikalamt mit Predigt und Päpstlichem Segen; Pontifikalvesper
21.04.	Neunkirchen: Visitation und Firmung (40)
22.04.	Schneeberg: Visitation und Firmung (31)
23.04.	Fechenbach: Visitation und Firmung (14)
24.04.	Faulbach: Visitation und Firmung (36)
25.04.	Würzburg, Mutterhaus der Ritaschwestern: Pontifikalmesse mit Ansprache, Einkleidung und Professabnahme
26.04.	Würzburg, St. Michael: Altarweihe
28.04.	Miltenberg: Firmung (200,186); Konferenz für die Dekanatsgeistlichkeit
29.04.	Neustadt am Main: Pontifikalmesse mit Ansprache und Einkleidung
30.04.	Stadtprozelten: Firmung (81)
30.04.	Amorbach: Firmung (163)

01.05.	Würzburg, Kolpinghaus: Pontifikalmesse mit Ansprache und Hausweihe
02./03.05.	Teilnahme am Diözesanpilgerzug nach Altötting
05.05.	Böttigheim: Visitation und Firmung (6)
06.05.	Erlenbach bei Marktheidenfeld: Visitation und Firmung (25)
07.05.	Würzburg, Marmelsteinerhof: Erteilung der Tonsur (1 Säkularkandidat)
08.05.	Schweinfurt: Firmung (153, 201)
09.05.	Röllbach: Visitation und Firmung (15)
09.05.	Schmachtenberg: Visitation
10.05.	Klingenberg: Firmung (69)
10.05.	Klingenberg: Konferenz für die Dekanatsgeistlichkeit
10.05.	Trennfurt: Firmung (190)
11.05.	Würzburg, St. Michael: Pontifikalmesse mit Ansprache anläßlich des Stiftungsfestes der Universität
12.05.	Marktheidenfeld: Firmung (428)
12.05.	Marktheidenfeld: Konferenz für die Dekanatsgeistlichkeit
13.05.	Gaurettersheim: Visitation und Firmung (4)
13.05.	Höttingen: Visitation
14.05.	Strüth: Visitation und Firmung (5)
14.05.	Stalldorf: Visitation und Firmung (6)
15.05.	Aschaffenburg: Firmung (437)
16.05.	Würzburg, Marmelsteinerhof: Erteilung des Ostiariats und Lektorats (1 Säkularkleriker)
18.05.	Würzburg, Marmelsteinerhof: Erteilung des Exorzistats und Akolythats (1 Säkularkleriker)
19.05.	Ochsenfurt: Visitation und Firmung (130)
20.05.	Ochsenfurt: Firmung (390)
20.05.	Ochsenfurt: Konferenz für die Dekanatsgeistlichkeit
21.05.	Straßbessenbach: Visitation und Firmung (18)
22.05.	Hösbach: Altarweihe und Firmung (236)
23.05.	Mainaschaff: Visitation und Firmung (63)
24.05.	Aschaffenburg: Firmung (232, 288)
25.05.	Würzburg, Neumünster: Pontifikalrequiem anläßlich des Jahrgedächtnisses für Bischof Matthias Ehrenfried
26.05.	Ernstkirchen: Firmung (142)
26.05.	Aschaffenburg: Firmung (292)
27.05.	Heigenbrücken: Visitation und Firmung (49)
29.05.	Würzburg, Neumünster: Pfingstpontifikalamt mit Predigt und Päpstlichem Segen; Pontifikalvesper

30.05.	Würzburg: Firmung (434)
31.05.	Würzburg: Firmung (435)
01.06.	Würzburg: Konferenz für die Dekanatsgeistlichkeit Würzburg-Stadt und rechts des Mains
04.06.	Würzburg: Firmung (281)
05.06.	Würzburg: Firmung (382)
06.06.	Würzburg: Firmung (616)
06.06.	Würzburg: Konferenz für die Dekanatsgeistlichkeit Würzburg links des Mains und Bütthard
07.06.	Lohr: Firmung (467)
07.06.	Lohr: Konferenz für die Dekanatsgeistlichkeit
09.06.	Würzburg, Marmelsteinerhof: Erteilung des Subdiakonats (1 Säkularkleriker)
09.06.	Würzburg: Fronleichnamsprozession
10.06.	Großwallstadt: Visitation und Firmung (55)
11.06.	Sommerau: Visitation und Firmung (39)
12.06.	Hessenthal: Kirchweihe, Visitation und Firmung (59)
13.06.	Zell am Main, Kloster Oberzell: Pontifikalamt und Predigt anläßlich des 100. Gründungstages der Kongregation der Dienerinnen der hl. Kindheit Jesu
17.06.	Neuhütten: Visitation und Firmung (23)
18.06.	Pflochsbach: Visitation und Firmung (7)
18.06.	Rodenbach: Visitation
19.06.	Erlenbach/Main, St. Josef: Kirchweihe
20.06.	Obernburg: Firmung (366)
20.06.	Obernburg: Konferenz für die Dekanatsgeistlichkeit
24.06.	Oberwestern: Visitation und Firmung (32)
25.06.	Krombach: Visitation und Firmung (61)
26.06.	Walldürn: Pontifikalamt mit Predigt anläßlich der Vertriebenenwallfahrt
27.06.	Schimborn: Visitation und Firmung (52)
29.06.	Kürnach: Altarweihe, Visitation und Firmung (28)
01.07.	Lengfeld: Visitation und Firmung (12)
02.07.	Oberdürrbach: Visitation und Firmung (16)
03.07.	Würzburg, Residenzplatz: Pontifikalmesse anläßlich des Diözesanjugendtreffens
04.07.	Waldbrunn: Visitation und Firmung (19)
05.07.	Alzenau: Firmung (493)
05.07.	Alzenau: Konferenz für die Dekanatsgeistlichkeit
07.07.	Roßbrunn: Visitation und Firmung (22)
08.07.	Würzburg, Kiliansplatz: Pilgerpontifikalgottesdienst mit Ansprache

09.07.	Würzburg, Kiliansplatz: Pilgerpontifikalgottesdienst mit Ansprache
10.07.	Würzburg, Kiliansplatz: Pontifikalamt mit Predigt und Päpstlichem Segen
11.07.	Würzburg, Kiliansplatz: Pilgerpontifikalgottesdienst mit Ansprache
12.07.	Würzburg, Kiliansgruft: Ansprache an die Bistumspriester
12.07.	Würzburg, Neumünster: Pontifikalmesse
13.07.	Bamberg: Teilnahme an der Konsekration und Inthronisation von Erzbischof DDr. Josef Schneider
14.07.	Würzburg, Neumünster: Pilgerpontifikalgottesdienst mit Ansprache
15.07.	Würzburg, Kiliansplatz: Pilgerpontifikalgottesdienst mit Ansprache
16.07.	Münnerstadt, Augustinerkirche: Pontifikalamt mit Predigt anläßlich des 50. Gründungstages des Studienseminars
17.07.	Würzburg, St. Michael: Erteilung des Presbyterats (19 Säkular-, 6 Regularkleriker)
15.08.	Dettelbach, Wallfahrtskirche: Pontifikalamt mit Predigt
23.–25.08.	Fulda: Teilnahme an der Bischofskonferenz
28.08.	Würzburg, Mutterhaus der Barmherzigen Schwestern: Pontifikalamt mit Predigt und Jubelprofessfeier
29.08.	Würzburg, Ursulinenkloster: Pontifikalmesse mit Ansprache und Einkleidung
31.08./01.09.	München: Teilnahme am Liturgischen Kongreß
04.09.	Würzburg, St. Elisabeth: Kirchweihe
05.09.	Karbach: Visitation und Firmung (28)
06.09.	Karsbach: Visitation und Firmung (6)
09.09.	Stadelhofen: Visitation und Firmung (5)
09.09.	Duttenbrunn: Visitation und Firmung (7)
10.09.	Gambach: Visitation und Firmung (19)
11.09.	Obersinn: Visitation und Firmung (28)
12.09.	Gemünden: Firmung (405)
12.09.	Gemünden: Konferenz für die Dekanatsgeistlichkeit
13.09.	Karlstadt: Firmung (421)
13.09.	Karlstadt: Konferenz für die Dekanatsgeistlichkeit
15.09.	Königstein im Taunus: Pontifikalmesse mit Ansprache anläßlich des Kongresses „Kirche in Not"
03.10.	Zell am Main, Kloster Oberzell: Pontifikalmesse mit Ansprache und Einkleidung
09.10.	Würzburg, Neumünster: Pontifikalamt mit Predigt anläßlich des Erntedankfestes
10.10.	Friedland: Besuch im Heimkehrerlager
15.10.	Würzburg, Mutterhaus der Barmherzigen Schwestern: Pontifikalmesse mit Ansprache und Einkleidung

16.10.	Würzburg, Neumünster: Pontifikalassistenz anläßlich des Jahrestages der Bischofsweihe
19./20.10.	Teilnahme an der Herbstkonferenz der bayerischen Bischöfe
22./23.10.	Würzburg, St. Burkardus-Haus: Teilnahme an der Arbeitstagung der Katholischen Aktion
30.10.	Oberndorf bei Esselbach: Kirchweihe
31.10.	Würzburg, St. Michael: Erteilung der Tonsur (16 Säkular-, 8 Regularkandidaten)
01.11.	Würzburg, St. Michael: Erteilung des Subdiakonats (11 Säkular-, 1 Regularkleriker)
04.11.	Würzburg, St. Michael: Erteilung des Ostiariats und Lektorats (16 Säkular-, 7 Regularkleriker)
05.11.	Würzburg, Neumünster: Firmung (35)
06.11.	Dettelbach, Wallfahrtskirche: Altarweihe
08.11.	Würzburg, St. Michael: Erteilung des Exorzistats und Akolythats (16 Säkular-, 7 Regularkleriker)
15.11.	Münsterschwarzach: Pontifikalmesse mit Ansprache anläßlich der Eröffnung der Landvolkhochschule
20.11.	Würzburg, St. Michael: Erteilung des Diakonats (11 Säkular-, 2 Regularkleriker)
23.11.	Würzburg, St. Burkardus-Haus: Dechantenkonferenz
27.11.	Pößneck: Kirchweihe
28.11.	Wolfmannshausen: Altarweihe
29.11.	Hildburghausen: Pontifikalmesse mit Ansprache anläßlich einer Seelsorgshelferinnenkonferenz
30.11.	Bad Liebenstein: Konferenz für die Dekanatsgeistlichkeit Meiningen
30.11.	Bad Salzungen: Pontifikalamt mit Patroziniumspredigt
03./04.12.	Aschaffenburg, Mariä Geburt: Visitation
08.–10.12.	Würzburg, Kilianeum: Visitation
17.12.	Burg Rothenfels: Pontifikalmesse mit Ansprache anläßlich des Abschlusses eines Landvolkhochschulkurses
18.12.	Würzburg, Hauskapelle des Priesterseminars: Erteilung des Presbyterats (1 Säkularkleriker)
25.12.	Würzburg, Neumünster: Weihnachtspontifikalamt mit Predigt; Pontifikalvesper
31.12.	Würzburg, Neumünster: Silvesterpredigt

1956

06.01.	Würzburg, Missionsärztliches Institut: Pontifikalmesse mit Ansprache
22.01.	Würzburg, Augustinerkirche: Pontifikalmesse mit Predigt anläßlich der Weltgebetsoktav

26.01.	Würzburg, Exerzitienhaus Himmelspforten: Pontifikalmesse mit Ansprache anläßlich des 30. Jahrtages der Gründung
01.02.	Würzburg, Priesterseminar: Visitation
10.–12.02.	Würzburg, Mutterhaus der Ritaschwestern: Visitation
12.02.	Miltenberg, Kilianeum: Pontifikalmesse mit Ansprache anläßlich eines Elterntages
16./17.02.	Würzburg, Mutterhaus der Barmherzigen Schwestern: Visitation
22.02.	Ochsenfurt: Pontifikalmesse mit Ansprache anläßlich eines Landfrauentages
25.02.	Würzburg, St. Benedikt: Erteilung des Subdiakonats (7 Regularen)
04.03.	Würzburg, Neumünster: Pontifikalamt mit Predigt anläßlich des Jahrestages der Papstkrönung
10./11.03.	Aschaffenburg, St. Michael: Visitation
12./13.03.	Oberzell, Mutterhaus: Visitation
15.03.	Würzburg, Marmelsteinerhof: Eröffnungssitzung für den Informativprozess über den Diener Gottes P. Pius Keller OESA
16.03.	Würzburg, Neumünster: Pontifikalrequiem anläßlich des Jahrestages der Zerstörung der Stadt Würzburg
17.03.	Würzburg, Mariannhiller Herz-Jesu-Kirche: Erteilung des Diakonats (3 Regularen) und Presbyterats (9 Regularen)
18.03.	Würzburg, Blindenanstalt: Firmung (5) und Erstkommunionfeier
21./22.03.	Freising: Teilnahme an der Frühjahrskonferenz der bayerischen Bischöfe
27.03.	Würzburg, Ursulinenkloster: Visitation
29.03.	Würzburg, Neumünster: Missa Chrismatis und Gründonnerstagsamt
31.03.	Würzburg, Neumünster: Osternachtszeremonien
01.04.	Würzburg, Neumünster: Osterpontifikalamt mit Predigt und Päpstlichem Segen; Pontifikalvesper
13.04.	Hergolshausen: Visitation und Firmung (10)
13.04.	Garstadt: Visitation und Firmung (11)
14.04.	Schwanfeld: Visitation und Firmung (25)
15.04.	Kleinheubach: Kirchweihe, Visitation und Firmung (31)
16.04.	Würzburg, St. Michael: Firmung (363)
16.04.	Würzburg: Konferenz für die Dekanatsgeistlichkeit Werneck
17.04.	Müdesheim: Visitation und Firmung (26)
19.04.	Arnstein: Firmung (346)
19.04.	Arnstein: Konferenz für die Dekanatsgeistlichkeit
20.04.	Obereschenbach: Visitation und Firmung (29)
21.04.	Heßlar: Visitation und Firmung (14)
21.04.	Mühlhausen bei Werneck: Visitation und Firmung (18)
22.04.	Aschaffenburg, Stift: Firmung (254)

22.04.	Aschaffenburg, Herz Jesu: Firmung (270)
22.04.	Hösbach: Firmung (215)
23.04.	Hammelburg: Firmung (446)
23.04.	Hammelburg: Konferenz für die Dekanatsgeistlichkeit
24.04.	Euerdorf: Visitation und Firmung (43)
27.04.	Oberbach: Visitation und Firmung (61)
28.04.	Waldfenster: Visitation und Firmung (20)
29.04.	Aschaffenburg, Herz Jesu: Pontifikalmesse mit Ansprache anläßlich des Bundestages des Jung-KKV
30.04.	Bad Brückenau: Firmung (299)
01.05.	Schweinfurt: Pontifikalmesse mit Predigt und Landmaschinensegnung
03.05.	Meiningen: Konferenz für die Dekanatsgeistlichkeit
04.05.	Bad Salzungen: Firmung (53)
05.05.	Meiningen: Firmung (115)
06.05.	Hildburghausen: Firmung (49)
06.05.	Eisfeld: Firmung (32)
07.05.	Sonneberg: Firmung (61)
07.05.	Pößneck: Firmung (121)
09.05.	Pößneck: Erteilung des Presbyterats (1 Säkulare)
10.05.	Saalfeld: Visitation und Firmung (98)
13.05.	Würzburg, Neumünster: Pontifikalmesse mit Predigt anläßlich der Wiedererrichtung der St.-Nepomuk-Statue auf der Alten Mainbrücke
14.05.	Bad Kissingen: Firmung (554)
14.05.	Bad Kissingen: Konferenz für die Dekanatsgeistlichkeit
15.05.	Würzburg, Thomas-Morus-Burse: Pontifikalmesse mit Ansprache und Haussegnung
17.05.	Stangenroth: Visitation und Firmung (26)
17.05.	Burkardroth: Firmung (213)
18.05.	Hollstadt: Visitation und Firmung (32)
20.05.	Würzburg, Neumünster: Pfingstpontifikalamt mit Predigt und Päpstlichem Segen; Pontifikalvesper
21.05.	Würzburg, Unsere Liebe Frau: Firmung (276)
21.05.	Würzburg, St. Michael: Firmung (268)
22.05.	Oberweißenbrunn: Visitation und Firmung (30)
22.05.	Bischofsheim: Firmung (207)
25.05.	Rödelmaier: Visitation und Firmung (32)
26.05.	Wegfurt: Visitation und Firmung (29)
27.05.	Würzburg, St. Josef: Firmung (255)

Weihe der Pfarrkirche in Elsenfeld, 3. Juni 1956

27.05.	Würzburg, St. Michael: Firmung (297)
27.05.	Würzburg, amerikanische Armeekapelle: Firmung (134)
28.05.	Bad Neustadt an der Saale: Firmung (467)
28.05.	Bad Neustadt an der Saale: Konferenz für die Dekanatsgeistlichkeit
29.05.	Oberstreu: Visitation und Firmung (24)
30.05.	Würzburg, Neumünster: Pontifikalrequiem als Jahrtagsgottesdienst für Bischof Matthias Ehrenfried
31.05.	Würzburg: Fronleichnamsprozession
01.06.	Hendungen: Visitation und Firmung (18)
02.06.	Reyersbach: Visitation und Firmung (16)
03.06.	Elsenfeld: Kirchweihe und Firmung (136)
04.06.	Fladungen: Firmung (105)
04.06.	Mellrichstadt: Firmung (182)
04.06.	Mellrichstadt: Konferenz für die Dekanatsgeistlichkeit
05.06.	Pfersdorf: Visitation und Firmung (36)
09.06.	Klosterheidenfeld: Visitation und Firmung (42)
10.06.	Schweinfurt, Hl. Geist: Firmung (201)
10.06.	Schweinfurt, St. Kilian: Firmung (281)
11.06.	Schweinfurt, Hl. Geist: Firmung (317)
11.06.	Schweinfurt, St. Kilian: Firmung (309)

11.06.	Schweinfurt: Konferenz für die Dekanatsgeistlichkeit Schweinfurt-Stadt und -Land
15.06.	Hirschfeld: Visitation und Firmung (11)
15.06.	Holzhausen: Visitation
16.06.	Würzburg, Mutterhaus der Barmherzigen Schwestern: Pontifikalamt mit Festpredigt anläßlich der Goldenen Professfeier
17.06.	Oberwerrn: Visitation und Firmung (21)
17.06.	Krönungen: Visitation und Firmung (8)
18.06.	Münnerstadt: Visitation und Firmung (377)
18.06.	Münnerstadt: Konferenz für die Dekanatsgeistlichkeit
22.06.	Steinach/Saale: Visitation und Firmung (43)
22.06.	Windheim bei Bad Kissingen: Visitation
23.06.	Thundorf: Visitation und Firmung (28)
24.06.	Hofheim: Altarweihe und Firmung (197)
25.06.	Birnfeld: Visitation und Firmung (10)
25.06.	Hofheim: Konferenz für die Dekanatsgeistlichkeit
26.06.	Maßbach: Visitation und Firmung (15)
26.06.	Stadtlauringen: Firmung (128)
28.06.	Rieden: Altarweihe, Visitation und Firmung (30)
29.06.	Sulzfeld/Main: Visitation und Firmung (34)
30.06.	Stadtschwarzach: Visitation und Firmung (46)
01.07.	Lambach, Stift (Oberösterreich): Pontifikalamt mit Festpredigt anläßlich des Stiftungsjubiläums der Abtei
02.07.	Kitzingen: Firmung (370)
02.07.	Kitzingen: Konferenz für die Dekanatsgeistlichkeit
05.07.	Königshofen: Firmung (319)
05.07.	Königshofen: Konferenz für die Dekanatsgeistlichkeit
06.07.	Untertheres: Visitation und Firmung (21)
07.07.	Steinsfeld: Visitation und Firmung (34)
07.07.	Wonfurt: Visitation
08.07.	Würzburg, Kiliansplatz: Reliquienprozession, Pontifikalamt mit Predigt und Päpstlichem Segen; Pontifikalvesper
09.07.	Würzburg, Neumünster: Pilgerpontifikalmesse mit Ansprache
10.07.	Würzburg, Kiliansgruft: Ansprache an die Priester
10.07.	Würzburg, Neumünster: Pilgerpontifikalmesse mit Ansprache
11.07.	Würzburg, Neumünster: Pilgerpontifikalmesse mit Ansprache
12.07.	Würzburg, Neumünster: Pilgerpontifikalmesse mit Ansprache
13.07.	Würzburg, Kiliansplatz: Pilgerpontifikalmesse mit Ansprache

14.07.	Würzburg, Kiliansplatz: Pilgerpontifikalmesse mit Ansprache
15.07.	Würzburg, Kiliansplatz: Pilgerpontifikalmesse mit Ansprache
16.07.	Haßfurt: Firmung (404)
16.07.	Haßfurt: Konferenz für die Dekanatsgeistlichkeit
18.07.	Würzburg, Marmelsteinerhof: Konsekration von 31 Tragaltären
19.07.	Würzburg, Mutterhaus der Barmherzigen Schwestern: Generalkapitel
20.07.	Alsleben: Visitation und Firmung (34)
20.07.	Eyershausen: Visitation und Firmung (18)
21.07.	Bibergau: Visitation und Firmung (8)
21.07.	Dettelbach: Firmung (138)
22.07.	Würzburg, St. Michael: Erteilung des Presbyterats (12 Säkularen, 4 Regularen)
23.07.	Würzburg, Neumünster: Pontifikalamt mit Predigt anläßlich des Stiftungsfestes der Studentenverbindung Normannia
30.08.	Würzburg, Käppele: Pontifikalmesse mit Ansprache und Einkleidungsfeier für die Englischen Fräulein
31.08.	Köln, Minoritenkirche: Festpredigt anläßlich der Übertragung der Duns-Scotus-Gebeine
01.09.	Köln: Predigt beim Katholikentagsgottesdienst der Heimatvertriebenen
01.09.	Köln: Teilnahme an der eucharistischen Schiffsprozession auf dem Rhein
02.09.	Köln: Teilnahme an den Feierlichkeiten des 77. Deutschen Katholikentags
06.09.	Ebern: Firmung (377)
06.09.	Ebern: Konferenz für die Dekanatsgeistlichkeit
07.09.	Großbardorf: Visitation und Firmung (22)
08.09.	Lauter: Visitation und Firmung (40)
09.09.	Reckendorf: Visitation und Firmung (25)
11.09.	Volkach: Firmung (318)
11.09.	Volkach: Konferenz für die Dekanatsgeistlichkeit
13.09.	Gerolzhofen: Firmung (384)
13.09.	Gerolzhofen: Konferenz für die Dekanatsgeistlichkeit
14.09.	Fahr: Visitation und Firmung (10)
15.09.	Sommerach: Visitation und Firmung (28)
16.09.	Ziegelanger: Kirchweihe
17.09.	Eltmann: Firmung (185)
17.09.	Zeil: Firmung (123)
17.09.	Zeil: Konferenz für die Dekanatsgeistlichkeit Eltmann
18.09.	Dingolshausen: Visitation und Firmung (21)
21.09.	Pusselsheim: Visitation und Firmung (22)
22.09.	Geusfeld: Visitation und Firmung (38)

Segnung des Hauses der Katholischen Studentenverbindung Normannia Würzburg,
25. November 1956

23.09.	Stadelschwarzach: Visitation und Firmung (27)
24.09.	Sand: Visitation und Firmung (76)
25.09.	Trossenfurt: Visitation und Firmung (22)
27.–29.09.	Fulda: Teilnahme an der Plenarkonferenz der deutschen Bischöfe
30.09.	Würzburg, St. Michael: Pontifikalmesse anläßlich der Landestagung der katholischen Männervereine Bayerns
03.10.	Oberzell, Mutterhaus: Pontifikalmesse mit Ansprache und Einkleidung
07.10.	Schweinfurt, Maria Hilf: Kirchweihe
08.–12.10.	Würzburg, Exerzitienhaus Himmelspforten: Erteilung von Priesterexerzitien
14.10.	Würzburg, Neumünster: Pontifikalassistenz
16.–19.10.	Würzburg, Exerzitienhaus Himmelspforten: Erteilung von Priesterexerzitien
21.10.	Würzburg, Don Bosco: Kirchweihe
24./25.10.	Freising: Teilnahme an der Herbstkonferenz der bayerischen Bischöfe
28.10.	Eisingen: Altarweihe und Firmung (30)
31.10.	Würzburg, St. Michael: Erteilung der Tonsur (21 Säkularen, 15 Regularen)
01.11.	Würzburg, St. Michael: Erteilung des Subdiakonats (21 Säkularen, 11 Regularen)

04.11.	Würzburg, St. Michael: Erteilung des Diakonats (20 Säkularen, 10 Regularen)
09.11.	Würzburg, St. Michael: Erteilung des Ostiariats und Lektorats (21 Säkularen, 22 Regularen)
11.11.	Marktbreit: Altarweihe
13.11.	Würzburg, Augustinerkloster: Abschlußsitzung zum Informativprozess über den Diener Gottes P. Pius Keller OESA
16.11.	Würzburg, St. Michael: Erteilung des Exorzistats und Akolythats (20 Säkularen, 23 Regularen)
18.11.	Ostheim: Kirchweihe
24.11.	Würzburg, Neumünster: Erwachsenenfirmung (30)
01./02.12.	Mömbris: Altarweihe, Visitation und Firmung (33)
09.12.	Aschaffenburg, St. Kilian: Visitation
16.12.	Würzburg, St. Burkard: Visitation
25.12.	Würzburg, Neumünster: Pontifikalassistenz; Pontifikalvesper
31.12.	Würzburg, Neumünster: Silvesterpredigt

1957

06.01.	Würzburg, Missionsärztliches Institut: Pontifikalmesse mit Ansprache
15.01.	Bad Neustadt an der Saale: Pontifikalmesse mit Ansprache anläßlich eines Landfrauentages
17.01.	Publikation der Ernennung zum Bischof von Berlin
20.01.	Würzburg, Augustinerkirche: Pontifikalassistenz beim ostkirchlichen Gottesdienst anläßlich der Weltgebetsoktav; Pontifikalmesse mit Predigt zur Weltgebetsoktav
25.01.	Würzburg, Bischöfliche Hauskapelle: Erteilung des Diakonats (1 Säkulare)
27.01.	Volkersberg: Pontifikalmesse mit Ansprache anläßlich der Eröffnung eines Lehrganges der Landvolkhochschule
30.01.	Würzburg, Bürgerspital: Pontifikalmesse mit Ansprache und Haussegnung
02.02.	Würzburg, Julianum: Pontifikalmesse mit Ansprache
08./09.03.	Pfaffendorf: Kirchweihe
10.03.	Würzburg, Neumünster: Pontifikalamt mit Abschiedspredigt
10.03.	Würzburg, Frankenhalle: Abschiedsfeier
12.03.	Würzburg, Neumünster: Pontifikalamt mit Abschiedspredigt für die Priester
15.03.	Würzburg, Augustinerkirche: Erteilung des Subdiakonats (4 Regularen), Diakonats (1 Regulare) und Presbyterats (2 Regularen)
15.03.	Würzburg, Marmelsteinerhof: Abschied

2. BERLIN

1957

25.03.	Berlin-Wedding, St. Sebastian: Inthronisationsfeier
29.03.	Berlin-Charlottenburg, Wilhelm-Weskamm-Haus: Abiturienten-Empfang
30.03.	Berlin-Charlottenburg, Frauenbundhaus: Empfang der kirchlichen Verbände des Bistums
31.03.	Berlin-Mitte, Herz Jesu: Pontifikalamt
01.04.	Osnabrück, Dom: Absolutio ad tumbam für den verstorbenen Bischof Dr. Franziskus Demann
06.04.	Neuruppin, Herz Jesu: Priesterweihe (1 Diakon)
06.04.	Berlin-Schöneberg: Bußgang der Männer mit Schlußansprache in der Sporthalle am Sachsendamm
13.04.	Berlin-Charlottenburg, St. Otto-Haus: Pontifikalmesse für die Mitarbeiter des Bischöflichen Ordinariats
14.04.	Berlin-Steglitz, Rosenkranz-Basilika: Palmweihe
18.04.	Berlin-Steglitz, Rosenkranz-Basilika : Missa Chrismatis
19.04.	Berlin-Steglitz, Rosenkranz-Basilika : Karfreitagsliturgie
20.04.	Berlin-Steglitz, Rosenkranz-Basilika : Feier der hl. Osternacht
21.04.	Berlin-Steglitz, Rosenkranz-Basilika : Hl. Osterfest
26.04.–01.05.	Besuch des Dekanates Stralsund mit folgenden Pfarreien: Altentreptow, Greifswald, Wolgast, Zinnowitz, Stralsund, Gützkow, Anklam; auf der Insel Rügen: Sellin, Garz, Binz, Bergen
27.04.	Greifswald, St. Joseph: Pontifikalmesse
28.04.	Greifswald, St. Joseph: Pontifikalamt
28.04.	Stralsund, Hl. Dreifaltigkeit: Firmung (65)
29.04.	Greifswald, St. Joseph: Priestertag des Dekanates Stralsund
30.04.	Greifswald, St. Joseph: Studentengemeinde
01.05.	Bergen, St. Bonifatius: Pontifikalmesse
01.–06.05.	Besuch des Dekanates Eberswalde mit folgenden Pfarreien: Eberswalde, Bad Freienwalde, Wriezen, Schwedt/Oder, Templin, Prenzlau, Sommersdorf, Gramzow, Angermünde, Finow, Biesenthal, Ützdorf
02.05.	Eberswalde, Schwesternhaus: Priestertag des Dekanates Eberswalde
03.05.	Prenzlau, St. Maria Magdalena: Pontifikalmesse
04.05.	Gramzow, Maria Frieden: Pontifikalmesse und Firmung (51)
05.05.	Angermünde, Maria Himmelfahrt: Pontifikalmesse und Firmung (98)
05.05.	Eberswalde, St. Peter und Paul: Firmung (64)
06.05.	Finow, St. Theresia: Pontifikalmesse

Empfang des neuen Bischofs von Berlin am Grenzkontrollpunkt Dreilinden, 21. März 1957

Überreichung der päpstlichen Ernennungsurkunde an Dompropst Paul Weber, 23. März 1957

Bei der Amtseinführung in der West-Berliner Kirche St. Sebastian, 25. März 1957

Priesterweihe von Günter Schudy in Neuruppin, 6. April 1957

Audienz bei Papst Pius XII., wohl Mai 1957

07.05.	Berlin-Charlottenburg, Ignatius-Haus: Einweihung des Hauses und Benediktion der Kapelle
08.05.	Berlin-Dahlem, Auditorium Maximum der Freien Universität: Ansprache zur 10-Jahr-Feier des Bundes der Deutschen Katholischen Jugend
09.–23.05.	Romreise
15.05.	Rom, Collegium Germanicum: Pontifikalmesse anläßlich seiner Romreise
23.05.	Trient, Priesterseminar: Pontifikalmesse
25.05.	Berlin-Lankwitz, Mater Dolorosa: Absolutio ad tumbam für den verstorbenen Geistlichen Rat Dr. Johannes Pinsk
26.05.	Berlin, Olympiastadion: Bistumstag
29.05.	Berlin-Charlottenburg, Wilhelm-Weskamm-Haus: Einweihung des Studenten-Wohnheimes und Benediktion der Kapelle
30.05.	Berlin-Lichtenberg, St. Mauritius: Pontifikalmesse und Firmung (59)
01./02.06.	Teltow, St. Eucharistia: Konsekration der Kirche
03.06.	Berlin-Moabit, St. Paulus: Firmung (73)
04.06.	Berlin-Prenzlauer Berg, Hl. Familie-Pfarrsaal: Abiturienten-Empfang
09.06.	Berlin-Kreuzberg, St. Bonifatius: Pfingstfest
10.06.	Berlin-Schlachtensee, Zwölf Apostel: Pontifikalmesse und Firmung (63)
11.06.	Berlin-Spandau, St. Wilhelm: Firmung (96)
12.06.	Berlin-Tegel, Herz Jesu: Priestertag des Dekanates Tegel
13.06.	Berlin-Wilmersdorf, St. Ludwig: Firmung (101)
15.06.	Wandlitzsee, St. Konrad: Firmung (59)
16.06.	Chorin, Kloster: Wallfahrt der Dekanate Eberswalde, Pasewalk und des Demokratischen Sektors von Berlin
20.06.	Berlin-Charlottenburg, St. Canisius: Fronleichnamsfest
20.06.	Berlin-Charlottenburg, Lietzensee-Park: Fronleichnamsprozession
21.06.	Neuzelle: Besuch des Priesterseminars
22.06.	Görlitz, St. Carolus-Krankenhaus: Pontifikalmesse
26./27.06.	Erfurt, Brunnen-Kirche: Besuch des Priesterseminars
29.06.	Berlin-Wedding, St. Aloysius: Priesterweihe (11 Diakone)
30.06.	Berlin-Wannsee, St. Michael: Pontifikalmesse und Firmung (101)
30.06.	Berlin-Mariendorf, St. Matthias-Friedhof: Einweihung des Klausener-Denkmals
01.07.	Berlin-Kreuzberg, St. Johannes-Basilika: Predigt für das Priesterhilfswerk
03.07.	Berlin-Kreuzberg, St. Clemens: Vortrag zum „Dies sacerdotalis"
04.07.	Berlin-Friedenau, St. Marien: Absolutio ad tumbam für den verstorbenen Erzpriester Bernhard Stein
06.07.	Schöneiche: Besuch des Vorseminars
07.07.	Berlin-Staaken, St. Franziskus: Pontifikalmesse und Firmung (26)
07.07.	Falkensee, St. Konrad: Firmung (91)

Besuch des Bischöflichen Vorseminars Schöneiche, 6. Juli 1957

15.08.	Einsiedeln/Schweiz: Pontifikalamt
21.08.	Berlin-Charlottenburg, St. Canisius: Jahresrequiem und Absolutio ad tumbam für Bischof Dr. Wilhelm Weskamm
22.08.	Berlin-Zehlendorf, Bischöfliche Hauskapelle: Tonsur (2 Franziskaner-Fratres)
23.08.	Berlin-Schöneberg, Kapelle des St. Franziskus-Krankenhauses: niedere Weihen (2 Franziskaner-Fratres), Subdiakonatsweihe (2 Minoristen)
24.08.	Berlin-Schöneberg, Kapelle des St. Franziskus-Krankenhauses: niedere Weihen (2 Franziskaner-Fratres), Diakonatsweihe (1 Subdiakon)
25.08.	Berlin-Wannsee, St. Michael: Internationales Treffen der Kolpingsfamilie
31.08./	
01.09.	Berlin-Hansaviertel, St. Ansgar: Konsekration der Kirche
02.09.	Berlin-Kreuzberg, Liebfrauen-Kirche: Firmung (74)
04.09.	Berlin-Reinickendorf, St. Marien: Priestertag des Dekanates Reinickendorf
06.09.	Berlin-Charlottenburg, Wilhelm-Weskamm-Haus: Theologen-Tagung
08.09.	Döllen, St. Marien: Wallfahrt des Dekanates Wittenberge
09.–15.09.	Besuch des Dekanats Wittenberge mit folgenden Pfarreien: Neustadt (Dosse), Döllen, Wittenberge, Bad Wilsnack, Havelberg, Pritzwalk, Wittstock/Dosse, Meyenburg, Kyritz, Perleberg, Sieversdorf, Lenzen
09.09.	Wittenberge, St. Heinrich: Priestertag des Dekanates Wittenberge
10.09.	Bad Wilsnack, St. Marien: Pontifikalmesse

11.09.	Pritzwalk, St. Anna: Pontifikalmesse
12.09.	Meyenburg, St. Maria-Hilf: Pontifikalmesse und Firmung (44)
13.09.	Lenzen, St. Marien: Pontifikalmesse und Firmung (10)
14.09.	Perleberg, St. Marien: Pontifikalmesse und Firmung (45)
17.09.	Berlin-Charlottenburg, Kapelle des Frauenbundhauses: Tagung der Seelsorgehelferinnen Groß-Berlins
17.09.	Berlin-Spandau, St. Marien: Firmung (233)
18.09.	Berlin-Oberschöneweide, St. Antonius: Priestertag des Dekanates Oberschöneweide
19.09.	Wittenberge, St. Heinrich: Pontifikalamt
22.09.	Erfurt: Predigt anläßlich des St. Elisabeth-Jubiläums
30.09.	Bamberg, St. Michael: Pontifikalmesse am Grabe des Bistumspatrons, des hl. Otto
02.10.	Berlin-Steglitz, Exerzitienhaus „Maria Frieden": Priestertag des Dekanates Pasewalk
04.10.	Berlin-Marienfelde, Provinzialat der Armen Schulschwestern: Benediktion der Kapelle
05.–13.10.	Besuch des Dekanats Potsdam/Brandenburg mit folgenden Pfarreien: Michendorf, Wilhelmshorst, Ludwigsfelde, Treuenbrietzen, Jüterbog, Dahme, Luckenwalde, Trebbin, Beelitz, Borkheide, Brück, Potsdam, Werder, Ketzin, Lehnin, Ragösen, Belzig, Wiesenburg, Brandenburg, Plaue, Jeserig, Potsdam-Babelsberg, Potsdam-Bornstedt
05.10.	Michendorf, St. Norbert-Haus: Pontifikalmesse
06.10.	Dahme, St. Antonius: Pontifikalmesse und Firmung (49)
06.10.	Luckenwalde, St. Joseph: Firmung (128)
07.10.	Trebbin, St. Joseph: Pontifikalmesse
08.10.	Potsdam, St.-Joseph-Krankenhaus: Pontifikalmesse
09.10.	Potsdam, St. Petrus und Paulus: Priestertag des Dekanates Potsdam
10.10.	Werder/Havel, St. Marien: Pontifikalmesse und Firmung (40)
10.10.	Lehnin, Hl. Familie: Firmung (19)
11.10.	Brandenburg, Hl. Dreifaltigkeits: Pontifikalmesse und Firmung (40)
12.10.	Brandenburg, St. Bernhard: Pontifikalmesse
13.10.	Potsdam, St. Petrus und Paulus: Pontifikalmesse und Firmung (86)
13.10.	Potsdam-Babelsberg, St. Antonius: Firmung (89)
15.10.	Berlin-Hansaviertel, St. Ansgar: Eröffnung des 3. Deutschen Bundestages
16.10.	Berlin-Steglitz, Exerzitienhaus „Maria Frieden": Priestertag des Dekanates Frankfurt/Oder
20.10.	Berlin-Gesundbrunnen, St. Petrus: St. Hedwigs-Fest
20.10.	Berlin-Buch, Mater Dolorosa: Firmung (60)
24.10.	Berlin-Charlottenburg, Anbetungskloster St. Gabriel: Pontifikalmesse

27.10.	Berlin-Oberschöneweide, St. Antonius: Christ-Königs-Fest
27.10.	Berlin-Kaulsdorf, St. Martin: Firmung (53)
28.10.	Berlin-Charlottenburg, Hl. Geist: Pontifikalmesse und Firmung (175)
30.10.	Berlin-Charlottenburg, Herz Jesu: Priestertag des Dekanates Charlottenburg
31.10.	Berlin-Britz, Schutzengelkirche: Priestertag des Dekanates Neukölln
01.11.	Berlin-Tempelhof, St. Joseph-Krankenhaus: Pontifikalmesse
08.11.	Berlin-Tempelhof, St. Raphael-Kapelle: Besuch des Notwerkes
09.11.	Berlin-Schöneberg, Riesengebirgsschule: 25-Jahr-Jubiläum des Heliand-Bundes Berlin
10.11.	Berlin-Charlottenburg, St. Canisius: Eröffnung des Wintersemesters (Studentengemeinde)
10.11.	Berlin-Frohnau, St. Hildegard: Firmung (83)
13.11.	Berlin-Kreuzberg, St. Clemens: Recollections-Vortrag
17.11.	Berlin-Schöneberg, St. Elisabeth: St.-Elisabeth-Jubiläum
20.11.	Berlin-Lichtenrade, Salvator-Kirche: Priestertag des Dekanates Tempelhof
24.11.	Berlin-Staaken, St. Franziskus: Firmung (72)
26.11.	Berlin-Moabit, St. Paulus: Absolutio ad tumbam für den verstorbenen P. Hermann Fischer OP
27.11.	Berlin-Charlottenburg, St. Canisius: Pastoral-Konferenz
03.12.	Berlin-Schöneberg, Canisius-Kolleg: Pontifikalmesse
05.12.	Berlin-Charlottenburg, St. Canisius: Pastoral-Konferenz
08.12.	Berlin-Friedenau, St. Marien: Fest Mariae Unbefleckte Empfängnis
11.12.	Berlin-Prenzlauer Berg, St. Josef-Heim: Priestertag des Dekanates Ost
14.12.	Berlin-Charlottenburg, St. Canisius: Adventsandacht der Frohschar-Gruppen Berlin
15.12.	Berlin-Marienfelde, Kloster zum Guten Hirten: Altarweihe
21.12.	Berlin-Wedding, St. Joseph: Priesterweihe (5 Diakone)
24.12.	Berlin-Reinickendorf, St. Rita: Feier der Heiligen Nacht
25.12.	Berlin-Wilmersdorf, St. Ludwig: Hl. Weihnachtsfest
29.12.	Berlin-Wilmersdorf, St. Gertrauden-Krankenhaus: Pontifikalmesse
31.12.	Berlin-Lichtenberg, St. Pius: Jahresschluß-Predigt

1958

05.01.	Berlin-Schöneberg, St. Matthias: Berufung des Lokalkomitees des 78. Deutschen Katholikentages in Berlin
18.01.	Berlin-Charlottenburg, St. Canisius: Andacht und Predigt anläßlich der Gebetsoktav zur Wiedervereinigung im Glauben

Jungfrauenweihe im Ursulinenkloster St. Ursula, Berlin-Zehlendorf, 3. Februar 1958

22.01.	Berlin-Kreuzberg, St. Clemens: Rekollektionsvortrag
26.01.	Berlin-Tegel, Haus Konradshöhe: Firmung (89)
01.02.	Berlin-Lichtenrade, Kinderkrankenhaus St. Christophorus: Pontifikalmesse
02.02.	Berlin-Charlottenburg, St. Camillus: Pontifikalmesse und Firmung (62)
02.02.	Berlin-Neukölln, Kliems-Festsäle: Ansprache zur 25-Jahr-Feier des Malteser-Hilfsdienstes
03.02.	Berlin-Zehlendorf, St. Ursula: Jungfrauenweihe (zwei feierliche Gelübde, eine Gelübdeerneuerung)
05.02.	Berlin-Kreuzberg, St. Clemens: Pontifikalmesse
08.02.	Berlin-Reinickendorf, Kloster zum Guten Hirten: Pontifikalmesse
08.02.	Berlin-Prenzlauer Berg, Hl. Familie: Festakademie der Studentengemeinschaft Berlin-Ost
09.02.	Berlin-Schlachtensee, St. Theresienstift: Pontifikalmesse
11.02.	Berlin, Stauffenbergstraße 11–13: Benediktion der Räume des Secours Catholique
12.02.	Berlin-Spandau, St. Marienkirche: Pontifikalmesse
12.02.	Berlin-Spandau: Dekanatstag des Dekanates Spandau
13.02.	Berlin-Mitte, St. Hedwigskrankenhaus: Pontifikalmesse
15.02.	Berlin: offizieller Besuch beim Morus-Verlag

16.02.	Berlin-Charlottenburg, Herz Jesu: 100-Jahr-Jubiläum
20.02.	Berlin-Wannsee, Don-Bosco-Heim: Dekanatstag Steglitz
01.03.	Berlin-Tiergarten, St. Ansgar: Vesperandacht
02.03.	Berlin-Charlottenburg, Wilhelm-Weskamm-Haus: Dekanatsjugendführer- und -seelsorgertagung
05.03.	Berlin-Pankow, St. Georg: Dekanatskonferenz des Dekanates Weißensee
09.03.	Berlin-Kreuzberg, St. Clemens: Jahresversammlung der Vinzenz-Konferenzen
12.03.	Berlin-Biesdorf-Süd, Exerzitienhaus: Pontifikalmesse
12.03.	Berlin-Kreuzberg, St. Clemens: Rekollektionsvortrag
13.03.	Berlin-Charlottenburg, Wilhelm-Weskamm-Haus: Erzpriesterkonferenz
15.03.	Berlin-Hermsdorf, Dominicuskrankenhaus: Pontifikalmesse
16.03.	Berlin-Ost, Corpus-Christi-Kirche: Papstkrönungsfeier
19.03.	Berlin-Wannsee, Heim „Santa Maria": Pontifikalmesse
22.03.	Berlin-Schönberg, Sporthalle am Sachsendamm: Bußgang, Fürbitten und bischöflicher Segen
23.03.	Berlin-Wilmersdorf, St. Ludwig: Italienische Kolonie in Berlin
23.03.	Berlin-Schöneberg, St. Matthias: Feierliche Lourdesandacht mit den Franzosen
24.03.	Berlin-Charlottenburg, Wilhelm-Weskamm-Haus: Abiturienten-Empfang
25.03.	Berlin-Charlottenburg, St. Otto-Haus: 1. Jahrestag der Inthronisation
02.04.	Berlin-Charlottenburg, Wilhelm-Weskamm-Haus: Theologentag
03.04.	Berlin-Schöneberg, St. Matthias: Missa Chrismatis, Missa Vespertina
04.04.	Berlin-Schöneberg, St. Matthias: Karfreitagsliturgie
05.04.	Berlin-Schöneberg, St. Matthias: Feier der hl. Osternacht
06.04.	Berlin-Schöneberg, St. Matthias: Hl. Osterfest
08.04.	Berlin-Lankwitz, Krankenhaus Maria Trost: Pontifikalmesse
09.04.	Berlin-Charlottenburg, St. Canisius: Tagung der „Brandenburgia"
09.–13.04.	Dekanatsbesuch in folgenden Pfarreien: Alexanderdorf, Sperenberg, Rangsdorf, Blankenfelde, Zossen, Königs Wusterhausen, Eichwalde
10.04.	Alexanderdorf, Priorat St. Gertrudis: Jungfrauenweihe (zwei Benediktinerinnen)
10.04.	Sperenberg: Firmung (52)
11.04.	Blankenfelde: Pontifikalmesse
12.04.	Zossen: Pontifikalmesse und Firmung (37)
12.04.	Rangsdorf: Andacht mit Predigt
13.04.	Königs Wusterhausen: Pontifikalmesse und Firmung (95)
13.04.	Eichwalde: Firmung (53)
18.04.	Saarbrücken, St. Michael: Pontifikalmesse
19.04.	Saarbrücken, St. Albertus Magnus, Pontifikalmesse

Firmung in Königs Wusterhausen, 13. April 1958

20.04.	Saarbrücken, St. Michael: Pontifikalmesse
21.04.	Trier, Mutterhaus der Borromäerinnen: Pontifikalmesse
25.04.	Berlin-Steglitz, Exerzitienhaus Maria Frieden: Pontifikalmesse
27.04.	Berlin-Marienfelde, Kloster zum Guten Hirten: 100-Jahr-Jubiläum
27.04.	Berlin-Hohenschönhausen, Hl. Kreuz: Firmung (27)
30.04.	Berlin-Kreuzberg, St. Bonifatius: Andacht der Berliner Werktätigen
01.05.	Berlin-Tegel, St. Josef: Pontifikalmesse
02.–07.05.	Dekanatsbesuch in folgenden Pfarreien: Hoppenwalde, Ueckermünde, Blumenthal, Torgelow, Pasewalk, Löcknitz, Viereck, Heringsdorf, Templin
02.05.	Hoppenwalde: Pontifikalmesse und Firmung (35)
03.05.	Blumenthal: Pontifikalmesse und Firmung (17)
03.05.	Torgelow: Firmung (57)
04.05.	Pasewalk: Pontifikalmesse und Firmung (85)
04.05.	Löcknitz: Firmung (33)
05.05.	Viereck: Pontifikalmesse und Firmung (39)
05.05.	Ueckermünde: Firmung (18)
06.05.	Heringsdorf: Pontifikalmesse und Firmung (32)
07.05.	Templin: Pontifikalmesse und Firmung (66)
11.05.	Berlin-Neukölln, St. Eduard: Pontifikalmesse und Firmung (123)
11.05.	Berlin-Pankow, St. Georg: Firmung (31)

14.05.	Berlin-Friedrichshagen, St. Franziskus: Firmung (45)
18.05.	Berlin-Tegel, St. Josef: Pontifikalmesse
20.05.	Berlin-Schöneberg, St. Franziskus-Krankenhaus: Pontifikalmesse
21.05.	Berlin-Kreuzberg, St. Clemens: Rekollektionsvortrag
23.05.	Berlin-Charlottenburg, Wilhelm-Weskamm-Haus: Priesterwerkwoche
24.05.	Berlin, Studentenhaus am Steinplatz: Festkommers des Berliner KV, UV, CV
25.05.	Berlin-Prenzlauer Berg, Hl. Familie: Hl. Pfingstfest
28.05.	Berlin-Wilmersdorf, St. Ludwig: Pontifikalmesse und Firmung (126)
05.06.	Berlin-Charlottenburg, St. Canisius: Fronleichnamsfest; Fronleichnams-prozession
06.06.	Berlin-Kladow: Pontifikalmesse
07.–17.06.	Wien: Wiener Katholikentag
08.06.	Ramsau bei Berchtesgaden: Pontifikalmesse
12.06.	Maria Plain bei Salzburg: Pontifikalmesse
14.06.	Wien, Schottenstift: Pontifikalmesse
15.06.	Wien, Stephansdom: Pontifikalmesse
17.06.	Niederaltaich: Pontifikalmesse
18.06.	Berlin-Tegel, St. Josef: Firmung (135)
19.06.	Berlin-Prenzlauer Berg, Hl. Familie: Abiturientenempfang
19.06.	Berlin-Charlottenburg, Wilhelm-Weskamm-Haus: Empfang für die katholische Professoren der Universitäten und Hochschulen der Stadt Berlin
20.06.	Berlin-Charlottenburg, Herz-Jesu-Schule: Pontifikalmesse
20.06.	Berlin-Kreuzberg, St. Clemens: Rekollektionsvortrag und Pontifikalandacht
22.06.	Berlin-Lankwitz, Mater Dolorosa: Pontifikalmesse und Firmung (89)
22.06.	Berlin, St. Petrus: Firmung (90)
26.06.	Berlin-Neukölln, St. Clara: Pontifikalmesse
27.06.	Berlin-Neukölln, St. Eduard: Pontifikalmesse
27.06.	Kladow: Pontifikalandacht
29.06.	Berlin-Charlottenburg, St. Canisius: Pontifikalmesse; Priesterweihe (3 Diakone, 3 Fratres SJ), Diakonatsweihe (2 Subdiakone)
29.06.	Berlin-Friedenau, St. Marien: Firmung (221)
03.07.	Berlin-Charlottenburg, Wilhelm-Weskamm-Haus: Empfang für die Teilnehmer der Berliner Filmfestspiele
05.07.	Berlin-Köpenick, St. Josef: Pontifikalmesse
06.07.	Berlin-Charlottenburg, Wilhelm-Weskamm-Haus: Treffen des katholischen Lehrervereins
06.07.	Berlin-Mariendorf, St. Fidelis: Firmung (26)
18.07.	Aachen, Katschhof vor dem Dom: Pontifikalmesse

Kolping-Wallfahrt zu „Unserer lieben Frau von Frohnau", 18. Mai 1958

Bergtour am Königssee, 8./12. Juni 1958

145

Mit Erzbischof Franz König anlässlich des Wiener Katholikentags, 13./16. Juni 1958

19./20.07.	Aachen: Aachener Heiligtumsfahrt
20.07.	Dollendorf/Eifel: Pontifikalmesse
[23.07.]	Berlin-Charlottenburg, Schloß: Eröffnung der Ausstellung „Christliche Kunst Europas"
26.07.	Berlin-Weißensee, St. Josef-Krankenhaus: Pontifikalmesse
31.07.	Berlin-Charlottenburg, Wilhelm-Weskamm-Haus: Oberinnenkonferenz
06.08.	Berlin-Wilmersdorf, Rankestraße 5–6: Benediktion der Kapelle und des Hauses „Haus der offenen Tür"
10.08.	Berlin-Charlottenburg, Messehallen: Eröffnung der Missio-Ausstellung
11.08.	Berlin-Charlottenburg, St. Canisius: Eröffnung des XII. Katholischen Deutschen Studententages
12.08.	Berlin-Friedrichshain, Ss. Corpus Christi und Berlin-Charlottenburg, Messehallen: Eröffnungen der Kunstausstellungen
13.–17.08.	Berlin: 78. Deutscher Katholikentag
13.08.	Berlin, Deutschlandhalle und Werner-Seelenbinder-Halle: Eröffnungskundgebung
14.08.	Berlin-Charlottenburg, St. Camillus: Diözesantreffen Würzburg-Meiningen, Ansprache
15.08.	Berlin, vor St. Hedwig: Frauen-Friedens-Messe, Ansprache
16.08.	Berlin, Waldbühne: Treffen der Jugend
16.08.	Berlin, Olympiastadion: Benediktion des großen Katholikentagskreuzes; Kreuzverehrung
17.08.	Berlin, Olympiastadion: Predigt des Bischofs, Schlußkundgebung des 78. Deutschen Katholikentages, Schlußansprache
18.08.	Berlin, Schwermaschinenhalle am Funkturm: Pontifikalrequiem für Bischof Wilhelm Weskamm
18.–21.08.	Fulda: Fuldaer Bischofskonferenz
14.09.	Brixen, Dom: Eucharistischer Kongreß der Diözese Brixen
21.–26.09.	Pilgerfahrt nach Lourdes
22.09.	Lourdes, Kapelle der hl. Bernadette im Cité Secours: Pontifikalmesse
23.09.	Lourdes, Krypta der Basilika: Pontifikalmesse
24.09.	Lourdes, Neue Unterkirche: Pontifikalmesse
25.09.	Lourdes, Grotte von Messabielle: Pontifikalmesse
26.09.	Lourdes, Kapelle der hl. Bernadette im Cité Secours: Pontifikalmesse
28.09.	Berlin-Friedrichshain: St. Michael: Pontifikalmesse und Firmung (126) einschl. Ludwigsfelde (22)
28.09.	Berlin-Kreuzberg, St. Clemens: Firmung (101)
30.09.	Berlin-Charlottenburg, Wilhelm-Weskamm-Haus: Erzpriesterkonferenz
03.10.	Berlin-Kladow: Benediktion der Kapelle des Studentenhauses „Maria Causa nostrae Laetitiae"

Eröffnung der Missionsausstellung im Rahmen des 78. Deutschen Katholikentags in Berlin, 10. August 1958; Mitte: Bischof Joseph Kiwanuka (Masaka/Uganda)

Frauen-Friedens-Messe auf dem Bebelplatz vor St. Hedwig im Rahmen des 78. Deutschen Katholikentags in Berlin, 15. August 1958; im Hintergrund das zerstörte Gebäude der Alten Bibliothek

Einzug der Bischöfe zur Pontifikalmesse im Berliner Olympiastadion, 17. August 1958

Auf dem Maifeld nach der Pontifikalmesse, 17. August 1958

Begegnung mit dem Bischof auf dem Katholikentag, August 1958

Die Kardinäle Joseph Wendel (München und Freising) und Josef Frings (Köln) mit Bischof
Döpfner in Berlin, wohl August 1958

04.10.	Berlin-Pankow, Franziskanerkloster: Pontifikalmesse
05.10.	Berlin-Charlottenburg, St. Canisius: Eröffnung des Wintersemesters des Katholischen Bildungswerkes
12.10.	Berlin-Johannisthal, St. Johannes Evangelist: Pontifikalmesse und Firmung (24)
12.10.	Berlin-Altglienicke, Maria Hilf: Firmung (30)
13.10.	Berlin-Wedding, St. Sebastian: Pontifikalrequiem für Papst Pius XII.
14.10.	Berlin, Bischofshaus: 10. Jahrestag der Bischofsweihe
17.10.	Berlin-Charlottenburg, Wilhelm-Weskamm-Haus: Tagung der Studentenpfarrer und Priesterwerkwoche
18.10.	Berlin, St. Hildegard-Krankenhaus: Pontifikalmesse
19.10.	Berlin-Lichtenberg, St. Mauritius: St. Hedwigsfest
19.10.	Berlin-Siemensstadt, St. Josef: Firmung (83)
20.10.	Berlin-Reinickendorf, St. Marien: Firmung (140)
23.10.	Berlin-Charlottenburg, Wilhelm-Weskamm-Haus: 10. Jahrestag der Bischofsweihe
23.10.	Berlin-Tempelhof, Herz Jesu: Firmung (70)
25.10.	Berlin-Tempelhof, Herz Jesu: Firmung (59)
26.10.	Berlin-Lichtenberg, St. Mauritius: Christkönigsfest
26.10.	Berlin-Friedrichshain, St. Pius: Firmung (73) einschl. Ludwigsfelde (27)
27.10.	Berlin-Mitte, St. Franz Xaver: Firmung (34)
28.10.	Berlin-Neutempelhof, St. Judas Thaddäus: Firmung (54)
29.10.	Berlin, Caritasheim Ulmenallee: Tag der Seelsorgsreferenten
31.10.	Berlin-Charlottenburg, Wilhelm-Weskamm-Haus: Priesterwerkwoche
02.11.	Berlin-Biesdorf-Süd, Herz Jesu: Pontifikalmesse und Firmung (28)
02.11.	Berlin-Friedrichsfelde, Zum Guten Hirten: Firmung (59) einschl. Biesdorf-Nord (28)
15.11.	Berlin-Waidmannslust, Regina-Mundi: Pontifikalmesse und Firmung (30)
15.11.	Designation zum Kardinal (Brief des Hl. Vaters vom 12. November 1958)
16.11.	Berlin-Zehlendorf, Herz Jesu: 50. Kirchjubiläum
16.11.	Berlin-Wilmersdorf, Hl. Kreuz: Firmung (104)
23.11.	Berlin-Friedrichshain, St. Antonius: Pontifikalassistenz 50. Kirchjubiläum
23.11.	Berlin-Schöneberg, St. Matthias: Cäcilienfeier der Berliner Kirchenchöre
27.11.	Berlin-Charlottenburg, St. Canisius: Pastoral-Konferenz
29./30.11.	Berlin-Schöneberg, St. Konrad: Konsekration der Kirche
01.12.	Berlin-Charlottenburg, Steifensandstraße 8: Benediktion der Volksbücherei und des Osco-Collegs
01.12.	Berlin-Charlottenburg, Wilhelm-Weskamm-Haus: Ansprache auf der Jahrestagung der Kirchenangestellten
03.12.	Berlin-Charlottenburg, St. Canisius: Pastoral-Konferenz

Firmbesuch in Berlin-Wilmersdorf, Hl. Kreuz, 16. November 1958

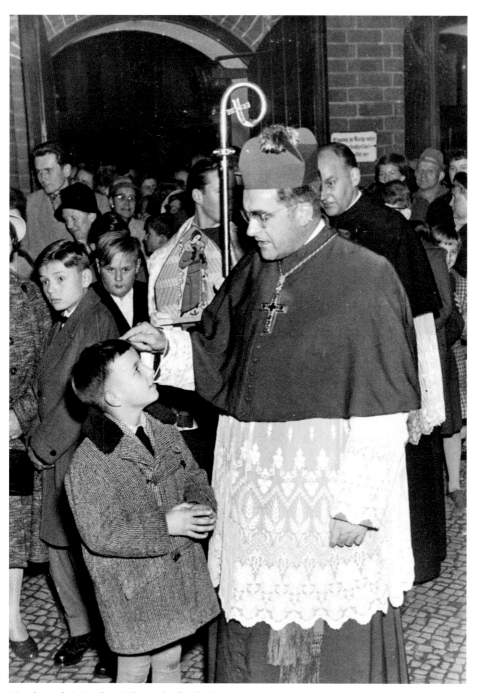

Firmbesuch in Berlin-Wilmersdorf, Hl. Kreuz, 16. November 1958

03.–23.12.	Romreise
04.12.	Hausen bei Bad Kissingen: Pontifikalmesse
08.12.	Rom, Collegium Germanicum: Pontifikalamt
15.12.	Rom: Geheimes Konsistorium
18.12.	Rom: Öffentliches Konsistorium
19.12.	Rom: Besitzergreifung der Titelkirche S. Maria della Scala in Trastevere
25.12.	Berlin-Friedrichshain, St. Pius: Hl. Weihnachtsfest
27.12.	Berlin-Prenzlauer Berg, Hl. Familie: Priesterweihe (8 Diakone), Diakonatsweihe (1 Subdiakon)
29.12.	Berlin-Charlottenburg, Wilhelm-Weskamm-Haus: Theologen-Tagung
31.12.	Berlin-Friedrichshain, Ss. Corpus Christi: Jahresschlußpredigt

1959

04.01.	Berlin-Neukölln, St. Clara: Pontifikalmesse, Firmung (74)
04.01.	Berlin-Weißensee, St. Josef: Firmung (107)
06.01.	Berlin-Haselhorst, St. Stephanus: Firmung (50)
06.01.	Berlin-Friedrichshagen, St. Antonius-Krankenhaus: Pontifikalmesse
11.01.	Berlin-Adlershof, Christus König: Pontifikalmesse und Firmung (50 zzgl. 22 aus Grünau-Bohnsdorf)
30.01.	Berlin-Wilmersdorf, St.-Ludwigs-Altersheim: Benediktion der Räume
31.01.	Berlin-Mitte, Don-Bosco-Heim: 25-Jahr-Jubiläum
01.02.	Berlin-Biesdorf-Nord, St. Marien: Pontifikalmesse, Benediktion
01.02.	Berlin-Dahlem, Amerikanische Kapelle: Firmung (57)
02.02.	Berlin-Waidmannslust, Salvator-Schule und Franz-Jordan-Stift: Pontifikalmesse
15.02.	Hausen bei Bad Kissingen: Pontifikalmesse
22.02.	Berlin-Grunewald, St. Carl Borromäus: Predigt im Semesterschluß-Gottesdienst der Katholischen Studentengemeinde Berlin
24.02.	Berlin-Mitte, Herz Jesu: Pontifikalmesse anläßlich des Besuchs der Theresien-Oberschule
25.02.	Berlin-Charlottenburg, Wilhelm-Weskamm-Haus: Jugendseelsorger-Tagung
28.02.	Berlin-Kreuzberg, Marien-Krankenhaus: Pontifikalmesse
01.03.	Berlin-Marienfelde, Mutterhaus der Armen Schulschwestern: Einkehrtag des Malteser-Hilfsdienstes
01.03.	Berlin-Prenzlauer Berg: St. Josefs-Kapelle: Schlußandacht anläßlich des Patronatsfestes der Katholischen Studentengemeinde Berlin-Ost
05.03.	Berlin-Marienfelde, Kloster zum Guten Hirten: Absolutio ad tumbam für Prälat Clemens Fedtke

Besuch in der Theresien-Oberschule Berlin mit Aufführung des Stücks „Der seidene Schuh" von Paul Claudel, 24. Februar 1959

14.03.	Berlin-Wilmersdorf, Hl. Kreuz: Priesterweihe (2 Diakone)
14.03.	Berlin: Bußgang der Männer; Ansprache in der Schwermaschinenhalle am Funkturm
15.03.	Berlin-Charlottenburg, St. Canisius: Ansprache in der Sühneandacht des Neudeutschen Bundes
20.03.	Berlin, Frauenbundhaus: Pontifikalmesse
20.03.	Berlin: Schlußprüfung der Wohlfahrtsschule
26.03.	Berlin-Schöneberg, St. Matthias: Missa Chrismatis. Missa in Coena Domini
27.03.	Berlin-Schöneberg, St. Matthias: Karfreitagsliturgie
28.03.	Berlin-Schöneberg, St. Matthias: Feier der hl. Osternacht
29.03.	Berlin-Schöneberg, St. Matthias: Hl. Osterfest
08.04.	Berlin-Charlottenburg, Wilhelm-Weskamm-Haus: Priesterjubiläen (Weihejahre 1934 und 1939)
10.04.	Berlin-Charlottenburg, Liebfrauen-Schule: Jugendseelsorger-Tagung
11.04.	Berlin-Charlottenburg, St. Canisius: Pontifikalmesse anläßlich der Einweihung der Liebfrauen-Schule

16.04.	Berlin-Friedenau, St. Marien: Andacht und Ansprache für die Lourdes-Pilger
18.04.	Berlin-Mitte, St. Josephs-Krankenhaus: Pontifikalmesse
19.04.	Berlin-Niederschönhausen, St. Maria Magdalena: Pontifikalmesse, Firmung (56)
24.04.	Berlin-Kladow, Eichendorff-Haus: Priesterwerkwoche
26.04.	Berlin-Lankwitz, Krankenhaus Maria Trost: 5 Einkleidungen und 3 Ewige Profess
26.04.	Berlin-Schöneberg, St. Ludgerus: Firmung (60 zzgl. 57 aus Teltow)
30.04.	Berlin-Wedding, St. Sebastian: Andacht und Predigt für die Berliner Werktätigen
03.05.	Berlin-Friedrichshain, Hl. Dreifaltigkeit: Pontifikalmesse und Firmung (56)
03.05.	Berlin-Wedding, St. Sebastian: Firmung (76)
06./07.05.	Berlin-Wannsee, Don-Bosco-Heim: Konsekration der Kirche, Pontifikalmesse
08.05.	Berlin-Moabit, St. Laurentius: Firmung (90)
09.05.	Berlin-Marienfelde, St. Alfons: Wallfahrt der Flüchtlinge
09.05.	Berlin-Kladow, KDSE-Bildungsseminar: Benediktion der Räume
10.05.	Berlin-Prenzlauer Berg, St. Augustinus: Pontifikalmesse, Firmung (130)
10.05.	Berlin-Lichtenberg, St. Mauritius: Firmung (105)
11.05.	Berlin-Charlottenburg, St. Thomas: Firmung (36)
14.05.	Berlin-Lichterfelde, Aquinata-Schwestern Knesebeckstraße: Pontifikalmesse
15.05.	Berlin-Kladow, Eichendorff-Haus: Priesterwerkwoche
17.05.	Berlin-Pankow, St. Georg: Pfingstfest
17.05.	Berlin-Charlottenburg, St. Canisius: Andacht und Ansprache innerhalb der Ringsendung zu Ehren des Heiligen Geistes
18.05.	Berlin-Buchholz, St. Johannes Evangelist: Pontifikalmesse und Firmung (24)
18.05.	Berlin-Reinickendorf, St. Louis de France: Firmung (109)
19.05.	Berlin-Reinickendorf, St. Rita: Firmung (84)
24.05.	Berlin-Hermsdorf, Maria Gnaden: Pontifikalmesse und Firmung (52)
28.05.	Berlin-Charlottenburg, St. Canisius: Fronleichnamfest
07.06.	Berlin-Friedrichshain, Ss. Corpus Christi: Pontifikalmesse und Firmung (75)
07.06.	Berlin-Prenzlauer Berg, Hl. Familie: Firmung (127)
08.06.	Berlin-Charlottenburg, Herz Jesu: Firmung (56)
09.06.	Berlin-Moabit, St. Paulus: Firmung (93)
11.06.	Berlin-Friedrichshain, Ss. Corpus Christi: Bischofsweihe von Weihbischof Dr. Alfred Bengsch
13.06.	Berlin-Schöneberg, Franziskus-Oberschule: Einweihung, Benediktion der Räume
13.06.	Berlin-Charlottenburg, Herz-Jesu-Schule: Benediktion der Räume
14.06.	Berlin-Karlshorst, Unbefleckte Empfängnis: Pontifikalmesse, Firmung (60)

14.06.	Berlin-Köpenick, St. Josef: Firmung (111)
16.06.	Berlin-Wannsee, Hedwigschwestern: 100-Jahr-Feier
21.06.	Berlin-Schöneberg, St. Norbert: Pontifikalmesse und Firmung (101)
21.06.	Berlin-Schöneberg, St. Matthias: Firmung (125)
25.06.	Berlin-Kreuzberg, St. Marien: Firmung (105)
26.06.	Berlin-Kladow, Eichendorff-Haus: Priesterwerkwoche
27.06.	Berlin-Friedenau, St. Konrad: Firmung (89)
28.06.	Berlin-Mitte, St. Adalbert: Pontifikalmesse und Firmung (83)
28.06.	Berlin-Südende, St. Johannes Evangelist: Firmung (79)
29.06.	Berlin-Kreuzberg, St. Clemens: Priesterweihe (3 Diakone)
30.06.	Berlin-Schöneberg, St. Matthias: Gebetstag der Frauen
05.07.	Berlin-Charlottenburg, Wilhelm-Weskamm-Haus: Filmfestspiele 1959
09.07.	Berlin-Friedrichshagen, St. Antonius-Krankenhaus: Pontifikalmesse
09.07.	Schöneiche: Abiturientenempfang
17.07.	Berlin-Tegel, Herz-Jesu: Absolutio ad tumbam für Erzpriester Gerhard Kunza
22.07.	Berlin-Charlottenburg, Naafi-Club: Ansprache anläßlich des 25-jährigen Priesterjubiläums des britischen Militärgeistlichen
26.07.	Trier, Dom: Predigt anläßlich der Hl. Rock-Wallfahrt
08.08.	Berlin-Charlottenburg, Wilhelm-Weskamm-Haus: Regenten-Konferenz
08.09.	Berlin-Friedrichshain, Ss. Corpus Christi: Assistenz bei der Bischofsweihe von Weihbischof Dr. Bernhard Schräder
11.09.	Berlin-Buchholz, St. Johannes Evangelist: Absolutio ad tumbam für Pfarrer Franz Cichoszweski
12.09.	Berlin-Neutempelhof, St. Judas Thaddäus: Pontifikalmesse
14.09.	Berlin-Neukölln, St. Richard: Firmung (54)
17.09.	Berlin-Kreuzberg, St. Bonifatius: Firmung (193)
20.09.	Limburg, Dom: Predigt anläßlich der Kreuzwoche
21.09.	Berlin-Friedrichshain, Hl. Dreifaltigkeit: Absolutio ad tumbam für den Geistlichen Rat Konrad Graupe
24.09.	Berlin-Zehlendorf, Bischöfliche Hauskapelle: Firmung (1)
27.09.	Münster (Westfalen), Dom: Predigt in der Andacht anläßlich der Generalversammlung des Bonifatiusvereins
08.10.	Berlin-Schmargendorf, St. Salvator: Firmung (84)
11.10.	Berlin-Wedding, St. Joseph: Firmung (118)
11.10.	Berlin-Friedrichshain, St. Pius: Predigt im Eröffnungsgottesdienst des Wintersemesters im Bildungswerk Ost
13.10.	Berlin-Marienfelde, Kloster zum Guten Hirten: Firmung (18)
14.10.	Berlin-Charlottenburg, St. Otto-Haus: Jahrestag der Bischofsweihe
15.10.	Berlin-Steglitz, Maria Frieden: Tagung der Studentenpfarrer

16.10.	Berlin-Kladow, Eichendorff-Haus: Priesterwerkwoche
16.10.	Berlin-Spandau-Hakenfelde, St. Elisabeth: Firmung (38)
18.10.	Berlin-Prenzlauer Berg, St. Augustinus: St. Hedwigsfest
18.10.	Berlin-Wedding, St. Aloysius: Firmung (97)
19.10.	Berlin-Spandau: St. Marien: Firmung (168 einschließlich St. Raphael Berlin-Gatow)
23.10.	Berlin-Kladow, Eichendorff-Haus: Priesterwerkwoche
25.10.	Berlin-Kladow, Maria Himmelfahrt: Pontifikalmesse und Firmung (37)
25.10.	Berlin-Charlottenburg, St. Canisius: Firmung (118 einschließlich Berlin-Halensee, St. Albertus Magnus)
28.10.	Berlin-Kladow, Eichendorff-Haus: Tagung des Cusanus-Werkes
30.10.	Berlin-Kladow, Eichendorff-Haus: Priesterwerkwoche
31.10.	Berlin-Charlottenburg, St. Canisius: Kartell-Woche des CV
01.11.	Berlin-Zehlendorf-Süd, St. Otto: Pontifikalmesse und Firmung (61)
05.11.	Berlin-Friedrichshain, Ss. Corpus Christi: Anbetungsstunden der Männer Berlins
08.11.	Berlin-Moabit, St. Paulus: erster Jahrestag der Krönung Papst Johannes XXIII.
08.11.	Berlin-Dahlem, St. Bernhard: Firmung (81)
15.11.	Berlin-Lichterfelde, Hl. Familie: Pontifikalmesse, Firmung (79)
15.11.	Berlin-Zehlendorf, Herz-Jesu: Pontifikalmesse und Firmung (198 einschließlich Kleinmachnow, St. Thomas Morus, und Stahnsdorf, St. Marien)
17./18.11.	Berlin-Köpenick, St. Josef: Pontifikalmesse, Konsekration der Kirche
19.11.	Berlin-Charlottenburg, Wilhelm-Weskamm-Haus: Arbeitstagung der Seelsorgehelferinnen
22.11.	Berlin-Schöneberg, St. Matthias: Predigt in der Andacht anläßlich des 75-jährigen Bestehens der Elisabeth-Konferenz in St. Matthias
25.11.	Berlin-Charlottenburg, St. Canisius: Pastoralkonferenz
29.11.	Berlin-Wilmersdorf, St. Ludwig: Pontifikalmesse und Firmung (188)
02.12.	Berlin-Charlottenburg, St. Canisius: Pastoralkonferenz
03.12.	Berlin-Marienfelde, St. Alfons: Teilnahme am Requiem für verstorbene Generalassistentin Schwester Erentrudis Kawa, Arme Schulschwester von U.L.Fr.
04.12.	Berlin-Wilmersdorf, Westsanatorium: Pontifikalmesse
07.12.	Berlin-Kreuzberg, St. Johannes-Basilika: Päpstliches Werk für Priesterberufe, Pontifikalmesse
08.12.	Berlin-Reinickendorf, St. Marien: Fest Mariä Unbefleckte Empfängnis
19.12.	Berlin-Friedrichshain, St. Antonius: Priesterweihe (2 Diakone)
21.12.	Berlin-Kreuzberg, St. Johannes-Basilika: Absolutio ad tumbam für Kaplan Franz Otto Müller
24.12.	Berlin-Plötzensee, Jugendgefängnis: Pontifikalmesse

25.12.	Berlin-Mitte, Herz Jesu: Hl. Weihnachtsfest
28.12.	Berlin-Charlottenburg, Wilhelm-Weskamm-Haus: Theologentreffen
30.12.	Berlin-Charlottenburg, Wilhelm-Weskamm-Haus: Katechetentagung
31.12.	Berlin-Wilmersdorf, St. Ludwig: Predigt in der Jahresschlußandacht

1960

15.01.	Berlin-Biesdorf-Süd, St. Josefshaus: Pontifikalmesse
17.01.	Berlin-Grünau-Bohnsdorf, evangelische Kirche: Pontifikalmesse
24.01.	Berlin-Charlottenburg, St. Canisius: Weltgebetsoktav
17.02.	Berlin-Wedding, St. Sebastian: Pontifikalrequiem für Alois Kardinal Stepinac
18.02.	Berlin-Kladow, Eichendorff-Haus: Dekanats-Frauenseelsorger-Tagung
24.02.	Berlin-Charlottenburg, Hedwig-Elisabeth-Haus: Priesterkonferenz
04.03.	Berlin-Friedrichshain, St. Pius: Absolutio ad tumbam für den verstorbenen Prälaten Carl Breuer
06.03.	Berlin-Prenzlauer Berg, St. Josefsheim: Patronatsfest der Studentengemeinde; Firmung (3)
13.03.	Berlin-Dahlem, Haus Dahlem: Pontifikalmesse
18.03.	Berlin-Wedding, Wirtschaftsschule: Vortrag anläßlich der „Woche der Brüderlichkeit"
20.03.	Berlin-Grunewald, Dominikus-Savio-Heim: Pontifikalmesse
21.03.	Berlin-Tempelhof, Flugplatz: Verabschiedung der Lourdes-Pilger
21.03.	Berlin-Charlottenburg, Wilhelm-Weskamm-Haus: Abiturienten-Empfang
25.03.	Berlin-Charlottenburg, St. Otto-Haus: Jahrestag der Inthronisation
26./27.03.	Berlin-Tegel, St. Bernhard: Konsekration der Kirche; Pontifikalamt
02.04.	Berlin-Schöneberg, St. Matthias: Bußgang der Männer
03.04.	Berlin-Charlottenburg, Wilhelm-Weskamm-Haus: Katholischer Lehrerverband
04.04.	Berlin-Hansaviertel, St. Ansgar: Eröffnung des Deutschen Studententages
07.04.	Berlin-Hansaviertel, St. Ansgar: Kongress afrikanischer Studenten
08.04.	Berlin-Lichtenrade, Salvator-Kirche: Absolutio ad tumbam für den verstorbenen Pfarrer Bernhard Kuckelmann
10.04.	Berlin-Schöneberg, St. Matthias: Palmweihe und Palmprozession
12.04.	Berlin-Charlottenburg, Wilhelm-Weskamm-Haus: Theologen-Tagung
14.04.	Berlin-Schöneberg, St. Matthias: Missa Chrismatis, Missa Vespertina
15.04.	Berlin-Schöneberg, St. Matthias: Karfreitagsliturgie
16.04.	Berlin-Schöneberg, St. Matthias: Feier der Osternacht
17.04.	Berlin-Schöneberg, St. Matthias: Osterfest

Begrüßung durch den evangelischen Ortspfarrer Konrad Heckel beim Besuch in der evangelischen Kirche Berlin-Grünau-Bohnsdorf, 17. Januar 1960

Weihe der Kuratiekirche St. Bernhard in Berlin-Tegel, 27. März 1960

18.04.	Berlin-Charlottenburg, Wilhelm-Weskamm-Haus: Kongress asiatischer und afrikanischer Studenten
24.04.	Berlin-Falkenberg, St. Konrad: Pontifikalmesse und Firmung (68)
27.04.	Berlin-Kladow, Eichendorff-Haus: 25-jähriges Priesterjubiläum des Weihejahrganges 1935
30.04.	Berlin-Wedding, St. Joseph: Andacht mit Predigt an die Berliner Werktätigen
01.05.	Berlin-Gesundbrunnen, St. Petrus: Pontifikalmesse und Firmung (93)
08.05.	Berlin-Schöneberg, St. Elisabeth: Pontifikalmesse und Firmung (140)
08.05.	Berlin-Spandau, St. Wilhelm: Firmung (94)

Weihe der Kuratiekirche St. Bernhard in Berlin-Tegel, 27. März 1960

15.05.	Vierzehnheiligen: Vierzehnheiligen-Fest; Andacht
17.05.	Vierzehnheiligen: Andacht für die Berliner Pilgergruppe
17.05.	Bamberg, Grab des hl. Otto: Berliner Pilgergruppe, Pontifikalmesse
22.05.	Berlin-Buch, Mater Dolorosa: Pontifikalmesse; Firmung (33)
22.05.	Berlin-Prenzlauer Berg, St. Gertrud-Kirche: Firmung (105)
25./26.05.	Berlin-Britz-Süd, Bruder Klaus: Konsekration der Kirche; Pontifikalamt
26.05.	Berlin-Lichtenrade, St. Salvator: Firmung (90)
29.05.	Berlin-Grunewald, St. Carolus: Pontifikalmesse und Firmung (70)
29.05.	Berlin-Mariendorf, St. Marien: Firmung (60)
31.05.	Berlin-Prenzlauer Berg, St. Augustinus: Gebetstag der Frauen
05.06.	Berlin-Weißensee, St. Josef: Pfingstfest
06.06.	Berlin-Schlachtensee, Zwölf Apostel: Pontifikalmesse und Firmung (101)
06.06.	Berlin-Mitte, Herz Jesu: Firmung (107)
07.06.	Berlin-Neukölln, St. Christophorus: Pontifikalmesse und Firmung (68)
07.06.	Berlin-Heiligensee, St. Marien: Firmung (20)
16.06.	Berlin-Charlottenburg, St. Canisius: Fronleichnamsfest
18.06.	Berlin-Wilmersdorf, „Offene Tür Berlin": Kolping-Altsenioren-Treffen
22.06.	Berlin-Tegel, St. Bernhard: Firmung (67)

Begrüßung durch Kurat Franz Müller zur ersten Firmung in Berlin-Tegel, St. Bernhard, 22. Juni 1960

26.06.	Berlin-Kreuzberg, St. Clemens: Erwachsenen-Firmung (121)
26.06.	Berlin-Charlottenburg, St. Camillus: Firmung (126)
27.06.	Berlin-Charlottenburg, Hl. Geist: Firmung (151)
29.06.	Berlin-Reinickendorf, St. Marien: Pontifikalmesse, Priesterweihe (4)
01.07.	Berlin-Kreuzberg, St. Clemens: Ansprache beim Dies sacerdotalis
02.07.	Berlin-Friedrichshagen, St. Franziskus: Pontifikalmesse
02.07.	Berlin-Kaulsdorf, St. Martin: Firmung (52)
03.07.	Berlin-Charlottenburg, Wilhelm-Weskamm-Haus: Pontifikalmesse für katholische Filmschaffende anläßlich der Berliner Filmfestspiele; Empfang für die Teilnehmer der Berliner Filmfestspiele
03.07.	Berlin-Frohnau, St. Hildegard: Firmung (60)
08.07.	Berlin-Charlottenburg, Wilhelm-Weskamm-Haus: Abiturienten und Schüler aus Unterfranken
10.07.	Berlin-Zehlendorf, Haus Pius XII.: Pontifikalmesse
14.07.	Berlin-Prenzlauer Berg, Hl. Familie: Abiturienten-Empfang
25.07.	Berlin-Tempelhof, St. Fidelis: Absolutio ad tumbam für den verstorbenen Pfarrer Bruno Marienfeld
26.07.	Berlin-Marienfelde, St. Alfons: Einkleidung (7 Arme Schulschwestern von U.L.Fr.)
27.07.	Berlin-Spandau, St. Marien: Absolutio ad tumbam für den verstorbenen Erzpriester Geistlichen Rat Willy Nawrot
30.07.	München, Fernsehstudio: Wort zum Sonntag
02.08.	München, St. Joseph: 3. Orden vom hl. Franziskus, Pontifikalamt
02.08.	München, St. Gabriel: Generalkapitel des 3. Ordens vom hl. Franziskus
03.08.	München, Theresienwiese: 37. Eucharistischer Weltkongreß; Predigt bei der Eröffnung der „statio orbis"
04.08.	München, St. Gabriel: Priesterweihe (5) und Diakonatsweihe (3)
05.08.	München, Theresienwiese: Predigt im Frauengottesdienst des Eucharistischen Weltkongresses
06.08.	München, St. Anna: Pontifikalamt
08.08.	Berlin-Charlottenburg, Wilhelm-Weskamm-Haus: Empfang der afrikanischen und asiatischen Missionsbischöfe
10.08.	Berlin-Charlottenburg, Hochschule für Musik: Missionsabend anläßlich des Berlin-Besuches der Missionsbischöfe
11.08.	Berlin-Charlottenburg, St. Canisius: Pontifikalrequiem für Bischof Wilhelm Weskamm
14.08.	Köln, Kölner Dom: Assistenz beim Pontifikalamt anläßlich des 50-jährigen Priesterjubiläums von Erzbischof Joseph Kardinal Frings
16.09.	Berlin-Hansaviertel, St. Ansgar: Welt-Ärzte-Kongreß und Deutscher Ärzte-Tag
17.09.	Berlin-Prenzlauer Berg, Hl. Familie: Teilnahme an der Christusstunde

18.09.	Berlin-Charlottenburg, Olympiastadion: Bistumstag
25.09.	Berlin-Britz-Süd, Bruder-Klaus: Pontifikalmesse und Firmung (110)
25.09.	Berlin-Friedenau, St. Marien: Predigt im Eröffnungsgottesdienst des Katholischen Bildungswerkes (Wintersemester)
02.10.	Berlin-Marienfelde, St. Alfons: Pontifikalmesse und Firmung (90)
02.10.	Berlin-Baumschulenweg, St. Anna: Firmung (25)
04.10.	Berlin-Lankwitz, Mater Dolorosa: Firmung (80)
09.10.	Berlin-Wilmersdorf, St. Ludwig: Vinzenzfest
10.10.	Berlin-Steglitz, Maria Frieden: Pontifikalmesse; Studentenpfarrer-Konferenz
11.10.	Berlin-Schöneberg, St. Matthias: Diözesangemeinschaft der Frauen und Mütter
13.10.	Berlin-Charlottenburg, Wilhelm-Weskamm-Haus: Arbeitstagung der KRD
14.10.	Berlin-Charlottenburg, St. Otto-Haus: Jahrestag der Bischofsweihe
16.10.	Berlin-Neukölln, St. Eduard: Hedwigsfest
17.10.	Berlin-Schöneberg, St. Matthias: Tag der katholischen Krankenschwester
20.10.	Berlin-Wilmersdorf, Hl. Kreuz: Firmung (79)
21.10.	Berlin-Kladow, Eichendorff-Haus: Werkwoche der Weihejahrgänge 1956/57
23.10.	Berlin-Lübars, Christ-König: Pontifikalmesse und Firmung (27)
24.10.	Berlin-Reinickendorf, St. Marien: Firmung (105)
30.10.	Paris, Ausländer-Kirche: Pontifikalmesse
01.11.	Paris, Notre Dame: Pontifikalamt
06.11.	Berlin-Oberschöneweide, St. Antonius: Papstkrönungstag
06.11.	Berlin-Steglitz, Maria Frieden: Exerzitienkurs für Priester
12.11.	Berlin-Plötzensee, Maria Regina Martyrum: Grundsteinlegung
13.11.	Berlin-Spandau, St. Marien: 50-jähriges Bestehen der Kirche
15./16.11.	Berlin-Charlottenburg, Hl. Geist: Konsekration der Kirche; Pontifikalamt
08.12.	Berlin-Steglitz, Rosenkranz-Basilika: Mariae Unbefleckte Empfängnis
11.12.	Berlin-Wedding, St. Sebastian: 100-jähriges Bestehen der Kirche
17.12.	Berlin-Schöneberg, St. Matthias: Pontifikalmesse; Priesterweihe (7)
25.12.	Berlin-Prenzlauer Berg, Hl. Familie: Weihnachtsfest

1961

04.01.	Berlin-Charlottenburg, Wilhelm-Weskamm-Haus: Theologen-Treffen
05.01.	München, Dom: Predigt im Requiem für den verstorbenen Erzbischof Joseph Kardinal Wendel
20.01.	Rom, Collegium Antonianum: Vortrag
23.01.	Rom, St. Peter: Pontifikalmesse

Weihe der Kuratiekirche St. Nikolaus in Berlin-Wittenau, 29./30. April 1961

25.01.	Rom, St. Paul vor den Mauern: Pontifikalmesse
26.01.	Berlin-Schöneberg, St. Matthias: Absolutio ad tumbam für den verstorbenen Erzbischof Heinrich Wienken
23.02.	Berlin-Charlottenburg, Studentenhaus am Steinplatz: Teilnahme am Festakt der Diözesangemeinschaft der Frauen und Mütter
03.03.	Berlin-Biesdorf, St. Josefshaus: Priesterwerkwoche
04.03.	Berlin-Weißensee, St. Josefsheim: Caritasverband
08.03.	Berlin-Tempelhof, St. Fidelis: Absolutio ad tumbam für den verstorbenen Pfarrer Carl-Ernst Kuhn
19.03.	Berlin-Charlottenburg, Provinzialat der Karmelitinnen: Visitation
20.03.	Berlin-Charlottenburg, Kinderheim der Karmelitinnen: Pontifikalmesse
20.03.	Berlin-Charlottenburg, Wilhelm-Weskamm-Haus: Abiturientenempfang
24.03.	Berlin-Dahlem, Provinzialat der Katharinerinnen: Visitation
25.03.	Berlin-Charlottenburg, St. Otto-Haus: Inthronisationstag
26.03.	Berlin-Schöneberg, St. Matthias: Palmweihe und Palmprozession
29.03.	Berlin-Schöneberg, St. Matthias: Karmetten
30.03.	Berlin-Schöneberg, St. Matthias: Missa Chrismatis, Missa in Coena Domini
31.03.	Berlin-Schöneberg, St. Matthias: Karfreitagsliturgie
01.04.	Berlin-Schöneberg, St. Matthias: Feier der Osternacht

Weihe der Kuratiekirche St. Nikolaus in Berlin-Wittenau, 30. April 1961

02.04.	Berlin-Schöneberg, St. Matthias: Osterfest
06.04.	Berlin-Charlottenburg, Wilhelm-Weskamm-Haus: Männer-Seelsorger-Tagung
07.04.	Berlin-Schöneberg, St. Konrad: Absolutio ad tumbam für den verstorbenen Pfarrer Dr. Kurt Willig
09.04.	Berlin-Biesdorf, St. Josefshaus: Exerzitienkurs für Priester
19.04.	Berlin-Kladow, Carl-Sonnenschein-Akademie: Werkwoche des Weihejahrganges 1951
22.04.	Berlin-Kladow, Carl-Sonnenschein-Akademie: Teilnahme an der Feierstunde des Berufsverbandes katholischer Fürsorgerinnen
23.04.	Berlin-Mitte, Herz Jesu: Visitation
27.04.	Berlin-Kladow, Jesuiten-Noviziat: Weihejahrgang 1931
27.04.	Berlin-Moabit, St. Paulus: Firmung (82)
29./30.04.	Berlin-Wittenau, St. Nikolaus: Konsekration der Kirche
30.04.	Berlin-Wedding, St. Joseph: Predigt an die Berliner Werktätigen
01.05.	Berlin-Wilmersdorf, St. Ludwig: Unio Apostolica
01.05.	Berlin-Charlottenburg, Frauenbundhaus: Teilnahme an der Arbeitsgemeinschaft der katholischen Katecheten
13./14.05.	Berlin-Britz, Hl. Schutzengel: Konsekration der Kirche
14.05.	Berlin-Friedrichsfelde, Zum Guten Hirten: Firmung (26)

16.05.	Berlin-Kreuzberg, St. Johannes-Basilika: Firmung (45)
18.05.	Berlin-Friedrichshain, Ss Corpus Christi: Predigt für die Mädchen des Krankenhausdiakonates
21.05.	Berlin-Friedrichshain, Hl. Dreifaltigkeit: Pfingstfest
22.05.	Berlin-Pankow, St. Georg: Pontifikalmesse und Firmung (85)
22.05.	Berlin-Schöneberg, St. Ludgerus: Firmung (38)
23.05.	Berlin-Niederschönhausen, St. Maria Magdalena: Firmung (45)
24.05.	Berlin-Zehlendorf, Bischöfliche Hauskapelle: Firmung (2)
24.05.	Berlin-Charlottenburg, St. Thomas: Firmung (51)
25.05.	Berlin-Wilmersdorf, St. Ludwig: Firmung (125)
26.05.	Berlin-Reinickendorf, St. Rita: Firmung (105)
28.05.	Berlin-Lichtenberg, St. Mauritius: Pontifikalmesse und Firmung (87)
28.05.	Berlin-Charlottenburg, Deutschlandhalle: Teilnahme an der Bekenntnisfeier der Katholischen Jugend
01.06.	Berlin-Charlottenburg, St. Canisius: Fronleichnamsfest
05.06.	Berlin-Rudow, St. Joseph: Firmung (70)
06.06.	Berlin-Dahlem, Hüttenweg, Kapelle: Firmung (46)
08.06.	Berlin-Kladow, Carl-Sonnenschein-Akademie: Werkwoche der Weihejahrgänge 1957/58
09.06.	Berlin-Tempelhof, Herz Jesu: Firmung (131)
09.06.	Berlin-Borsigwalde, Allerheiligen: Firmung (89)
11.06.	Berlin-Kreuzberg, St. Marien: Firmung (109)
28.06.	Berlin-Charlottenburg, Kapelle des Wilhelm-Weskamm-Hauses: Subdiakonatsweihe (2)
29.06.	Berlin-Haselhorst, St. Stephanus: Firmung (53)
29.06.	Berlin-Wilmersdorf, St. Ludwig: Priesterweihe (6), Diakonatsweihe (2)
02.07.	Berlin-Charlottenburg, Wilhelm-Weskamm-Haus: Katholische Filmschaffende anläßlich der Berliner Filmfestspiele; Empfang für die Teilnehmer der Berliner Filmfestspiele
02.07.	Berlin-Schöneberg, St. Matthias: Firmung (155)
05.07.	Berlin-Kladow, Eichendorff-Haus: Leiter der Seelsorgeämter
14.08.	München, Erzbischofshof: Besitzergreifung von der Erzdiözese München und Freising vor dem Metropolitankapitel
19.08.	Berlin-Steglitz, Rosenkranz-Basilika: Abschiedsgottesdienst (Ordensschwestern)
20.08.	Berlin-Charlottenburg, St. Canisius: Abschiedsgottesdienst
22.08.	Berlin-Charlottenburg, Herz Jesu: Abschiedsgottesdienst (Priester)
26.08.	Berlin-Charlottenburg, St.-Otto-Haus: Abschiedsgottesdienst
27.08.	Berlin-Schöneberg, St. Matthias: Pontifikalmesse; Priesterweihe (8)

Verabschiedung von Bischof Otto Dibelius, dem Ratsvorsitzenden der Evangelischen Kirche in Deutschland, und Heinrich Grüber, Propst von St. Marien und St. Nikolai in Berlin, August 1961

3. München und Freising

1961

30.09.	München, Dom: Inthronisation des neuen Erzbischofs. Kirchenzug, Statio an der Mariensäule, liturgischer Empfang in der Metropolitankirche durch den Domdekan, Inthronisation durch den Apostolischen Nuntius Corrado Bafile, Verlesung der Päpstlichen Bulle und Begrüßung durch den Kapitularvikar Weihbischof Johannes Neuhäusler, Homagium des Diözesanklerus, Pontifikalamt mit Predigt
03.10.	München, St.-Anna-Klosterkirche: Beisetzung des Dieners Gottes Br. Balthasar Werner OFM, Transitus S. Francisci
05.10.	Ettal: Weihe des neuen Abtes Dr. Karl Groß
06.10.	München, Dom: Abendmesse zur Abwendung der Not des gespaltenen Vaterlandes und für den Frieden der Welt, Ansprache
12.10.	München, Georgianum: Teilnahme an der Konferenz der Studentenseelsorger, Begrüßung
14./15.10.	Rosenheim-Oberwöhr: Konsekration der neuen Pfarrkirche St. Joseph der Arbeiter, Pontifikalmesse mit Predigt
15.10.	München, Angerkloster: Begrüßung des Verbandes Katholisch-kaufmännisch-berufstätiger Frauen St. Lydia
18.10.	Tittmoning: 9 Uhr Priesterkonferenz für das Dekanat Tittmoning
18.10.	Freilassing: 15 Uhr Priesterkonferenz für das Dekanat Teisendorf
19.10.	Traunstein, Erzbischöfliches Studienseminar: 6.15 Uhr Messfeier mit der Seminargemeinschaft, Grußwort
19.10.	Reichenhall: 9 Uhr Priesterkonferenz für das Dekanat Berchtesgaden
19.10.	München, Schackgalerie: Teilnahme an einem Empfang der Bayerischen Staatsregierung zu Ehren des neuen Erzbischofs
20.10.	München, Großer Konferenzsaal des Ordinariates: Konferenz der Münchener Stadtpfarrer
21./22.10.	Passau: Teilnahme an den Feierlichkeiten zum 25-jährigen Bischofsjubiläum von Bischof Simon Konrad Landersdorfer; Festansprache in der Nibelungenhalle
24.10.	Traunstein: 9 Uhr Priesterkonferenz für das Dekanat Traunstein
24.10.	Prien: 15 Uhr Priesterkonferenz für das Dekanat Chiemsee
25.10.	München, Luitpoldtheater: Eröffnung der Premiere des Films vom Eucharistischen Weltkongreß München 1960 „Pro mundi vita"
27.10.	Partenkirchen, Priesterheim St. Joseph: 9 Uhr Priesterkonferenz für das Dekanat Werdenfels
27.10.	Ettal: 15 Uhr Priesterkonferenz für das Dekanat Rottenbuch
28./29.10.	Hohenpeißenberg: Konsekration der neuen Pfarrkirche „Auferstehung des Herrn", Pontifikalmesse mit Predigt

Überreichung der Ernennungsurkunde an das Metropolitankapitel München, 14. August
1961; v.l. Josef Weißthanner, Josef Thalhamer, Anton Maier, Kapitularvikar Johannes
Neuhäusler, Kardinal Döpfner, Domdekan Ferdinand Buchwieser, Heinrich Eisenhofer,
Simon Irschl, Karl Abenthum, Joachim Delagera

Speyerer Domfest, 10. September 1961; v.r. Erzbischof Franz Kardinal König (Wien),
Bundespräsident Theodor Heuss

Bei der Inthronisation im Münchener Dom, 30. September 1961

31.10.	Freising, Priesterseminar: Skrutinien der Weihekandidaten
03.–10.11.	Rom: Teilnahme an den Feierlichkeiten zum Krönungsjahrestag und zum 80. Geburtstag von Papst Johannes XXIII. Teilnahme an den Sitzungen der Zentralkommission zur Vorbereitung des Zweiten Vatikanischen Konzils
11.11.	Münster/Westfalen: Teilnahme an der Beisetzung von Bischof Michael Keller, Gedenkansprache
19.11.	Freising, Marienplatz: Feierlicher Empfang und Begrüßung des neuen Erzbischofs, Dank und Grußwort
19.11.	Freising, Dom: Vesper zum Korbiniansfest
20.11.	Freising: Feier des Korbiniansfestes: Terz in der Johanneskirche, Einzug in den Dom, Pontifikalamt, Predigt, Erteilung des Päpstlichen Segens, Pontifikalvesper, Reliquienprozession
22.11.	Freising, Knabenseminar: 6.30 Uhr Meßfeier mit der Seminargemeinschaft, Grußwort
22.11.	Freising, Asamsaal: Teilnahme an der Rektoratsfeier der Philosophisch-Theologischen Hochschule

Inthronisation im Münchener Dom, 30. September 1961; v.r.: Domkapitular Franz Stadler, Sekretär Matthias Defregger

23.11.	München, Technische Hochschule: Teilnahme an der akademischen Jahresfeier
25.11.	München, Große Aula der Universität: Teilnahme an der Rektoratsfeier
26.11.	Freising, Dom: Korbianssonntag der Jugend; Pontifikalmesse mit Predigt; Agape, Wort an die Führerschaft
26.11.	München, Dom: Papstsonntag; Papstpredigt, Assistenz bei der Eucharistischen Dank- und Bittandacht
28./29.11.	München, Exerzitienhaus Schloß Fürstenried: Herbstkonferenz der bayerischen Bischöfe
02.12.	München, Herkulessaal der Residenz: Teilnahme an der feierlichen Jahressitzung der Bayerischen Akademie der Wissenschaften
03.12.	München, Altersheim St. Nikolaus am Biederstein: Pontifikalmesse mit Ansprache für die Diözesankonferenz der Katholischen Aktion (Jahrestagung)
03.12.	München, Herkulessaal der Residenz: Teilnahme an der Kundgebung des Diözesanverbandes des Katholischen Werkvolkes über die Sozialenzyklika „Mater et Magistra", Schlußansprache
05.12.	Mühldorf: 9 Uhr Priesterkonferenz für das Dekanat Mühldorf

05.12.	Neumarkt-St. Veit: 15 Uhr Priesterkonferenz für das Dekanat St. Veit
06.12.	Landshut: 9 Uhr Priesterkonferenz für das Stadtkommissariat Landshut
06.12.	Moosburg: 15 Uhr Priesterkonferenz für das Dekanat Moosburg
07.12.	München, St. Ludwig: Predigt und Eucharistische Andacht bei der Adventsfeier der Katholischen Studentengemeinde
08.12.	München, Dom: 9.30 Uhr Assistenz im Pontifikalamt des Domdekans Ferdinand Buchwieser (Dom-Patrozinium); 18 Uhr Pontifikalmesse zur Abwendung der Not des gespaltenen Vaterlandes und für den Frieden der Welt, Ansprache
09.12.	München, Kolpinghaus: Teilnahme an der Adventsfeier der KEG, Ansprache
10.12.	München, St. Michael: 9 Uhr Spendung der Taufe (2 Studenten aus den Missionsländern) und der Firmung (4 Studenten aus den Missionsländern); Pontifikalamt zum Hauptfest des Ludwig-Missions-Vereins
10.12.	München, Dom: 16 Uhr Predigt und Eucharistische Andacht für die Mitarbeiter des Münchener Wohnviertel-Apostolates
10.12.	München, Studentenheim St. Paul: 20 Uhr Begegnung mit den Afro-asiatischen Studenten
11.12.	München, Antiquarium der Residenz: Empfang zur Verleihung der Päpstlichen Auszeichnungen an Förderer und Mitarbeiter des Eucharistischen Weltkongresses 1960
13.12.	Velden/Vils: 9 Uhr Priesterkonferenz für das Dekanat Velden
13.12.	Geisenhausen: 15 Uhr Priesterkonferenz für das Dekanat Geisenhausen
14.12.	München, St. Paul: Pontifikalrequiem (Jahrtag) für die Opfer des Flugzeug-unglücks in München (17.12.1960)
15.12.	Freising, Priesterseminar: Abnahme des Juramentum der Weihekandidaten; Betrachtungspunkte für die Hausgemeinschaft
16.12.	Freising, Dom: Erteilung der Subdiakonatsweihe an 26 Minoristen der Erz-diözese, an 1 Minoristen aus dem Orden der regulierten Augustiner-Chorherrn, an 1 Minoristen aus dem Franziskanerorden und an 1 Minoristen aus dem Benediktinerorden (Kloster Ettal)
17.12.	Freising, Dom: Erteilung der Diakonatsweihe an 26 Subdiakone der Erzdiözese, an 1 Subdiakon aus dem Orden der regulierten Augustiner-Chorherrn und 1 Subdiakon aus der Kongregation der Redemptoristen
17.12.	Freising, Dom: Teilnahme an der Vesper (3. Advents-Sonntag)
18.12.	München, Stadtmuseum: Besuch der Internationalen Krippenausstellung
18.12.	München, Altersheim St. Nikolaus am Biederstein: Dank-Agape mit Mitarbeitern des Eucharistischen Weltkongresses 1960, Dankeswort
20.12.	München, Hl. Geist: 19.30 Uhr Meßfeier mit den freien katholischen Kranken-schwestern und den Sonntagsschwestern, Predigt; Begegnung im Festsaal der „Scholastika"
22.12.	München, Oratorium in der Karmelitenkirche: Meßfeier mit den Angestellten des Ordinariates, Ansprache

24.12.	München, Dom: Matutin, Pontifikalamt
25.12.	München, Dom: Pontifikalamt mit Predigt, Pontifikalvesper
31.12.	München, Dom, Bischofsgruft: 7.30 Uhr Messe zum Jahrestag des Todes von Joseph Kardinal Wendel; München
31.12.	München, Dom: 17 Uhr Silvester-Predigt, Assistenz an der anschließenden Eucharistischen Andacht

1962

01.01.	München, Herzogspitalkirche: Meßfeier mit dem Verband Katholisch- kauf-männisch-berufstätiger Frauen, St.-Lydia-Diözesanring München-Freising
06.01.	München, Dom: Pontifikalamt, Pontifikalvesper
06.01.	München, St. Peter: Teilnahme an der Eucharistischen Prozession der Corpus-Christi-Bruderschaft
11.01.	München, Dom: Investitur und Installation von Domkapitular Matthias Defregger
30.01.	Altomünster: Priesterkonferenz für das Dekanat Altomünster
31.01.	München-Pasing: Pontifikalmesse mit Ansprache für die Studenten der Pädagogischen Hochschule Pasing; Weihe des Studentenwohnheimes „Albertus- Magnus-Haus"
16.02.	Freising: Priesterkonferenz für das Stadtkommissariat Freising
02.03.	Freising, Hauskapelle des Priesterseminars: Erteilung der Tonsur an 25 Kleriker der Erzdiözese
03.03.	Freising, Dom: Erteilung der Niederen Weihen des Ostiariats und Lektorats an 25 Kleriker der Erzdiözese
04.03.	Freising, Dom: Erteilung der Niederen Weihen des Exorzistats und Akolythats an 25 Kleriker der Erzdiözese
07.03.	München, Theatinerkirche: Aschermittwoch der Künstler; Aschenweihe, Auflegung der geweihten Asche, Pontifikalamt mit Predigt
07.03.	München, Karmelitensaal: Teilnahme an der konstituierenden Sitzung des Bildungsausschusses der Katholischen Akademie in Bayern
09.03.	München: Besuch des Filmes „Kirche in zerteilter Stadt"
10.03.	Waldram: Pontifikalmesse mit Ansprache für die Angehörigen der Pfarrkuratie Waldram und Studierenden des Spätberufenenseminars St. Matthias; Besuch des Spätberufenenseminars
11.03.	München, Zentralkolpinghaus: Pontifikalmesse mit Ansprache für die Senioren und Altsenioren der deutschen Kolpingsfamilie, Diözesanverband München-Freising; Teilnahme an der Arbeitstagung des Diözesanverbandes
12.–15.03.	Hofheim am Taunus: Arbeitstagung der westdeutschen und bayerischen Bischöfe

Konferenz der Generaloberinnen im Altersheim St. Nikolaus am Biederstein, München,
6. Februar 1962

16.03.   München, Dom: Pontifikalmesse aus Anlaß der Woche der Brüderlichkeit,
Erklärung nach der Pontifikalmesse

17.03.   München, Dom: Teilnahme an der Gebetsstunde aus Anlaß des Internationalen
Kameradschaftstreffens der Kriegsopfer und ehemaligen Kriegsteilnehmer

18.03.   München, Königsplatz: Pontifikalmesse mit Predigt zum Internationalen
Kameradschaftstreffen der Kriegsopfer und ehemaliger Kriegsteilnehmer unter
Anwesenheit des Bundespräsidenten Dr. Heinrich Lübke

18.03.   München, Feldherrnhalle: Teilnahme an der Schlußkundgebung des Internationalen Kameradschaftstreffens der Kriegsopfer und ehemaligen Kriegsteilnehmer

18.03.   München, Hotel Vier Jahreszeiten: Teilnahme am Empfang der Bayerischen
Staatsregierung zu Ehren des Bundespräsidenten

20.03.   München, Altersheim St. Nikolaus am Biederstein: Priesterkonferenz für das
Dekanat München-Nord

22.03.   München, Krankenhaus des 3. Ordens-Nymphenburg: Pontifikalmesse mit
Ansprache anläßlich des 50-jährigen Jubiläums des Krankenhauses

Weihe des Neubaus des Klerikalseminars Freising, 20. Mai 1962; in der 1. Stuhlreihe v.l.:
Domkapitular Franz Stadler, Domdekan Ferdinand Buchwieser, Subregens Sigmund Benker

23.03.	München, Missionskolleg St. Pius, Dauthendeystraße: Priesterkonferenz für das Dekanat München-Süd
06.04.	München, Wittelsbacherplatz 2: Besuch der Werkschau Christlicher Kunst
06.04.	München-Pasing: Pontifikalmesse mit Ansprache zur Verleihung der Missio canonica für Lehrer
08.04.	München-Haidhausen, St. Johann Baptist: Pontifikalmesse mit Ansprache für die Diözesanversammlung der Katholischen Landjugend
08.04.	München, Kolpinghaus Haidhausen: Teilnahme an der Arbeitstagung der Diözesanversammlung der Katholischen Landjugend
08.04.	München, Zentralkolpinghaus: Teilnahme an der Arbeitstagung der DJK
09.04.	München, Karmelitensaal: Konferenz der Religionslehrer an den Höheren Lehranstalten
11.04.	München, Dreifaltigkeitskirche: Pontifikalmesse mit Predigt für die Mitglieder des Ritterordens vom Hl. Grab zu Jerusalem
13.04.	Dachau, St. Jakob: Jugendkreuzweg in Ost und West

Begrüßung von Kardinal Augustin Bea SJ am Flughafen München-Riem, 21. Mai 1962;
rechts: Akademiedirektor Karl Forster, Generalvikar Matthias Defregger

14.04.	München, Sophiensaal: Teilnahme an der Akademie zu Ehren des Metropoliten Jossyf Ivanovič Slipyj, Erzbischof von Lemberg
16.04.	München, Bürgersaalkirche: Pontifikalmesse mit Ansprache für die Pfarrhaushälterinnen
16.04.	München, Luitpoldkino: Teilnahme an der Versammlung der Pfarrhaushälterinnen
17.04.	München, Karmelitensaal: Konferenz der Dekane des Erzbistums München und Freising
18.04.	Freising, Klerikalseminar: Pontifikalmesse mit Ansprache für die Alumnen
18.04.	München, Dom: 18 Uhr Trauermette
19.04.	München, Dom: 8 Uhr Missa Chrismatis mit Weihe der heiligen Öle; 19 Uhr Pontifikalamt mit Homilie, Fußwaschung, Kommunionfeier, Altarentblößung
20.04.	München, Dom: 9 Uhr Trauermette; 15 Uhr Assistenz bei der Actio liturgica mit Kreuzverehrung, Karfreitagspredigt und Kommunionfeier, Übertragung des Allerheiligsten zum Heiligen Grab
21.04.	München, Dom: 9 Uhr Trauermette; 22.30 Uhr Feier der Osternacht mit Spendung einer Erwachsenentaufe
22.04.	München, Dom: Pontifikalamt, Erteilung des Päpstlichen Segens; Pontifikalvesper

23.04.	München, Galeriestraße: Pontifikalmesse mit Ansprache für die Schwestern der Katholischen Heimatmission, München
29.04.	Linz: Pontifikalmesse mit Predigt zum Domjubiläum
30.04.	Freising, Dom: Pontifikalmesse mit Ansprache zum 25-jährigen Priesterjubiläum des Weihekurses 1937
01.05.	Petersberg b. Dachau: Pontifikalmesse mit Predigt aus Anlaß des Dachauer Heimattages
13.05.	München, Bürgersaalkirche: Pontifikalmesse mit Ansprache für die Teilnehmer der Tagung der Katholischen Akademie in Bayern über aktuelle Probleme der Landwirtschaft
14.05.	Traunstein, St. Oswald: Firmung (316)
15.05.	Traunstein, St. Oswald: Firmung (274)
16.05.	Traunstein, Hl. Kreuz: Firmung (258)
17.05.	Waging: Firmung (261)
18.05.	München, Fernsehstudio Freimann: Besuch des Fernsehfilms über den Münchener Erzbischofshof
19.05.	München, St. Anton: Firmung (243)
20.05.	Freising, Dom: Pontifikalmesse mit Ansprache anläßlich der Weihe des Neubaues des Klerikalseminars; Weihe des Neubaues des Klerikalseminars
21.05.	Marquartstein: Firmung (171)
22.05.	München-Haidhausen, St. Johann Baptist: Firmung (238)
22.05.	München, Universität: Teilnahme an dem Vortrag von Augustin Kardinal Bea
22.05.	München, Residenz: Empfang des Erzbischofs von München und Freising zu Ehren von Augustin Kardinal Bea
22.05.	München, Zentralkolpinghaus: Konferenz der Berufsschul- und Mittelschulkatecheten
23.05.	München-Haidhausen, St. Johann Baptist: Firmung (172)
24.05.	Berchtesgaden: Firmung (248)
26.05.	München, Hotel Continental: Teilnahme am Frühstück, gegeben vom Bayerischen Ministerpräsidenten zu Ehren des Präsidenten der Republik Zypern, Erzbischof Makarios
28.05.	München, St. Michael: Firmung (269)
29.05.	München, Dom: Firmung (224)
29.05.	München, Adlzreiterstraße: Priesterkonferenz für das Dekanat München-Innere Stadt
30.05.	München, Dom: Firmung (245)
01.06.	Wasserburg: Firmung (274)
02.06.	Salzburg, Dom: Predigt beim Gottesdienst für die verfolgte Kirche anläßlich des Österreichischen Katholikentages; Teilnahme am Empfang des Erzbischofs von Salzburg

Begegnung mit dem Staatspräsidenten und Griechisch-Orthodoxen Erzbischof von Zypern Makarios III. in München, 26. Mai 1962

02.06.	Regensburg, Dom: Bischofsweihe von Dr. Rudolf Graber, Bischof von Regensburg, mit Ansprache
03.06.	München, Dom: Pontifikalamt mit Predigt aus Anlaß der Woche „Berlin in München"
04.06.	München, St. Michael: Firmung (76)
04.06.	München, Wolfgangsplatz: Priesterkonferenz für das Stadtdekanat München-Südost
04.06.	München, Rathaus: Teilnahme an der Großkundgebung der Woche „Berlin in München"; Teilnahme am Empfang des Oberbürgermeisters der Landeshauptstadt München aus Anlaß der Woche „Berlin in München"
05.06.	München, Herkulessaal der Residenz: Teilnahme an der Veranstaltung „Die Kirche in Berlin – gestern und heute", Schlußwort

05.06.	München, St. Jakob am Anger: Firmung (188)
06.06.	Traunreut: Firmung (157)
10.06.	Lomé/Togo: Bischofsweihe von Dr. Robert Dosseh, Erzbischof von Lomé/Togo, mit Ansprache
22.06.	München, Kolpinghaus Haidhausen: Priesterkonferenz für das Stadtdekanat München-Nordost
22.06.	München, Dom: Pontifikalmesse mit Ansprache (Freitagabend-Messe)
22.06.	München-Moosach, St. Martin: Firmung (212)
23.06.	München, Mariahilf: Firmung (222)
24.06.	Holzkirchen: Konsekration der neuen Pfarrkirche St. Josef der Arbeiter, Pontifikalmesse mit Predigt
25.06.	Dorfen: Firmung (242)
26.06.	Dorfen: Firmung (265)
27.06.	München, St. Ludwig: Firmung (250)
27.06.	München, Bäckerstraße: Priesterkonferenz für das Stadtdekanat München-Südwest
28.06.	München, St. Rupert: Firmung (249)
29.06.	Freising, Dom: Erteilung der Priesterweihe an 26 Diakone der Erzdiözese; Erteilung der Subdiakonatsweihe an 1 Minoristen aus der Diözese Berlin
30.06.	München, St. Franziskus: Firmung (140)
30.06.	München, Hotel Europäischer Hof: Teilnahme an der 47. Generalversammlung des Bonifatiusvereins
01.07.	München, Dom: 9.30 Uhr Assistenz beim Pontifikalamt anläßlich der 47. Generalversammlung des Bonifatiusvereins; 18 Uhr Pontifikalmesse mit Predigt
02.07.	Haag: Firmung (168)
03.07.	Haag: Firmung (142)
04.07.	Mühldorf, St. Nikolaus: Firmung (343)
05.07.	Mühldorf, St. Nikolaus: Firmung (328)
06.07.	München, St. Benno: Firmung (242)
06.07.	München, St. Bonifaz: Priesterkonferenz des Stadtdekanates München-Nordwest
07.07.	München, Schloß Fürstenried: Firmung (33)
08.07.	Würzburg: Kiliansfest, Pontifikalamt mit Predigt; Pontifikalvesper
09.07.	Endorf: Firmung (123)
10.07.	Halfing: Firmung (125)
11.07.	München, St. Albert: Firmung (206)
12.07.	München-Pasing: Firmung (331)
13.07.	München-Pasing: Firmung (259)
14.07.	Landshut, St. Martin: Firmung (204)

Bischofsweihe von Robert Dosseh, Erzbischof von Lomé (Togo), 10. Juni 1962

Nach der Inthronisation von Robert Dosseh, Erzbischof von Lomé (Togo), 11. Juni 1962

Priesterweihe im Freisinger Dom, 29. Juni 1962

15.07.	Maria Eich: Pontifikalamt mit Predigt anläßlich des 250-jährigen Jubiläums
18.07.	München, Galeriestraße: Pontifikalmesse mit Ansprache zur Erteilung der Missio canonica an Katechetinnen
19.07.	München-Pasing, Stadtpfarrkirche Maria Schutz: Pontifikalmesse mit Ansprache zur Erteilung der Missio canonica an Lehrer und Lehrerinnen
20.07.	München, Altersheim St. Nikolaus am Biederstein: Pontifikalmesse mit Ansprache anläßlich der Arbeitstagung des Verbandes der katholischen Religionslehrer an den Höheren Schulen Bayerns e.V.
20.07.	Reit i. Winkl: Einweihung des Müttergenesungsheimes
22.–26.08.	Hannover: Teilnahme am 79. Deutschen Katholikentag
27.–30.08.	Fulda: Plenarkonferenz der deutschen Bischöfe
06.09.	Freising, Knabenseminar: Pontifikalmesse mit Ansprache
07.09.	München, Herkulessaal der Residenz: Teilnahme an der Amtseinführung des Regierungspräsidenten für Oberbayern Dr. Adam Deinlein
08.09.	München, Alter Herkulessaal der Residenz: Teilnahme am Abendessen, gegeben vom Bayerischen Ministerpräsidenten zu Ehren des Präsidenten der Französischen Republik Charles de Gaulle und seiner Frau
08.09.	München, Altes Residenztheater: Teilnahme an der Festvorstellung
09.09.	München, Dom: Pontifikalamt mit Predigt anläßlich des Besuches des Präsidenten der französischen Republik im Freistaat Bayern

Pontifikalamt im Münchener Dom anlässlich des Staatsbesuchs des französischen
Präsidenten Charles de Gaulle, 9. September 1962; Kardinal Döpfner, Ministerpräsident
Hans Ehard und Domdekan Ferdinand Buchwieser geleiten den Präsidenten zu seinem
Platz im Presbyterium

11.09.	München, Adlzreiterstraße 22: Einführung des neuen Caritasdirektors Franz Müller
12.09.	Gars am Inn: Priesterkonferenz für das Dekanat Gars
14.09.	Fürstenfeldbruck: Priesterkonferenz für das Dekanat Fürstenfeldbruck
16.09.	München, St. Hedwig: Konsekration der Pfarrkuratiekirche; Pontifikalmesse mit Predigt
18.09.	Petersberg b. Dachau: Pontifikalmesse mit Ansprache zur Eröffnung des Priesterkurses für den Weihekurs 1954
18.09.	München, Erzbischofshof, Hauskapelle: Konstituierung des Gerichtshofes für die Beatifikation von P. Rupert Mayer SJ
19.09.	Bad Tölz: Priesterkonferenz für das Dekanat Bad Tölz
21.09.	Abens: Priesterkonferenz für das Dekanat Abens
22.09.	München, Erzbischofshof, Hauskapelle: Investitur des Generalmusikdirektors Eugen Jochum als Ordensritter vom Hl. Grab zu Jerusalem
23.09.	München, Kolpinghaus Haidhausen: Pontifikalmesse mit Ansprache anläßlich der Diözesankonferenz der Führerschaft des BDKJ der Erzdiözese

Segnung des Hauses der Katholischen Akademie in Bayern, 29. September 1962; links eine Büste von Erzbischof Joseph Kardinal Wendel, nach dem das Haus benannt ist

24.09.	München, Angerkloster: Pontifikalmesse mit Ansprache zur Eröffnung des 12. Generalkapitels der Kongregation der Armen Schulschwestern
26.09.	Erding: Priesterkonferenz des Dekanates Erding
28.09.	München, Dom: Pontifikalmesse mit Ansprache
29.09.	München, Kardinal-Wendel-Haus: Einweihung des Hauses der Katholischen Akademie in Bayern, Pontifikalmesse mit Predigt, Ansprache bei der Festfeier
29.09.	Strub b. Berchtesgaden: Predigt bei der Andacht am Vorabend der Konsekration der Pfarrkuratiekirche (St. Michael)
30.09.	Strub b. Berchtesgaden: Konsekration der Pfarrkuratiekirche St. Michael, Pontifikalmesse mit Predigt
01.10.	Ruhpolding: Einweihung der neuen Kinderheilstätte
01.10.	München, Kardinal-Wendel-Haus: Teilnahme an der Konferenz der Schuldekane
03.10.	Schloßberg: Priesterkonferenz des Dekanates Schloßberg
03.10.	Rosenheim: Priesterkonferenz des Dekanates Rosenheim

07.10.	München, Dom: Pontifikalamt mit Ansprache (Abschiedsgottesdienst vor der Reise zum Konzil)
11.10.– 08.12.	Teilnahme am Zweiten Vatikanischen Konzil in Rom
20.11.	Freising, Dom: Feier des Korbiniansfestes; Terz, Pontifikalamt, Erteilung des Päpstlichen Segens, Pontifikalvesper und Reliquienprozession
15.12.	München, Hotel Continental: Teilnahme am Essen, gegeben vom Bayerischen Ministerpräsidenten zu Ehren der Bischöfe aus Südamerika
16.12.	München, Dom: „Tag der Schwester", Pontifikalmesse mit Ansprache
16.12.	München, Luitpold-Kino: „Tag der Schwester", Teilnahme an der Festveranstaltung
17.12.	München, Haus der Kunst: Teilnahme an einem Empfang der Industrie- und Handelskammer für die Bayerische Staatsregierung
20.12.	München, Altersheim St. Nikolaus am Biederstein: Pontifikalmesse mit Ansprache für Ordinariatsangehörige; 18 Uhr Teilnahme an der Adventsfeier der Ordinariatsangehörigen
21.12.	München, Heeresoffiziersschule III: Pontifikalmesse mit Ansprache für Militärgeistliche des Wehrbereiches VI
22.12.	Freising, Dom: Erteilung der Subdiakonatsweihe an 20 Alumnen aus der Erzdiözese
23.12.	Freising, Dom: Erteilung der Diakonatsweihe an 20 Subdiakone aus der Erzdiözese
24.12.	München, Dom: Matutin, Pontifikalamt
25.12.	München, Dom: Pontifikalamt mit Predigt, Pontifikalvesper
31.12.	München, Dom: 17 Uhr Silvesterpredigt;
31.12.	München, St. Michael: 18 Uhr Jahresschlußandacht

1963

03.01.	München, Dom: Pontifikalrequiem anläßlich des Jahrestages des Todes von Erzbischof Joseph Kardinal Wendel
06.01.	München, Dom: Pontifikalamt, Pontifikalvesper
06.01.	München, St. Peter: Teilnahme an der Eucharistischen Prozession der Corpus-Christi-Bruderschaft
07.01.	München, Altersheim St. Nikolaus am Biederstein: Pontifikalmesse mit Ansprache anläßlich der Konferenz der Laienkatecheten; Teilnahme an der Konferenz
12.01.	München, Kleiner Kongreßsaal im Ausstellungspark: Teilnahme am Treffen der „Kernteams" der Aktion 365
12.01.	München, Karmelitensaal: Teilnahme am Treffen des Diözesanausschusses der CAJ

Amtseinführung des neuen Direktors des Katholischen Jugendfürsorgevereins, Johann Strasser, 18. Januar 1963; Mitte: Domkapitular Joachim Delagera

14.01.	München, Karmelitensaal: Teilnahme an der Konferenz der Mittelschulen
15./16.01.	München, Mutterhaus der Barmherzigen Schwestern: Pontifikalmesse mit Ansprache anläßlich des Generalkapitels der Kongregation der Barmherzigen Schwestern v. hl. Vinzenz v. Paul; Teilnahme am Generalkapitel
17.01.	München, Schackgalerie: Teilnahme am Neujahrsempfang der Bayerischen Staatsregierung
18.01.	München, Liebigstraße 10: Einführung des neuen Direktors des Katholischen Jugendfürsorgevereins Johann Strasser
02.02.	München, Kardinal-Wendel-Haus: Teilnahme an der Tagung der Deutschen Gesellschaft für katholische Publizistik
02.02.	München, Altersheim St. Nikolaus am Biederstein: Teilnahme an der Diözesanversammlung der KLB
03.02.	München, Dom: Kerzenweihe, Pontifikalassistenz
05./06.02.	München, Kardinal-Wendel-Haus: Arbeitstagung der deutschsprachigen Bischöfe
10.02.	München, Kardinal-Wendel-Haus: Pontifikalmesse mit Ansprache anläßlich einer Tagung über das Zweite Vatikanische Konzil
14.02.	München, Max-Joseph-Straße 4: Besuch der Handwerkskammer mit Besichtigung der Ausstellung „Liturgisches Gerät"

27.02.	München, Theatinerkirche: Aschermittwoch der Künstler; Aschenweihe, Auflegung der geweihten Asche; Pontifikalmesse
01.03.	Würzburg: Pontifikalmesse mit Ansprache
03.03.	Freising, Dom: Erteilung der Niederen Weihen des Exorzistats und Akolythats an 32 Kleriker der Erzdiözese
04.–06.03.	Hofheim am Taunus: Arbeitstagung der westdeutschen und bayerischen Bischöfe
11.03.	Freising, Priesterseminar: Priesterkonferenz für das Dekanat Weihenstephan
13.03.	Gmund: Priesterkonferenz für das Dekanat Tegernsee
14.03.	Dachau: Benediktion des Altersheimes Marienstift, Pontifikalmesse mit Ansprache
17.03.	Bad Aibling: Konsekration der Pfarrkuratiekirche St. Georg, Pontifikalmesse mit Ansprache
18.03.	Grafing: Priesterkonferenz für das Dekanat Ebersberg
20.03.	München, Karmelitensaal: Teilnahme an der Konferenz der Dekane des Erzbistums München und Freising
22.03.	München, Dom: Pontifikalmesse mit Ansprache
22.03.	München, Erzbischofshof: Empfang von 14 lateinamerikanischen Geistlichen
23.03.	Frauenchiemsee: Visitation der Abtei
10.04.	Freising, Priesterseminar: Pontifikalmesse mit Ansprache für die Alumnen
10.04.	München, Dom: Trauermette
11.04.	München, Dom: 8 Uhr Missa Chrismatis mit Weihe der hl. Öle; 19 Uhr Pontifikalamt mit Homilie, Fußwaschung, Kommunionfeier, Altarentblößung
12.04.	München, Dom: 9 Uhr Trauermette; 15 Uhr Assistenz bei der Actio liturgica mit Kreuzverehrung, Karfreitagspredigt, Kommunionfeier, Übertragung des Allerheiligsten zum Heiligen Grab
13.04.	München, Dom: 9 Uhr Trauermette
14.04.	München, Dom: Osterfest: 4.30 Uhr Feier der Osternacht; 9.30 Uhr Pontifikalamt, Erteilung des Päpstlichen Segens; 15 Uhr Pontifikalvesper
16.04.	Augsburg, Dom: Pontifikalrequiem und Beisetzung von Dr. Joseph Freundorfer, Bischof von Augsburg
21.04.	München, Hauskapelle des Erzbischofhofes: Firmung (3)
22.04.	Wasserburg: Priesterkonferenz für das Dekanat Wasserburg
22.04.	Trostberg: Priesterkonferenz für das Dekanat Baumburg; Abendpredigt für die Pfarrgemeinde von Trostberg
24.04.	Bad Aibling: Priesterkonferenz für das Dekanat Bad Aibling
25.04.	München, Kardinal-Wendel-Haus: Teilnahme an der Sitzung des Zentralrates der Caritas
27.04.	München, Theatinerkirche: Pontifikalmesse mit Ansprache anläßlich der Tagung des Zentralrates der Caritas

Segnung des Caritas-Altersheims Marienstift, Dachau, 14. März 1963

Begegnung mit den Oberseelsorgern der Exilgruppen im Erzbischöflichen Palais, 22. März 1963

27.04.	München, Herkulessaal der Residenz: Teilnahme an der Festakademie des Zentralrates der Caritas
28.04.	Erteilung der Priesterweihe an 9 Diakone der Redemptoristen
28.04.	München, Opalstraße 13: Firmung (1)
29.04.	München, St. Michael: Firmung (231)
30.04.	Odelzhausen: Firmung (266)
03.05.	München, Sophiensaal: Teilnahme an der Veranstaltung der KEG
03.05.	München, St. Johann von Capistran: Firmung (149)
05.05.	Berlin-Plötzensee: Konsekration der neuen Kirche Maria Regina Martyrum mit Ansprache
08.05.	München, Kardinal-Wendel-Haus: Pontifikalmesse anläßlich der Landestagung des Katholischen Fürsorgevereins
11.05.	München-Allach, Maria Himmelfahrt: Firmung (139)
13.05.	Garmisch, St. Martin: Firmung (239)
14.05.	Partenkirchen: Firmung (172)
15.05.	Partenkirchen: Firmung (170)
15.05.	München, Akademie der Bildenden Künste: Eröffnung der Dominikus-Böhm-Ausstellung
17.05.	Mittenwald: Firmung (193)
19.05.	München, St. Pius: Firmung (145)
19.05.	München: Benediktion des Johannes-Kollegs, Pontifikalmesse mit Ansprache
20.05.	München, St. Michael: Firmung (247)
21.05.	München, St. Peter: Firmung (167)
24.05.	München, St. Anna: Firmung (229)
25.05.	Ottobrunn, St. Magdalena: Firmung (61)
26.05.	München: Benediktion des St. Notburga-Heimes, Pontifikalmesse mit Ansprache
27.05.	München, St. Michael: Firmung (255)
28.05.	Hausham: Firmung (162)
28.05.	Hausham: Benediktion der neuen Wohnsiedlung des Diözesan-Siedlungs-werkes
29.05.	Schliersee: Firmung (76)
30.05.	Miesbach: Firmung (237)
30.05.	Birkenstein: Priesterkonferenz für das Dekanat Miesbach
31.05.	Fischbachau: Firmung (108)
02.06.	München, Dom: Pfingstfest: Pontifikalamt, Pontifikalvesper
03.06.	München, Bürgersaalkirche: Pontifikalmesse mit Ansprache anläßlich der Tagung der Marianischen Kongregationen Deutschlands
03.06.	München, Deutsches Museum: Teilnahme an der Festveranstaltung der Marianischen Kongregationen Deutschlands

Kardinal Döpfner huldigt dem am 21. Juni 1963 gewählten Papst Paul VI.; im Hintergrund:
Zeremonienmeister Erzbischof Enrico Dante

06.–17.06.	Rom: Teilnahme an den Trauerfeierlichkeiten für Papst Johannes XXIII.
19.–21.06.	Rom: Teilnahme am Konklave
24.06.	Tölz: Firmung (152)
26.06.	München-Sendling, St. Margaret: Firmung (135)
27.06.	Petersberg b. Dachau: Pontifikalmesse mit Ansprache für die Diakone
29.06.	Freising, Dom: Assistenz bei der Priesterweihe
29.06.–06.07.	Rom: Teilnahme an der Krönungsfeier von Papst Paul VI.
07.07.	Altötting: Pontifikalmesse anläßlich des Bayerischen Kolpingstages, Schlußandacht mit Predigt
09.07.	Allershausen: Firmung (108)
10.07.	Peiting: Firmung (223)
12.07.	Oberammergau: Firmung (187)
12.07.	München, Dom: Pontifikalamt mit Predigt anläßlich der Wahl von Papst Paul VI.
13.07.	Ettal: Firmung (99)
14.07.	Fürstenfeldbruck: Pontifikalamt mit Predigt anläßlich der 700-Jahrfeier der Klosterkirche Fürstenfeld
14.07.	Grunertshofen: Besuch des Landschulheimes
15.07.	München, Landestaubstummenanstalt: Pontifikalamt mit Spendung der Erstkommunion; Firmung (36)
24.08.	Schäftlarn: Abtweihe von Dr. Ambros Ruess, Abt von Schäftlarn, mit Ansprache
26.–29.08.	Fulda: Plenarkonferenz der deutschen Bischöfe
06.09.	Raubling-Redenfelden: Besuch der Aschaffenburger Zellstoff-Werke, Werk Redenfelden-Raubling
06.09.	Raubling-Redenfelden: Benediktion der St.-Erasmus-Kapelle mit Ansprache
08.09.	Garmisch-Partenkirchen-Burgrain: Konsekration der Pfarrkuratiekirche St. Michael, Pontifikalmesse mit Predigt
09.09.	Endorf: Priesterkonferenz für das Dekanat Seeon
11.09.	Dorfen: Priesterkonferenz für das Dekanat Dorfen
11.09.	Anzing: Priesterkonferenz für das Dekanat Isen
13.09.	Kloster Scheyern: Priesterkonferenz für das Dekanat Scheyern
15.09.	Degerndorf: Konsekration des neuen Altares in der Pfarrkirche, Pontifikalmesse mit Predigt
16.09.	Waldram, Spätberufenenseminar: Priesterkonferenz für das Dekanat Wolfratshausen; Besuch des Spätberufenenseminars St. Matthias
18.09.	Höhenkirchen: Priesterkonferenz für das Dekanat München-Land
19.09.	München: Eröffnung der Ausstellung „Maria Regina Martyrum"
20.09.	Wartenberg: Priesterkonferenz für das Dekanat Wartenberg

Besuch der Redaktion der Katholischen Nachrichten-Agentur (KNA) im Erzbischöflichen Palais, 7. September 1963

22.09.	München, Ledererstraße 25: Teilnahme am „Alten-Tag" der Caritas
22.09.	München, Dom: Assistenz beim Pontifikalamt, zelebriert von Laurence Kardinal Rugambwa; Predigt
23.09.	München, Hotel Continental: Teilnahme am Frühstück, gegeben vom Bayerischen Ministerpräsidenten zu Ehren von Kardinal Rugambwa
25.09.– 04.12.	Rom: Teilnahme am Zweiten Vatikanischen Konzil
26.10.	Augsburg, Dom: Bischofsweihe von Dr. Josef Stimpfle, Bischof von Augsburg; Ansprache
27.10.	München, Dom: Pontifikalmesse mit Predigt
07.12.	München, Hofkapelle der Residenz: Pontifikalmesse mit Ansprache anläßlich des 300. Gründungsjahres der Kongregation der Dienerinnen Mariens
07.12.	München, Kardinal-Wendel-Haus: Teilnahme an der Tagung der Katholischen Akademie in Bayern „Neue Wege der Universität"
08.12.	München, St. Michael: Pontifikalamt mit Predigt anläßlich des 125. Gründungsjahres des Ludwig-Missions-Vereins
08.12.	München, Kleiner Kongreßsaal im Ausstellungspark: Teilnahme an der Feierstunde des Ludwig-Missions-Vereins

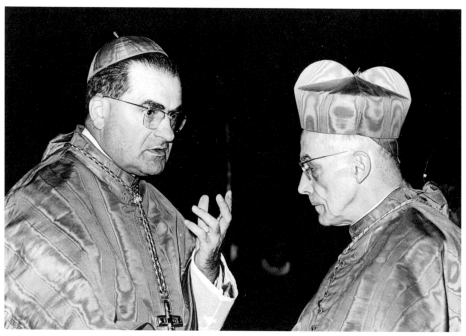

Gespräch beim Konzil mit dem Kölner Erzbischof Josef Kardinal Frings, 1963

08.12.	München, Dom: Bericht „Was bedeuten die Diskussionen der Bischöfe auf dem Konzil"
09.12.	München, Kardinal-Wendel-Haus: Teilnahme an der Pastoraltagung
09.12.	München, Kolpinghaus Haidhausen: Teilnahme an dem Diözesantreffen der Ehemaligen der LVH Wies-Petersberg
14.12.	München, Georgianum: Pontifikalmesse mit Ansprache
15.–20.12.	Spanienaufenthalt: Einweihung eines Priesterseminars in Madrid; Eröffnung des Paulusjahres in Spanien: Pontifikalamt mit Ansprache
21.12.	Freising, Dom: Erteilung der Subdiakonatsweihe an 15 Alumnen aus der Erzdiözese und an 2 Kleriker der Abtei Ettal
22.12.	Freising, Dom: Erteilung der Diakonatsweihe an 15 Subdiakone der Erzdiözese und an 2 Subdiakone der Abtei Ettal
23.12.	München, Altersheim St. Nikolaus am Biederstein: Pontifikalmesse mit Ansprache für Ordinariatsangehörige; Teilnahme an der Adventsfeier der Ordinariatsangehörigen
24.12.	München, Dom: Matutin, Pontifikalamt
25.12.	München, Dom: Pontifikalamt mit Predigt, Pontifikalvesper
31.12.	München, Dom: 17 Uhr Silvesterpredigt
31.12.	München, St. Michael: 18 Uhr Jahresschlußandacht

1964

03.01.   München, Dom: Pontifikalrequiem anläßlich des Jahrestages des Todes von Erzbischof Joseph Kardinal Wendel

04.01.   München, Altersheim St. Nikolaus am Biederstein: Teilnahme am Neujahrs-empfang der Katholischen Aktion der Erzdiözese

06.01.   München, Dom: Pontifikalamt mit Predigt; Pontifikalvesper

06.01.   München, St. Peter: Teilnahme an der Eucharistischen Prozession der Corpus-Christi-Bruderschaft

11.01.   Freising, Klerikalseminar: Konsekration des neuen Altares in der Hauskapelle, Pontifikalmesse mit Ansprache

12.01.   München, Katholisches Fürsorgeheim (Maria Thalkirchen): Pontifikalmesse mit Ansprache

17.01.   München, St. Michael: Wortgottesdienst mit Ansprache

17.01.   München, Plenarsaal der Bayerischen Akademie der Wissenschaften: Teilnahme an der Eröffnung der Zentralstelle Landwirtschaft der Deutschen Stiftung für Entwicklungsländer

19.01.   München, Lehrlingsheim an der Morassistraße: Pontifikalmesse mit Ansprache; Besichtigung des Heimes

20.01.   München, Antiquarium der Residenz: Teilnahme am Neujahrsempfang der Bayerischen Staatsregierung

21.01.   München, Deutsches Museum: Teilnahme am Trauerakt für Altoberbürger-meister Thomas Wimmer

24.01.   München, St. Ludwig: Teilnahme am Treffen der Arbeitsgemeinschaft der Katholischen Kirchenmusiker Münchens

25.01.   Rosenheim, St. Nikolaus: Abendpredigt über das Konzil

26.01.   Rosenheim: Konsekration des neuen Altares in der Pfarrkirche St. Nikolaus, Pontifikalmesse mit Ansprache

29.01.   München, Zentralkolpinghaus: Teilnahme an der Tagung über Kindergarten-probleme

29.01.   München, Deutsches Museum: Teilnahme an der Jahresfeier der Katholischen Akademie in Bayern; Festvortrag

29.01.   München, Kardinal-Wendel-Haus: Empfang anläßlich der Jahresfeier der Katholischen Akademie in Bayern

31.01.   München, Karmelitensaal: Besichtigung der Ausstellung „Verfolgte Kirche"

02.02.   München, Dom: Kerzenweihe, Pontifikalassistenz

02.02.   München, Kardinal-Wendel-Haus: Teilnahme an der Tagung der Katholischen Akademie in Bayern über das Konzil

03.02.   München, Kardinal-Wendel-Haus: Pontifikalmesse mit Ansprache anläßlich der Diözesanversammlung der Katholischen Landvolkbewegung; Teilnahme an der Tagung

Abschluss der diözesanen Informativprozesse in den Seligsprechungsverfahren für P. Rupert Mayer SJ, P. Kaspar Stanggassinger CSsR und Metropolit Andrej Alexander Szeptychyj, 14. Februar 1964; v.l.: Offizial Heinrich Eisenhofer, Domvikar Franz Xaver Kronberger

Siegerehrung bei der Skimeisterschaft des Klerus, 5. März 1964

04.02.	Stettenhofen: Pontifikalrequiem für Prälat Ludwig Polzin
06./07.02.	München, Kardinal-Wendel-Haus: Klerikerkonferenz über das Konzil, mit Referat
12.02.	München, Theatinerkirche: „Aschermittwoch der Künstler", Aschenweihe, Auflegung der geweihten Asche, Pontifikalmesse
12.02.	München, Antiquarium der Residenz: Empfang anläßlich des „Aschermittwoch der Künstler"
13.02.	Traunstein, Knabenseminar: Klerikerkonferenz über das Konzil, mit Referat
14.02.	München, Erzbischofhof: Schlußverhandlung im Seligsprechungsverfahren von P. Rupert Mayer SJ und P. Kaspar Stanggassinger und Metropolit Andrej Alexander Szeptychyj OSBM
14.02.	München, St. Ludwig: Pontifikalmesse mit Predigt für die Studentengemeinde
17.–19.02.	Hofheim am Taunus: Arbeitstagung der westdeutschen und bayerischen Bischöfe
01.03.	Freising, Dom: Erteilung der Niederen Weihen des Exorzistats und Akolythats an 37 Kleriker der Erzdiözese
04.03.	Kloster Ettal: Klerikerkonferenz über das Konzil, mit Referat
08.03.	München, St. Michael: Kanzelrede anläßlich der 25. Wiederkehr der Wahl Papst Pius' XII.
09.03.	München, Altersheim St. Nikolaus am Biederstein: Teilnahme am Fortbildungslehrgang der Religionslehrer an den Höheren Schulen
09.03.	Freising, Klerikalseminar: Klerikerkonferenz über das Konzil, mit Referat
14.03.	München, Zentralkolpinghaus: Teilnahme am „Festlichen Abend" der CAJ
15.03.	München, Jugendheim Salesianum: Pontifikalmesse mit Ansprache
16.03.	München: Konsekration der neuen Kirche der Englischen Fräulein in Nymphenburg in honorem Ssmae Trinitatis, Pontifikalmesse mit Ansprache
16.03.	München, Zentralkolpinghaus: Teilnahme an der Generalversammlung des Priestervereins
17./18.03.	Freising, Klerikalseminar: Arbeitstagung der bayerischen Bischöfe
19.03.	München, Klosterkirche St. Anna: Erteilung der Priesterweihe an 1 Diakon und der Diakonatsweihe an 4 Subdiakone des Franziskanerordens
19.03.	München-Pasing, St. Hildegard: Pontifikalmesse mit Ansprache (Katholisches Seminar für Sozialberufe)
20.03.	Wolfratshausen: Jugendkreuzweg in West und Ost
22.03.	München, Dom: Palmweihe, Palmprozession, Pontifikalmesse
25.03.	München, Dom: Trauermette
26.03.	München, Dom: 8 Uhr Missa Chrismatis mit Weihe der hl. Öle; 18 Uhr Missa solemnis vespertina mit Homilie, Fußwaschung, Altarentblößung
27.03.	München, Dom: Trauermette
28.03.	München, Dom: Trauermette

29.03.	München, Dom: Feier der Osternacht, Pontifikalamt, Erteilung des Päpstlichen Segens, Pontifikalvesper
30.03.	Pullach, Berchmanskolleg: Pontifikalamt mit Predigt, Besuch des Kollegs
06.04.	München, Karmelitensaal: Teilnahme an der Versammlung der Elternvertreter
09.04.	München, Zentralkolpinghaus: Teilnahme an der Arbeitstagung des Katholischen Frauenbundes
10.04.	München, Dom: Pontifikalmesse mit Erklärung
12.04.	Dachau: Konsekration der neuen Pfarrkirche Hl. Kreuz, Pontifikalmesse mit Ansprache
13.04.	München, Hansaheim: Teilnahme an der Konferenz der Münchener Stadtpfarrer
20.04.	München, St. Michael: Firmung (254)
21.04.	München, Dom: Pontifikalamt mit Predigt anläßlich der Bundestagung der katholischen Erziehungsheime; Teilnahme an der Tagung
22.04.	Bad Aibling, Maria Himmelfahrt: Firmung (199)
24.04.	Kolbermoor: Firmung (174)
25.04.	Rott a. Inn: Firmung (249)
27.04.	München, St. Michael: Firmung (239)
29.04.	München, Hl. Blut: Firmung (83)
30.04.	München, St. Gabriel: Firmung (209)
30.04.	München, Dom: Predigt für die Katholischen Arbeitnehmer
03.05.	Tuntenhausen: Pontifikalamt mit Predigt anläßlich der Tuntenhausener Männerwallfahrt; Teilnahme an der Versammlung
04.05.	München, Bürgersaal: Pontifikalmesse mit Ansprache für Theologen des Klerikalseminars Würzburg
04.05.	München, Karmelitensaal: Teilnahme an der Konferenz der Dekane des Erzbistums München und Freising
05.05.	München, Kardinal-Wendel-Haus: Tee-Empfang für die katholischen Oberstudiendirektoren bzw. Anstaltsleiter der Höheren Schulen Münchens
06.05.	München, Königin des Friedens: Firmung (161)
07.05.	München, St. Ludwig: Pontifikalamt mit Predigt anläßlich des Anfangsgottesdienstes der Universität
08.05.	München, Künstlerhaus: Teilnahme an der Veranstaltung der KEG
08.05.	München, Maria Ramersdorf: Firmung (141)
09.05.	München-Giesing, Hl. Kreuz: Firmung (138)
10.05.	München, Dom: Pontifikalmesse mit Ansprache anläßlich des Ordensschwesterntages
10.05.	München, Altersheim St. Nikolaus am Biederstein: Teilnahme an der Konferenz der Ordensoberinnen
11.05.	Waldram, Spätberufenenseminar St. Matthias: Teilnahme an der Feier zur Verleihung der Eigenschaft einer staatlich anerkannten Ersatzschule

11.05.	München, St. Michael: Firmung (234)
13.05.	München, Mutterhaus der Barmherzigen Schwestern: Einkleidung und Profeß-feier, Pontifikalmesse mit Ansprache
14.05.	München, Dom: Firmung (205)
15.05.	München, Dom: Firmung (231)
18.05.	Königsdorf: Pontifikalmesse mit Ansprache anläßlich des Pfingstlagers des BDKJ
19.–22.05.	Innsbruck: Arbeitstagung der deutschsprachigen Bischöfe
22.05.	München, Kardinal-Wendel-Haus: Teilnahme an der Festakademie der KEG
24.05.	Gars: Pontifikalmesse mit Predigt; Bekenntnisfeier der Jugend des Dekanates Gars mit Ansprache
27.05.	München-Pasing, St. Hildegard: Firmung (129)
29.05.	München, St. Clemens: Firmung (153)
31.05.	Gernlinden: Konsekration der neuen Pfarrkuratiekirche Bruder Konrad, Pontifikalmesse mit Ansprache
01.06.	München, St. Michael: Firmung (247)
03.06.	Oberaudorf: Firmung (178)
04.06.	Bad Reichenhall, St. Zeno: Firmung (174)
05.06.	Bad Reichenhall, St. Zeno: Firmung (131)
06.06.	Bad Reichenhall, St. Nikolaus: Firmung (105)
06.06.	München, Kardinal-Wendel-Haus: Teilnahme an der Arbeitstagung der katholischen deutschen und französischen Publizisten
06.06.	München, Mauerkircherstraße 67: Teilnahme am Empfang des Herrn französischen Generalkonsuls anläßlich der deutsch-französischen katholischen Publizistentagung
08.06.	München, St. Michael: Firmung (260)
10.06.	Baumburg: Firmung (168)
11.06.	Töging, St. Joseph: Firmung (201)
12.06.	Neumarkt-St. Veit: Firmung (163)
13.06.	Neumarkt-St. Veit: Firmung (210)
14.06.	Waldkraiburg: Konsekration der neuen Pfarrkirche Christkönig, Pontifikal-messe mit Ansprache
15.06.	Waldkraiburg: Firmung (296)
16.06.	München-Pasing: Firmung (240)
19.06.	München-Kleinhadern, Fronleichnam: Firmung (126)
20.06.	München, Zu den Hl. Zwölf Aposteln: Firmung (134)
20.06.	München, St. Korbinian: Einweihung des neuen Seelsorgszentrums St. Korbinian
21.06.	München, Dom: Pontifikalmesse mit Ansprache anläßlich des 65-jährigen Priesterjubiläums von Domdekan Prälat Ferdinand Buchwieser

Abtweihe von Odilo Lechner OSB, Abt-Koadjutor der Benediktinerabtei St. Bonifaz,
München und Andechs, 8. September 1964

22.06.	Obertaufkirchen: Firmung (195)
24.06.	Freilassing: Firmung (190)
25.06.	Freilassing: Firmung (149)
29.06.	Freising, Dom: Erteilung der Priesterweihe an 14 Diakone der Erzdiözese
01.07.	München-Solln: Firmung (110)
01.07.	München, Kardinal-Wendel-Haus: Teilnahme an der Jahrestagung der katholischen Rundfunk- und Fernseharbeit in Deutschland
02.07.	München, Pius-Maria-Heim: Pontifikalmesse mit Ansprache
03.07.	Feldmoching, St. Peter und Paul: Firmung (62)
04.07.	Gräfelfing: Firmung (155)
05.07.	München, Bürgersaal: Pontifikalamt mit Predigt anläßlich des 50-jährigen Jubiläums der Familien-Schwestern
06.07.	Rosenheim, St. Nikolaus: Firmung (163)
07.07.	Rosenheim, Christkönig: Firmung (319)
07.07.	München, Akademie der Bildenden Künste: Eröffnung der Ausstellung Rudolf Schwarz
07.07.	München, Kardinal-Wendel-Haus: Eröffnung der Tagung der Gesellschaft für Christliche Kunst
08.07.	Rosenheim, Christkönig: Firmung (200)
09.07.	Rosenheim, Christkönig: Firmung (277)
10.07.	Freising, Dom: Pontifikalmesse mit Ansprache anläßlich des 25-jährigen Priesterjubiläums des Weihekurses 1939
11.07.	München, Schloß Fürstenried: Firmung (33)
12.07.	München, Dom: Papstfeier mit Predigt
13.07.	München-Pasing, St. Hildegard: Pontifikalmesse mit Ansprache; missio canonica
15.07.	München, Bayerische Landesanstalt für Körperbehinderte: Firmung (7)
18.07.	München, Ludwig-Maximilians-Universität: Teilnahme am 492. Stiftungsfest
19.07.	Salzburg, Dom: Pontifikalamt anläßlich des 70-jährigen Priesterjubiläums von Erzbischof Dr. Adam Hefter
20.07.	Berlin-Plötzensee, Maria Regina Martyrum: Pontifikalmesse mit Predigt anläßlich der 20. Wiederkehr des 20.07.1944
21.07.	München, Bürgersaal: Pontifikalmesse mit Ansprache anläßlich der Arbeitstagung der Internationalen Familienorganisation
15.08.	Ottobeuren: Konsekration des St.-Rupertus-Altares: Pontifikalmesse mit Ansprache; Reliquienprozession
16.08.	Ottobeuren: Pontifikalamt mit Predigt
23.08.	Fürstenfeldbruck: Konsekration der Pfarrkuratiekirche St. Bernhard, Pontifikalmesse mit Ansprache
02.09.	München, Hirtenstraße 26: Einweihung des neuen Hauses des Ludwig-Missions-Vereins, des Klerusverbandes und der Liga

03.–06.09.	Stuttgart: Teilnahme am 80. Deutschen Katholikentag
08.09.	München, Schloß Nymphenburg: Teilnahme an Konzert und Empfang anläßlich des 300-jährigen Jubiläums
08.09.	München, St. Bonifaz: Abtweihe von Dr. Odilo Lechner, Abt-Koadjutor von St. Bonifaz; Ansprache
09.09.	München: Benediktion des Neubaues der Ellen-Ammann-Schule; Pontifikalmesse mit Ansprache
14.09.– 21.11.	Rom: Teilnahme am Zweiten Vatikanischen Konzil, 3. Session
22.11.	Dachau: Pontifikalmesse mit Predigt anläßlich der Weihe des neuen Karmel-Klosters „Hl. Blut"
22.11.	Freising, Dom: Pontifikalvesper zum Korbianianssonntag der Jugend
23.11.	München, Kardinal-Wendel-Haus: Teilnahme an der Eröffnung des Deutschen Katechetischen Instituts
24.11.– 11.12.	Bombay/Indien: Teilnahme am 38. Internationalen Eucharistischen Weltkongreß
12.12.	Josefstal: Benediktion des neuen Diözesan-Jugendhauses, Pontifikalmesse mit Ansprache
13.12.	München, Dom: Konzelebration mit dem Domkapitel und Predigt anläßlich des 25-jährigen Priesterjubiläums Seiner Eminenz
13.12.	Freising, Knabenseminar: Festakt anläßlich des 25-jährigen Priesterjubiläums Seiner Eminenz
13.12.	Freising, Dom: Pontifikalvesper
13.12.	Freising, Klerikalseminar: Empfang für den Klerus der Erzdiözese
15.12.	München: Benediktion des Studenten-Wohnheimes „Willi Graf", Pontifikal-messe mit Ansprache
18.12.	München, Dom: Pontifikalrequiem für den verstorbenen Domdekan Prälat Ferdinand Buchwieser
19.12.	Freising, Klerikalseminar: Feierliche Verabschiedung des bisherigen Regens Prälat Johannes Ev. Baumgartner und Einführung des neuen Regens Professor Dr. Josef Finkenzeller
19.12.	Freising, Dom: Erteilung der Subdiakonatsweihe an 25 Alumnen aus der Erzdiözese und an 8 Kleriker aus dem Franziskanerorden
20.12.	Freising, Dom: Erteilung der Diakonatsweihe an 25 Subdiakone der Erzdiözese und an 1 Subdiakon aus dem Benediktiner-Orden
23.12.	München, Altersheim St. Nikolaus am Biederstein: Pontifikalmesse mit Ansprache für Ordinariatsangehörige; Teilnahme an der Adventfeier der Ordinariatsangehörigen
24.12.	München, Pfarrheim St. Ursula: Teilnahme an der Weihnachtsfeier der spanischen Gastarbeiter

Die deutschen Bischöfe vor der Audienz bei Papst Paul VI., 20. November 1964; v.r.:
Erzbischof Hermann Schäufele (Freiburg), Erzbischof Lorenz Jaeger (Paderborn), Kardinal
Döpfner, Erzbischof Josef Kardinal Frings (Köln)

Pressekonferenz nach der Rückkehr aus Rom, 21. November 1964; rechts Weihbischof
Johannes Neuhäusler

24.12.	München, Dom: Matutin, Pontifikalamt mit Ansprache
25.12.	München, Dom: Pontifikalamt mit Predigt, Pontifikalvesper
31.12.	München, Dom: 17 Uhr Silvesterpredigt
31.12.	München, St. Michael: 18 Uhr Jahresschlußandacht

1965

07.01.	München, Dom: Jahresgedächtnis-Gottesdienst für Erzbischof Joseph Kardinal Wendel, Pontifikalrequiem und Libera
16.01.	München, Altersheim St. Nikolaus am Biederstein: Teilnahme am Neujahrsempfang der Katholischen Aktion der Erzdiözese
18.01.	München, Deutsches Museum: Teilnahme an der Jahresfeier der Katholischen Akademie in Bayern, Schlußwort; anschließend Teilnahme am Empfang im Kardinal-Wendel-Haus
19.01.	München, Antiquarium der Residenz: Teilnahme am Neujahrsempfang der Bayerischen Staatsregierung

Modellgottesdienst in der erneuerten Form der Liturgie in München-St. Ludwig,
8. Februar 1965

24.01.	Grafing: Konsekration des neuen Altares der Pfarrkirche St. Ägidius, Pontifikalmesse mit Ansprache
28.01.	München, Kardinal-Wendel-Haus: Vortrag vor dem Hochschulkreis katholischer Hochschulprofessoren
29.01.– **04.02.**	Teilnahme am Ansgar-Jubiläum in Schweden
06.02.	München, Kardinal-Wendel-Haus: Teilnahme an der Tagung katholischer Philologen an Höheren Schulen
08.02.	München, Newman-Haus: Teilnahme am Priestertag München I
08.02.	München, St. Ludwig: Pontifikalamt mit Ansprache (Modellgottesdienst)
10.02.	München, St. Wolfgang: Teilnahme am Priestertag München II; Pontifikalamt mit Ansprache (Modellgottesdienst)
11.02.	Landshut, Ursulinenkloster: Teilnahme am Priestertag in Landshut
11.02.	Landshut, St. Martin: Pontifikalamt mit Ansprache (Modellgottesdienst)
12.02.	Freising, Klerikalseminar: Teilnahme am Priestertag
12.02.	Freising, St. Georg: Pontifikalamt mit Ansprache (Modellgottesdienst)
13.02.	Josefstal, Jugendhaus: Pontifikalmesse mit Ansprache anläßlich der Tagung von Ordensoberinnen; Teilnahme an der Tagung

14.02.	München, St. Karl Borromäus: Pontifikalmesse mit Ansprache
15.02.	Mühldorf, Pfarrheim St. Nikolaus: Teilnahme am Priestertag. Mühldorf
15.02.	Mühldorf, St. Nikolaus: Pontifikalamt mit Ansprache (Modellgottesdienst)
17.02.	München, Ludwig-Maximilians-Universität: Teilnahme an der Feierstunde anläßlich des 80. Geburtstages von Professor Dr. Romano Guardini
18.02.	Partenkirchen, Pfarrheim: Teilnahme am Priestertag
18.02.	Garmisch, St. Martin: Pontifikalamt mit Ansprache (Modellgottesdienst)
19.02.	Dachau, St. Jakob: Teilnahme am Priestertag; Pontifikalamt mit Ansprache (Modellgottesdienst)
21.02.	München, Krankenhaus rechts der Isar: Benediktion des neuen Kreuzweges; Pontifikalmesse mit Ansprache
21.02.	München, Provinzmutterhaus der Englischen Fräulein: Teilnahme an der Gemeinschaftstagung französischer und deutscher Lehrkräfte an Höheren Schulen im Rahmen des Deutsch-Französischen Kulturwerkes vom 19. bis 21.02. 1965
22.02.	Holzkirchen, St. Joseph: Teilnahme am Priestertag; Pontifikalamt mit Predigt (Modellgottesdienst)
23.02.	Freising, Klerikalseminar: Vortrag für die Alumnen
24.02.	Rosenheim, Kolpinghaus: Teilnahme am Priestertag
24.02.	Rosenheim, St. Nikolaus: Pontifikalamt mit Ansprache (Modellgottesdienst)
25.–28.02.	Teilnahme an der Tagung der Katholischen Akademie in Bayern in Paris
02.03.	München, Kardinal-Wendel-Haus: Pontifikalmesse mit Ansprache für Priester der Diözese Würzburg
03.03.	München, St. Kajetan: Aschermittwoch der Künstler; Aschenweihe; Auflegung der geweihten Asche; Pontifikalamt
03.03.	München, Antiquarium der Residenz: Empfang anläßlich des Aschermittwochs der Künstler
04.03.	München, Erzbischofshof: Firmung (1)
07.03.	München, Willi-Graf-Heim: Erteilung der Missio canonica an Laientheologen, Pontifikalmesse mit Ansprache
07.03.	München, Amerikahaus: Teilnahme an der Feierstunde anläßlich der Woche der Brüderlichkeit der Gesellschaft für christlich-jüdische Zusammenarbeit e.V.
08.–10.03.	Hofheim am Taunus: Teilnahme an der Arbeitstagung der westdeutschen und bayerischen Bischöfe
11.03.	München, Keplerstraße 18: Teilnahme am Empfang des Generalkonsuls von Irland
12.03.	München, Winzererstraße 52: Teilnahme am Empfang des Grenzschutzkommandos Süd
14.03.	München, St. Helena: Pontifikalmesse mit Ansprache
14.03.	München, Gaststätte St. Wolfgang: Teilnahme an der Tagung des Patronato „A.C.L.I." (Associazioni Cristiane Lavoratori Italiani)

16.03.	Josefstal, Jugendhaus: Teilnahme an der Tagung der „Bayernkonferenz"
17.03.	München, Gaststätte Peterhof: Vortrag vor dem Presseclub
18.03.	München-Fürstenried: Pontifikalmesse mit Ansprache anläßlich des Einkehrtages Bayerischer Strafvollzugsbeamter
18.03.	München, Ausstellungspark: Teilnahme an der Eröffnung der Handwerksmesse 1965
21.03.	Wasserburg-Burgerfeld, St. Konrad: Pontifikalamt mit Ansprache
23.03.	München, Dom: Investitur des neuen Domdekans Prälat Franz Stadler
23.03.	München, Willi-Graf-Heim: Teilnahme an der 2. Sitzung des Kuratoriums des Deutschen Katechetischen Instituts
25.03.	München, Dom: Pontifikalamt mit Predigt für Mitarbeiter in den Pfarrgemeinden („Diakonie in den Gemeinden")
28.03.	Nandlstadt: Konsekration des neuen Altares in honorem S. Martini, Pontifikalmesse mit Ansprache
31.03.	München, Kardinal-Wendel-Haus: Pontifikalmesse mit Ansprache anläßlich der Tagung des Zentralkomitees der deutschen Katholiken
01.04.	München, Altersheim St. Nikolaus am Biederstein: Teilnahme an der Dekanekonferenz
02.04.	München, Karmelitensaal: Teilnahme an der Sitzung der katholischen Elternvereinigung
02.04.	München, Haus der Kunst: Teilnahme an der Eröffnung der Ausstellung „Junge Künstler der Akademie 1945–1965"
03.04.	München, Kriemhildenstraße 53: Besichtigung des „Haus des Pflug"
04.04.	München-Milbertshofen, St. Georg: Konsekration des neuen Hochaltares, Pontifikalmesse mit Ansprache
07./08.04.	Freising: Teilnahme an der Arbeitstagung der Bayerischen Bischöfe
08.04.	München, Dom: Assistenz beim Pontifikalrequiem für Dr. Johannes Erik Müller, Bischof von Stockholm; Predigt; Beisetzung in der alten Bischofsgruft des Domes durch Seine Eminenz
09.04.	München, Zentralkolpinghaus: Teilnahme an der Versammlung der katholischen Elternvereinigung
10.04.	München, Kardinal-Wendel-Haus: Tee-Empfang für die katholischen Leiter der Schulämter
11.04.	München, Dom: Palmweihe, Palmprozession, Pontifikalamt mit Ansprache
14.04.	Freising, Klerikalseminar: Pontifikalmesse mit Ansprache
14.04.	München, Dom: Trauermette
15.04.	München, Dom: 8 Uhr: Missa Chrismatis mit Weihe der hl. Öle; 19 Uhr: Missa solemnis vespertina mit Homilie, Fußwaschung, Altar-Entblößung
16.04.	München, Dom: Trauermette; Assistenz bei der Actio liturgica mit Kreuzverehrung, Kommunionfeier, Übertragung des Allerheiligsten zum heiligen Grab
17.04.	München, Dom: Trauermette

18.04.	München, Dom: Feier der Osternacht; Pontifikalamt, Erteilung des Päpstlichen Segens, Pontifikalvesper
22.04.	München, Haus Venio: Pontifikalmesse mit Ansprache
24.04.	München, Hansa-Heim: Teilnahme an der Tagung der Bewegung ungarischer Studenten und Akademiker
25.04.	Dachau, Karmel Hl. Blut: Einkleidung; Pontifikalmesse mit Ansprache
26.04.	Freising, Klerikalseminar: Pontifikalmesse mit Ansprache anläßlich des 25-jährigen Priesterjubiläums des Weihekurses 1940
26.04.	München, Zentralkolpinghaus: Teilnahme an der Mesner-Tagung der Erzdiözese
28.04.	München, Hansa-Heim: Teilnahme an der Konferenz der Münchener Pfarrer
29.04.	München, Maximilianeum: Teilnahme an der Gedenkstunde aus Anlaß des 20. Jahrestages der Befreiung der Konzentrationslager in Bayern
01.05.	München, Dreifaltigkeitskirche: Investitur-Feier der Grabesritter, Pontifikalmesse mit Ansprache
01.05.	Höhenkirchen: Konsekration des neuen Altares in honorem Corporis Christi, Pontifikalmesse mit Ansprache
02.05.	Dachau, Todesangst-Christi-Kapelle: Predigt zum Dankgottesdienst anläßlich der 20. Wiederkehr des Tages der Befreiung
03.05.	München, St. Michael: Firmung (234)
05.05.	München, Mutterhaus der Barmherzigen Schwestern: Einkleidung und Profeß, Pontifikalmesse mit Ansprache
06.05.	Fürstenfeldbruck, St. Magdalena: Firmung (288)
07.05.	Fürstenfeldbruck, Maria Himmelfahrt: Firmung (442)
08.05.	Fürstenfeldbruck, St. Bernhard: Firmung (138)
09.05.	München, Dom: Maiandacht
10.05.	München, St. Michael: Firmung (236)
14.05.	Dietramszell: Firmung (93)
15.05.	Lenggries: Firmung (194)
16.05.	München, Dom: Pontifikalamt mit Predigt anläßlich der „Italienischen Woche"
17.05.	München, St. Michael: Firmung (235)
19.05.	München-Neuaubing, St. Konrad: Firmung (179)
20.05.	Altomünster: Firmung (182)
21.05.	Indersdorf: Firmung (132, 134)
21.05.	München, Alter Herkulessaal der Residenz: Teilnahme am Frühstück zu Ehren von Königin Elisabeth II. von England und Prinz Philip, Herzog von Edinburgh
21.05.	Garmisch, St. Martin: Pontifikalrequiem mit Ansprache für die Toten des Zugspitzunglücks
22.05.	Rottenbuch: Firmung (120)

22.05.	München, Schloß Nymphenburg: Teilnahme am Empfang anläßlich des 60. Geburtstages von Herzog Albrecht von Bayern
23.05.	München, Herzogliches Georgianum: Pontifikalamt mit Ansprache
24.05.	München, St. Michael: Firmung (241)
25.05.	München, St. Paul: Firmung (90)
26.05.	München, St. Jakob am Anger: Firmung (168)
28.05.	Scheyern: Firmung (168, 170)
28.05.	Stuttgart, Kronenhotel: Teilnahme an dem Treffen der europäischen katholischen Landjugendbewegung
28.05.	Stuttgart, Neckarstadion: Predigt im Wortgottesdienst
30.05.	Herrenchiemsee: Predigt anläßlich der 750-Jahr-Feier der Gründung des Bistums Chiemsee
31.05.	Frauenchiemsee: Erteilung der Jungfrauenweihe; Pontifikalamt mit Predigt
02.06.	München, Dom: Firmung (191)
03.06.	München, Dom: Firmung (156)
04.06.	München, Dom: Firmung (135)
04.06.	München, Erzbischofshof: Erteilung der Tonsur an 1 Kandidaten der Theologie
05.06.	München, Erzbischofshof: Erteilung der Niederen Weihen des Ostiariats und Lektorats an 1 Kandidaten der Theologie
09.06.	München, Waldfriedhof: Teilnahme an der Beerdigung von Domkapellmeister i.R. Msgr. Ludwig Berberich
16.06.	München-Trudering, St. Peter und Paul: Firmung (159)
17.06.	München, Marienplatz: Pontifikalamt mit Ansprache, Fronleichnamsprozession
17.06.	München, Dom: Predigt zum „Benno-Tag"
18.06.	München-Berg am Laim, St. Michael: Firmung (161)
18.06.	Berlin: Pontifikalrequiem für Generalvikar Prälat Dr. Max Prange
20.06.	Tegernsee: Pontifikalamt mit Predigt
20.06.	München, Dreifaltigkeitskirche: Pontifikalmesse mit Ansprache für die spanischen Gastarbeiter in München, anschließend Besuch des spanischen Zentrums
22.06.	München, Kardinal-Wendel-Haus: Pontifikalmesse mit Ansprache für die Vereinigung der katholischen Seelsorger an den deutschen Nervenkrankenhäusern bzw. Heil- und Pflegeanstalten (Jahrestagung)
23.06.	Wartenberg: Firmung (124, 133)
24.06.	Landshut: Firmung (50, 79)
25.06.	München, Ausstellungsgelände: Teilnahme an der Eröffnung der „IVA 1965 in München"
26.06.	München, St. Gertrud: Firmung (183)
27.06.	Maria Thalheim: Pontifikalmesse mit Ansprache anläßlich der Jahreswallfahrt des Dekanates Erding

27.06.	Landshut: Besuch der „Landshuter Hochzeit"
28.06.	Freising, St. Georg: Firmung (166, 168)
29.06.	Freising, Dom: Erteilung der Priesterweihe an 24 Diakone der Erzdiözese, 1 Diakon aus der Benediktinerabtei Schäftlarn, 1 Diakon aus der Kongregation der Redemptoristen
30.06.	München, Deutsches Museum: Vortrag anläßlich des Bundesverkehrswacht-Kongresses
01.07.	München, Erzbischofhof: Empfang für die neuernannten päpstlichen Würden-träger
01.07.	München, Herz Jesu: Firmung (209)
02.07.	München, St. Ursula: Firmung (146)
03.07.	Augsburg, Dom: Pontifikalamt mit Predigt anläßlich der 900-Jahr-Feier der Konsekration des Domes
04.07.	München, St. Jakob am Anger: Pontifikalamt mit Ansprache für die Laien-theologen
04.07.	München, Dom: Predigt zum Papstsonntag
05.07.	München, St. Georg: Firmung (147)
07.07.	Ebersberg: Firmung (185)
08.07.	Erding: Firmung (422)
09.07.	Erding: Firmung (188)
09.07.	Gelbersdorf: Einweihung des neuen Heimes der Männerfürsorge
10.07.	München, Kardinal-Wendel-Haus: Empfang für die Abiturienten der Höheren Schulen
10.07.	München, Fürstenried (Seminar): Firmung (33)
11.07.	Pulling bei Freising: Konsekration der neuen Pfarrkirche St. Ulrich, Pontifikal-messe mit Ansprache
12.07.	Wolfratshausen: Firmung (392)
13.07.	München-Pasing, St. Hildegard: Missio canonica für die Studenten der Pädago-gischen Hochschule Pasing, Pontifikalmesse mit Ansprache
14.07.	München-Solln, Warnberg: Weihe der neuen Haushaltungsschule, Pontifikal-messe mit Ansprache
14.07.	München, Erzbischofhof: Empfang für die neuernannten Geistlichen Räte
15.07.	München, St. Jakob am Anger: Teilnahme an der Konferenz der Finanz-referenten
18.07.	München, St. Maximilian: Benediktion von Autos, Pontifikalmesse mit Ansprache
18.08.	München, Mariahilfplatz 14: Ewige Profeß von 55 Schwestern der Kongregation der Armen Schulschwestern, Pontifikalmesse mit Ansprache
30.08.–02.09.	Fulda: Plenarkonferenz der deutschen Bischöfe

Festakt zum Abschluss des Zweiten Vatikanischen Konzils im Herkulessaal der Münchener Residenz, 12. Dezember 1965; am Rednerpult: P. Karl Rahner SJ; in der ersten Reihe v.l. Oberbürgermeister Hans Jochen Vogel, Herzog Albrecht von Bayern, Ministerpräsident Alfons Goppel, Kardinal Döpfner, Senatspräsident Josef Singer, Weihbischof Johannes Neuhäusler und Landwirtschaftsminister Alois Hundhammer

04.09.	Aschau: Benediktion des Neubaus der Kinderklinik (Spastikerzentrum) und Konsekration des neuen Altares in honorem S. Philippi N., Pontifikalmesse mit Ansprache
06.09.	Landshut: Benediktion des Caritas-Altersheimes „St. Rita", Pontifikalmesse mit Ansprache
10.09.	München, Dom: Fürbittgottesdienst für das Konzil; Pontifikalmesse mit Ansprache
14.09.– 08.12.	Teilnahme an der 4. Session des Zweiten Vatikanischen Konzils in Rom
29.10.	München-Solln: Benediktion des neuen Klosters der Schwestern vom Guten Hirten
30.10.	München-Solln: Konsekration der Klosterkirche Maria Regina Angelorum, Pontifikalamt mit Predigt
31.10.	München, Dom: Pontifikalamt mit Predigt
02.11.	München, Kardinal-Wendel-Haus: Teilnahme an der Feierstunde für Jahresschwestern

Besuch im „Landfahrerlager" an der Kranzberger Allee in München, 24. Dezember 1965

20.11.	Freising, Dom: Pontifikalamt mit Predigt zum Korbiniansfest; Pontifikalvesper
21.11.	München, Kardinal-Wendel-Haus: Pontifikalmesse mit Ansprache anläßlich der XXV. Tagung des zentralen Familienrates des Familienbundes der deutschen Katholiken; anschließend Teilnahme an der Tagung
23.11.	Freising, Klerikalseminar: Vortrag für die Alumnen
24.11.	Freising, Knabenseminar: Pontifikalmesse mit Ansprache
10.12.	München, Dom: Liturgischer Empfang der Konzilsväter der Erzdiözese und Predigt zum Konzilsende
12.12.	München-Fürstenried: Konsekration der neuen Kuratie-Kirche St. Matthias, Pontifikalmesse mit Ansprache
12.12.	München, Herkulessaal der Residenz: Teilnahme am Festakt zum Abschluß des Zweiten Vatikanischen Konzils, Schlußwort
13.12.	München, Zentralkolpinghaus: Ansprache anläßlich der Gedenkfeier zum 100. Todestag von Adolf Kolping
15.12.	München, Altersheim St. Nikolaus am Biederstein: Teilnahme an der Herbstkonferenz der Dekane
16.12.	Oberhaching: Benediktion des Heimes „St. Rita", Konsekration des Altares in honorem Divini Redemptoris, Pontifikalmesse mit Ansprache
17.12.	München, Kardinal-Wendel-Haus: Pontifikalmesse mit Ansprache anläßlich des Münchener Pastoraltages 1965

18.12.	Freising, Dom: Erteilung der Subdiakonatsweihe an 29 Alumnen aus der Erzdiözese, an 1 Kleriker aus der Benediktinerabtei Ettal, 1 Kleriker aus der Benediktinerabtei St. Bonifaz in München und an 5 Kleriker aus dem Franziskaner-Orden
19.12.	Freising, Dom: Erteilung der Diakonatsweihe an 29 Subdiakone aus der Erzdiözese und an 1 Subdiakon der Benediktinerabtei St. Bonifaz in München
20.12.	München, Kardinal-Wendel-Haus: Teilnahme an der Dienstbesprechung der katholischen Militärgeistlichen im Wehrbereich VI
23.12.	München, Altersheim St. Nikolaus am Biederstein: Pontifikalmesse mit Ansprache für Ordinariatsangehörige; Teilnahme an der Adventfeier für Ordinariatsangehörige
24.12.	München-Nord: Besuch des Landfahrerlagers
24.12.	München, Dom: Christmette, Pontifikalamt mit Ansprache
25.12.	München, Dom: Pontifikalamt mit Predigt; Pontifikalvesper
31.12.	München, Dom: Silvesterpredigt
31.12.	München, St. Michael: Jahresschlußandacht

1966

07.01.	München, Dom: Jahresgedächtnis-Gottesdienst für Erzbischof Joseph Kardinal Wendel, Pontifikalrequiem
14.01.	München-Kardinal-Wendel-Haus: Teilnahme am Priestertag
18.01.	München, Antiquarium der Residenz: Teilnahme am Neujahrsempfang der Bayerischen Staatsregierung
22.01.	München, Altersheim St. Nikolaus am Biederstein: Teilnahme am Neujahrsempfang der Katholischen Aktion der Erzdiözese
24.01.	München, Herzogliches Georgianum: Pontifikalmesse mit Ansprache, Diskussion mit den Studenten
28.01.	Josefstal, Jugendhaus: Pontifikalmesse mit Ansprache anläßlich eines Pastoralkurses für Priester der Erzdiözese
30.01.	München, Willi-Graf-Heim: Erteilung der Missio canonica an 7 Laientheologen, Pontifikalmesse mit Ansprache
02.02.	München: Benediktion des neuen Hauses der „Stimmen der Zeit", Pontifikalmesse mit Ansprache
06.02.	München, Johannes-Kolleg: Pontifikalmesse mit Ansprache, Diskussion mit den Studenten
09./10.02.	München, Mutterhaus der Barmherzigen Schwestern: Teilnahme am Generalkapitel der Kongregation der Barmherzigen Schwestern vom hl. Vinzenz von Paul
12.02.	München, Erzbischofshof: Firmung (1)
13.02.	München, Kardinal-Wendel-Haus: Teilnahme an der Tagung über das Zweite Vatikanische Konzil, Pontifikalmesse mit Ansprache, Vortrag

Antrittsbesuch als Vorsitzender der Deutschen Bischofskonferenz bei Bundeskanzler Ludwig Erhard in Bonn, 14. Februar 1966

14.–16.02.	Bonn: Antrittsbesuch bei der Bundesregierung in der Eigenschaft als Vorsitzender der Deutschen Bischofskonferenz
23.02.	München, St. Kajetan: Aschermittwoch der Künstler; Aschenweihe; Auflegung der geweihten Asche; Pontifikalamt mit Predigt
23.02.	München-Antiquarium der Residenz: Empfang anläßlich des Aschermittwochs der Künstler
25.02.	Freising, Klerikalseminar: Erteilung der Tonsur an 20 Theologen der Erzdiözese
26.02.	Freising, Dom: Erteilung der Niederen Weihen des Ostiariats und Lektorats an 20 Kleriker der Erzdiözese
27.02.	Freising, Dom: Erteilung der Niederen Weihen des Exorzistats und Akolythats an 20 Kleriker der Erzdiözese
28.02.– 04.03.	Hofheim am Taunus: Teilnahme an der Frühjahrskonferenz der deutschen Bischöfe
08.03.	München-Pasing, St. Hildegard: Erteilung der Missio canonica für die Studenten der Pädagogischen Hochschule Pasing, Pontifikalmesse mit Ansprache
09.03.	Landshut: Teilnahme am Priestertag

11.03.	Freising: Teilnahme am Priestertag
13.03.	München, Katholische Heimatmission: Pontifikalamt mit Predigt
13.03.	München, Amerikahaus: Teilnahme an der Eröffnung der Woche der Brüderlichkeit
16.03.	Dachau: Teilnahme am Priestertag
18.03.	Mühldorf: Teilnahme am Priestertag
19.03.	München, Dom: Bischofsgottesdienst zum Jubiläumsjahr
20.03.	München-Forstenried: Gottesdienst für Gehörlose
23.03.	Holzkirchen: Teilnahme am Priestertag
25.03.	Rosenheim: Teilnahme am Priestertag
29./30.03.	Freising, KIerikalseminar: Teilnahme an der Konferenz der Bayerischen Bischöfe
31.03.	Freising, Klerikalseminar: Teilnahme an der außerordentlichen Plenarkonferenz der deutschen Bischöfe
01.04.	München, St. Matthias: Jugendkreuzweg „Ost und West"
03.04.	München, Dom: Palmweihe, Palmprozession, Pontifikalamt mit Ansprache
07.04.	München, Dom: 8 Uhr: Missa Chrismatis mit Weihe der hl. Öle; 18 Uhr Missa solemnis vespertina mit Homilie, Fußwaschung, Altarentblößung
08.04.	München, Dom: Trauermette; Assistenz bei der Actio liturgica mit Kreuzverehrung, Kommunionfeier, Übertragung des Allerheiligsten zum heiligen Grab
09.04.	München, Dom: Trauermette
10.04.	München, Dom: Feier der Osternacht, Pontifikalamt mit Predigt, Pontifikalvesper
16.04.	München, Dom: Gottesdienst für die Ordensleute in der Erzdiözese, Pontifikalamt mit Predigt
19.04.	München, Kardinal-Wendel-Haus: Teilnahme an der Studientagung über die Ordnung des Kirchenraumes
19.04.	München, Schloß Nymphenburg: Teilnahme am Herrenabend von Herzog Albrecht von Bayern
20.04.	München, Kloster der Schwestern vom Guten Hirten: Pontifikalamt mit Predigt anläßlich des 30-jährigen Priesterjubiläums des Weihekurses 1936
25.04.	München, St. Michael: Firmung (223)
28.04.	München, Klosterkirche der Englischen Fräulein: Firmung (114)
28.04.	Fürstenfeldbruck, Fliegerhorst: Vortrag
30.04.	Tutzing, Evangelische Akademie: Teilnahme am evangelisch-katholischen Publizistentreffen, Vortrag
01.05.	München, Dom: Bischofsgottesdienst zum Jubiläumsjahr
02.05.	München, St. Michael: Firmung (223)
03.05.	München, Kardinal-Wendel-Haus: Teilnahme an der Tagung der Katholischen Akademie in Bayern

03.05.	München, Dom: Maiandacht mit Predigt
04.05.	Traunstein: Teilnahme am Priestertag
05.05.	München, St. Theresia: Firmung (290)
06.05.	Bad Reichenhall: Teilnahme am Priestertag
08.05.	Scheyern: Bischofsgottesdienst zum Jubiläumsjahr
08.05.	München, Staatliche Hochschule für Musik: Teilnahme an der Feierstunde „1000 Jahre Kirche Polens"
09.05.	München, St. Michael: Firmung (216)
10.05.	München, Kardinal-Wendel-Haus: Teilnahme an der Tagung der Referenten aller katholischen Akademien für Primanerbildung
11.05.	Ettal: Teilnahme am Priestertag
12.05.	München, St. Willibald: Teilnahme an der Laienversammlung
12.05.	München, 14 Nothelfer: Firmung (138)
13.05.	München, St. Heinrich: Firmung (123)
13.05.	Ebersberg: Teilnahme an der Laienversammlung
14.05.	München, St. Bernhard: Firmung (202)
15.05.	München: Konsekration der Pfarrkirche St. Wolfgang, Pontifikalamt mit Predigt
16.05.	München, St. Michael: Firmung (210)
18.05.	München, Altersheim St. Nikolaus am Biederstein: Teilnahme an der Konferenz der Jugendseelsorger und Führerschaft des Stadtkreises München
18.05.	Neuaubing, St. Konrad: Firmung (131)
19.05.	Freising: Bischofsgottesdienst zum Jubiläumsjahr
20.05.	Gauting: Firmung (119)
20.05.	Fürstenfeldbruck: Übergabe der Gedenkstätte für die Toten der Luftwaffe und der Luftfahrt an die Luftwaffe, Festansprache
22.05.	Maria Eck: Bischofsgottesdienst zum Jubiläumsjahr
23.–28.05.	Rom: Teilnahme an Kommissionssitzungen
31.05.	München, McGraw-Kaserne: Firmung (80)
02.06.	Neubiberg, Luftwaffenschule: Vortrag
03.06.	München, Kardinal-Wendel-Haus: Pontifikalmesse mit Ansprache anläßlich der Tagung der Katholischen Ärzteschaft Deutschlands im Katholischen Akademiker-Verband
05.06.	Wörnsmühl: Konsekration der Kirche Allerheiligste Dreifaltigkeit, Pontifikalamt mit Predigt
08.06.	Teisendorf: Firmung (218)
08.06.	München, Schack-Galerie: Teilnahme am Empfang der Bayerischen Staatsregierung
12.06.	Berlin-Charlottenburg, St. Canisius: Pontifikalamt mit Predigt anläßlich der 80. Cartellversammlung des CV
15.06.	Unterwössen: Firmung (176)

16.06.	Inzell: Firmung (201)
17.06.	München, Ausstellungsgelände: Teilnahme am „Sudetendeutschen Tag"
18.06.	München-Nymphenburg: Benediktion des Erweiterungsbaus des Krankenhauses der Barmherzigen Brüder, Pontifikalmesse mit Predigt
19.06.	Klettham: Konsekration der Kuratiekirche St. Vinzenz, Pontifikalamt mit Predigt
19.–28.06.	Rom: Teilnahme an Kommissionssitzungen
29.06.	Freising, Dom: Erteilung der Priesterweihe an 27 Diakone der Erzdiözese, 1 Diakon der Benediktiner-Abtei Ettal
30.06.	Taufkirchen/Vils: Firmung (153)
01.07.	Velden: Firmung (292)
02.07.	Wies bei Freising: Benediktion der neuen Dorfhelferinnenschule, Pontifikalmesse mit Ansprache
03.07.	Winklmoosalm: Konsekration der Kirche St. Johann im Gebirg, Pontifikalamt mit Predigt
03.07.	München, Dom: Pontifikalamt mit Predigt anläßlich des Krönungstages von Papst Paul VI.
04.07.	München, Maria vom Guten Rat: Firmung (153)
06.07.	Kiefersfelden: Firmung (141)
07.07.	Seeon: Firmung (139)
09.07.	München-Fürstenried: Firmung (34)
09.07.	München, Kolpinghaus St. Theresia: Empfang für die Abiturienten der Höheren Schulen
10.07.	Frauenchiemsee: Pontifikalamt mit Predigt für die Jugend des Chiemgaus anläßlich der 1100-Jahrfeier des Todes der Sel. Irmengard von Chiemsee
12.07.	München-Pasing, St. Hildegard: Erteilung der Missio canonica für die Studenten der Pädagogischen Hochschule, Pontifikalmesse mit Ansprache
14.–17.07.	Bamberg: Teilnahme am 81. Deutschen Katholikentag
20.07.	München, St. Ludwig: Erteilung der Missio canonica für das Seelsorgehelferinnenseminar, Pontifikalmesse mit Ansprache
22.07.	Würzburg: Pontifikalamt mit Predigt anläßlich des 90. Stiftungsfestes der Katholischen Studentenverbindung Normannia, Teilnahme an der Festakademie
25.08.	München, Kolpinghaus St. Theresia: Teilnahme an der Tagung des Katholischen Flüchtlingsrates
27.08.	München, Erzbischofshof: Firmung (1)
10.09.	München, Kolpinghaus St. Theresia: Teilnahme an der Diözesanversammlung der Deutschen Kolpingsfamilie
11.09.	Ettal: Bischofsgottesdienst zum Jubiläumsjahr
12.09.	Petersberg b. Dachau: Pontifikalmesse mit Ansprache anläßlich der Priesterwochen für den Weihekurs 1960

14.09.	München, Maria Ramersdorf: Feier des „Frauendreißigers" mit Predigt
15.09.	München, Erzbischöfliches Ordinariat: Teilnahme an der konstituierenden Sitzung des Liturgischen Rates der Erzdiözese
17.09.	München: Benediktion der Räume des Malteser Hilfsdienstes
17.09.	Josefstal, Jugendhaus: Teilnahme an der Diözesankonferenz der Jugend, Pontifikalmesse mit Ansprache
20.09.	München, Erzbischofshof: Empfang für die neuernannten Geistlichen Räte
21.09.	München, Theresienwiese: Gottesdienst für die Schausteller auf dem Oktoberfest, Pontifikalmesse mit Predigt
25.09.	Landshut: Bischofsgottesdienst zum Jubiläumsjahr
26.09.	Petersberg b. Dachau: Pontifikalmesse mit Ansprache anläßlich der Priesterwochen des Weihekurses 1959
27.–30.09.	Fulda: Teilnahme an der Plenarkonferenz der deutschen Bischöfe
02.10.	Bad Bocklet: Firmung (3)
04.–25.10.	USA: Teilnahme an der Bildungs- und Informationsreise der Katholischen Akademie in Bayern
29.10.	München, St. Sebastian: Konsekration des neuen Altares, Pontifikalamt mit Predigt
30.10.	München, Dom: Pontifikalamt mit Predigt anläßlich des Treffens der Kirchenchöre der Erzdiözese
03.11.	München, Dom: Gruftmesse für die verstorbenen Erzbischöfe von München und Freising
04.11.	München, Altersheim St. Nikolaus am Biederstein: Teilnahme an der Konferenz der Studentenseelsorger
06.11.	Flintsbach: Konsekration des neuen Altares, Pontifikalamt mit Predigt
10./11.11.	München, Kardinal-Wendel-Haus: Teilnahme an der Dekanekonferenz der Erzdiözese
10.11.	München, Schack-Galerie: Teilnahme am Empfang des Bayerischen Ministerpräsidenten aus Anlaß der Flüchtlingsaktion 1966
13.11.	Freising, Dom: Jugend-Korbinianswallfahrt, Pontifikalmesse mit Ansprache, Wortgottesdienst und Pilgerabschied
15.11.	München, Deutsches Museum: Pontifikalmesse mit Predigt anläßlich des Treffens der Frauen der Erzdiözese von München und Freising
18.11.	Freising, Dom: Konsekration des neuen Altares, Pontifikalamt mit Predigt
19.11.	Freising, Dom: Pontifikalamt mit Predigt zum Korbiniansfest, Poutifikalvesper
23.11.	Gräfelfing: Benediktion des Caritasheimes St. Gisela, Pontifikalmesse mit Ansprache
24.11.	München, Technische Hochschule: Teilnahme an der Akademischen Jahresfeier
26.11.	München, Altersheim St. Nikolaus am Biederstein: Pontifikalmesse mit Ansprache anläßlich der Diözesankonferenz der Katholischen Aktion der Erzdiözese, Vortrag

27.11.	Truchtlaching: Konsekration des neuen Altares, Pontifikalmesse mit Ansprache
28.11.	München, Antiquarium der Residenz: Teilnahme am Empfang des Präsidenten der Max-Planck-Gesellschaft zur Förderung der Wissenschaften, Prof. Adolf Butenandt, aus Anlaß der Sitzung des Senats der Max-Planck-Gesellschaft
30.11.	Landshut: Betriebsbesuche, Diskussion mit Betriebsräten
01.12.	München, Berufsfachschule für Hör- und Sprachgeschädigte: Besuch der Berufsfachschule
02.12.	München-Haidhausen, St. Johann Baptist: Eröffnungsgottesdienst für den Bayerischen Landtag, Pontifikalmesse mit Predigt
02.12.	München, Kardinal-Wendel-Haus: Teilnahme an der Tagung des Kulturbeirates des Zentralkomitees der deutschen Katholiken
02.12.	München, Dom: Gottesdienst anläßlich des 50. Todestages von Charles de Foucauld, Pontifikalmesse mit Ansprache
03.12.	München, Herkulessaal der Residenz: Teilnahme an der „feierlichen Jahressitzung" der Bayerischen Akademie der Wissenschaften
04.12.	München: Konsekration der Kuratiekirche St. Thomas Morus, Pontifikalamt mit Predigt
05.12.	München, Schack-Galerie: Teilnahme am Empfang des Bayerischen Ministerpräsidenten aus Anlaß des Ausscheidens von Ministerpräsident a.D. Staatsminister Dr. Hans Ehard
08.12.	München, Dom: Bischofsgottesdienst zum Jubiläumsjahr
09.12.	München, Erzbischofhof: Firmung (1)
11.12.	München-Solln, St. Johann Baptist: Konsekration des neuen Altares, Pontifikalamt mit Predigt
15.12.	Garching: Besuch des Instituts für Plasma-Physik
17.12.	Freising, Dom: Erteilung der Subdiakonatsweihe an 29 Alumnen der Erzdiözese, 1 Kleriker aus dem Servitenorden, 1 Kleriker aus der Kongregation der Redemptoristen, 5 Kleriker aus dem Franziskaner-Orden
18.12.	Freising, Dom: Erteilung der Diakonatsweihe an 29 Subdiakone der Erzdiözese, 1 Subdiakon der Benediktinerabtei Ettal, 1 Subdiakon aus der Kongregation der Redemptoristen, Gars
22.12.	München, Altersheim St. Nikolaus am Biederstein: Pontifikalmesse mit Ansprache für Ordinariatsangehörige, Teilnahme an der Adventsfeier für Ordinariatsangehörige
24.12.	München, Stadelheim: Pontifikalmesse mit Ansprache in der Strafanstalt, Besuch von Gefangenen
24.12.	München, Dom: Christmette, Pontifikalamt mit Ansprache
25.12.	München, Dom: Pontifikalamt mit Predigt, Pontifikalvesper
31.12.	München, Dom: Silvesterpredigt
31.12.	München, St. Michael: Jahresschlußandacht

1967

09.01.	München, Dom: Jahresgedächtnis-Gottesdienst für Erzbischof Joseph Kardinal Wendel, Pontifikalrequiem
21.01.	München, Altersheim St. Nikolaus am Biederstein: Teilnahme am Neujahrsempfang des Diözesanrates der Katholiken
22.01.	München, Schloß Nymphenburg: Teilnahme am Empfang des Herzogs und der Herzogin von Bayern anläßlich der Hochzeit von Herzog Max in Bayern mit Elizabeth Gräfin Douglas
22.01.	München, St. Rupert: Konsekration des neuen Altares, Missa cantata mit Predigt
26.01.	München, Studienseminar Albertinum: Konsekration des neuen Altares, Missa cantata mit Predigt
27.01.	München, Mutterhaus der Barmherzigen Schwestern: Teilnahme an der Generalratssitzung der Barmherzigen Schwestern
27.01.	München, Kardinal-Wendel-Haus: Teilnahme an der Presse-Konferenz zur Einführung der „Neuen Bußordnung"
29.01.	München, Kolpinghaus St. Theresia: Eucharistiefeier der Laientheologen, Pontifikalmesse mit Ansprache
01.02.	München, Galeriestraße (Schwestern der Heimatmission): Pontifikalmesse mit Ansprache
05.02.	München, Altersheim St. Nikolaus am Biederstein: Pontifikalmesse mit Ansprache
08.02.	München, St. Kajetan: Aschermittwoch der Künstler; Aschenweihe; Auflegung der geweihten Asche; Pontifikalamt
08.02.	München, Antiquarium der Residenz: Empfang anläßlich des Aschermittwoch der Künstler
13.–16.02.	Bad Honnef: Teilnahme an der Frühjahrskonferenz der deutschen Bischöfe
22.02.	Landshut, Kolpinghaus: Begegnung mit Unternehmern von Landshut
24.02.	Graz: Vortrag im Katholischen Bildungswerk
26.02.	München, Dom: Assistenz beim Pontifikalamt von Léon-Joseph Kardinal Suenens, Erzbischof von Mechelen und Brüssel
26.02.	Freising, Dom: Erteilung der Niederen Weihen des Exorzistats und Akolythats an 13 Kleriker der Erzdiözese und 1 Kleriker der Diözese Augsburg
27.02.	München, Hotel Vier Jahreszeiten; Teilnahme am Frühstück des Stellvertreters des Bayerischen Ministerpräsidenten Staatsminister Dr. Dr. Alois Hundhammer zu Ehren des Erzbischofs von Mechelen und Brüssel Léon-Joseph Kardinal Suenens
27.02.	München, Deutsches Museum: Teilnahme an der Jahresfeier der Katholischen Akademie in Bayern
27.02.	München, Kardinal-Wendel-Haus: Empfang anläßlich der Jahresfeier der Katholischen Akademie in Bayern

Empfang im Kardinal-Wendel-Haus anlässlich der Jahresfeier der Katholischen Akademie in Bayern, 27. Februar 1967; Kardinal Döpfner im Gespräch mit Erzbischof Léon-Joseph Kardinal Suenens (Mechelen-Brüssel) und August Everding, Intendant der Münchner Kammerspiele

28.02.	München: Teilnahme am Essen des Landesbischofs Dr. Hermann Dietzfelbinger zu Ehren des Metropoliten Nikodim von Leningrad und Lagoda
28.02.	München, Ludwig-Maximilians-Universität: Teilnahme an der Festlichen Verleihung der Konrad-Adenauer Preise 1967 für Wissenschaft, Literatur und Publizistik
02.03.	Bad Reichenhall: Teilnahme an der Kleruskonferenz, Bußgottesdienst
03.03.	Landshut, St. Martin: Eröffnung der Volksmission in Landshut
05.03.	München: Konsekration der Kuratiekirche St. Mauritius, Missa cantata mit Predigt
06.03.	München, Altersheim St. Nikolaus am Biederstein: Teilnahme an der Diözesankonferenz der Religionslehrer an den Höheren Schulen
07.03.	München-Pasing, St. Hildegard: Erteilung der Missio canonica für Studenten der Pädagogischen Hochschule, Pontifikalmesse mit Ansprache
08.03.	Mühldorf: Teilnahme an der Kleruskonferenz, Bußgottesdienst
09.03.	München, Dom: Bußgottesdienst
10.03.	Rosenheim: Teilnahme an der Kleruskonferenz, Bußgottesdienst

11.03.	Waldram, Studienkolleg St. Matthias: Pontifikalmesse mit Ansprache
13.–15.03.	Freising, Klerikalseminar: Teilnahme an der Konferenz der bayerischen Bischöfe
16.03.	Traunstein: Teilnahme an der Kleruskonferenz, Bußgottesdienst
19.03.	München, Dom: Palmweihe, Palmprozession, Pontifikalamt mit Ansprache
20./21.03.	München, Kardinal-Wendel-Haus: Teilnahme an der außerordentlichen Kleruskonferenz
22.03.	München, Dom: Trauermette
23.03.	München, Dom: Missa Chrismatis mit Weihe der hl. Öle; Missa solemnis vespertina mit Homilie; Fußwaschung, Altarentblößung
24.03.	München, Dom: Trauermette; Assistenz bei der Actio liturgica mit Kreuzverehrung, Kommunionfeier
25.03.	München, Dom: Trauermette
26.03.	München, Dom: Feier der Osternacht; Pontifikalamt mit Predigt; Pontifikalvesper
27.03.	München, Mutterhaus der Kreszentia-Schwestern: Pontifikalmesse mit Ansprache
29.03.	München, Hansaheim: Vortrag für KKV München
30.03.	München, Kardinal-Wendel-Haus: Pontifikalmesse mit Ansprache anläßlich des Kongresses der FICEP
31.03.	München, Herzogliches Georgianum: Pontifikalmesse mit Ansprache anläßlich der Konferenz der Liturgie-Professoren
01.04.	München, Johanneskolleg: Pontifikalmesse mit Ansprache anläßlich der Tagung des Arbeitskreises für Führungskräfte der Wirtschaft, Vortrag
02.04.	München, Dr. Decker-Klinik: Pontifikalmesse mit Ansprache
04.04.	Tuntenhausen: Pontifikalrequiem für Bundesminister a.D. Fritz Schäffer
08.04.	München-Fürstenried: Pontifikalmesse mit Ansprache anläßlich der Tagung des Schlesischen Malteserritterordens
09.04.	Deisenhofen: Konsekration der Kuratiekirche St. Bartholomäus, Missa cantata mit Predigt
13.04.	München, Klosterkirche der Englischen Fräulein: Firmung (164)
17.04.	Berlin: Vortrag im Katholischen Bildungswerk
18.–22.04.	Rom: Teilnahme an Kommissionssitzungen
24.04.	München, St. Joseph: Firmung (312)
25.04.	Köln: Teilnahme am Staatsbegräbnis für Altbundeskanzler Dr. Konrad Adenauer
26.04.	München, Maximilianeum: Teilnahme an der Gedenkstunde der Bayerischen Staatsregierung für Altbundeskanzler Dr. Konrad Adenauer
26.04.	München-Hasenbergl, St. Nikolaus: Firmung (192)
27.04.	München, St. Lantpert: Firmung (169)
28.04.	München, Dom: Pontifikalrequiem für Altbundeskanzler Dr. Konrad Adenauer

28.04.	München-Neufriedenheim, Namen Jesu: Firmung (93)
29.04.	Neugermering, St. Cäcilia: Firmung (171)
30.04.	Hohenaschau, Katholisches Sozialinstitut: Pontifikalmesse mit Ansprache, Sendungsfeier
04.05.	München, Dom: Semestereröffnungsgottesdienst, Pontifikalamt mit Predigt
05.05.	Neufahrn bei Freising: Firmung (192)
06.05.	Weyarn: Firmung (107)
07.05.	Würzburg, Dom: Pontifikalamt mit Predigt
08.05.	München, St. Joseph: Firmung (210)
09.05.	München, Kardinal-Wendel-Haus: Teilnahme an der Dekanekonferenz der Erzdiözese
10.05.	Dachau, Maria Himmelfahrt: Firmung (209)
10.05.	Dachau, Hl. Kreuz: Firmung (254)
11.05.	Dachau, St. Jakob: Firmung (228, 234)
12.05.	München, Erzbischofshof: Pontifikalmesse mit Ansprache für Mitglieder des Grabesritterordens
14.05.	München, Dom: Pontifikalamt mit Predigt
17.05.	München, Kardinal-Wendel-Haus: Teilnahme an der Konferenz für Ordensleute
20.05.	München, Herz-Jesu-Kloster: Missa cantata mit Predigt anläßlich der 100-Jahrfeier des Klosters
21.05.	Tuntenhausen: Pontifikalamt mit Predigt anläßlich des 25-jährigen Jubiläums der Basilika
23.05.	Eichstätt: Benediktion der Pädagogischen Hochschule, Teilnahme am Festakt, Festvortrag
24.05.	Percha: Firmung (94)
25.05.	München, Dom: Pontifikalamt mit Ansprache, Fronleichnamsprozession
26.05.–15.06.	Ecuador: Teilnahme am IV. Nationalen Eucharistischen Kongreß von Ecuador als Päpstlicher Legat
17.06.	Grünwald, Schwesternheim des Bayerischen Roten Kreuzes: Konsekration des neuen Altares, Missa cantata mit Predigt
18.06.	München, St. Franz Xaver: Konsekration der Pfarrkirche, Missa cantata mit Predigt
21.06.	Markt Schwaben: Firmung (154, 110)
22.06.	Isen: Firmung (108, 99)
25.06.	Köln: Assistenz beim Pontifikalamt von Erzbischof Josef Kardinal Frings anläßlich seines 25jährigen Bischofsjubiläums, Festpredigt
26.06.	Icking: Firmung (120)
27.06.	Petersberg b. Dachau: Pontifikalmesse mit Ansprache für die Priesterweihekandidaten

Besuch in Tuntenhausen anlässlich des 25-jährigen Jubiläums der Erhebung der Pfarr- und Wallfahrtskirche zur Basilika, 21. Mai 1967

Besuch im Partnerland Ecuador, 25. Mai – 15. Juni 1967; Begrüßung in Shell am Ostrand der Anden

29.06.	Freising, Dom: Erteilung der Priesterweihe an 29 Diakone der Erzdiözese, 1 Diakon der Benediktiner der Abtei Ettal
29.06.	München, St. Peter: Predigt zur Eröffnung des „Glaubensjahres"
02.07.	München, Dom: Pontifikalamt mit Predigt anläßlich des Krönungstages von Papst Paul VI.
03.07.	Kloster Schäftlarn: Firmung (104)
05.07.	Garmisch: Firmung (239)
05.07.	Partenkirchen: Firmung (253)
06.07.	Schlehdorf: Firmung (101)
07.07.	München, Kardinal-Wendel-Haus: Empfang für die Abiturienten des Jahres 1967
07.07.	Gartenberg: Firmung (190)
08.07.	München-Fürstenried, Knabenseminar: Firmung (25)
09.07.	München-Gerberau [Karlsfeld]: Konsekration der Pfarrkirche St. Joseph, Missa cantata mit Predigt
10.07.	Glonn: Firmung (138)
10.07.	Glonn, Marienheim: Benediktion des Altersheimes mit Ansprache

13.07.	München-Pasing, St. Hildegard: Erteilung der Missio canonica für die Studenten der Pädagogischen Hochschule, Pontifikalmesse mit Ansprache
14.07.	München, Kardinal-Wendel-Haus: Erteilung der Missio canonica an 24 Referendare, Pontifikalmesse mit Ansprache
15.07.	München, St. Michael: Pontifikalmesse mit Ansprache anläßlich der Jubiläums-Tagung des Bayerischen Landesverbandes katholischer Kindertagesstätten e.V.
16.07.	Germering: Konsekration der Pfarrkirche St. Martin, Missa cantata mit Predigt
19.07.	München, Landesanstalt für körperbehinderte Jugendliche: Firmung (23)
19.07.	München, Erzbischofshof: Empfang der neuernannten Geistlichen Räte
22.08.	München-Au: Pontifikalmesse mit Ansprache anläßlich der Ewigen Profeß (Arme Schulschwestern)
27.08.	Unterhaching, Schwesternheim „St. Katharina Labouré": Konsekration des neuen Altares, Missa cantata mit Predigt
03.09.	Au bei Bad Aibling: Konsekration des neuen Altares, Missa cantata mit Predigt
07.09.	München, Deutsches Museum: Teilnahme an der Eröffnungsfeier des Internationalen Kongresses des Lateinischen Notariats
07.09.	München, Schwarzer Saal der Residenz: Teilnahme am Empfang des Bayerischen Ministerpräsidenten aus Anlaß des IX. Kongresses der Internationalen Union des Lateinischen Notariats
08.09.	München, Dom: Missa cantata mit Predigt anläßlich des IX. Internationalen Kongresses des Lateinischen Notariats
10.09.	Zugspitze, Gatterl: Pontifikalmesse mit Ansprache
14.09.	München, Erzbischofshof: Konstituierende Sitzung des Priesterrates der Erzdiözese
16.09.	Wang, Schloß Isareck: Pontifikalmesse mit Ansprache anläßlich der Jahresversammlung der bayerischen Mitglieder des Souveränen Malteserritterordens
17.09.	Garching bei München: Konsekration der Pfarrkirche St. Severin, Missa cantata mit Predigt
19.–22.09.	Fulda: Teilnahme an der Plenarkonferenz der Deutschen Bischöfe
24.09.	Amerang: Konsekration des neuen Altares, Missa cantata mit Predigt
29.09.–29.10.	Rom: Teilnahme an der Bischofssynode
22.10.	München, Dom: Pontifikalmesse mit Predigt anläßlich des Deutschen Katholischen Akademikertages
22.10.	München, Residenz: Teilnahme am Festakt und Empfang anläßlich des Deutschen Katholischen Akademikertages
03.11.	München, Herz Jesu: Pontifikalrequiem für Prälat Dr. Emmeran Scharl, Teilnahme an der Beerdigung
04.11.	Berchtesgaden: Eröffnung der Volksmission
04.11	Bad Reichenhall: Eröffnung der Volksmission
05.11.	München, St. Anton: Konsekration des neuen Altares, Missa cantata mit Predigt

Abflug nach Rom zur Bischofssynode, 29. September 1967

Ausflug mit Bischof Hermann Volk (Mainz; links) während der Bischofssynode, Oktober 1967

09.11.	München, Maximilianeum: Teilnahme am Festakt der Bayerischen Staatsregierung aus Anlaß des 80. Geburtstages des Ministerpräsidenten a.D. Dr. Hans Ehard
10.11.	Neufahrn bei Freising: Benediktion der Avon-Werke
11.11.	Geisenhausen: Konsekration des neuen Altares, Missa cantata mit Predigt
12.11.	München, St. Clemens: Konsekration des neuen Altares, Missa cantata mit Predigt
13.11.	München, Rathaus: Teilnahme an der Festsitzung des Stadtrates aus Anlaß des 80. Geburtstages von Ministerpräsident a.D. Dr . Hans Ehard, Teilnahme am Festessen
13.11.	München, Kardinal-Wendel-Haus: Teilnahme an der Landesvorstandssitzung des Katholischen Frauenbundes
15.11.	München, Erzbischofhof: Sitzung des Priesterrates der Erzdiözese
17.11.	München, Kardinal-Wendel-Haus: Pontifikalmesse für Freiherrn Götz von Pölnitz
19.11.	Freising, Dom: Jugend-Korbinianswallfahrt, Pontifikalmesse mit Ansprache, Wortgottesdienst und Pilgerabschied
20.11.	Freising, Dom: Pontifikalamt mit Predigt zum Korbiniansfest, Pontifikalvesper und Prozession
21.11.	München-Haidhausen, St. Johann Baptist: Pontifikalmesse mit Predigt anläßlich des Diözesanmesnertages der Erzdiözese

23.11.	München, Lerchenauerstraße: Besichtigung der Bayerischen Motoren-Werke AG
25.11.	Freiburg i. Brsg.: Teilnahme an der Tagung des Internationalen Rates der Pax-Christi-Bewegung
26.11.	Freiburg i. Brsg, Münster: Pontifikalmesse mit Ansprache anläßlich der Tagung des Internationalen Rates der Pax-Christi-Bewegung
29.11.	München, Landesblindenanstalt: Konsekration des neuen Altares, Missa cantata mit Predigt
30.11.	München, St. Matthäuskirche: Teilnahme an der Eröffnungsveranstaltung der 9. Aktion „Brot für die Welt 1967/68" der Evangelischen Kirchen in Deutschland
03.12.	München, Klosterkirche der Englischen Fräulein: Pontifikalmesse mit Ansprache für MCV
04.12.	München, Haus der Kunst: Teilnahme am Empfang der Industrie- und Handelskammer für die Bayerische Staatsregierung und das Konsularkorps in München
05.12.	München, Maximilianeum: Teilnahme am Festakt zum 20-jährigen Bestehen des Bayerischen Senats
07.12.	München, Hl. Familie: Konsekration des neuen Altares, Missa cantata mit Predigt
08.12.	München-Perlach, St. Michael: Pontifikalmesse mit Ansprache für Familiengruppen Unserer Lieben Frau/Sektor München, Teilnahme an der Agape
09.12.	Traunstein, Erzbischöfliches Studienseminar: Benediktion des Neubaues, Missa cantata mit Predigt
10.12.	München, Herzogliches Georgianum: Missa cantata mit Ansprache
13.12.	München-Neuforstenried: Benediktion des Altersheimes St. Elisabeth, Pontifikalmesse mit Predigt
13.12.	München, Erzbischofhof: Sitzung des Priesterrates der Erzdiözese
14.12.	München, Theater an der Brienner Straße: Teilnahme am Dies academicus der Pädagogischen Hochschule München
16.12.	Freising, Dom: Erteilung der Subdiakonatsweihe an 26 Alumnen der Erzdiözese, 7 Kleriker aus dem Franziskaner-Orden
17.12.	Freising, Dom: Erteilung der Diakonatsweihe an 26 Subdiakone der Erzdiözese und an 4 Subdiakone aus dem Franziskaner-Orden
21.12.	München, Altersheim St. Nikolaus am Biederstein: Pontifikalmesse mit Ansprache für Ordinariatsangehörige, Teilnahme an der Adventfeier für Ordinariatsangehörige
22.12.	München-Haar, Nervenkrankenhaus: Teilnahme an der Weihnachtsfeier
23.12.	München, Erzbischofhof: Firmung (3)
24.12.	München, St. Michael: Christmette, Pontifikalamt mit Ansprache
25.12.	München, Dom: Pontifikalamt mit Predigt; Pontifikalvesper
31.12.	München, Dom: Silvesterpredigt
31.12.	München, St. Michael: Jahresschlußandacht

1968

08.01.	München, Dom: Jahresgedächtnis-Gottesdienst für Erzbischof Joseph Kardinal Wendel, Pontifikalrequiem
26.01.	Brüssel: Vortrag
27.01.	München, Altersheim St. Nikolaus am Biederstein: Teilnahme am Neujahrsempfang des Diözesanrates der Katholiken
28.01.	München, Dom: Predigt anläßlich des 80. Geburtstages von Weihbischof Dr. h.c. Johannes Neuhäusler
02.02.	München, Dom: Lichtmeßfeier, Pontifikalamt, Kerzenweihe
03.02.	Bernau, Strafanstalt: Betsingmesse mit Ansprache
04.02.	München, Dom: Ministrantenfeier, Ansprache, Prozession
06.02.	München: Vortrag vor dem Kaufmanns-Casino
09.02.	München, Dom: Missa cantata mit Predigt anläßlich der 500-Jahr-Feier der Grundsteinlegung des Domes
10.02.	München, St. Josefsheim: Benediktion, Missa cantata mit Ansprache
11.02.	München, Newmanhaus: Missa cantata mit Ansprache anläßlich eines Treffens des Unitasverbandes
17.02.	Paris: Teilnahme an der Trauerfeierlichkeit für Pierre Kardinal Veuillot, Erzbischof von Paris
18.02.	München, Johannes-Kolleg: Firmung (7)
18.02.	München, Kardinal-Wendel-Haus: Missa cantata mit Ansprache anläßlich der 3. Tagung für katholische Philologen
22.02.	München: Amtsübergabe an den neuen Präsidenten des Ludwig-Missions-Vereins Jakob Aigner
24.02.	Freising, Klerikalseminar: Erteilung der Niederen Weihen des Ostiariats und des Lektorats an 18 Kleriker der Erzdiözese
25.02.	Freising, Dom: Erteilung der Niederen Weihen des Exorzistats und Akolythats an 18 Kleriker der Erzdiözese
28.02.	München-St. Kajetan: Aschermittwoch der Künstler; Aschenweihe, Auflegung der geweihten Asche, Pontifikalamt
29.02.	München: Benediktion der heilpädagogischen Tagesstätte für geistig behinderte Kinder an der Ignaz-Perler-Straße
01.03.	München: Teilnahme an der Eröffnungsveranstaltung der 10. Fastenaktion „Misereor"
04.–07.03.	Stuttgart-Hohenheim: Teilnahme an der Frühjahrskonferenz der deutschen Bischöfe
13.03.	Josefstal, Jugendhaus: Teilnahme an einer Kleruskonferenz
14.03.	Putzbrunn: Benediktion des Säuglings- und Kleinkinderheims Salberg-Haus in Ottobrunn, Missa cantata mit Ansprache
15.03.	Josefstal, Jugendhaus: Teilnahme an einer Kleruskonferenz

Gottesdienst in der Strafanstalt Bernau, 3. Februar 1968

17.03.	München, Kreszentia-Stift: Konsekration des neuen Altares, Missa cantata mit Ansprache
19.03.	München, Johannes-Kolleg: Missa cantata mit Ansprache anläßlich eines Treffens von Laientheologen
19.03.	München, Kronprinz-Rupprecht-Kaserne: Teilnahme am Empfang des Befehlshabers im Wehrbereich VI und des Präsidenten der Wehrbereichsverwaltung VI
20.03.	Josefstal, Jugendhaus: Teilnahme an einer Kleruskonferenz
21.03.	Rosenheim: Benediktion des Städtischen Krankenhauses, Missa cantata mit Ansprache
22.03.	Josefstal, Jugendhaus: Teilnahme an einer Kleruskonferenz
23.03.	München, Altersheim St. Nikolaus am Biederstein: Teilnahme an einer Tagung des Diözesanrates der Katholiken
24.03.	Hohenlinden: Konsekration des neuen Altares, Missa cantata mit Ansprache
26.03.	München, Prinz-Carl-Palais: Teilnahme an einem Empfang des Bayerischen Ministerpräsidenten aus Anlaß des 70. Geburtstages von Staatsminister a.D. Dr. Josef Müller
31.03.	Baumgarten: Konsekration des neuen Altares, Missa cantata mit Ansprache
02./03.04.	Freising, Klerikalseminar: Teilnahme an der Konferenz der bayerischen Bischöfe

233

Bei der Skimeisterschaft des Klerus am Sudelfeld bei Bayrischzell, 13. März 1968

Betriebsbesuch bei MAN in München, 24. April 1968

04.04.	Bonn-Bad Godesberg: Teilnahme an der Festakademie des Zentralkomitees der deutschen Katholiken
05.04.	München, Dom: Bußgottesdienst
05.04.	München, Herz Jesu: Jugendkreuzweg
06.04.	München, Altersheim St. Nikolaus am Biederstein: Betsingmesse mit Ansprache anläßlich der Beauftragung von Laien zur Kommunionausteilung
07.04.	München, Dom: Palmweihe, Palmprozession, Pontifikalamt mit Ansprache
10.04.	München, Dom: Trauermette
11.04.	München, Dom: Missa Chrismatis mit Weihe der hl. Öle; Missa solemnis vespertina mit Homilie, Fußwaschung, Altarentblößung
12.04.	München, Dom: Trauermette; Assistenz bei der Actio liturgica mit Kreuzverehrung, Kommunionfeier
13.04.	München, Dom: Trauermette
14.04.	München, Dom: Feier der Osternacht; Pontifikalamt mit Predigt, Pontifikalvesper
22.04.	München, Bayerischer Rundfunk: Teilnahme an der Eröffnungsfeier der Generalversammlung der Internationalen Katholischen Vereinigung für Rundfunk und Fernsehen (UNDA), Grußwort

24.04.	Landshut, Franziskanerkirche: Pontifikalrequiem für Bischof Berthold Bühl OFM
24.04.	München, Residenz: Teilnahme am Empfang des Bayerischen Ministerpräsidenten aus Anlaß der Generalversammlung der Internationalen Katholischen Vereinigung für Rundfunk und Fernsehen (UNDA)
26.04.	München: Besuch von MAN
26.04.	Bergen/Obb.: Teilnahme an der 13. Gesamtkonferenz der hauptamtlichen katholischen Militärgeistlichen der Bundeswehr
28.04.	Gars: Erteilung der Priesterweihe an 5 Diakone der Redemptoristen
29.04.	München-Sendling, St. Margaret: Firmung (195)
30.04.	Josefstal, Jugendhaus: Teilnahme an einer Kleruskonferenz
02.05.	München, St. Bonifaz: Semestereröffnungsgottesdienst der TH, Missa cantata mit Predigt
02.05.	München, Deutsches Museum: Teilnahme am Festakt aus Anlaß des 100. Jahrestages der Gründung der TH München
02.05.	München, Residenz: Teilnahme am Empfang des Bayerischen Ministerpräsidenten aus Anlaß des 100. Gründungstages der TH München
03.05.	München, St. Ulrich: Firmung (95)
04.05.	München, St. Canisius: Firmung (115)
05.05.	Oberneuching: Konsekration des neuen Altares, Missa cantata mit Ansprache
06.05.	München, Herz Jesu: Firmung (177)
06.05.	Josefstal, Jugendhaus: Teilnahme an einer Kleruskonferenz
07.05.	München, Altersheim St. Nikolaus am Biederstein: Teilnahme an der Dekanekonferenz der Erzdiözese
08.05.	Aschau: Firmung (155)
08.05.	Aschau, Kinderheilstätte: Firmung (14)
09.05.	Aschau: Firmung (179)
10.05.	München: Teilnahme an der Festvorführung des Filmes „Lux mundi", Ansprache
10.05.	Prien: Firmung (160, 112)
11.05.	München, Deutsches Museum: Teilnahme an der feierlichen Eröffnung des Europakongresses des Katholischen Weltbundes für Krankenpflege CICIAMS 1968, Missa cantata mit Predigt
11.05.	München, Residenz: Empfang anläßlich des Europakongresses des Katholischen Weltbundes für Krankenpflege CICIAMS 1968
12.05.	Algasing, Pflegeheim: Konsekration des neuen Altares, Missa cantata mit Ansprache, Benediktion des Neubaues des Pflegeheimes
13.05.	München, St. Gabriel: Firmung (214)
15.05.	München, St. Jakob am Anger: Firmung (172)
16.05.	München-Nymphenburg, Hl. Dreifaltigkeit: Firmung (187)

Fronleichnamsprozession in München, 13. Juni 1968; links: Domkapitular Heinrich
Eisenhofer

Messfeier vor dem Nationaltheater in München zu Beginn der Fronleichnamsprozession,
13. Juni 1968

17.05.	Planegg: Firmung (193)
18.05.	Augsburg: Teilnahme an der Jahrestagung des deutschen Zweiges der Pax-Christi-Bewegung
19.05.	München, Residenz: Teilnahme am Empfang des Bundesministers für Ernährung, Landwirtschaft und Forsten und des Bayerischen Staatsministers für Ernährung, Landwirtschaft und Forsten aus Anlaß der 50. DLG-Ausstellung
22.05.	München, Erzbischofshof: Firmung (1)
23.05.	Raithen: Gottesdienst mit Ansprache anläßlich eines Treffens der Trachten-Wallfahrt-Vereinigung Raithen
24.05.	München: Besuch des Bayerischen Rundfunks
25.05.	München-Sendling, St. Margaret: Firmung (178)
27.05.	München, St. Gabriel: Firmung (190)
29.05.	München, Dom: Firmung (200)
30.05.	München, Dom: Firmung (177)
31.05.	München, Dom: Firmung (216)
02.06.	München, Dom: Pontifikalamt mit Predigt zum Pfingstsonntag, Pontifikalvesper

07.06.	München, Residenz: Teilnahme am Empfang des Bayerischen Ministerpräsidenten aus Anlaß des 125-jährigen Bestehens der Industrie- und Handelskammer für München und Oberbayern
09.06.	Birkeneck, St. Georgsheim: Missa cantata mit Ansprache
12.06.	München, Olympiaturm: Teilnahme am Stehempfang der Landeshauptstadt München aus Anlaß des Stadtgründungstages
12.06.	München, St. Augustin: Firmung (142)
18.06.	Bad Reichenhall, St. Nikolaus: Konsekration des neuen Altares, Missa cantata mit Ansprache
19.06.	München, Erzbischofshof: Teilnahme an einer Präsidiumstagung des deutschen Zweiges der Pax-Christi-Bewegung
19.06.	Bad Reichenhall, St. Nikolaus: Firmung (122)
20.06.	Bad Reichenhall, St. Zeno: Firmung (205, 156)
21.06.	Berchtesgaden: Firmung (198)
22.06.	Berchtesgaden: Firmung (233)
22.06.	Kirchberg/Tirol: Begrüßung des „Sonnenzuges" des Caritasverbandes der Erzdiözese
29.06.	Freising, Dom: Erteilung der Priesterweihe an 23 Diakone der Erzdiözese und 2 Diakone aus Missionsorden
30.06.	München, Dom: Pontifikalamt mit Predigt zum Papstsonntag 1968
01.07.	München, St. Andreas: Firmung (78)
01.07.	München, Hotel Vier Jahreszeiten: Teilnahme am Frühstück des Bayerischen Ministerpräsidenten aus Anlaß der Vereidigung von Bischof Dr. Alois Brems, Eichstätt
02./03.07.	Berlin: Teilnahme am 8. Weltkongreß der katholischen Presse
05.07.	Bonn-Bad Godesberg: Teilnahme an einer Sitzung des Cusanuswerkes
07.07.	München, Willi-Graf-Heim: Missio canonica für Religionspädagogen an Gymnasien und Realgymnasien, Missa cantata mit Ansprache
08.07.	München, Dom: Assistenz bei der Investitur von Rittern des Hl. Grabes zu Jerusalem
08.07.	München, Residenz: Teilnahme am Empfang anläßlich der Investitur von Rittern des Hl. Grabes zu Jerusalem
09.07.	München, Hotel Vier Jahreszeiten: Teilnahme am Frühstück des Bayerischen Ministerpräsidenten zu Ehren von Eugenio Kardinal Tisserant
09.07.	München: Teilnahme am Abendessen des „Kuratoriums Internationale Begegnung e.V." anläßlich des Besuches von Eugenio Kardinal Tisserant
10.07.	München, Residenz: Empfang für die Künstler der Erzdiözese
11.07.	München, Ausstellungspark: Teilnahme am Verbandstag des Bayerischen Raiffeisenverbandes e.V. München
11.07.	München, Erzbischofshof: Empfang für die neuernannten Geistlichen Räte

Bischofsweihe von Ernst Tewes im Münchener Dom, 14. September 1968

12.07.	München-Fürstenried: Firmung (29)
13.07.	München, St. Michael: Erteilung der Priesterweihe an 9 Diakone der Gesellschaft Jesu
07.–25.08.	Bogota/Kolumbien: Teilnahme am 39. Eucharistischen Weltkongreß
29.–30.08.	Königstein im Taunus: Teilnahme an der außerordentlichen Vollversammlung der Deutschen Bischofskonferenz
03.09.	München, St. Jakob am Anger: Betsingmesse mit Ansprache anläßlich der Eröffnung des Ausbildungsseminars für Ordensfrauen
04.–08.09.	Essen: Teilnahme am 82. Deutschen Katholikentag
14.09.	München, Dom: Erteilung der Bischofsweihe an Generalvikar Prälat Matthias Defregger und Domkapitular-Koadjutor Ernst Tewes
15.09.	Zugspitze, Gatterl: Betsingmesse mit Ansprache
20.09.	München, Dom: Missa cantata mit Predigt anläßlich der 1000-Jahr-Feier der Gründung des Bistums Meißen
21.09.	Petersberg b. Dachau: Missa cantata mit Ansprache anläßlich eines Priesterfortbildungskurses
22.09.	München-Au, Mariahilf: Festgottesdienst mit Predigt anläßlich des 100-jährigen Gründungsjubiläums des katholischen Männervereins München-Au
23.–26.09.	Fulda: Teilnahme an der Plenarkonferenz der deutschen Bischöfe

28.09.	Bonn: Teilnahme an der Präsidiumssitzung des deutschen Zweiges der Pax-Christi-Bewegung
29.09.	München, St. Michael: Missa cantata mit Predigt anläßlich der 50-Jahr-Feier des St.-Michaels-Bundes
29.09.	München, Künstlerhaus: Teilnahme an der Festakademie des St.-Michaels-Bundes
06.10.	Altötting: Pontifikalamt mit Predigt anläßlich der Wallfahrt der Pax-Christi-Bewegung
07.10.	München, Residenz: Teilnahme am Empfang des Bayerischen Ministerpräsidenten anläßlich der Unterzeichnung des Vertrages zur Änderung und Ergänzung des Bayerischen Konkordats
10.10.	München, Kardinal-Wendel-Haus: Teilnahme an der Jahrestagung der Katholischen Bundesarbeitsgemeinschaft Jugendschutz e.V.
14.–18.10.	Istanbul: Besuch des Patriarchen von Konstantinopel Athenagoras
18.10.	München, Residenz: Teilnahme am Empfang des Bayerischen Ministerpräsidenten aus Anlaß der Anwesenheit der Deutsch-Französischen Gesellschaft, Paris
20.10.	Lafering-Taufkirchen: Konsekration des neuen Altares, Missa cantata mit Predigt
27.10.	Passau: Konzelebration aus Anlaß der Inthronisation von Dr. Antonius Hofmann, Bischof von Passau
28.10.	Josefstal, Jugendhaus: Teilnahme an der Jahreskonferenz der Jugendseelsorge
01.–03.11.	Speyer: Teilnahme am Internationalen Pax-Christi-Kongreß
07.11.	München: Benediktion des Krankenhauses für Naturheilweisen
08.11.	München, Krankenhaus vom Dritten Orden: Teilnahme an der General-oberinnenkonferenz
15.11.	München: Teilnahme am Generalkapitel der Barmherzigen Schwestern vom hl. Vinzenz von Paul, Missa cantata mit Ansprache
16.11.	München: Benediktion des Lateinamerika-Kollegs, Betsingmesse mit Ansprache
17.11.	Freising, Dom: Jugend-Korbinians-Wallfahrt, Pontifikalamt mit Ansprache, Wortgottesdienst und Pilgerabschied
17.11.	Freising, Asamsaal: Teilnahme an der Festakademie der 1200-Jahr-Feier der Übertragung der Korbiniansreliquien nach Freising
17.11.	Freising, Bildungszentrum: Empfang anläßlich der 1200-Jahr-Feier der Übertragung der Korbiniansreliquien nach Freising
20.11.	Freising, Dom: Konzelebration mit Predigt zum Korbiniansfest, Pontifikalvesper und Prozession
21.11.	Riedböhringen: Teilnahme an den Trauerfeierlichkeiten für Augustin Kardinal Bea
24.11.	München, St. Johannes Evangelist: Konsekration der Pfarrkirche
26.11.	Josefstal, Jugendhaus: Teilnahme an der Bildungswoche für hauptamtliche Führungskräfte des BDKJ in Bayern
29.11.	München, St. Michael: Gedächtnisgottesdienst für Augustin Kardinal Bea

Besuch in Istanbul bei Patriarch Athenagoras, 15. Oktober 1968; rechts: Bischof Rudolf
Graber (Regensburg)

01.12.   München, Königin des Friedens: Konsekration des neuen Altares, Missa cantata
         mit Ansprache

04.12.   München, Dom: Pontifikalmesse mit Ansprache für U- und S-Bahnbauer

05.12.   München, Kardinal-Wendel-Haus: Teilnahme am Vortrag von Erzbischof
         Dr. Igino Cardinale, Apostolischer Delegat in London

08.12.   München, Hauptbahnhof: Pontifikalmesse mit Ansprache

15.12.   München, Erzbischöfliches Seminar für Katechese und Seelsorgehilfe,
         Pontifikalmesse mit Ansprache

20.12.   München, Altersheim St. Nikolaus am Biederstein: Pontifikalmesse mit
         Ansprache für Ordinariatsangehörige; Teilnahme an der Adventfeier für
         Ordinariatsangehörige

21.12.   München, Priesterseminar: Erteilung der Subdiakonatsweihe an 12 Kleriker der
         Erzdiözese

22.12.   München, Dom: Erteilung der Diakonatsweihe an 12 Subdiakone der
         Erzdiözese und 14 Subdiakone aus dem Franziskanerorden

23.12.   München, Altersheim St. Nikolaus am Biederstein: Pontifikalmesse mit
         Ansprache anläßlich einer Ehrung der über 20 Jahre Tätigen im Dienst des
         Caritasverbandes der Erzdiözese

24.12.	München, Krankenhaus links der Isar: Besuch der Bauerstiftung
24.12.	München, Dom: Christmette, Pontifikalamt mit Ansprache
25.12.	München, Dom: Pontifikalamt mit Predigt, Pontifikalvesper
27./28.12.	Fulda: Teilnahme an der außerordentlichen Vollversammlung der deutschen Bischöfe
31.12.	München, Dom: Silvesterpredigt
31.12.	München, St. Michael: Jahresschlußandacht

1969

07.01.	München, Dom: Jahresgedächtnisgottesdienst für Erzbischof Joseph Kardinal Wendel, Pontifikalrequiem
23.01.	München, Altersheim St. Nikolaus am Biederstein: Teilnahme am Neujahrsempfang des Diözesanrates der Katholiken
24./25.01.	Königstein im Taunus: Teilnahme an der Pastoralkommissionssitzung der Deutschen Bischofskonferenz
26.01.	München, St. Ludwig, Pfarrsaal: Empfang für den in der Verwaltung tätigen Klerus
29.01.	München, St. Ludwig, Pfarrsaal: Teilnahme an der Sitzung des Priesterrates
30.01.	München, Haus des Pflug: Gottesdienst mit Predigt, Festakt zum 20-jährigen Jubiläum
31.01.	München, Karmelitensaal: Teilnahme an der Sitzung des Seelsorgerates
01.02.	Frankfurt am Main: Teilnahme an der Pax-Christi-Präsidiumssitzung
03.02.	Schloß Hirschberg: Bayerische Bischofskonferenz
04.02.	München, Bayerischer Landtag: Teilnahme am Festakt anläßlich der 150. Wiederkehr des ersten Zusammentrittes des Bayerischen Landtages
09.02.	München, Heim Nazareth: Gottesdienst mit Predigt
14.02.	München, Hauskapelle des Priesterseminars, Piuskolleg: Erteilung der Tonsur an 19 Theologiekandidaten der Erzdiözese
14.02.	München, Kardinal-Wendel-Haus: Teilnahme an der Priestertagung
15.02.	München, Hauskapelle des Priesterseminars, Piuskolleg: Erteilung der 4 Niederen Weihen an 19 Theologiekandidaten der Erzdiözese, sowie an 1 Spanier
19.02.	München, St. Kajetan: Aschermittwoch der Künstler: Gottesdienst mit Predigt
22.02.	Bensberg, Thomas Morus-Akademie: Teilnahme am Misereor- Kolloquium
23.02.	Köln, Dom: Konzelebration anläßlich der Eröffnung der Misereor- Sammlung
24.–27.02.	Bad Honnef, Sozialzentrum: Teilnahme an der Deutschen Bischofskonferenz
02.03.	München-Perlach, St. Michael: Konsekration des neuen Altares mit Gottesdienst und Predigt
03.–08.03.	Rom: Teilnahme an Kommissionssitzungen

11.03.	München, St. Ludwig, Pfarrheim: Teilnahme an der Sitzung des Priesterrates
12.03.	München, Kardinal-Wendel-Haus: Benediktion des neuen Altares der Hauskapelle mit Gottesdienst und Predigt; Teilnahme an der Jahresfeier der Katholischen Akademie
14.03.	Teilnahme an einem Zonengrenzflug des Bundesgrenzschutzes
15.03.	Freising, Bildungszentrum: Teilnahme an der Jahresversammlung des Diözesanrates der Katholiken
16.03.	Landshut, St. Martin: Hauptfest der Marianischen Männerkongregation Landshut; Gottesdienst mit Predigt
16.03.	Landshut, Jesuiten-Kirche: nachmittags Neuaufnahme, Angelobung und Prozession
20.03.	München, Altersheim St. Nikolaus am Biederstein: Arbeitskreis der Schwestern in der Jugendfürsorge, Gottesdienst mit Predigt, Gespräch
22.03.	München, Erzbischofhof: Firmung (3)
23.03.	Tölzkirchen (Pfarrei Nandlstadt): Konsekration des neuen Altares mit Gottesdienst und Predigt
24.–26.03.	Freising, Bildungszentrum: Bayerische Bischofskonferenz
27./28.03.	Bonn-Bad Godesberg: Besprechungen im Katholischen Büro; Gottesdienst mit Predigt im Zentralkomitee der deutschen Katholiken, anschließend Teilnahme an der Sitzung
28.03.	München, Dom: Bußfeier mit Predigt für die Katholischen Frauen
30.03.	München, Dom: Palmweihe, Palmprozession, Pontifikalamt mit Ansprache
02.04.	München, Dom: Trauermette
03.04.	München, Dom: Missa Chrismatis mit Weihe der hl. Öle; Missa solemnis vespertina mit Homilie, Fußwaschung, Altarentblößung
04.04.	München, Dom: Trauermette; Assistenz bei der Actio liturgica mit Kreuzverehrung; Kommunionfeier
05.04.	München, Dom: Trauermette
06.04.	München, Dom: Feier der Osternacht; Pontifikalamt mit Predigt; Pontifikalvesper
13.04.	München, St. Zitaheim: Gottesdienst mit Predigt
17.04.	München: Besuch im Jugendseelsorgeamt
18.04.	München: Teilnahme an der Sitzung des Seelsorgerates
19.04.	München, Altersheim St. Nikolaus am Biederstein: Teilnahme an einer Sitzung des Familienbundes der Deutschen Katholiken
20.04.	Traunstein, Studienseminar: Gottesdienst mit Predigt
22./23.04.	Freising, Bildungszentrum: Teilnahme an der Dekanekonferenz
24.04.	München, Erzbischofhof: Teilnahme an einer Sitzung einer Kommission von Pax Christi („Internationale Politik")
25.04.	Rom: Teilnahme an einer Vorbereitungssitzung der Bischofssynode

26.04.	München, Erzbischofshof: Teilnahme an einer Präsidiumssitzung von Pax Christi
27.04.	München, St. Franziskus: Benediktion des neuen Altersheimes und Kindergartens mit Gottesdienst und Predigt
28.04.	München, St. Joseph: Firmung (193)
28.04.	Fulda: Teilnahme an einer außerordentlichen Deutschen Bischofskonferenz
29.04.	München, Kolpinghaus: Teilnahme an der Jahresversammlung des Diözesanpriestervereins
01.05.	Nittendorf, Haus Werdenfels: Teilnahme an der Jahresversammlung der KLJB; Diskussion; Gottesdienst mit Predigt
03.05.	Freising, Bildungszentrum: Treffen mit ausländischen Bischöfen
04.05.	München, Herzogliches Georgianum: Gottesdienst mit Predigt
07.05.	München, Erzbischofshof: Teilnahme an einer Sitzung der Pax-Christi-Kommission „Erziehung zum Frieden"
07.05.	München, St. Karl Borromäus: Firmung (90)
08.05.	München-Nymphenburg, Hl. Dreifaltigkeit: Firmung (162)
09.05.	Moosburg: Firmung (224)
10.05.	Moosburg: Firmung (220)
11.05.	Köln, Dom: Teilnahme am Gottesdienst von Erzbischof Joseph Kardinal Höffner nach seiner Rückkehr von Rom als neu kreierter Kardinal
11.05.	Neubiberg, Rosenkranzkönigin: Konsekration des neuen Altares mit Gottesdienst und Predigt
12.05.	München, Kardinal-Wendel-Haus: Bayerische Bischofskonferenz
12.05.	München-Sendling, St. Margaret: Firmung (181)
13.05.	München, St. Jakob am Anger: Firmung (185)
13.05.	München: Besuch bei der Münchener Katholischen Kirchenzeitung
14.05.	Rotterdam: Teilnahme an der Weihe der Kirche Wiederkunft Christi; Konzelebration
16.05.	München, St. Willibald: Firmung (82)
17.05.	München, Matthäuskirche: Predigt beim ökumenischen Wortgottesdienst
18.05.	München, Newmanhaus: Gottesdienst mit Predigt; anschließend Aussprache mit den Laientheologen
19.05.	München, Bayernhalle: Teilnahme an der Eröffnungs-Sitzung des DGB-Bundeskongresses
19.05.	Waldram, Spätberufenenseminar-Kolleg St. Matthias: Gespräch; anschließend Gottesdienst mit Predigt
21.05.	München, St. Ludwig, Pfarrheim: Teilnahme an einer Sitzung des Priesterrates
21.05.	München, Antiquarium der Residenz: Teilnahme am Abschiedsempfang für Bundespräsident Heinrich Lübke
21.05.	München, Dom: Firmung (186)

22.05.	München-Pasing, St. Hildegard: Firmung (160)
25.05.	München, Dom: Pontifikalamt mit Predigt zum Pfingstsonntag; Pontifikal-vesper
26.05.	München, Kardinal-Wendel-Haus: Gottesdienst mit Predigt für die Christophorusgemeinschaft
28.05.	Freising, Domkrypta: Gottesdienst mit Ansprache zum 50-jährigen Jubiläum des Klerusverbandes
28.05.	München, Kardinal-Wendel-Haus: Bayerische Bischofskonferenz; Festakt zum Jubiläum des Klerusverbandes
31.05.	München-Waldperlach, Bruder Klaus: Reliquienverehrung vor der Kirchweihe
31.05.	Prien, Caritas-Altersheim: Benediktion der Hauskapelle und des Altersheimes mit Gottesdienst und Predigt
01.06.	München-Waldperlach, Bruder Klaus: Konsekration der Kirche mit Gottes-dienst und Predigt
02.06.	Bonn: Teilnahme an der Sitzung der Hauptkommission der Deutschen Bischofskonferenz
03.06.	München, Altersheim St. Nikolaus am Biederstein: Abendessen mit Journalisten
04.06.	München, St. Maximilian: Firmung (87)
06.06.	Hamminkeln-Dingden, Klausenhof: Referat zum 10-jährigen Jubiläum der Landjugendakademie Klausenhof
06.–08.06.	Krefeld: Jahresversammlung Pax Christi
10.06	München, Kardinal-Wendel-Haus: Gespräch mit Oberstudiendirektoren
11.06.	Gmund: Firmung (169)
12.06.	Tegernsee: Firmung (213)
13.06.	München, St. Kajetan: Requiem für Herzogin Marie von Bayern
13.06	Holzkirchen: Firmung (259)
15.06.	Kampenwand: Benediktion eines neu errichteten Bergkreuzes des Werkvolkes mit Gottesdienst und Predigt
16.06.	München, St. Gabriel: Firmung (168)
16.06.	München, Priesterseminar, Dauthendeystraße 25: Abendessen und Gespräch mit Theologen
17.06.	München, Kardinal-Wendel-Haus: Gottesdienst mit Predigt für Tagung des Katholischen Deutschen Frauenbundes
18.06.	Rosenheim: Teilnahme an der Feier zum 10-jährigen Bestehen des Sozialen Seminars Rosenheim
18.06.	Rosenheim, St. Nikolaus: Firmung (105)
19.06.	Rosenheim, Christkönig: Firmung (194)
20.06.	Rosenheim, Christkönig: Firmung (186)
20.06.	München, Karmelitensaal: Sitzung des Seelsorgerates

Bergmesse mit dem Katholischen Werkvolk auf der Kampenwand, 15. Juni 1969

Priesterweihe im Freisinger Dom, 29. Juni 1969

247

21.06.	Gauting: Benediktion der Hauskapelle und des Altersheimes der Pfarrei mit Gottesdienst und Predigt
22.06.	München, Zu den Hl. Zwölf Aposteln: Gottesdienst mit Predigt; Festakt zum 20-jährigen Bestehen des Diözesansiedlungswerkes
23.06.	München, Hl. Engel: Firmung (77)
23.06.	München, St. Helena: Teilnahme an der Einweihungsfeier der Candidauffahrt; Segnung des Brückenbauwerkes
24.06.	Landshut, Hl. Blut: Benediktion der Hauskapelle und des Kinderkranken- hauses der Solanusschwestern mit Gottesdienst und Predigt
25.06.	München, St. Korbinian: Firmung (234)
26.06.	München, Veterinärstraße 3: Gottesdienst mit Predigt; Gespräch mit den Theologen
28.06.	Freising, Hauskapelle des Bildungszentrums: Abnahme des iuramentum libertatis von den Weihekandidaten
29.06.	Freising, Dom: Erteilung der Priesterweihe an 15 Diakone des Erzbistums München und Freising und an 1 Diakon der Redemptoristen
30.06.	Freising, Bildungszentrum: Verabschiedung des Halbjahreskurses des Sozial- werkes; Gottesdienst mit Predigt
04./05.07.	Königstein im Taunus: Sitzung der Pastoralkommission der Deutschen Bischofskonferenz
06.07.	München, Dom: Pontifikalamt mit Predigt zum Papstsonntag
07.–10.07.	Chur, Seminar St. Luzi: Symposion der Europäischen Bischöfe; Referat „Wandelbares und Unwandelbares im Priestertum"
12.07.	München, St. Michael: Erteilung der Priesterweihe an 8 Diakone aus dem Jesuitenorden
14.07.	[o.O.]: Sondersitzung des Priesterrates
16.07.	München, Schloß Fürstenried: Betriebsseelsorgerkonferenz für Süddeutschland; Gottesdienst mit Predigt
18.07.	München, St. Ludwig, Pfarrheim: Empfang für die neuernannten Geistlichen Räte
20.07.	Berlin-Plötzensee, Maria Regina Martyrum: Gottesdienst mit Predigt zum 20.07.1944
22.07.	Freising, Dom: Gottesdienst mit Predigt anläßlich der Jahrestagung der Arbeitsgemeinschaft Katholischer Theologischer Bibliotheken
23.07.	Bonn: Besuch beim Bundespräsidenten Gustav Heinemann anläßlich seines 70. Geburtstages
24.07.	München, Hotel Continental: Teilnahme an einem Frühstück zu Ehren des Bundespräsidenten Gustav Heinemann anläßlich seines Besuches in München
29.08.	Königstein im Taunus: Teilnahme an der außerordentlichen Deutschen Bischofskonferenz
30.08.	München, Künstlerhaus: Teilnahme an einem Empfang für Jossyf Ivanovič Kardinal Slipyj

„Gatterlmesse" auf der Zugspitze für die im Dienst verstorbenen bayerischen Polizisten und alle in den Bergen Verunglückten, 14. September 1969

31.08.	München, Dom: Teilnahme an einem Pontifikalamt von Jossyf Ivanovič Kardinal Slipyj
31.08.	München, Herkulessaal: Teilnahme an einem Festakt zu Ehren von Jossyf Ivanovič Kardinal Slypyj
01.09.	Bonn: Sitzung der Hauptkommission der Deutschen Bischofskonferenz
06.09.	München, Haus des Sports: Eröffnung einer Aktion der Deutschen Landjugend zugunsten der Entwicklungshilfe
07.09.	Altötting: Abschluß der Bruder-Konrad-Festwoche: Pontifikalamt mit Predigt; Schlußandacht mit Reliquienprozession
09.09.	Freising, Dom: Gottesdienst mit Predigt zur Tagung des Päpstlichen Werkes für Priesterberufe
13.09.	Frankfurt am Main: Präsidiumssitzung von Pax Christi
14.09.	Zugspitze, Gatterl: Messe
15.09.	München, Mutterhaus der Barmherzigen Schwestern: Gottesdienst mit Predigt und Teilnahme an der 1. Sitzung des Reformkapitels
16.09.	München, St. Ludwig, Pfarrheim: Besprechung mit dem Bundesführungsrat des BDKJ
17.09.	München, St. Ludwig, Pfarrheim: Priesterrat
18.09.	München, Pionierkaserne: Teilnahme am Abschiedsempfang für General Konrad Stangl als Kommandeur im Wehrbereich VI

Im Gespräch mit Bischof John Kardinal Wright (Pittsburgh/USA) bei der Bischofssynode in Rom, 11. Oktober 1969

19.09.	München, Mutterhaus der Barmherzigen Schwestern: Teilnahme an der Schlußsitzung des Reformkapitels der Barmherzigen Schwestern
22.–26.09.	Fulda, Priesterseminar: Deutsche Bischofskonferenz
28.09.	Tading: Gottesdienst mit Predigt zum 250-jährigen Jubiläum der Kirche in Tading und zur Pfarrerhebung Forstern-Tading-Reithofen
02.–10.10.	Rom: Teilnahme an verschiedenen Kommissionssitzungen
11.–25.10.	Rom: Teilnahme an der außerordentlichen Bischofssynode
15.10.	Rom, Maria della Scala: Gottesdienst mit Predigt zum Hauptfest der Titelkirche
18.12.	München, Altersheim am Biederstein: Gottesdienst für die Mitarbeiter im Erzbischöflichen Ordinariat
20.12.	München, St. Hedwig: Erteilung der Subdiakonatsweihe an 15 Kleriker der Erzdiözese, 1 Kleriker der Diözese Augsburg, 6 Professen des Franziskanerordens und 4 Professen des Kapuzinerordens
21.12.	München, Dom: Erteilung der Diakonatsweihe an 15 Subdiakone der Erzdiözese, 1 Subdiakon der Diözese Augsburg, 7 Subdiakone des Franziskanerordens und an 1 Subdiakon der Benediktinerabtei Ettal
22.12.	Bonn: Teilnahme an der außerordentlichen Sitzung der Diözesanbischöfe
24.12.	München, Dom: Teilnahme an der Christmette
25.12.	München, Dom: Pontifikalamt; Pontifikalvesper
31.12.	München, Dom: Predigt zum Jahresschluß

1970

05.01.	München, Mutterhaus der Barmherzigen Schwestern: Pontifikalmesse mit Predigt zum Generalkapitel der Barmherzigen Schwestern, Teilnahme an Sitzungen des Generalkapitels
06.01.	München, Augenklinik in der Mathildenstraße: Pontifikalmesse mit Predigt
07.01.	München, Dom: Jahresgedächtnisgottesdienst für Erzbischof Joseph Kardinal Wendel, Pontifikalrequiem
09.01.	München, Altersheim St. Nikolaus am Biederstein: Teilnahme am Neujahrsempfang des Diözesanrats der Katholiken
11.01.	München, Krankenhaus Josephinum in der Schönfeldstraße: Pontifikalmesse mit Predigt
12.01.	Prien: Requiem für Titularerzbischof Adam Hefter, freiresignierten Fürstbischof von Gurk-Klagenfurt
13.01.	Bonn, Katholisches Büro: Sitzung der Hauptkommission der Deutschen Bischofskonferenz
14.01.	München, Liebigstraße: Einführung des neuen Direktors, Herbert Baier, im Katholischen Jugendfürsorgeverein
15.01.	München, Theatinerstraße 31: Besuch im Sekretariat der Deutschen Bischofskonferenz
18.01.	München-Feldmoching, St. Peter und Paul: Konsekration des erneuerten Hochaltars der Pfarrkirche mit Gottesdienst und Predigt
21.01.	München. St. Ludwig, Pfarrsaal: Teilnahme an der Sitzung des Priesterrats
22.01.	München, Kardinal-Wendel-Haus: Empfang für die Professoren der Katholisch-Theologischen Fakultät der Universität München
23./24.01.	Königstein im Taunus: Teilnahme an der Sitzung der Pastoralkommission der Deutschen Bischofskonferenz
25.01.	Puchheim-Bahnhof, Pfarrkirche: Erteilung der Subdiakonats- und Diakonatsweihe an 1 Kleriker der Erzdiözese
25.01.	München, St. Ludwig, Pfarrsaal: Empfang für die Mitarbeiter im Ordinariat
27.01.	München, Priesterseminar, Dauthendeystraße: Besuch des Priesterseminars und Abendmesse
28.01.	Aachen: Teilnahme an der Tagung des Päpstlichen Werkes der Glaubensverbreitung, Besuch bei MISEREOR und dem Päpstlichen Missionswerk der Kinder
29.01.	München, Priesterseminar, Veterinärstraße: Aussprache und Abendmesse mit den Theologen
30.01.	München, Karmelitensaal: Teilnahme an der Sitzung des Seelsorgerates
31.01.	München, Seminar für Katechese und Seelsorgehilfe, Preysingstraße: Gottesdienst mit Predigt für den Arbeitskreis „Führungskräfte in der Wirtschaft" und Teilnahme an den Sitzungen
02.02.	München, Dom: Pontifikalmesse und Kerzenweihe

07.02.	München, Ludwigstraße 22: Pax-Christi-Präsidiumssitzung
11.02.	München, Theatinerkirche: Gottesdienst der Künstler und Aschenauflegung
13.02.	Scheyern, Abtei: Altarweihe in der Kapitelskirche mit Gottesdienst und Predigt
13.02.	München, Ordinariat: Diözesansteuerratssitzung
16.–19.02.	Essen-Heidhausen: Vollversammlung der Deutschen Bischofskonferenz
17./18.03.	Freising, Domberg: Vollversammlung der Bayerischen Bischofskonferenz
18.03.	München, Kardinal-Wendel-Haus: Teilnahme an der Jahresversammlung der Katholischen Akademie in Bayern
19.03.	München, Karmelitensaal: Teilnahme an der Sitzung des Seelsorgerates
20.03.	München, Dom: Bußgottesdienst mit Predigt
22.03.	München, Dom: Gottesdienst zum Palmsonntag mit Palmweihe und Predigt
23.03	München, Saarstraße: Teilnahme an der Sitzung des Olympischen Vorbereitungskomitees
25.03.	München, Dom: Karmette
26.03.	München, Dom: Gottesdienst mit Weihe der hl. Öle; Gottesdienst zum Gründonnerstag mit Fußwaschung
27.03.	München, Dom: Karmette, Teilnahme an der Karfreitagsliturgie, Predigt
28.03.	München, Dom: Karmette
29.03.	München, Dom: Feier der Ostervigil, Pontifikalamt mit Predigt, Vesper
07.04.	München, Kardinal-Wendel-Haus: Teilnahme am Priestertreffen „Europax"
08./09.04.	Freising, Bildungszentrum: Teilnahme an der Dekanekonferenz
11.04.	München, Kardinal-Wendel-Haus: Bayerische Bischofskonferenz
12.–18.04.	Rom: Teilnahme an der Vollversammlung der Sacra Congregatio pro Gentium Evangelizatione
19.04.	Waldram, Studienseminar: Pontifikalmesse mit Predigt zum Tag der Geistlichen Berufe
21.04.	München, St. Ludwig: Semestereröffnungsgottesdienst mit Predigt
22.04.	München, St. Ludwig, Pfarrsaal: Teilnahme an der Sitzung des Priesterrats
23.04.	Zangberg: Pontifikalmesse mit Predigt für die Mitarbeiter im Sozialdienst Katholischer Frauen
24.04.	München, St. Jakob am Anger: Pontifikalmesse mit Ansprache für die Kursteilnehmer der Vereinigung Höherer Ordensoberinnen Deutschlands
25.04.	München, Sophienstraße: Teilnahme an der Feier des Verbandes für Katholische Mädchensozialarbeit, anschließend Pontifikalmesse mit Predigt
27.04.	München, Dom: Firmung (151)
29.04.	München, Zentralkolpinghaus: Teilnahme an der Generalversammlung des Priestervereins der Erzdiözese
29.04.	Degerndorf: Firmung (116)
30.04.	Raubling: Firmung (148)

Priesterweihe im Freisinger Dom, 28. Juni 1970

01.05.	Ettal, Abtei: Pontifikalmesse mit Predigt anläßlich der 600-Jahrfeier der Kirche
02.05.	Freising, Domberg: Besuch im Erzbischöflichen Studienseminar
04.05.	München, St. Clemens: Firmung (152)
06.05.	Bonn, Katholisches Büro: Planungsgespräch mit dem Zentralkomitee der deutschen Katholiken
07.05.	München, Deutsches Museum: Teilnahme am Festakt im Kongresssaal anläßlich der Jahresversammlung des Deutschen Museums, Teilnahme am Empfang im Antiquarium der Residenz
08.05.	München, Dom: Pontifikalmesse mit Predigt anläßlich der Beendigung des Zweiten Weltkrieges vor 25 Jahren
08.05.	Heufeld: Firmung (147)
10.05.	Maria Eck: Feldgottesdienst mit Predigt anläßlich der Chiemgauer Trachtenwallfahrt
11.–15.05.	Rom: Teilnahme an der vorbereitenden Sitzung für die Bischofssynode
14.05.	Traunstein, St. Oswald: Firmung (263)
15.05.	Traunstein, St. Oswald: Firmung (136)

16.05.	Oberammergau: Pontifikalmesse zur Eröffnung der Passionsspiele, Teilnahme an der Erstaufführung
17.05.	München, Dom: Pontifikalamt zum Pfingstsonntag mit Predigt, Vesper
20.05.	Dachau, KZ-Kapelle: Teilnahme am Gottesdienst polnischer KZ-Priester
20.05.	München, Regina-Palast: Teilnahme am Empfang der polnischen Priester aus dem ehemaligen KZ Dachau
24.05.	München, Theatinerkirche: Pontifikalmesse für die Studentenverbindungen des CV mit Predigt, anschließend Festakt im Herkulessaal
25.05.	München, Theresianum: Gottesdienst mit Predigt für Leitung und Studentinnen
31.05.	München, Salesianum: Pontifikalgottesdienst mit Predigt anläßlich der 50-Jahr-Feier des Salesianum
01.06.	München, St. Pius: Firmung (232)
03.06.	Laufen: Firmung (259)
04.06.	Tittmoning: Firmung (150)
05.06.	München, Karmelitensaal: Teilnahme an der Sitzung des Seelsorgerats
07.06.	München, St. Ludwig: Firmung (95)
08.06.	München-Pasing, Maria Schutz: Firmung (115)
10.06.	München, St. Ludwig, Pfarrsaal: Teilnahme an der Sitzung des Priesterrats
11.06.	Trostberg, St. Andreas: Firmung (167)
12.06.	Trostberg, St. Andreas: Firmung (107)
12.06.	Trostberg-Schwarzau: Firmung (97)
13.06.	München, Ostbahnhof: Verabschiedung des „Sonnenzuges"
14.06.	Waldkraiburg: Pontifikalgottesdienst mit Predigt, anschließend Empfang der Vertreter der Pfarrgemeinde
16.06.	München, Piuskolleg: Gottesdienst und Besprechung mit den Alumnen
18.06.	Freising, Domberg: Gottesdienst mit Ansprache, Gespräch mit Priesterfortbildungskreis
18.06.	München, St. Ludwig, Pfarrsaal: Gespräch mit den Vertretern der Laientheologen
19.06.	Unterstein: Firmung (109)
21.06.	Maria Thalheim: Pontifikalmesse mit Predigt anläßlich der Kreiswallfahrt Erding
24.06.	Reit im Winkl: Firmung (145)
25.06.	Bonn, Katholisches Büro: Sitzung der Hauptkommission der Deutschen Bischofskonferenz
26.06.	Feldkirchen-Westerham: Firmung (113)
28.06.	Freising, Dom: Erteilung der Priesterweihe an 14 Diakone der Erzdiözese und an 2 Diakone der Franziskaner
29.06.	München-Perlach: Besichtigung des neuen Stadtteils (Neuperlach) für die weitere Planung der Seelsorgsstellen

Diskussionsveranstaltung auf dem 83. Deutschen Katholikentag in Trier,
12. September 1970; v.l.: Bischof Friedrich Wetter (Speyer), Kardinal Döpfner,
Bischof Heinrich Tenhumberg (Münster)

30.06.	München, Rathaus: Teilnahme am Empfang des Presseclubs München e.V.
01.07.	München, Schraudolphstraße: Besuch bei der Vorstandschaft des Katholischen Frauenbundes mit Ordensverleihung an Frau Dr. Maria Ammann
01.07.	München, Ludwigstraße 22: Empfang für die neuernannten Geistlichen Räte
03./04.07.	Königstein im Taunus: Teilnahme an der Sitzung der Pastoralkommission der Deutschen Bischofskonferenz
05.07	München, Dom: Pontifikalgottesdienst mit Predigt zum Papstsonntag
08.07.	Neubeuern: Firmung (154)
09.07.	Großkarolinenfeld: Firmung (205)

10.07.	München, Altersheim St. Nikolaus am Biederstein: Teilnahme an der Wahlversammlung für die Synode der deutschen Diözesen
10.07.	München, Realschule für Gehörlose: Firmung (25)
11.07.	München, St. Michael, Erteilung der Priesterweihe an 5 Diakone des Jesuitenordens
17.07.	München, Lindwurmstraße 143: Einweihung der Italiener-Mission mit Ansprache
18.07.	München, Kardinal-Wendel-Haus: Teilnahme an der Tagung des Seelsorgerates
19.07.	Freising, Bildungszentrum: Gottesdienst mit Predigt für die Vertreter der Säkularinstitute
19.07.	München, Ludwigstraße 22: Spendung einer Taufe
20.08.	München, St. Jakob am Anger: Profeß bei den Armen Schulschwestern mit Gottesdienst und Predigt
28.08.	Bonn, Katholisches Büro: Sitzung der Hauptkommission der Deutschen Bischofskonferenz
09.–13.09.	Trier: Teilnahme am 83. Deutschen Katholikentag
16.09.	München: Grundsteinlegung für das katholische Zentrum auf dem Olympia-Gelände
17.09.	München, Ludwigstraße 22: Teilnahme an der Präsidiumssitzung von Pax-Christi
19.09.	Josefstal, Jugendhaus: Teilnahme an der Tagung der BDKJ-Vertretung der Erzdiözese
20.09.	München, Maria Sieben Schmerzen: Weihe der neuen Pfarrkirche mit Gottesdienst und Predigt
21.–24.09.	Fulda: Vollversammlung der Deutschen Bischofskonferenz
26.09.	München, Erscheinung des Herrn: Wortgottesdienst mit Predigt
27.09.	München, Erscheinung des Herrn: Weihe der neuen Pfarrkirche mit Gottesdienst und Predigt
02.10.	München, Ridlerstraße: Einweihung der Spanier-Mission mit Ansprache
03.10.	Passau, Bischöfliche Residenz: Teilnahme am Empfang für Altbischof Simon Konrad Landersdorfer OSB
04.10.	Passau, Dom: Pontifikalmesse mit Predigt anläßlich des 90. Geburtstags von Altbischof Simon Konrad Landersdorfer OSB
06.10.	München, Hotel Regina: Teilnahme am Empfang zum 25-jährigen Bestehen des Sozialen Seminars
08.10.	München, St. Peter: Wortgottesdienst mit Predigt anläßlich des Besuchs von Patriarch Justinian Marina, Patriarch der Rumänisch-Orthodoxen Kirche
09.10.	München, Ludwigstraße 22: Gespräch mit Patriarch Justinian Marina
10.–15.10.	Rom: Teilnahme an der vorbereitenden Sitzung für die Bischofssynode
16.10.	München, St. Michael: Gottesdienst mit Predigt anläßlich der Tagung des Deutschen Caritasverbandes

Wortgottesdienst in München-St. Peter mit dem Rumänisch-Orthodoxen Patriarchen
Justinian Marina, 8. Oktober 1970

17.10.	München, Kardinal-Wendel-Haus: Empfang für den Katholischen Kaufmännischen Verein „Hansa" e.V.
18.10.	München, Theatinerkirche: Pontifikalmesse mit Predigt für KKV „Hansa"; Festakt mit Ansprache des Kardinals im Künstlerhaus am Lenbachplatz
18.10.	München, Ostbahnhof: Verabschiedung des „Sonnenzuges" nach Rom
22.10.	München, Kardinal-Wendel-Haus: Teilnahme am Kongreß für Erwachsenenbildung
22.10.	München, Priesterseminar, Dauthendeystraße: Gottesdienst mit Ansprache, anschließend Gespräch mit dem Pastoralkurs des Priesterseminars
23.10.	München, Karmelitensaal: Teilnahme an der Sitzung des Seelsorgerats
24.10.	München, Kardinal-Wendel-Haus: Teilnahme an der Eröffnungsfeier zum Kirchenmusiktag
24.10.	München, Dom: Pontifikalgottesdienst mit Predigt zum Kirchenmusiktag
28.10.	Bonn: Teilnahme an der konstituierenden Sitzung der Gesellschaft für Friedens- und Konfliktforschung
29./30.10.	Freising, Domberg: Teilnahme an der Dekanekonferenz
03./04.11.	Freising, Domberg: Teilnahme an der Bayerischen Bischofskonferenz
06.11.	München, Domgruft: Hl. Messe für die verstorbenen Oberhirten der Erzdiözese

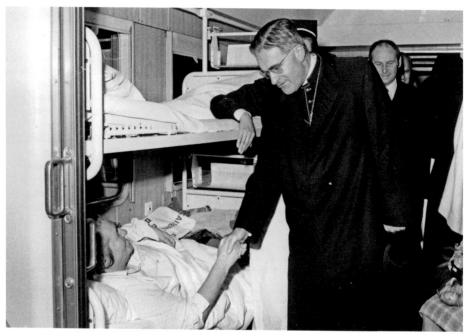

Verabschiedung des „Sonnenzuges" der Caritas nach Rom am Münchener Ostbahnhof,
18. Oktober 1970

Weihe der ersten Ständigen Diakone in München-St. Hildegard, 22. November 1970; kniend:
Fritz Koeniger; stehend v.l.: Alfred Burkes, Werner Hoffmann, Alfred Kettner, Rudolf Weiß

Wiederaufstellung der Mariensäule auf dem Münchener Marienplatz nach dem U-Bahn-Bau, 8. Dezember 1970

06./07.11.	Zürich, Paulus-Akademie: Teilnahme an der Eröffnung der Auslandstagung der Katholischen Akademie in Bayern
13.–15.11.	Würzburg: Teilnahme an der Pax-Christi-Jahresversammlung
16.–18.11.	Königstein im Taunus: Vollversammlung der Deutschen Bischofskonferenz, Pressekonferenz
21.11.	Freising, Domberg: Pontifikalgottesdienst mit Predigt zum Korbinianstag, Pontifikalvesper
22.11.	München-Pasing, St. Hildegard, Weihe der ersten 5 ständigen Diakone
23.11.	München, Bürgersaalkirche: Pontifikalmesse mit Predigt für die Mesner
26.11.	München: Einweihung des Stachusbauwerks
27./28.11.	Königstein im Taunus: Teilnahme an der Sitzung der Pastoralkommission der Deutschen Bischofskonferenz
28.11.	Eching bei Freising: Bußgottesdienst mit Predigt
29.11.	Eching bei Freising: Weihe der neuen Pfarrkirche zu Ehren des hl. Andreas mit Gottesdienst und Predigt
03.12.	München, Hofkapelle der Residenz: Gottesdienst für die Abgeordneten anläßlich der Eröffnung des neugewählten Bayerischen Landtags; Teilnahme am Empfang zum selben Anlaß im Maximilianeum

04.12.	München, Haus der Begegnung, Rumfordstraße: Teilnahme an der Konferenz der fremdsprachigen Seelsorger
06.12.	München, Oettingenstraße: Pontifikalmesse mit Predigt anläßlich der Generalversammlung des Deutschen Vincentius-Zentralvereins
06.12.	München, Dom: Pontifikalmesse mit Predigt für Kroaten und Slowenen zum Dies Migrationis
07.12.	München, Kaulbachstraße: Teilnahme an der Konferenz der Studentenseelsorger
08.12.	München, Marienplatz: Feststunde zur Wiedererrichtung der Mariensäule
09.12.	Freising, Domberg: Teilnahme an der Schlußsitzung des Priesterrats
12.12.	München: Teilnahme an der Advent-Feier der Bäcker-Innung
13.12.	München, Georgianum: Pontifikalmesse mit Predigt zum Stiftungsfest des Herzoglichen Georgianums
17.12.	München, Altersheim St. Nikolaus am Biederstein: Gottesdienst mit Predigt; anschließend Teilnahme an der Weihnachtsfeier des Ordinariats
19.12.	München, Altersheim St. Nikolaus am Biederstein: Gottesdienst mit Predigt und anschließend Teilnahme an der Weihnachtsfeier des Malteser Hilfsdiensts
21.12.	Bonn, Katholisches Büro: Teilnahme an der Sitzung der Hauptkommission der Deutschen Bischofskonferenz
24.12.	München, Landsberger Straße: Besuch bei Gastarbeitern
24.12.	München, Dom: Christmette mit Predigt
25.12.	München, Dom: Pontifikalgottesdienst mit Predigt, Pontifikalvesper
31.12.	München, Dom: Silvesterpredigt
31.12.	München, St. Michael: Jahresschlußandacht

1971

03.01.	Würzburg, Dom: Eröffnung der Gemeinsamen Synode der Bistümer in der Bundesrepublik Deutschland; Pontifikalgottesdienst mit Predigt
03.–05.01.	Würzburg: Teilnahme an der ersten Vollversammlung der Gemeinsamen Synode der Bistümer in der Bundesrepublik Deutschland
07.01	München, Dom: Jahresgedächtnisgottesdienst für Erzbischof Joseph Kardinal Wendel
11.–15.01.	Rom: Teilnahme an den Sitzungen des Consiliums des Sekretariates der Bischofssynode
16.01.	München: Teilnahme an der Versammlung des Präsidiums von Pax Christi
17.01.	Haidholzen: Gottesdienst mit Predigt
17.01.	München: Neujahrsempfang für die Mitarbeiter im Erzbischöflichen Ordinariat
18.01.	München: Teilnahme am Neujahrsempfang des Diözesanrates der Katholiken

Erstes Zusammentreten der Gemeinsamen Synode der Bistümer in der Bundesrepublik
Deutschland im Kiliansdom zu Würzburg, 3. Januar 1971

Stimmabgabe zur Wahl der Vizepräsidenten der Synode, 3. Januar 1971

Diskussion während der Würzburger Synode, 4. Januar 1971; v.l.: Synoden-Sekretär
Karl Forster, Kardinal Döpfner und Präsidiumsmitglied Bernhard Servatius

20.01.	München: Teilnahme an der Sitzung der Ökumenischen Kommission der Erzdiözese
22.01.	München: Teilnahme an der Sitzung des Seelsorgerates
23.01.	München, St. Michael: Ökumenischer Wortgottesdienst, zusammen mit Landesbischof Hermann Dietzfelbinger
29.01.	Freising, Bildungszentrum: Gottesdienst mit Ansprache beim Priesterfortbildungskurs
12.02.	Frankfurt am Main, St. Georgen: Teilnahme an der Sitzung der Zentralkommission der Gemeinsamen Synode der Bistümer in der Bundesrepublik Deutschland
24.02.	München, Theatinerkirche: Gottesdienst mit Predigt zum Aschermittwoch der Künstler
25.02.	München: Teilnahme an der Sitzung des Diözesansteuerausschusses
27.02.	München, Priesterseminar: Erteilung der Subdiakonatsweihe an 9 Kleriker der Erzdiözese
28.02.	München, Erscheinung des Herrn: Erteilung der Diakonatsweihe an 9 Subdiakone der Erzdiözese

28.02.	München, St. Michael: Gottesdienst und 1. Fastenpredigt
01.–04.03.	Bad Honnef: Teilnahme an der Vollversammlung der Deutschen Bischofskonferenz
07.03.	Gauting, St. Benedikt: Weihe eines ständigen Diakons
07.03.	München, St. Michael: Gottesdienst und 2. Fastenpredigt
10.03.	München, Roncalli Kolleg: Segnung der Hauskapelle mit Gottesdienst und Einweihung des neuen Roncalli Kollegs, Nymphenburger Straße 99
12.03.	Bonn: Besuch bei Bundeskanzler Willy Brandt
14.03.	München, St. Michael: Gottesdienst und 3. Fastenpredigt
17.03.	München, Kardinal-Wendel-Haus: Teilnahme und Schlußansprache bei der Jahresfeier der Katholischen Akademie in Bayern
21.03.	München, St. Michael: Gottesdienst und 4. Fastenpredigt
24.03.	München: Teilnahme an der Sitzung des Priesterrates
25.03.	München, Kardinal-Wendel-Haus: Pressekonferenz zur Fastenaktion Misereor 1971
25.03.	München, Namen Jesu: Gottesdienst für die Gruppe der Gehörlosen im Katholischen Frauenbund
26.03.	München: Teilnahme an der Sitzung des Seelsorgerates
28.03.	München, St. Michael: Gottesdienst und 5. Fastenpredigt
30./31.03.	Freising, Bildungszentrum; Teilnahme an der Vollversammlung der Bayerischen Bischofskonferenz
02.04.	München, Dom: Bußgottesdienst mit Predigt
02./03.04.	Freising, Bildungszentrum: Teilnahme an der Vollversammlung des Diözesanrates der Katholiken
05.04.	München, Franziskanerkloster St. Anna: Treffen mit den Priesterterziaren des Erzbistums München und Freising
07.04.	München, Dom: Karmette
08.04.	München, Dom: Gottesdienst mit Weihe der heiligen Öle; Gottesdienst zum Gründonnerstag mit Fußwaschung
09.04.	München, Dom: Karmette. Teilnahme an der Karfreitagsliturgie; Predigt
10.04.	München, Dom: Karmette
11.04.	München, Dom: Feier der Ostervigil; Ostergottesdienst; Vesper
13.04.	München, Mutterhaus der Barmherzigen Schwestern: Eröffnungsgottesdienst zum Generalkapitel der Barmherzigen Schwestern; Teilnahme am Kapitel
14.04.	Zangberg, Hauskapelle der Salesianerinnen: Gottesdienst zur Neuwahl der Regionaloberin der Schwestern von der Heimsuchung Mariä
17.04.	Frankfurt am Main, St. Georgen: Teilnahme an der Sitzung der Pastoralkommission
18.04.	Vaterstetten, Haus Maria Linden: Altarweihe in der Hauskapelle mit Gottesdienst und Predigt

Altarweihe in der Pfarrkirche Mauern, 13. Juni 1971

19.04.	München, St. Ludwig: Treffen mit den Synodalen und der Synodenkommission der Erzdiözese
21.04.	Steinhöring: Begegnung mit den Priestern des Dekanates Ebersberg
22.04.	Steinhöring: Firmung (102)
23.04.	Frankfurt am Main, St. Georgen: Teilnahme an der Sitzung der Zentralkommission der Gemeinsamen Synode der Bistümer in der Bundesrepublik Deutschland
24.04.	Frankfurt am Main: Teilnahme an der Sitzung des Präsidiums von Pax Christi
26.04.	Poing: Firmung (97)
28.04.	München, Residenz: Teilnahme am Abendessen zu Ehren des Königs Baudouin und der Königin Fabiola von Belgien
29.04.	Maisach: Firmung (196)
30.04.	Josefstal, Jugendhaus: Landesversammlung der Katholischen Landjugend Bayerns; Gottesdienst mit Predigt; Teilnahme am Empfang
01.05.	Planegg, Maria Eich: Maiandacht mit Predigt
02.05.	München, Dom: Gottesdienst mit Predigt zum Welttag der geistlichen Berufe
03.05.	München, St. Anna: Firmung (209)

Eröffnung der Aktion „Sicher zur Schule – Sicher nach Hause" in der Grundschule an der Petrarcastraße in München, 8. September 1971

04.05.	München, Haus der Gesellschaft für christliche Kunst: Teilnahme an einem Empfang für die Direktoren der deutschen Dom- und Diözesanmuseen
05.05.	München, Altersheim St. Nikolaus am Biederstein: Teilnahme an der Dekanekonferenz
06.05.	München, St. Augustin: Firmung (119)
08.05.	Ruhpolding: Gottesdienst für die Teilnehmer des Sonnenzuges
10.05.	München, Herz Jesu: Firmung (231)
12.05.	München, Zentralkolpinghaus: Teilnahme an der Generalversammlung des Priestervereins der Erzdiözese
13.05.	München, St. Gertrud: Firmung (116)
14.05.	München, Stadtmuseum: Eröffnung der Ausstellung „Johannes von Nepomuk"
15.05.	Garching-Hochbrück: Wortgottesdienst mit Predigt zur Vorbereitung auf die Kirchweihe
16.05.	Garching-Hochbrück; Weihe der neuen Kirche St. Franziska Romana mit Gottesdienst und Predigt
19.05.	München: Teilnahme an der Sitzung des Priesterrates
23.05.	Würzburg, Dom: Pontifikalgottesdienst mit Predigt für das Bundestreffen der KAB
24.05.	München, St. Laurentius: Firmung (117)
24.05.	München, Kardinal-Wendel-Haus: Wortgottesdienst mit Ansprache und Empfang für Journalisten
26.05.	Zolling: Begegnung mit den Priestern des Dekanates Abens
27.05.	Zolling: Firmung (162)
30.05.	München, Dom: Pontifikalamt zum Pfingstsonntag mit Predigt; Vesper
31.05.	Gars, Klosterkirche: Erteilung der Priesterweihe an 4 Diakone des Redemptoristenordens
01.–03.06.	Bad Honnef: Teilnahme an der außerordentlichen Vollversammlung der Deutschen Bischofskonferenz
05.06.	Augsburg: Teilnahme an der Schlußveranstaltung des Ökumenischen Pfingsttreffens mit Ansprache
07.06.	Königstein im Taunus, Haus der Begegnung: Teilnahme an der Sitzung der Kommission für die Reform des Kirchenrechtes
09.06.	Freising, Dom: Firmung (150)
11.06.	Frankfurt am Main, St. Georgen: Teilnahme an der Sitzung der Zentralkommission der Gemeinsamen Synode der Bistümer in der Bundesrepublik
12.06.	München, Katholisches Altenpflegezentrum, Mitterfeldstraße 20: Altarweihe mit Gottesdienst und Predigt
13.06.	Mauern: Weihe des neuen Altares der Pfarrkirche mit Gottesdienst und Predigt
14.06.	München, Thomas Morus: Firmung (116)
15.06.	Mammendorf: Begegnung mit den Priestern des Dekanates Fürstenfeldbruck

16.06.	Mammendorf: Firmung (140)
17.06.	Bonn, Katholisches Büro: Teilnahme an der Sitzung der Hauptkommission der Deutschen Bischofskonferenz
18.06.	München-Haidhausen, St. Johann Baptist: Firmung (78)
19.06.	Dorfen: Weihe des neuen Altares der Pfarrkirche mit Gottesdienst und Predigt
20.06.	München, St. Ludwig: Gottesdienst mit Predigt
22.06.	Bad Wiessee: Begegnung mit den Priestern des Dekanates Tegernsee
23.06.	Bad Wiessee: Firmung (75)
24.06.	München, Kloster der Armen Schulschwestern am Anger: Gottesdienst mit Ansprache für den Verband der Höheren Ordensoberen Deutschlands
24.06.	Farchant: Begegnung mit den Priestern des Dekanates Werdenfels
25.06.	Oberau: Firmung (97)
26.06.	Mittenwald: Firmung (184)
27.06.	Bonn, Münster: Pontifikalgottesdienst mit Predigt zum Papstsonntag
29.06.	Miesbach: Begegnung mit den Priestern des Dekanates Miesbach
29.06.	Miesbach: Firmung (289)
30.06.	Miesbach: Firmung (154)
02.07.	Frankfurt am Main, St. Georgen: Teilnahme an der Sitzung der Pastoral-kommission der Deutschen Bischofskonferenz
03.07.	München-Solln, St. Johann Baptist: Sendungsfeier der Pastoralassistenten mit Gottesdienst und Predigt
04.07.	Taching a. See: Weihe der neuen Pfarrkirche zu Ehren des hl. Apostels Paulus mit Gottesdienst und Predigt
05.07.	Kirchseeon: Firmung (147)
06.07.	Bad Tölz: Begegnung mit den Priestern des Dekanates Tölz
07.07.	Bad Tölz, Maria Himmelfahrt: Firmung (350)
08.07.	Bad Tölz, Hl. Familie: Firmung (146)
08.07.	München: Teilnahme an der Sitzung des Priesterrates
09.07.	München, St. Bonifaz: Altarweihe in der Kapelle mit Gottesdienst und Predigt
11.07.	Freising, Dom: Erteilung der Priesterweihe an 7 Diakone der Erzdiözese
13.07.	München, Albertus-Magnus-Heim: Erteilung der Missio mit Gottesdienst und Ansprache
14.07.	München-Berg am Laim, St. Michael: Firmung (115)
18.07.	Würzburg, Dom: Pontifikalgottesdienst mit Predigt zum 100-jährigen Bestehen des Kilianeums
24.07.	Passau, Dom: Pontifikalrequiem und Predigt zur Beisetzung von Altbischof Dr. Simon Konrad Landersdorfer
02./03.08.	Frankfurt am Main, St. Georgen: Teilnahme an der außerordentlichen Vollversammlung der Deutschen Bischofskonferenz

Mit dem polnischen Primas Erzbischof Stefan Kardinal Wyszyński (Gnesen und Warschau)
bei der Bischofssynode in Rom, 30. September 1971

29.08.   München, St. Paul: Pontifikalgottesdienst mit Predigt zum 25-jährigen Bestehen
der Legio Mariae in Deutschland

02.09.   Frankfurt am Main, St. Georgen: Teilnahme an der Sitzung der Haupt-
kommission der Deutschen Bischofskonferenz

08.09.   München, Grundschule an der Petrarcastraße: Eröffnung der Aktion
„Sicher zur Schule – Sicher nach Hause"

11.09.   Stoisser Alm am Teisenberg: Gottesdienst mit Predigt

12.09.   Nürnberg, Kaisersaal der Burg: Festvortrag zur 20. Jahrestagung des Kultur-
kreises im Bundesverband der Deutschen Industrie („Freiheit, Kunst und
Christentum")

16.09.   Frankfurt am Main, St. Georgen: Teilnahme an der Sitzung der Zentralkommission der Gemeinsamen Synode der Bistümer in der Bundesrepublik

17.09.   München: Einweihung des Mittleren Ringes mit Ansprache

19.09.	Unterhaching: Weihe der neuen Pfarrkirche St. Birgitta mit Gottesdienst und Predigt
20.–23.09.	Fulda, Priesterseminar: Teilnahme an der Vollversammlung der Deutschen Bischofskonferenz
25.09.	Freising, Bildungszentrum: Teilnahme an der Konferenz der deutschen Studentenpfarrer
30.09.–30.10.	Rom: Teilnahme an der Bischofssynode
10.10.	Rom, S. Ignazio: Erteilung der Priesterweihe an 3 Diakone des Germanicums
17.10.	Rom, St. Peter: Teilnahme an der Seligsprechung von P. Maximilian Kolbe
19.10.	Rom, Dodici Apostoli: Pontifikalgottesdienst mit Predigt innerhalb des Triduums anläßlich der Seligsprechung von P. Maximilian Kolbe
02.11.	München, Dreifaltigkeitskirche: Allerseelengottesdienst für die verstorbenen Erzbischöfe von München und Freising
03./04.11.	Freising, Bildungszentrum: Teilnahme an der Herbstversammlung der Bayerischen Bischofskonferenz
05.–12.11.	Reise nach Rumänien auf Einladung von Justinian Marina, Patriarch der Rumänisch-Orthodoxen Kirche, und Áron Márton, Bischof des Bistums Alba Iulia
13.11.	München, Kaulbachstraße: Teilnahme an der Eröffnung der Hochschule für Philosophie der Gesellschaft Jesu
13./14.11.	München, Kardinal-Wendel-Haus: Teilnahme an der Jahresversammlung von Pax Christi
13.11.	München, St. Ursula: Gottesdienst für die Jahresversammlung von Pax Christi
14.11.	Freising, Dom: Wortgottesdienst mit Predigt zum Korbiniansfest der Jugend
15.11.	Königstein im Taunus, Haus der Begegnung: Teilnahme an der Sitzung des Verbandes der Diözesen Deutschlands
17./18.11.	Freising, Bildungszentrum: Teilnahme an der Dekanekonferenz
24.12.	München, St. Michael: Teilnahme an der Christmette
25.12.	München, St. Michael: Pontifikalgottesdienst zum Weihnachtsfest
31.12.	München, St. Michael: Silvesterpredigt und Jahresschlußandacht

1972

01.01.	München, St. Michael: Neujahrsgottesdienst mit Predigt
10.01.	München, Dom: Jahresgedächtnisgottesdienst für Erzbischof Joseph Kardinal Wendel
11.01.	München, Antiquarium der Residenz: Teilnahme am Neujahrsempfang des Bayerischen Ministerpräsidenten
14.01.	München, Altersheim St. Nikolaus am Biederstein: Teilnahme am Neujahrsempfang des Diözesanrates der Katholiken

Besichtigung des Münchener Doms während der Umbauarbeiten im Presbyterium,
15. Februar 1972

19.01.	Pullach: Gottesdienst mit Predigt und Teilnahme am Festakt zur Einweihung der Schule des Katholischen Familienwerks
23.01.	München, St. Anna: Gottesdienst mit Predigt zum 50-jährigen Bestehen der Heimatmission München e.V.
26.01.	Gottesdienst und Predigt anläßlich des 60-jährigen Bestehens des Landesverbandes Bayern des Katholischen Deutschen Frauenbundes; Teilnahme an der Feierstunde
26.01.	München, St. Ludwig: Teilnahme an der Sitzung des Priesterrats
28.01.	München, Hauskapelle des Erzbischöflichen Palais: Missio mit Gottesdienst und Ansprache für Religionslehrer an höheren Schulen
02.02.	München, St. Michael: Pontifikalmesse und Kerzenweihe zum Fest Maria Lichtmeß
03.02.	Freising, Bildungszentrum: Gottesdienst und anschließend Gespräch mit Teilnehmern des Priesterfortbildungskurses
10.02.	Bonn, Katholisches Büro: Teilnahme an der Sitzung der Hauptkommission der Deutschen Bischofskonferenz
13.02.	München, St. Christoph: Gottesdienst mit Predigt für die Pfarrgemeinde
16.02.	München, Theatinerkirche: Gottesdienst mit Predigt zum Aschermittwoch der Künstler

Bischofsweihe der Weihbischöfe Franz Xaver Schwarzenböck (links) und Heinrich Graf von Soden-Fraunhofen (rechts) im Freisinger Dom, 18. März 1972

17.02.	Frankfurt am Main, St. Georgen: Teilnahme an der Sitzung der Zentral-kommission der Synode
21.–23.02.	Freising, Bildungszentrum: Teilnahme an der Vollversammlung der Deutschen Bischofskonferenz
15.03.	München, Kardinal-Wendel-Haus: Teilnahme an der Dekanekonferenz
17.03.	München, Ordinariat: Teilnahme an der Sitzung des Diözesansteuerausschusses
18.03.	Freising, Dom: Erteilung der Bischofsweihe an die beiden neuernannten Weihbischöfe Franz Schwarzenböck und Heinrich Graf von Soden-Fraunhofen
21./22.03.	Freising, Bildungszentrum: Teilnahme an der Vollversammlung der Bayerischen Bischofskonferenz
21.03.	München, Kardinal-Wendel-Haus: Teilnahme an der Jahresfeier der Katholischen Akademie in Bayern; Schlußansprache
10.–13.04.	Essen-Heidhausen: Teilnahme an der außerordentlichen Vollversammlung der Deutschen Bischofskonferenz
16.04.	München, Maria Trost: Weihe der neuen Pfarrkirche mit Gottesdienst und Predigt
17.04.	München, St. Benedikt: Firmung (101)
17.04.	München, Maria Trost: Gottesdienst mit Predigt für die Alten
20.04.	Buchbach: Firmung (168)
23.04.	Traunstein, Studienseminar: Firmung (45)
23.04.	München, St. Michael: Predigt und Teilnahme am Gottesdienst des Weih-bischofs Johannes Neuhäusler anläßlich dessen 25-jährigen Bischofsjubiläums
26.04.	München, Kardinal-Wendel-Haus: Teilnahme an der Sitzung des Priesterrats
26.04.	München, Piuskolleg: Gottesdienst mit Predigt für die Studenten des Priester-seminars
27.04.	München, Erzbischöfliches Palais: Teilnahme an der Sitzung des Präsidiums der Deutschen Sektion von Pax Christi
28.04.	München, Karmelitensaal: Teilnahme an der Sitzung des Seelsorgerates
30.04.	Kraiburg: Gottesdienst mit Predigt für die Pfarrgemeinde
01.05.	Frankfurt am Main, St. Georgen: Teilnahme an der Sitzung der Zentral-kommission der Synode
04.05.	Wasserburg, St. Jakob: Firmung (291)
05.05.	Wasserburg, St. Konrad: Firmung (226)
05.05.	München, Erzbischöfliches Palais: Teilnahme an der Konferenz der Bayerischen Diözesanbischöfe
07.05.	Teisendorf: Gottesdienst mit Predigt, Segnung des neuen Hauses des Kolping-Familien-Ferienwerks und Teilnahme an der Landeskonferenz der Kolpingfamilie in Bayern
10.–14.05.	Würzburg, Dom: Teilnahme an der Vollversammlung der Gemeinsamen Synode der Bistümer in der Bundesrepublik Deutschland

15.05.	München, Theatinerkirche: Gottesdienst mit Predigt anläßlich der 100-Jahr-Feier der Schwesternschaft München des Bayerischen Roten Kreuzes
18.05.	Ampfing: Firmung (89)
21.05.	München, St. Michael: Pontifikalamt mit Predigt zum Pfingstsonntag; Vesper
22.05.	Gars, Klosterkirche: Erteilung der Priesterweihe an 2 Diakone des Redemptoristenordens und 2 Diakone der Diözese Lomé/Togo
02.06.	Siegertsbrunn: Firmung (63)
04.06.	München, St. Matthäus: Weihe der Pfarrkirche mit Gottesdienst und Predigt
05.06.	München, Erzbischöfliches Palais: Teilnahme an der Stiftungsratssitzung der Stiftungsfachhochschule „Katholische Bildungsstätten für Sozialberufe in Bayern"
07.06.	Landshut, St. Jodok: Firmung (229)
08.06.	Landshut, St. Jodok: Firmung (112)
08.06.	München, Karmelitensaal: Teilnahme an der Sitzung des Seelsorgerates
11.06.	München, St. Anna: Konsekration des neuen Altars der Pfarrkirche mit Gottesdienst und Predigt
13.06.	München, Hauskapelle des Erzbischöflichen Palais: Gottesdienst mit Predigt für Vertreter der polnischen Znak-Gruppe
13.06.	München, Kardinal-Wendel-Haus: Empfang für Vertreter der Znak-Gruppe
14.06.	Feilnbach: Firmung (124)
16.06.	Rohrdorf: Firmung (119)
18.06.	München, St. Michael: Pontifikalamt mit Predigt zum Papstsonntag
19.06.	München-Au, Mariahilf: Firmung (148)
20.06.	München, St. Michael: Gottesdienst in Konzelebration mit Dom Hélder Pessoa Câmara, Erzbischof von Olinda und Recife
20.06.	München, Zirkus-Krone-Bau: Teilnahme an der Großkundgebung mit Erzbischof Dom Hélder Câmara
21.06.	Grassau: Firmung (100)
23.06.	Traunwalchen: Firmung (112)
24.06.	München, St. Clara: Gottesdienst mit Predigt und Sendung der Pastoralassistenten
25.06.	Flintsbach: Konsekration des neuen Altars der Kirche St. Peter am Madron mit Gottesdienst und Predigt
26.06.	Frankfurt am Main, St. Georgen: Teilnahme an der Sitzung der Zentralkommission der Synode
27.06.	München, St. Ludwig: Gottesdienst mit Predigt zur 500-Jahr-Feier der Universität
27.06.	München, Kardinal-Wendel-Haus: Teilnahme an der außerordentlichen Konferenz der Bayerischen Bischöfe
27.06.	München, Antiquarium der Residenz: Teilnahme am Empfang des Bayerischen Ministerpräsidenten anläßlich der 500-Jahr-Feier der Universität
28.06.	Obing: Firmung (132)

Pressekonferenz mit Erzbischof Dom Hélder Câmara (Olinda und Recife/Brasilien) im Kardinal-Wendel-Haus in München, 20. Juni 1972

29.06.	Bonn, Katholisches Büro: Teilnahme an der Sitzung der Hauptkommission der Deutschen Bischofskonferenz
30.06.	München, St. Sylvester: Firmung (78)
02.07.	Freising, Dom: Erteilung der Priesterweihe an 5 Diakone der Erzdiözese
05.07.	München, Kardinal-Wendel-Haus: Teilnahme an der Sitzung des Priesterrates
07.07.	Mühldorf, St. Peter und Paul: Firmung (227)
08.07.	München, Erzbischöfliches Palais: Konsekration des neuen Altars der Hauskapelle zu Ehren des hl. Korbinian mit Gottesdienst und Predigt
09.07.	Teilnahme an der Pilgerfahrt der Erzdiözese nach Vierzehnheiligen; dort Gottesdienst mit Predigt
10.07.	Irschenberg: Einweihung des Kinderdorfs Irschenberg
12.07.	Grabenstätt: Firmung (71)
13.07.	München, Hauskapelle des Johannes-Kollegs: Erteilung der Missio an 27 Gymnasial- und Realschullehrer
14.07.	Anger: Firmung (82)
16.07.	Freising, Studienseminar: Besuch anläßlich der Schließung des Studienseminars

Pressekonferenz mit Erzbischof Dom Hélder Câmara (Olinda und Recife/Brasilien) im Kardinal-Wendel-Haus in München, 20. Juni 1972

17.07.	Riedering: Firmung (92)
19.08.	Scheyern, Benediktinerabtei: Weihe des neuen Abtes Bernhard Maria Lambert
20.08.	München, St. Ludwig: Gottesdienst mit Predigt für in Deutschland lebende katholische Inder anläßlich des 1900. Todestages des Apostels Thomas
20.08.	Dachau, KZ-Gelände: Teilnahme an der Enthüllung einer polnischen Gedenktafel an der Todesangst-Christi-Kapelle
21.08.	München, Kongreßsaal des Deutschen Museums: Teilnahme an der Eröffnung des Wissenschaftlichen Kongresses mit Vortrag von Léon Joseph Kardinal Suenens
23.08.	München, Kardinal-Wendel-Haus: Empfang für die Teilnehmer am Wissenschaftlichen Kongreß anläßlich der Olympischen Spiele in München
24.08.	München, Bayerische Akademie der Wissenschaften: Teilnahme an des Festsitzung der Bayerischen Akademie der Wissenschaften zu Ehren der UNESCO
25.08.	Dachau, KZ-Gelände: Teilnahme an der Gedenkfeier der Kirchlichen Dienste für die Spiele der XX. Olympiade München
26.08.	München, Olympiastadion: Teilnahme an der Eröffnungsfeier der XX. Olympiade

Altarweihe in der Kirche St. Peter am Madron bei Flintsbach, 25. Juni 1972

26.08.	München, Antiquarium der Residenz: Teilnahme am Empfang des Bundes-präsidenten
27.08.	München, Dom: Gottesdienst mit Predigt anläßlich der Eröffnung der Olympischen Spiele
27.08.	München, Antiquarium der Residenz: Teilnahme am Abendessen des Bayerischen Ministerpräsidenten aus Anlaß der XX. Olympiade München 1972
28.08.	Bonn, Katholisches Büro: Teilnahme an der Sitzung der Hauptkommission der Deutschen Bischofskonferenz
03.09.	München, Olympisches Dorf: Gottesdienst mit Predigt für die Sportler und Bewohner des Olympischen Dorfes
06.09.	München, Dom: Gottesdienst für den Frieden mit Predigt anläßlich der Ermordung von 11 israelischen Geiseln
07.09.	München, Dom: ökumenischer Gottesdienst mit Landesbischof Dietzfelbinger anläßlich der Geiselnahme und Tötung von 11 israelischen Sportlern
08.09.	Frankfurt am Main, St. Georgen: Teilnahme an der Sitzung der Zentral-kommission der Synode
11.09.	München, Olympiastadion: Teilnahme an der Schlußfeier der Olympischen Spiele in München
18.–22.09.	Fulda: Teilnahme an der Vollversammlung der Deutschen Bischofskonferenz

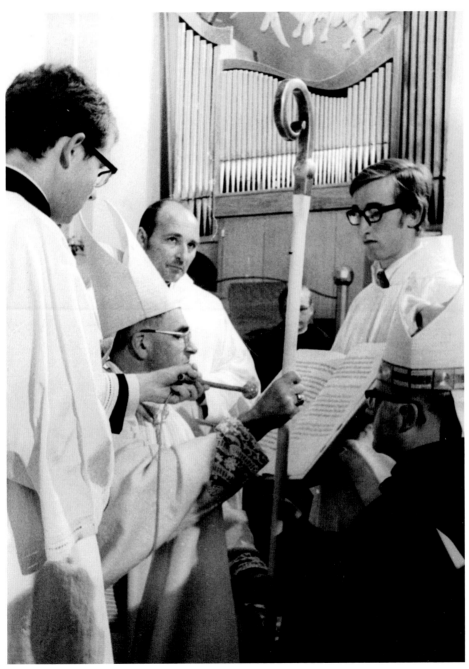

Weihe von Bernhard Maria Lambert OSB zum Abt der Benediktinerabtei Scheyern,
19. August 1972

Enthüllung einer Gedenktafel an der Todesangst-Christi-Kapelle für die im Konzentrationslager Dachau umgekommenen polnischen Priester durch Weihbischof Kazimierz Jan Majdański (Włocławek/Polen), 20. August 1972

23.09.	Hausen bei Bad Kissingen: Firmung
24.09.	Josefstal, Jugendhaus: Teilnahme an der Diözesankonferenz des BDKJ
28.09.	Bonn, Katholisches Büro: Gottesdienst mit Predigt für die Mitarbeiter des Katholischen Büros, des Katholischen Auslandssekretariats und der KNA
01.10.	Lenggries: Gottesdienst mit Predigt aus Anlaß des 250-jährigen Bestehens der Pfarrkirche; kleine Kapellenbenediktion im Kindergarten
04.10.	München, Preysingstraße: Eröffnungsgottesdienst mit Predigt in der Fachhochschule für Religionspädagogik und kirchliche Bildungsarbeit
05.10.	München, Zentralkolpinghaus: Festgottesdienst mit Predigt zum 50-jährigen Bestehen des Verbandes der Pfarrhaushälterinnen
05.10.	München, Karmelitensaal: Teilnahme an der Sitzung des Seelsorgerates
08.10.	München, Zu den Hl. Zwölf Aposteln: Konsekration des neuen Altars mit Gottesdienst und Predigt
11.10.	München, Kardinal-Wendel-Haus: Teilnahme an der Sitzung des Priesterrates
12.10.	Dachau, Karmel Hl. Blut: Entgegennahme der Ewigen Profeß von 1 Schwester
13.10.	München, Karmelitensaal: Teilnahme an der Sitzung des Diözesansteuerausschusses

Besuch im Olympischen Dorf in München, 3. September 1972; Begleiter v.r.: Sekretär Josef Maß, Weihbischof Ernst Tewes

15.10.	München, Dom: Weihe des neuen Altars mit Gottesdienst und Predigt
16.–19.10.	Rom: Teilnahme an der Vollversammlung der Kongregation für die Evangelisation der Völker
30.10.	München, Preysingstraße: Teilnahme an der Sitzung des Stiftungsrates der Stiftung „Katholische Bildungsstätten für Sozialberufe"
02.11.	München, Domgruft: Allerseelengottesdienst für die verstorbenen Erzbischöfe von München und Freising
05.11.	München, St. Lukas: Gottesdienst mit Predigt für die Pfarrei
07./08.11.	Freising, Bildungszentrum: Teilnahme an der Vollversammlung der Bayerischen Bischofskonferenz
10.11.	Frankfurt am Main, St. Georgen: Teilnahme an der Sitzung der Zentralkommission der Synode
10.11.	Münster, Dom: Gottesdienst mit Predigt anläßlich der Jahresversammlung von Pax Christi
12.11.	München, Dom: Gottesdienst mit Predigt zum 50-jährigen Bestehen des Landescaritasverbandes und des Caritasverbandes der Erzdiözese
12.11.	Freising, Dom: Wortgottesdienst mit Predigt zum Korbiniansfest der Jugend

Vollversammlung der Deutschen Bischofskonferenz in Fulda, 18. September 1972

Mit Bundeskanzler Willy Brandt beim Jahresempfang des Kommissariats der deutschen Bischöfe in Bonn, 27. September 1972; links: Wilhelm Wöste (Leiter des Kommissariats)

Altarweihe im Münchener Dom, 15. Oktober 1972

Altarweihe in der Pfarrkirche München-Zu den Hl. Zwölf Aposteln, 8. Oktober 1972

15.11.	Wilparting: Gottesdienst mit Predigt zum Fest der heiligen Marinus und Anianus
16./17.11.	Freising, Bildungszentrum: Teilnahme an der Dekanekonferenz
21.11.	München, Mutterhaus der Barmherzigen Schwestern: Gottesdienst mit Predigt anläßlich der Tagung der Föderation vinzentinischer Gemeinschaften
22./23.11.	Königstein im Taunus: Teilnahme an der außerordentlichen Vollversammlung der Deutschen Bischofskonferenz
27.11.	München, Hauskapelle des Erzbischöflichen Palais: Beauftragung von 4 Pastoralassistenten-Anwärtern und 1 Priesteramtskandidaten zum Lektorat und zur Kommunionspendung
28.11.	München, Karmelitensaal: Teilnahme an der gemeinsamen Konferenz des Seelsorgerates und der Ordinariatssitzung
02.12.	München, Herkulessaal: Teilnahme an der Jahressitzung der Bayerischen Akademie der Wissenschaften
03.12.	München, Verklärung Christi: Weihe der Pfarrkirche mit Gottesdienst und Predigt
03.12.	Würzburg: Teilnahme an der Festakademie des Missionsärztlichen Instituts Würzburg
04.12.	Frankfurt am Main, St. Georgen: Teilnahme an der Sitzung des Verbandes der Diözesen Deutschlands
07.12.	Frankfurt am Main, St. Georgen: Teilnahme an der Sitzung der Zentralkommission der Synode
08.12.	Eichstätt: Gottesdienst in der Schutzengelkirche anläßlich der Eröffnung der Gesamthochschule Eichstätt; Teilnahme am Festakt in der Hochschule mit Ansprache
10.12.	München, Namen Jesu: Weihe der neuen Pfarrkirche mit Gottesdienst und Predigt
11.12.	München, Riem: Ansprache und Teilnahme an der Trauerfeier für die Opfer der Flugzeugkatastrophe auf Teneriffa
13.12.	Bonn, Münster: Gottesdienst mit Predigt für die Abgeordneten des Bundestags anläßlich der konstituierenden Sitzung des VII. Deutschen Bundestages
14.12.	München, Hauskapelle des Erzbischöflichen Palais: Aufnahme eines Priesteramtskandidaten in den Klerus der Erzdiözese und Beauftragung zweier Pastoralassistenten-Anwärter mit dem Lektorat und der Kommunionspendung
15.12.	Petersberg b. Dachau: Gottesdienst mit Predigt anläßlich der Verabschiedung von Landjugendpfarrer Hans Wittmann
17.12.	Planegg, St. Elisabeth: Weihe der neuen Pfarrkirche mit Gottesdienst und Predigt
18.12.	Haar: Segnung des neuen Akutkrankenhauses Haar und Teilnahme am Festakt
20.12.	Bonn, Katholisches Büro: Teilnahme an der Sitzung der Hauptkommission der Deutschen Bischofskonferenz
24.12.	München, Dom: Christmette, Pontifikalamt mit Ansprache
25.12.	München, Dom: Pontifikalamt zum Weihnachtsfest mit Predigt; Pontifikalvesper
31.12.	München, Dom: Silvesterpredigt und Jahresschlußandacht

1973

02.01.	München, Mariahilf: Requiem für Msgr. Adolf Mathes
03.–07.01.	Würzburg: Teilnahme an der Gemeinsamen Synode der Bistümer in der Bundesrepublik Deutschland
08.01.	München, Dom: Requiem für Erzbischof Joseph Kardinal Wendel (Jahresgedächtnisgottesdienst)
11.01.	Berchtesgaden: Segnung des Salzbergwerkes
12.01.	München, Altersheim St. Nikolaus am Biederstein: Teilnahme am Neujahrsempfang der diözesanen Räte
14.01.	München, Erzbischöfliches Palais: Neujahrsempfang des Erzbischofs für die Mitarbeiter des Erzbischöflichen Ordinariates
15.01.	München, Kardinal-Wendel-Haus: Empfang des Erzbischofs für die Professoren der Katholisch-Theologischen Fakultät der Universität München
16.01.	München, Antiquarium der Residenz: Teilnahme am Neujahrsempfang des Bayerischen Ministerpräsidenten
15./16.02.	Frankfurt am Main, St. Georgen: Teilnahme an der Sitzung der Zentralkommission der Synode
23.02.	Bonn, Katholisches Büro: Teilnahme an der Sitzung der Hauptkommission der Deutschen Bischofskonferenz
25.02.	München-Solln, St. Johann Baptist: Erteilung der Diakonatsweihe an 2 Kandidaten der Erzdiözese und 2 Fratres des Franziskanerordens
28.02.–08.03.	Rom: Teilnahme an der Vollversammlung der Sacra Congregatio pro Clericis, am Geheimen Konsistorium, an der Verleihung der Kardinalswürde, am Gottesdienst mit den neuen Kardinälen
12.–15.03.	Bad Honnef: Teilnahme an der Vollversammlung der Deutschen Bischofskonferenz
18.03.	Langenbach: Firmung
22.03.	Waldram, St. Matthias: Gottesdienst mit Predigt anläßlich eines Besuches des Spätberufenenseminars
23.03.	München, Kardinal-Wendel-Haus: Teilnahme an der Jahresfeier der Katholischen Akademie in Bayern
28.03.	München, Erzbischöfliches Palais: Empfang für die Dekane der Erzdiözese
31.03.	Erding: Firmung (50)
01.04.	Erding: Firmung (70)
01.–04.04.	Rom: Teilnahme an der Vollversammlung der Sacra Congregatio pro Institutione Catholica
05.04.	Bonn: Teilnahme an der Hauptkommission der Deutschen Bischofskonferenz
10./11.04.	Freising: Teilnahme an der Vollversammlung der Bayerischen Bischofskonferenz
13.04.	Traunstein, St. Oswald: Gottesdienst mit Predigt anläßlich der 100-Jahrfeier des Chiemgau-Gymnasiums Traunstein

14.04.	Ettal, Benediktinerabtei: Weihe des neuen Abtes Edelbert Hörhammer
15.04.	München, Dom: Pontifikalgottesdienst mit Palmprozession zum Palmsonntag
19.04.	München, Dom: Missa Chrismatis und Weihe der heiligen Öle
19.04.	München, Dom: Gründonnerstagsgottesdienst mit Fußwaschung
20.04.	München, Dom: Teilnahme an der Karfreitagsliturgie
22.04.	München, Dom: Vigilia Paschalis; Feier des Osternachtsgottesdienstes mit Predigt; Pontifikalamt mit Predigt; Pontifikalvesper
30.04.	München, Karmelitensaal: Teilnahme am Treffen der Synodalen der Erzdiözese
01./02.05.	Frankfurt am Main, St. Georgen: Teilnahme an der Sitzung der Zentralkommission der Synode
04.05.	München, Theatinerkirche: Gottesdienst mit Predigt anläßlich des 100-jährigen Bestehens der Katholischen Frauengemeinschaft Deutschlands
05.05.	Dietramszell: Firmung (78)
08.05.	München, Newman-Haus: Gottesdienst mit Ansprache für die Missa-Gemeinschaft
09.05.	München, Kardinal-Wendel-Haus: Gottesdienst mit Predigt für die Teilnehmer an der Jahrestagung der Katholischen Rundfunk- und Fernseharbeit in Deutschland
12.05.	München, Bürgersaal: Gottesdienst mit Predigt zum 70-jährigen Bestehen des Landesverbandes Katholischer Männergemeinschaften in Bayern
13.05.	Unterhaching, St. Alto: Firmung (75)
16.05.	München, Kardinal-Wendel-Haus: Gottesdienst mit Ansprache für den Geschäftsführenden Ausschuß des Zentralkomitees der deutschen Katholiken
18.05.	Vierkirchen: Firmung (93)
19.05.	München, Renatastraße: Konsekration des Altares der Hauskapelle zu Ehren der Auferstehung des Herrn und Segnung des neuen Krankenhauses der Barmherzigen Schwestern
20.05.	Garmisch: Firmung (192)
21.05.	Partenkirchen, Maria Himmelfahrt: Firmung (222)
24.05.	Ebersberg: Firmung (71)
25.05.	Münsing: Firmung (69)
26.05.	Aufkirchen bei Starnberg: Firmung (95)
28.05.	München, Kardinal-Wendel-Haus: Gottesdienst mit Predigt anläßlich der Tagung der Gymnasial-Religionslehrer der Erzdiözese
30.05.	Peiting: Firmung (51)
31.05.	Peiting: Firmung (48)
31.05.	München, Stadtmuseum: Eröffnung der Ausstellung „Kirchenbau in der Diskussion" der Gesellschaft für christliche Kunst
01.06.	Frankfurt am Main, St. Georgen: Teilnahme an der Sitzung der Zentralkommission der Synode

02.06.	München, Odeonsplatz: Teilnahme und Ansprache anläßlich der Kundgebung der „Aktion für das Leben"
02.06.	München, St. Benno: Firmung (84)
03.06.	München, Christkönig: Firmung (68)
04.06.	Bonn: Teilnahme an der Sitzung der Hauptkommission der Deutschen Bischofskonferenz
05.06.	Lohhof: Firmung (114)
06.06.	München, St. Anton: Firmung (56)
09.06.	Geisenhausen: Firmung (64)
17.06.	Velden/Vils: Gottesdienst mit Predigt anläßlich der 1200-Jahrfeier der Pfarrei und Gemeinde
20.07.	München, Erzbischöfliches Palais: Empfang für 7 neuernannte Geistliche Räte
22.07.	Gräfelfing: Firmung (63)
25.07.	München, Hotel Deutscher Kaiser: Teilnahme an einer Pressekonferenz mit Kardinal Paul Zoungrana, Erzbischof von Ouagadougou (Obervolta/Burkina Faso) über die Dürrekatastrophe in der afrikanischen Sahel-Zone
29.08.	Altenerding: Gottesdienst mit Ansprache zur Einweihung des Kreiskrankenhauses Erding
29.08.	Bonn: Teilnahme an der Hauptkommission der Deutschen Bischofskonferenz
30.08.	Bonn: Teilnahme am Planungsgespräch zwischen Vertretern der Deutschen Bischofskonferenz und des Zentralkomitees der deutschen Katholiken
01.09.	Hamburg: Gottesdienst mit Predigt in der Katholischen Akademie Hamburg anläßlich ihrer Einweihung
07./08.09.	Frankfurt am Main, St. Georgen: Teilnahme an der Sitzung der Zentralkommission der Synode
13.09.	Waldram, Studienseminar: Gottesdienst mit Ansprache anläßlich der Verabschiedung des alten und der Einführung des neuen Direktors
17.09.	München, Kardinal-Wendel-Haus: Teilnahme am Empfang für die Katholische Frauengemeinschaft
18.09.	München, Kardinal-Wendel-Haus: Gottesdienst mit Predigt anläßlich der Jahrestagung des Zentralverbandes der Katholischen Frauengemeinschaften Deutschlands e.V.
24.–28.09.	Fulda: Teilnahme an der Vollversammlung der Deutschen Bischofskonferenz
29.09.	Bonn: Teilnahme und Ansprache anläßlich der öffentlichen Kundgebung der Katholischen Verbände gegen die Liberalisierung des § 218 StGB
30.09.	München, St. Stephan (Thalkirchner Straße): Gottesdienst mit Predigt für die tschechische Gemeinde anläßlich des Prager Milleniums
05./06.10.	München, Kardinal-Wendel-Haus: Teilnahme am wissenschaftlichen Symposium anläßlich des 25-jährigen Bischofsjubiläums
07.10.	Altomünster: Pontifikalamt mit Predigt anläßlich des 200-jährigen Weihejubiläums der Kloster- und Pfarrkirche

Mit dem CSU-Vorsitzenden Franz Josef Strauß beim wissenschaftlichen Symposion anlässlich des 25-jährigen Bischofsjubiläums von Kardinal Döpfner in der Katholischen Akademie in Bayern, 5./6. Oktober 1973

10.10.	Rom, Pontificium Collegium Germanicum et Hungaricum: Erteilung der Priesterweihe an die Diakone des Germanicums
13.10.	München, Antiquarium der Residenz: Teilnahme am Empfang des Bayerischen Ministerpräsidenten anläßlich des 25-jährigen Bischofsjubiläums
14.10.	München, Dom: Pontifikalamt zum 25-jährigen Bischofsjubiläum; Festakt im Kongreßsaal des Deutschen Museums; Mittagessen im Kardinal-Wendel-Haus
15.10.	München, Kardinal-Wendel-Haus: Sondersitzung der Deutschen Bischofs-konferenz
17.10.	Bonn: Teilnahme am Empfang des Katholischen Büros anläßlich des Bischofs-jubiläums
18.10.	Bonn: Gottesdienst mit Ansprache für die katholischen Abgeordneten des Deutschen Bundestages
20.10.	Freising, Dom: Gottesdienst mit Predigt anläßlich des Bischofsjubiläums; anschließend Übergabe und Segnung des St. Lantpert-Reliquienschreines
21.10.	Bad Aibling: Gottesdienst mit Predigt für die Teilnehmer an der BRK-Landestagung

Staatsempfang des Bayerischen Ministerpräsidenten anlässlich des 25-jährigen Bischofsjubiläums von Kardinal Döpfner im Antiquarium der Münchener Residenz, 13. Oktober
1973; v. l. Gertrud Goppel, Kardinal Döpfner, Bundespräsident Gustav Heinemann, Hilda
Heinemann, Ministerpräsident Alfons Goppel

23.–27.10.	Reise nach Polen und Besuch mehrerer polnischer Bischöfe
28.10.	München, Dom: Gottesdienst und Predigt anläßlich des Diözesantages der KAB; Teilnahme an der KAB-Kundgebung im Hofbräuhaussaal
30.10.	München, Priesterseminar: Beauftragung von 21 Priesterkandidaten und 3 Pastoralassistenten mit dem Lektoren- und Akolythendienst
03.11.	Bonn: Teilnahme an der Sitzung der Zentralkommission der Synode
05.11.	München, Domgruft: Seelengottesdienst für die verstorbenen Erzbischöfe von München und Freising
07./08.11.	Freising: Teilnahme an der Vollversammlung der Bayerischen Bischofs-konferenz
11.11.	Freising, Dom: Gottesdienst mit Predigt zum Korbinianstag der Jugend
14.11.	München, Kardinal-Wendel-Haus: Empfang für die Bibliothekare des St. Michaelsbundes
17.11.	Freising, Dom; Pontifikalamt mit Predigt zum Korbinianstag; Vesper
18.11.	München, Christi Himmelfahrt: Gottesdienst mit Predigt anläßlich des 40-jährigen Bestehens der Pfarrei

Empfang des Katholischen Büros in Bonn anlässlich des 25-jährigen Bischofsjubiläums von Kardinal Döpfner, 17. Oktober 1973; Mitte: Bundesinnenminister Hans-Dietrich Genscher, rechts Bundeslandwirtschaftsminister Josef Ertl

21.–25.11.	Würzburg: Vollversammlung der Synode der Bistümer in der Bundesrepublik Deutschland
28.11.	Eching: Gottesdienst mit den Militärgeistlichen in Bayern
02.12.	München, St. Thomas: Weihe der Pfarrkirche mit Gottesdienst und Predigt
04.12.	Frankfurt am Main, St. Georgen: Teilnahme an der Vollversammlung des Verbandes der Diözesen Deutschlands
07./08.12.	[Frankfurt am Main]: Teilnahme an der Sitzung der Zentralkommission der Synode
09.12.	Gartenberg: Weihe der neuen Pfarrkirche Heilige Familie
10.12.	Teilnahme an der Sitzung der Hauptkommission der Deutschen Bischofskonferenz
11.–15.12.	Rom: Ad-Limina-Besuch
16.12.	München, Dom: Erteilung der Diakonatsweihe an 8 Kleriker der Erzdiözese und an 3 Ordensprofessen
18.12.	München, Dom: Pontifikalrequiem für Weihbischof Dr. Johannes Neuhäusler

18.12.	Dachau, Karmel Hl. Blut: Beisetzung des Weihbischofs Dr. Johannes Neuhäusler
23.12.	München, St. Clemens: Gottesdienst mit Predigt anläßlich des 50-jährigen Jubiläums der Pfarrei
24.12.	München, Zu den Hl. Zwölf Aposteln, Pfarrheim: Besuch des hl. Abends der alleinerziehenden Mütter
24.12.	München, Dom: Christmette, Pontifikalamt mit Ansprache
25.12.	München, Dom: Pontifikalamt zum Weihnachtsfest mit Predigt; Pontifikalvesper
26.12.	München, Mariahilf: Pontifikalamt mit Predigt anläßlich der „Aktion Verständigung"
27.12.	Mainz: Teilnahme an der Feierstunde anläßlich des 70. Geburtstages von Bischof Hermann Kardinal Volk
31.12.	München, Dom: Silvesterpredigt mit Jahresschlußandacht

1974

06.01.	München, Dom: Erteilung der Diakonatsweihe an 5 Ständige Diakone
09.01.	München, Dom: Jahresgedächtnisgottesdienst für Erzbischof Joseph Kardinal Wendel
11.01.	München, Kardinal-Wendel-Haus: Teilnahme am Neujahrsempfang der diözesanen Räte
13.01.	München, Exerzitienhaus Fürstenried: Gottesdienst mit Predigt anläßlich des Einkehrtages der Katecheten
21.01.	Würzburg: Teilnahme an der Sitzung des Ständigen Rates der Deutschen Bischofskonferenz
23.01.	München, Kardinal-Wendel-Haus: Teilnahme an der Sitzung des Priesterrates
25.01.	Würzburg: Entgegennahme der Würde eines Ehrendoktors von der Theologischen Fakultät der Universität Würzburg
19.02.	München, Ukrainische Universität: Teilnahme an der Ehrenpromotion von Erzbischof Jean-Édouard-Lucien Rupp, Apostolischer Pro-Nuntius im Irak
20.02.	München, Hotel Deutscher Kaiser: Gottesdienst mit Ansprache für die Mitglieder des Ordens der Ritter vom Heiligen Grab zu Jerusalem
27.02.	München, St. Kajetan: Gottesdienst mit Predigt zum Aschermittwoch der Künstler
02.03.	München, Hochschule für Philosophie: Grußwort und Teilnahme am Festakt zum 70. Geburtstag von P. Karl Rahner SJ
03.03.	München, Dom: Gottesdienst mit Fastenpredigt
04.–07.03.	Stuttgart: Teilnahme an der Vollversammlung der Deutschen Bischofskonferenz
09.03.	München, Messegelände: Teilnahme am Empfang und Eröffnung der 26. Internationalen Handwerksmesse

10.03.	München, Dom: Gottesdienst mit Fastenpredigt
14.03.	Breslau: Teilnahme am Begräbnis von Kardinal Bolesław Kominek, Erzbischof von Breslau
16.03.	München, Schloß Fürstenried: Eucharistiefeier mit Ansprache beim Einkehrtag der Kirchenmusiker
17.03.	München, Dom: Gottesdienst mit Fastenpredigt
19.03.	München, Kardinal-Wendel-Haus: Teilnahme an der Jahresfeier der Katholischen Akademie in Bayern
20.03.	Bonn: Teilnahme am Abschiedsempfang für Bundespräsident Gustav Heinemann
21.03.	Rottach-Egern: Teilnahme an der Tagung katholischer Verleger
24.03.	Rom: Teilnahme an den Feierlichkeiten anläßlich der Seligsprechung von Liborius Wagner
25.–29.03.	Rom: Teilnahme an der Vollversammlung der Sacra Congregatio pro Gentium Evangelizatione
31.03.	München, Dom: Gottesdienst mit Fastenpredigt
02./03.04.	Freising, Bildungszentrum: Teilnahme an der Konferenz der bayerischen Bischöfe
04.04.	München, Dom: Bußgottesdienst
05.04.	Freising, Bildungszentrum: Teilnahme an der Vollversammlung des Diözesanrates der Katholiken
06.04.	Frankfurt am Main: Teilnahme an der Sitzung der Zentralkommission der Synode
08.04.	Würzburg: Teilnahme an der Sitzung des Ständigen Rates der Deutschen Bischofskonferenz
10.04.	München, Ärztehaus: Teilnahme an der Pressekonferenz der Ärzte-Aktion „Für das Leben"
10.04.	München, Dom: Feier der Missa Chrismatis
10.04.	München, Dom: Feier des Gründonnerstagsgottesdienstes mit Fußwaschung
17.04.	Bonn: Teilnahme an der Pressekonferenz des Sekretariates der Deutschen Bischofskonferenz anläßlich der Bestrebungen zur Novellierung des § 218 StGB
21.04.	München, Dom: Gottesdienst mit Predigt zum Gebetstag für den Schutz des Lebens
23.04.	München, Hl. Kreuz: Firmung (80)
24.04.	München, Kardinal-Wendel-Haus: Teilnahme an der Sitzung des Priesterrates
25.04.	München, Preysingstraße: Gottesdienst mit Ansprache für die Fachhochschule für Sozialberufe in Bayern zur Eröffnung des Sommersemesters
26.04.	Vagen: Firmung (67)
28.04.	Glonn: Gottesdienst mit Predigt zur 1200-Jahrfeier der Pfarrei
01.05.	Trier: Teilnahme an der Domweihe anläßlich der Wiedereröffnung des Domes

Feier zum 70. Geburtstag von P. Karl Rahner SJ in der Hochschule für Philosophie, München, 2. März 1974; 1. Reihe v.r.: Bischof Hermann Kardinal Volk (Mainz), Kardinal Döpfner, P. Karl Rahner SJ, Nikolaus Lobkowicz (Rektor der Ludwig-Maximilians-Universität München); 2. Reihe v.r.: Weihbischof Ernst Tewes, Hans-Reinhard Müller (Intendant der Münchner Kammerspiele)

03.05.	München, St. Paul: Firmung (40)
04.05.	Rimsting: Firmung (56)
04.05.	München, Ostbahnhof: Verabschiedung des Sonnenzuges
05.05.	Traunstein: Gottesdienst mit Ansprache im Studienseminar zum Welttag der Geistlichen Berufe
07.05.	München, Deutsches Museum: Teilnahme am Empfang anläßlich der Jahresversammlung des Deutschen Museums
08.05.	München, Fürstenried: Teilnahme an der Dekanekonferenz
08.05.	Surheim: Firmung (86)
09.05.	Strub: Firmung (130)
11.05.	München-St. Kajetan: Gottesdienst mit Ansprache anläßlich des Jubiläums des Ludwigsgymnasiums
11.05.	Fridolfing: Firmung (110)
12.05.	Fridolfing: Firmung (115)
14.05.	München, Kardinal-Wendel-Haus: Teilnahme an der Eröffnung der 6. Generalversammlung von CIDSE

Tagung katholischer Verleger in Rottach-Egern, 21. März 1974

15.05.	München, Kardinal-Wendel-Haus: Empfang des Kardinals für die Teilnehmer an der CIDSE-Generalversammlung
16.05.	München, Ordinariat: Teilnahme an der Sitzung des Seelsorgerates
18.05.	München, St. Lantpert: Firmung (83)
18.05.	Petersberg b. Dachau: Maiandacht mit Ansprache am Vorabend des KLJB-Landestreffens
19.05.	Kelheim: Gottesdienst mit Ansprache beim KLJB-Landestreffen
23.–26.05.	Würzburg: Teilnahme an der Plenarversammlung der Gemeinsamen Synode der Bistümer in der Bundesrepublik Deutschland
28.05.	München, St. Sylvester: Gottesdienst mit Ansprache aus Anlaß des Welttages der Kommunikationsmittel für die im journalistischen Bereich Tätigen
29.05.	Maitenbeth: Firmung (68)
30.05.	München, Marienplatz: öffentliche Maiandacht für die Stadt München mit Ansprache
31.05.	Odelzhausen: Firmung (80)
01.06.	Olching: Firmung (100)
05.06.	Frankfurt am Main: Teilnahme an der Pressekonferenz des Deutschen Caritas-verbandes anläßlich der Kollekte für die Trockengebiete der Sahel-Zone
09.06.	Paderborn, Dom: Predigt anläßlich des Jubiläums des Bonifatiuswerkes

12.06.	Schnaitsee: Firmung (153)
14.06.	Landshut, Dominikanerkirche: Gottesdienst mit Predigt für die Katholische Erziehergemeinschaft KEG
16.06.	München, Leiden Christi: Firmung (125)
17.06.	Würzburg: Teilnahme an der Sitzung des Ständigen Rates der Deutschen Bischofskonferenz
19.06.	Großholzhausen: Firmung (35)
20.06.	Unterwössen: Gottesdienst mit Ansprache für die Teilnehmer am Betriebsausflug des Ordinariats
21.06.	München, St. Agnes: Firmung (42)
22.06.	München, Allerheiligen: Aussendung der Pastoralassistenten
23.06.	München, St. Leonhard: Firmung (48)
25.06.	Forstinning: Firmung (38)
27.06.	Flintsbach, St. Peter am Madron: Gottesdienst mit Ansprache anläßlich der Jugendwallfahrt des Landkreises Rosenheim
28.06.	München, Gehörlosenschule: Firmung (29)
29.06.	Freising, Dom: Erteilung der Priesterweihe an 8 Diakone der Erzdiözese und 1 Diakon aus Indien
30.06.	Hohenpolding: Firmung (70)
02.07.	Eching: Firmung (65)
03.07.	München, Dom: Gottesdienst in Konzelebration mit Erzbischof Jószef Kardinal Mindszenty
04.07.	München: Segnung des neuen Hauses der Bäckerinnung
04.07.	München, Maria Immaculata: Firmung (75)
05.07.	München-Großhadern: Segnung und Übergabe des Großklinikums Großhadern
06.07.	Haar, St. Konrad: Firmung (81)
07.07.	München, Dom: Gottesdienst mit Predigt zum Papstsonntag
09.07.	Freising, St. Lantpert: Firmung (54)
11.07.	St. Georgen: Firmung (90)
14.07.	Altötting: Krankenwallfahrt mit dem Malteser Hilfsdienst
16.07.	Pullach: Firmung (58)
18.07.	München, St. Michael Perlach: Firmung (46)
20.07.	Hofolding: Firmung (65)
21.07.	Neumarkt-St. Veit: Firmung (79)
21.07.	München, Dom: Gottesdienst mit den Urlauber-Missionaren; Predigt
23.07.	München, Maria vom Guten Rat: Firmung (72)
24.07.	München, Antiquarium der Residenz: Teilnahme am Empfang der Staatsregierung zu Ehren des Bundespräsidenten Walter Scheel und Frau Dr. Mildred Scheel

Diskussion beim Korbiniansfest der Jugend in Freising, 10. November 1974

26.08.	Frankfurt am Main: Teilnahme an der Sitzung des Ständigen Rates der Deutschen Bischofskonferenz
31.08.	München, Mutterhaus der Barmherzigen Schwestern: Entgegennahme der ewigen Profess von 6 Schwestern der Kongregation der Barmherzigen Schwestern
04.09.	München, Staatskanzlei: Unterzeichnung des Ergänzungsvertrags zum Konkordat zwischen dem Hl. Stuhl und dem Freistaat Bayern
06.09.	Frankfurt am Main: Teilnahme an der Sitzung der Zentralkommission der Synode
08.09.	Scheyern: Gottesdienst mit Predigt zum Hl.-Kreuzfest
10./11.09.	Königstein im Taunus: Teilnahme an der Sondersitzung der Deutschen Bischofskonferenz
11.–15.09.	Mönchengladbach: Teilnahme am 84. Deutschen Katholikentag
16.09.	Schäftlarn, Abtei: Weihe von P. Otmar Kranz OSB zum Abt von Schäftlarn
19.09.	Dachau, Karmel: Gottesdienst in Konzelebration mit Kardinal Karol Wojtyła, Erzbischof von Krakau
22.09.	Sachrang: Gottesdienst mit Predigt anläßlich der bayerisch-tirolischen Wallfahrt
23.–26.09.	Salzburg: Teilnahme an der Vollversammlung der Deutschen Bischofskonferenz

Dekanekonferenz im Bildungszentrum Freising, 14./15. November 1974; neben Kardinal Döpfner v.l.: Generalvikar Gerhard Gruber, Weihbischof Heinrich Graf von Soden-Fraunhofen, Weihbischof Ernst Tewes

27.09.–	
26.10.	Rom: Teilnahme an der Bischofssynode
10.10.	Rom, Collegium Germanicum: Erteilung der Priesterweihe an 2 Diakone der Erzdiözese und 9 weitere Diakone aus dem Germanicum
30.10.	München, Kardinal-Wendel-Haus: Teilnahme an der Sitzung des Priesterrates
31.10./	
01.11.	Bamberg: Teilnahme an den Feierlichkeiten anläßlich des 850. Jubiläums der Pommernmission des hl. Bischofs Otto von Bamberg
03.11.	Ottobrunn, St. Otto: Konsekration des neuen Altars der Pfarrkirche
04.11.	München, Domgruft: Allerseelengottesdienst für die verstorbenen Erzbischöfe von München und Freising
05./06.11.	Freising: Teilnahme an der Konferenz der bayerischen Bischöfe
07.11.	München, Kardinal-Wendel-Haus: Teilnahme an der Sitzung des Seelsorgerates
08.11.	München, Hotel Deutscher Kaiser: Gottesdienst mit Ansprache anläßlich der Verabschiedung der ausgeschiedenen Mitglieder des Diözesanrates der Katholiken

10.11.	Freising, Domberg: Teilnahme am Korbiniansfest der Jugend, Gottesdienst mit Predigt
10.–14.11.	München, Schloß Fürstenried: Erteilung der Priesterexerzitien
12.11.	München, Residenz: Gottesdienst mit Ansprache für die Abgeordneten des neugewählten Landtages
14./15.11.	Freising, Bildungszentrum: Teilnahme an der Dekanekonferenz
16.11.	Freising, Dom: Gottesdienst mit Ansprache zum Fest des hl. Korbinian; Vesper
17.11.	München, Dom: Gottesdienst mit Predigt anläßlich des 70-jährigen Bestehens des Katholischen Deutschen Frauenbundes
18.11.	München, Mutterhaus der Barmherzigen Schwestern: Gottesdienst mit Ansprache und Teilnahme am Generalkapitel der Barmherzigen Schwestern
20.–24.11.	Würzburg: Teilnahme an der Gemeinsamen Synode der Bistümer in der Bundesrepublik Deutschland
03.12.	Frankfurt am Main: Teilnahme an der Vollversammlung des Verbandes der Diözesen Deutschlands
05.12.	München, Seminar für Pastoral: Besuch der Mitarbeiterversammlung des Beratungsdienstes für kirchliche Berufe
06.12.	Frankfurt am Main: Teilnahme an der Sitzung der Zentralkommission der Synode
07.12.	München-Perlach, St. Jakobus: Bußgottesdienst mit der Gemeinde
08.12.	München-Perlach, St. Jakobus: Konsekration der Pfarrkirche der neuerrichteten Pfarrei St. Jakobus
12.12.	Ilmmünster: Konsekration des Gnadenaltars der Wallfahrtskirche Herrenrast zu Ehren des Allerheiligsten Erlösers Jesus Christus in der Rast
13.12.	Freising, Bildungszentrum: Teilnahme am Kontaktgespräch Bischöfe-Betriebsräte
15.12.	Holzhausen: Benediktion der renovierten Wallfahrtskirche Frauenhaarbach mit Konsekration des Gnadenaltars zu Ehren Maria Himmelfahrt
16.12.	Würzburg: Teilnahme an der Sitzung des Ständigen Rates der Deutschen Bischofskonferenz
18.12.	Bonn: Gottesdienst mit Ansprache für Abgeordnete des Deutschen Bundestages
19.12.	München, Ordinariat: Teilnahme an der Pressekonferenz anläßlich der ADVENIAT-Sammlung
19.12.	München, Altersheim St. Nikolaus am Biederstein: Gottesdienst mit Ansprache anläßlich der Weihnachtsfeier des Ordinariates
22.12.	München, Augenklinik: Gottesdienst mit Ansprache anläßlich der 50-Jahrfeier der Niederlassung der Erlöserschwestern aus dem Mutterhaus Würzburg und zum Abschluß der Renovierung der Hauskapelle
24.12.	München, Schwabinger Bräu: Besuch der Weihnachtsfeier der Obdachlosen
24.12.	München, Dom: Christmette, Pontifikalamt mit Predigt
25.12.	München, Dom: Pontifikalamt mit Predigt; Vesper
31.12.	München, Dom: Silvesterpredigt und Jahresschlußandacht

1975

09.01.	München, Dom: Jahresgedächtnisgottesdienst für Erzbischof Joseph Kardinal Wendel
10.01.	Frankfurt am Main: Teilnahme an der Sitzung der Zentralkommission der Gemeinsamen Synode der Bistümer in der Bundesrepublik Deutschland
14.01.	München, Residenz: Teilnahme am Neujahrsempfang des Bayerischen Ministerpräsidenten
15.01.	München, Kardinal-Wendel-Haus: Teilnahme an der Sitzung des Priesterrates
16.01.	München, Georgianum: Beauftragung von 10 Theologen zum Akolythat und Lektorat
17.01.	München, Kardinal-Wendel-Haus: Teilnahme am Empfang der diözesanen Räte
23.01.	München, St. Matthäus: Mitfeier eines ökumenischen Gottesdienstes
12.02.	München, St. Kajetan: Gottesdienst zum Aschermittwoch der Künstler
17.–20.02.	Bad Honnef: Teilnahme an der Vollversammlung der Deutschen Bischofskonferenz
03.–06.03.	Rom: Teilnahme an der Plenarkonferenz des Bischofsrates
11.03.	München, Alter Rathaussaal: Teilnahme am Trauerakt für die Opfer des Eisenbahnunglücks in München-Allach
12.03.	Wies bei Freising: Aussendung von 30 Dorfhelferinnen
13.03.	München, St. Sylvester: Firmung (56)
15.03.	München, St. Ursula: Firmung (95)
17.03.	München, Hotel Deutscher Kaiser: Teilnahme an der Pressekonferenz anläßlich der Herausgabe des Einheitsgesangbuchs
17./18.03.	Teilnahme an der Plenarkonferenz der bayerischen Bischöfe
26.03.	München, Dom: Missa Chrismatis
27.03.	München, Dom: Gründonnerstagsgottesdienst mit Fußwaschung
28.03.	München, Dom: Teilnahme an der Karfreitagsliturgie
30.03.	München, Dom: Feier der Osternacht; Pontifikalamt mit Predigt; Pontifikalvesper
02.04.	Berlin, St. Hedwig: Predigt anläßlich des 25. Priesterjubiläums von Bischof Alfred Kardinal Bengsch
09.04.	München, Hotel Deutscher Kaiser: Gottesdienst mit Ansprache für die Komturei München des Ritterordens vom hl. Grab in Jerusalem
11./12.04.	Frankfurt am Main: Teilnahme an der Sitzung der Zentralkommission der Synode
14.04.	München, Exerzitienhaus Fürstenried: Teilnahme an der Dekanekonferenz
15.04.	München: Betriebsbesuch bei der Deutschen Bundesbahn
16.04.	Freising-Vötting, St. Jakob: Firmung (45)
19.04.	München, Bruder Klaus: Firmung (70)

Weihe der heiligen Öle in der Missa chrismatis im Münchener Dom, 26. März 1975

20.04.	München, St. Gertrud: Firmung (68)
21.04.	Würzburg: Teilnahme an der Sitzung des Ständigen Rates der Deutschen Bischofskonferenz
21.04.	Würzburg: Teilnahme an der Sondersitzung des Verbandes der Diözesen Deutschlands
23.04.	München, St. Michael: Gottesdienst zum Fest des hl. Adalbert mit den in München lebenden Volksgruppen der Tschecho-Slowaken, Ungarn und Polen
24.04.	München, Kardinal-Wendel-Haus: Gottesdienst mit Ansprache anläßlich der Tagung des Katholischen Siedlungsdienstes
25.04.	München, St. Helena: Firmung (60)
26.04.	Ismaning: Firmung (75)
27.04.	Dorfen: Firmung (125)
30.04.	Kolbermoor, Wiederkunft Christi: Firmung (44)
01.05.	Kolbermoor, Hl. Dreifaltigkeit: Firmung (102)
02.05.	München, Herkulessaal der Residenz: Teilnahme am Festakt anläßlich der Verabschiedung von Landesbischof Hermann Dietzfelbinger; Teilnahme am Empfang des Ministerpräsidenten im Prinz-Carl-Palais
03.05.	München, St. Emmeram: Firmung (76)

Mit Weihbischof Ernst Tewes zu Besuch bei der Deutschen Bundesbahn, 15. April 1975

04.05.	München, St. Kajetan: Gottesdienst mit Ansprache anläßlich des 300-jährigen Bestehens der Theatinerkirche
07.–11.05.	Würzburg: Teilnahme an der Vollversammlung der Synode
13.05.	München, Kardinal-Wendel-Haus: Gottesdienst anläßlich des Diözesantages der Religionslehrer an Gymnasien
13.05.	München, Schloß Nymphenburg: Teilnahme am Empfang zum 70. Geburtstag Herzog Albrechts von Bayern
14.05.	Freising, Dom: Gottesdienst mit Ansprache für die Bundesarbeitsgemeinschaft der Pfarrhaushälterinnen anläßlich ihrer Tagung
15.05.	Mariazell: Teilnahme an der Beisetzung von Erzbischof József Kardinal Mindszenty
16.05.	Rosenheim: Gottesdienst mit Ansprache anläßlich der Einweihung eines Behindertenzentrums der Caritas
17.05.	Gröbenzell: Firmung (150)
18.05.	München, Dom: Pontifikalamt mit Predigt zum Pfingstfest; Pontifikalvesper
19.05.	Altötting: Teilnahme an der Wallfahrt der Legio Mariae, Gottesdienst mit Ansprache
21.05.	Stuttgart: Teilnahme am Sport-Spitzengespräch zwischen dem DSB-Präsidium und Vertretern der evangelischen und der katholischen Kirche

22.05.	München, Residenz: Teilnahme am Empfang des Bayerischen Ministerpräsidenten anläßlich der Tagung des Verbandes der Schwesternschaft vom DRK
23.05.	Josefstal, Jugendhaus: Teilnahme an der KJG-Bundeskonferenz
25.05.	Weihenlinden: Firmung (17)
29.05.	München, Residenz: Teilnahme am Empfang des Bayerischen Ministerpräsidenten anläßlich des Verbandstages der KAB Süddeutschlands
30.05.	München, Marienplatz: öffentliche Maiandacht mit Ansprache
31.05.	München, Zirkus-Krone-Bau: Gottesdienst mit Ansprache anläßlich des Verbandstages der KAB Süddeutschlands
01.06.	Mainz, Dom: Pontifikalamt mit Predigt anläßlich der 1000-Jahrfeier des Doms
04.06.	Gaißach: Firmung (99)
05.06.	München, Kardinal-Wendel-Haus: Teilnahme an der Sitzung des Priesterrates
06.06.	Indersdorf: Firmung (101)
09.06.	München, Ostbahnhof: Verabschiedung des Rom-Pilgerzuges der Schwerstbehinderten (Sonnenzug des Caritasverbandes)
10.06.	München, Ordinariat: Teilnahme an der Sitzung des Seelsorgerates
11.06.	Miesbach: Teilnahme an der Trauerfeier für die Opfer des Eisenbahnunglücks bei Warngau; Ansprache
11.06.	München, Kardinal-Wendel-Haus: Teilnahme an der Tagung des Katholischen Arbeitskreises für Entwicklung und Frieden; abends Empfang mit Ansprache
12.06.	Würzburg: Gottesdienst mit Ansprache anläßlich der Vollversammlung des Deutschen Katholischen Missionsrates
13.06.	München-Lochhausen, St. Michael: Firmung (40)
14.06.	Mühldorf: Gottesdienst mit Ansprache zum 200-jährigen Jubiläum der Wiederherstellung der Pfarrkirche St. Nikolaus
15.06.	München, Salesianum: Gottesdienst mit Ansprache anläßlich der Einweihung des Jugendwohnheims Salesianum
16.06.	Bonn, Katholisches Büro: Teilnahme an der Begegnung von Vertretern des DGB und der katholischen Kirche
17.06.	München, Exerzitienhaus Fürstenried: Teilnahme an der Tagung der Betriebsseelsorge
18.06.	Geretsried: Firmung (77)
18.06.	München, Kardinal-Wendel-Haus: Teilnahme an der Sitzung des Diözesansteuerausschusses
19.06.	München, Dom: Requiem für Erzbischof Jószef Kardinal Mindszenty
20.06.	Frankfurt am Main: Teilnahme an der Sitzung der Zentralkommission der Synode
21.06.	Freising, Bildungszentrum: Gottesdienst zum Silbernen Priesterjubiläum mit dem Weihekurs 1950
21.06.	Unterschleißheim-St. Ulrich: Aussendung von 4 Pastoralassistenten

Aussendung von Pastoralassistenten in der Pfarrkirche Unterschleißheim, 21. Juni 1975; v.r.:
Dieter Wittmann, Josef Six, Michael Sappl und Klaus Fleck

22.06.	München, St. Quirin: Firmung (53)
22.06.	Landshut: Teilnahme an der Jubiläumsaufführung „500 Jahre Landshuter Hochzeit"
23.06.	Würzburg: Teilnahme an der Sitzung des Ständigen Rates der Deutschen Bischofskonferenz
25.06.	Hohenkammer: Firmung (58)
28.06.	Ramsau: Firmung (31)
29.06.	Freising, Dom: Priesterweihe von 4 Diakonen der Erzdiözese
02.07.	München, Erzbischöfliches Palais: Gespräch mit einer Delegation des CGB
02.07.	Ohlstadt: Firmung (83)
03.07.	Rottenbuch: Firmung (49)
04.07.	München, St. Bonifaz: Treffen mit den Geistlichen Beiräten der DJK
06.07.	München, Dom: Pontifikalamt mit Ansprache zum Papstsonntag
07.07.	Eichstätt, Gesamthochschule: Gottesdienst mit Predigt zum Abschluß der Vorlesungsreihe „10 Jahre Vaticanum II"
08.07.	München, Zentralkolpinghaus: Teilnahme an der Jahresversammlung des Priestervereins

Priesterweihe im Freisinger Dom, 29. Juni 1975; v.l.: Subregens Dieter Katte, Domrektor Michael Höck, Alumne Anton Landersdorfer, Alumne Siegfried Kneißl, Neupriester Albrecht Amberg

09.07.	Nandlstadt: Firmung (90)
10.07.	Gündlkofen: Firmung (76)
11.07.	Petersberg b. Dachau: Gespräch mit den Jugendseelsorgern
11.07.	Pullach, Tagesheimschule: Gottesdienst mit Ansprache anläßlich des 25-jährigen Bestehens des Katholischen Familienwerks München, Teilnahme an der Festakademie und am Empfang
12.07.	München, St. Michael, Erteilung der Priesterweihe an 5 Fratres der Jesuiten
13.07.	Erding: Gottesdienst mit Ansprache anläßlich der 300-Jahrfeier der Hl.-Blut-Wallfahrt
13.07.	Neuching: Teilnahme an der Festakademie anläßlich der 1200-Jahrfeier der Synode in Neuching
14.07.	München, Johannes-Kolleg: Gottesdienst mit Ansprache anläßlich der Erteilung der Missio an 25 Religionslehrer
16.07.	Schönbrunn: Gottesdienst mit Ansprache anläßlich der Einweihung der Johannes-Neuhäusler-Schule für Behinderte

Besuch des Jugendkonzils in Taizé, 17. August 1975; v.l.: Bruder Hugues, Prior Roger Schutz, Erzbischof François Kardinal Marty (Paris)

18.07.	München, Herz Jesu: Firmung (100)
19.07.	Rosenheim, Christkönig: Firmung (75)
20.07.	Rosenheim, St. Nikolaus: Firmung (118)
21.07.	München: Teilnahme an der Sitzung des Zentralrates von Missio-München
23.07.	Buch am Erlbach: Firmung (62)
24.07.	München, Erzbischöfliches Palais: Empfang für 7 neuernannte Geistlichen Räte
26.07.	Münnerstadt: Gottesdienst mit Ansprache zum Studiengenossenfest der ehemaligen Schüler des Gymnasiums Münnerstadt
28.08.	München, Angerkloster: Gottesdienst mit Ansprache und Entgegennahme der Ewigen Profeß von 25 Armen Schulschwestern
31.08.	Hörlkofen: Gottesdienst mit Ansprache anläßlich des 50-jährigen Bestehens der Pfarrkirche
08./09.09.	Freising, Domberg: Teilnahme an der Sondersitzung der Deutschen Bischofskonferenz

Feier des 70. Geburtstags von Hans Urs von Balthasar in der Katholischen Akademie in Bayern, 19. September 1975; stehend: Akademiedirektor Franz Henrich; 1. Reihe v.r.: Hans Urs von Balthasar, Kardinal Döpfner, Joseph Ratzinger (Professor für Dogmatik und Dogmengeschichte, Universität Regensburg), Andras Adorjan (Flötist), Weihbischof Ernst Tewes

10.09.	Bonn: Teilnahme an der Sitzung des Präsidiums der Synode
10.09.	Bonn-Bad Godesberg: Teilnahme am Empfang der Bundesregierung anläßlich der Abberufung von Nuntius Corrado Bafile
12.09.	Attel: Einweihung des Caritas-Altersheims; Gottesdienst mit Ansprache
13.09.	Kleinhelfendorf: Gottesdienst mit Ansprache anläßlich der Wallfahrt des Dekanats Ottobrunn
14.09.	Gmund am Tegernsee: Gottesdienst mit Ansprache zum 900-jährigen Bestehen der Pfarrgemeinde
22.09.	Fulda: Empfang des Fatima-Freundeskreises
22.–25.09.	Fulda: Teilnahme an der Vollversammlung der Deutschen Bischofskonferenz
28.09.	Freising, Dom: Gottesdienst mit Ansprache für den Verband der Hausgehilfinnen
29.09.	München, Kardinal-Wendel-Haus: Gottesdienst mit Ansprache zum 70. Geburtstag des Bayerischen Ministerpräsidenten; Weihe der Orgel
03.10.	München, Cuvilliestheater: Teilnahme am Festakt zum 100-jährigen Bestehen der Bayerischen Versicherungskammer
04.10.	Elbach: Firmung (70)

Vollversammlung des Diözesanrats der Katholiken im Bildungszentrum Freising,
3. Oktober 1975; v.l.: Generalvikar Gerhard Gruber, Kardinal Döpfner, Vorsitzender Ermin
Brießmann, Moderator Johannes Loeffl

04.10.	Josefstal, Jugendhaus: Gottesdienst mit Ansprache bei der Herbstkonferenz des BDKJ
05.10.	Fürstenfeldbruck, St. Magdalena: Gottesdienst mit Predigt zur 300-Jahrfeier der Pfarrei
08.10.	Bonn: Teilnahme am Gespräch zwischen Vertretern der Katholischen Kirche und dem CDU-Präsidium
11.10.	Ettal, Abtei: Erteilung der Priesterweihe an 1 Frater der Benediktiner
12.10.	München, Dom: Gottesdienst mit Ansprache zum Tag des Ausländischen Mitbürgers
19.10.	Taufkirchen, St. Georg: Weihe der neuen Pfarrkirche
21.10.	München, Großer Rathaussaal: Teilnahme am Empfang des Münchner Presseclubs
22.10.	München, Kardinal-Wendel-Haus: Teilnahme an der Sitzung des Priesterrates
26.10.	München, Dom: Gottesdienst der Kirchenchöre mit dem Erzbischof und Regionalbischof Ernst Tewes anläßlich des regionalen Kirchenmusiktages
29.10.	Karlsfeld: Gottesdienst mit Ansprache und Einweihung des Altenheims Karlsfeld

Audienz bei Papst Paul VI. für das Generalsekretariat der Bischofssynode,
25./29. November 1975; links: Erzbischof Karol Kardinal Wojtyła (Krakau/Polen)

02.11. München, Salesianum: Gottesdienst mit Ansprache zum 50-jährigen Bestehen des Berufsverbandes katholischer Erzieher und Sozialpädagogen Deutschlands e.V.

03.11. München, Kongreßsaal des Deutschen Museums: Teilnahme an der Eröffnungsveranstaltung des Bundeskongresses des Zentralverbandes katholischer Kindergärten und Kinderhorte Deutschlands e.V.

04./05.11. Freising, Domberg: Teilnahme an der Herbstkonferenz der Bayerischen Bischöfe

06.11. München, Ordinariat: Teilnahme an der Sitzung des Seelsorgerates

08.11. Petersberg b. Dachau: Gottesdienst mit Ansprache und Einweihung eines Haustraktes

09.11. Freising, Dom: Gottesdienst mit Predigt zum Korbinianstag der Jugend

12.11. München, St. Hedwig: Gottesdienst mit Ansprache anläßlich der Seligsprechung der beiden Steyler Priester P. Josef Freinademetz und P. Arnold Janssen

13./14.11. Freising, Domberg: Teilnahme an der Dekanekonferenz

14.11. München, Perlach Chapel: Firmung (65)

15.11. Freising, Dom: Gottesdienst mit Ansprache zum Korbiniansfest; Pontifikalvesper

18.–23.11. Würzburg: Teilnahme an der Vollversammlung der Synode

Weihe der renovierten Kirche S. Maria della Pietà im Campo Santo Teutonico in Rom,
7. Dezember 1975; links: Sekretär Erwin Obermeier

25.–29.11.	Rom: Teilnahme an der Sitzung des Bischofsrates
30.11.	Ismaning, St. Johannes Baptist, Weihe der neuen Pfarrkirche
01.12.	München: Teilnahme an der Sitzung des Zentralrates von Missio-München
03.12.	Frankfurt am Main: Teilnahme an der Sitzung des Verbandes der Diözesen Deutschlands
04.12.	München, St. Nikolaus am Gasteig: Gottesdienst mit Predigt für die Fachhochschule für Religionspädagogik
05.12.	München, St. Sylvester: Gottesdienst mit Ansprache anläßlich der Vertreterversammlung des Diözesancaritasverbandes
07.12.	Rom, Campo Santo Teutonico: Weihe der Kirche S. Maria della Pietà
08.12.	München, Dom: Ansprache zum Abschluß des hl. Jahres
11.12.	München, Schloß Fürstenried: Gottesdienst und Einweihung des Erweiterungsbaues des Diözesan-Exerzitienhauses
14.12.	München, St. Ansgar: Weihe der neuen Pfarrkirche
15.12.	Würzburg: Teilnahme an der Sitzung des Ständigen Rates der Deutschen Bischofskonferenz
18.12.	München, Altersheim St. Nikolaus am Biederstein: Gottesdienst mit Ansprache zur Weihnachtsfeier des Ordinariates
21.12.	München, Dom, Erteilung der Diakonatsweihe an 10 Alumnen der Erzdiözese
24.12.	München, Dom: Christmette mit Ansprache
25.12.	München, Dom: Pontifikalamt; Pontifikalvesper
31.12.	München, Dom: Silvesterpredigt
31.12.	München, St. Michael: Jahresschlußandacht

1976

04.01.	München, Dom: Gottesdienst mit Ansprache zum Welttag des Friedens
08.01.	München, Dom: Jahresgedächtnisgottesdienst für Erzbischof Joseph Kardinal Wendel
09.01.	München, Kardinal-Wendel-Haus: Teilnahme am Empfang der diözesanen Räte
10.01.	München, Altersheim St. Nikolaus am Biederstein: Teilnahme an der Vertreterversammlung der geistlichen Schwestern; Gottesdienst mit Ansprache
16.01.	München, Kardinal-Wendel-Haus: Teilnahme an der Begegnung der Mitglieder der ehemaligen Zentralkommission der Gemeinsamen Synode der Bistümer in der Bundesrepublik Deutschland
18.01.	München, Georgianum: Beauftragung von 6 Theologen zum Akolythat und Lektorat
19.01.	München, Schloß Fürstenried: Verleihung der Missio canonica an 11 Gymnasiallehrer

Abschlusstreffen der Synodalen aus der Erzdiözese München und Freising in der
Katholischen Akademie in Bayern, 13. Januar 1976

20.01.	München, Kardinal-Wendel-Haus: Begegnung mit den Professoren der Katholisch-Theologischen Fakultät der Universität München
23.01.	München, Bürgersaal: Messe am Grab von P. Rupert Mayer SJ
24.01.	München, St. Michael: Gottesdienst mit Predigt anläßlich des 100. Geburtstages von P. Rupert Mayer SJ
26.01.	Würzburg: Teilnahme an der Sitzung des Ständigen Rates der Deutschen Bischofskonferenz
18.–22.02.	Paris: Teilnahme an der Pastoraltagung der Großregion von Paris
25.02.	München, Kardinal-Wendel-Haus: Teilnahme an der Sitzung des Priesterrates
26.02.	München, Karmelitensaal: Teilnahme an der Sitzung des Seelsorgerates
02.03.	München, St. Michael: Pontifikalgottesdienst mit Predigt anläßlich des 100. Geburtstages von Papst Pius XII.
03.03.	München, St. Bonifaz: Gottesdienst zum Aschermittwoch der Künstler
03.03.	München, Antiquarium der Residenz: Teilnahme am Empfang anläßlich des Kongresses der Kardiologen und Pulmologen

Ansprache vor dem Münchener Dom nach der Fronleichnamsprozession, 17. Juni 1976

06.03.	Königstein im Taunus: Gottesdienst zum 20-jährigen Bestehen des Cusanuswerkes
08.–11.03.	Augsburg: Teilnahme an der Frühjahrsvollversammlung der Deutschen Bischofskonferenz
13.03.	Taufkirchen a. Wald: Teilnahme am Diözesantag der DJK
15.03.	München, Kardinal-Wendel-Haus: Teilnahme am Gespräch zwischen Vertretern des DGB und der katholischen Kirche
17.03.	München: Einweihung der neuen Räume der LIGA
17.03.	München, St. Wolfgang: Firmung (90)
18.03.	Deisenhofen: Firmung (90)
20.03.	Bad Aibling: Firmung (70)
21.03.	Scheyern, Abtei: Erteilung der Priesterweihe an 1 Diakon der Benediktiner
23.03.	Rosenheim, St. Hedwig: Firmung (60)

24.03.	Rosenheim-Oberwöhr: Firmung (31)
26.03.	Rattenkirchen: Firmung (82)
27.03.	Mettenheim: Firmung (54)
28.03.	Landshut, St. Martin: Gottesdienst mit Predigt zum Hauptfest der Marianischen Männerkongregation Landshut
02.04.	München, Dom: Bußgottesdienst
03.04.	Oberaudorf: Firmung (82)
05.04.	Würzburg: Teilnahme an der Sitzung des Ständigen Rates der Deutschen Bischofskonferenz
07./08.04.	Freising: Teilnahme an der Frühjahrsvollversammlung der Bayerischen Bischofskonferenz
08.04.	München, Kardinal-Wendel-Haus: Teilnahme an der Jahresfeier der Katholischen Akademie in Bayern
09.04.	München, St. Konrad: Firmung (82)
10.04.	Allershausen: Firmung (83)
14.04.	München, Dom: Missa Chrismatis
15.04.	München, Dom: Gründonnerstagsgottesdienst mit Fußwaschung
16.04.	München, Dom: Teilnahme an der Karfreitagsliturgie
18.04.	München, Dom: Feier der Osternacht; Pontifikalamt mit Predigt; Pontifikalvesper
20.04.	Freising, Dom: Gottesdienst mit den Priestern des Weihekurses 1936
25.04.–14.05.	Afrikareise mit Besuch der Bischofskonferenzen von Elfenbeinküste, Zaire, Südafrika, Rhodesien und Kenia
17.05.	München, Missio: Teilnahme an der Sitzung des Zentralrates von Missio-München
18.05.	Endorf: Firmung (110)
19.05.	München, Fronleichnam: Firmung (68)
19.05.	München, Kardinal-Wendel-Haus: Teilnahme an der Sitzung des Priesterrates
20.05.	Bonn: Pressekonferenz über Afrikareise
21.05.	Bonn: Gottesdienst anläßlich der Vollversammlung des Zentralkomitees der deutschen Katholiken; Teilnahme an der Vollversammlung
22.05.	Bonn: Gespräch mit Vertretern des Bundes der Vertriebenen
23.05.	Petersberg b. Dachau: Gottesdienst anläßlich des Diözesantreffens der KLJB
24.05.	Freising: Treffen mit Priestern im Ruhestand
26.–29.05.	Aufenthalt in Rom
29.05.	München, Dom: Gottesdienst anläßlich der Jahresfeier des Landesjagdverbandes Bayern
30.05.	München, Bürgersaal: Firmung (40 Italiener)

Eröffnung der Ausstellung „Kurfürst Max Emanuel – Bayern und Europa um 1700" in Schloss Schleißheim, 1. Juli 1976; v.l.: Apostolischer Nuntius Erzbischof Guido Del Mestri, Valentin Falin (Botschafter der UdSSR), Ministerpräsident Alfons Goppel, Gertrud Goppel

30.05.	München, Dom: Maiandacht mit Ansprache
02.06.	München, Fürstenried: Teilnahme an der Dekanekonferenz
02.06.	München, Kardinal-Wendel-Haus: Teilnahme am Empfang des St. Michaels-bundes anläßlich des 75-jährigen Bestehens
03.06.	Eberspoint: Firmung (36)
05.06.	Vaterstetten-Baldham: Firmung (160)
06.06.	München, Dom: Pontifikalamt mit Predigt zum Pfingstfest; Pontifikalvesper
18.06.	Bernried: Beauftragung (6) und Zulassung (4) der Ständigen Diakone
19.06.	München, Leiden Christi: Aussendung von 11 Pastoralassistenten
20.06.	München, St. Michael: Gottesdienst mit Ansprache anläßlich des 120-jährigen Bestehens des Cartellverbandes der Katholischen farbentragenden Studenten-verbindungen

21.06.	Würzburg: Teilnahme an der Sitzung des Ständigen Rates der Deutschen Bischofskonferenz; Teilnahme an der Sondersitzung des Verbandes der Diözesen Deutschlands
22.06.	Oberschleißheim, Patrona Bavariae: Firmung (96)
23.06.	Feldkirchen bei Freilassing: Firmung (69)
26.06.	Freising, Dom: Erteilung der Priesterweihe an 10 Diakone der Erzdiözese und 1 Frater der Benediktiner
27.06.	Augsburg: Gottesdienst mit Ansprache aus Anlaß des Bayerischen Männertages
28.06.	München, Kardinal-Wendel-Haus: Gespräch mit Schulräten
28.06.	Eichenau: Gottesdienst mit den Priestern des Weihekurses 1966
30.06.	München, Königin des Friedens: Firmung (90)
01.07.	München, St. Bonifaz: Gottesdienst für die Laienkatecheten anläßlich deren Vertreterversammlung
02.07.	München, Maria Heimsuchung: Firmung (78)
04.07.	Baierbrunn: Gottesdienst anläßlich des 1200-jährigen Bestehens der Gemeinde
05.07.	Freising: Gottesdienst mit Heimaturlaubern der aus der Erzdiözese stammenden Missionare
06.07.	München, St. Franziskus: Firmung (86)
07.07.	München, 14 Nothelfer: Firmung (61)
09.07.	Waging: Firmung (65)
10.07.	Palling: Firmung (85)
11.07.	Eichstätt: Teilnahme an den Feierlichkeiten zu Ehren des neuernannten Kardinals Erzbischof Joseph Schröffer
12.07.	Bonn: Teilnahme am Staatsakt im Bundeshaus anläßlich des Todes von Altbundespräsident Gustav Heinemann
14.07.	Empfang für die 7 neuernannten Geistlichen Räte
15.07.	Aßling: Firmung (65)
16.07.	Würzburg: Teilnahme am 100-jährigen Stiftungsfest der Studentenverbindung Normannia Würzburg
17.07.	Garching a. d. Alz: Firmung (150)
18.07.	München, Hl. Geist: Firmung (46)
19.07.	München, Bürgersaal: Gottesdienst mit Ansprache für die Mitglieder des Priestervereins
21.07.	Adelholzen: Gottesdienst für die Diözesan-Noviziatsschule
23.07.	München: Gottesdienst und Einweihung des Schulgebäudes an der Engadiner Straße
24.07.	München, Erzbischöfliches Palais: 8 Uhr Tod des Kardinals durch Herzschlag

Ansprachen und Predigten 1943–1976
Findbuch des Bestandes
im Erzbischöflichen Archiv München

Roland Götz / Guido Treffler

1   **20.02.1943; Schweinfurt**
Predigt: *Das katholische Priestertum (1)*

2   **nach 20.02.1943; Schweinfurt**
Predigt: *Das katholische Priestertum (2)*

3   **nach 20.02.1943; Schweinfurt**
Predigt: *Das katholische Priestertum (3)*

4   **ca. März/April 1943**
Fastenzeit
Predigt: *[Fastenpredigt 1]*

5   **ca. März/April 1943**
Fastenzeit
Predigt: *[Fastenpredigt 2]*

6   **ca. März/April 1943**
Fastenzeit
Predigt: *[Fastenpredigt 3]*

7   **ca. März/April 1943**
Fastenzeit
Predigt: *[Fastenpredigt 4]*

8   **ca. März/April 1943**
Fastenzeit
Predigt: *[Fastenpredigt 5]*

9   **ca. März/April 1943**
Fastenzeit
Predigt: *[Fastenpredigt 6]*

10   **13.06.1943; Gochsheim**
Pfingsten
Predigt: *Der Geist der Glut*

11   **23.01.1944; Schweinfurt**
Katechetische Predigtreihe
Predigt: *7. Der Dreifaltige Gott*

12	**23.04.1944**
	3. Sonntag nach Ostern
	Predigt: *Der Bettler Gottes (Benedikt Josef Labre)*

13	**25.06.1944**
	Glaubenstag der Katholischen Jugend
	Predigt: *Löschet den Geist nicht aus!*

14	**03.09.1944**
	14. Sonntag nach Pfingsten
	Predigt: *Suchet zuerst das Reich Gottes und seine Gerechtigkeit und alles andere wird euch dazu gegeben werden*

15	**07.10.1944**
	Rosenkranzfest
	Predigt: *Die Lebensschule der Braut Christi*

16	**ca. 1945–48**
	Fest des hl. Bonifatius
	Betrachtung: *Freude als Grundton apostolischen Wirkens*

17	**ca. 1945–48;**
	18. Sonntag nach Pfingsten
	Betrachtung: *Betrachtungsgedanken zum Introitus*

18	**ca. 1945–48**
	3. Fastensonntag
	Betrachtung: *Kinder des Lichtes*

| 19 | **ca. 1945–48; Würzburg, Marianische Kongregation der Universität** |
| | Vortrag: *Marianisches Zeitalter* |

20	**ca. 1945–48; [Würzburg,] St. Adalbero,**
	Katholische Junge Mannschaft
	Vortrag: *Das Bild des katholischen Mannes (im Vor-Bild des hl. Joseph)*

| 21 | **ca. 1945–48; [Würzburg,] K.St.V. Normannia** |
| | Vortrag |

| 22 | **ca. 1945–48** |
| | Vortrag: *Seelsorge und Ehe* |

23	**ca. 1945–48**
	Herz-Jesu-Woche
	Betrachtung: *1. Erwählung der Kleinen*

24	**ca. 1945–48**
	Herz-Jesu-Woche
	Betrachtung: *3. Nachahmung des Herzens Jesu*

25	**ca. 1945–48; [Würzburg,] KKV Constantia**
	Einkehrtag
	Vortrag: *[2. Vortrag]*

| 26 | **ca. 1945–48** |
| | Vortrag: *Christenlehre über das 6. Gebot* |

27 ca. 1945–48
    Vortrag: *Die Kirche als Heimat (2)*

28 18.02.1945; [Würzburg?] Gefängnis, Lazarett
    1. Fastensonntag
    Predigt: *Das Ölbergsleiden*

29 19.03.1945; Würzburg,
    Mutterhaus der Töchter des Allerheiligsten Erlösers
    Fest des hl. Joseph
    Vortrag: *Gottes-Leben inmitten des Todes*

30 30.03.1945; Kleinmünster
    Karfreitag
    Predigt: *Heiliger, starker, unsterblicher Gott erbarme dich unser*

31 01.04.1945; Kleinmünster / Kleinsteinach
    Ostern
    Predigt: *Auferstehung des Fleisches*

32 08.04.1945; Humprechtshausen / Kleinsteinach
    Weißer Sonntag
    Predigt: *Thomasnot*

33 15.04.1945; Humprechtshausen / Kleinsteinach
    2. Sonntag nach Ostern
    Predigt: *Der gute Hirte*

34 22.04.1945; Humprechtshausen / Kleinsteinach
    3. Sonntag nach Ostern
    Predigt: *Christenleben: Leidensweg in Hoffnung*

35 22.04.1945; Humprechtshausen / Kleinsteinach
    3. Sonntag nach Ostern (Schutzfest des hl. Joseph)
    Predigt: *Hl. Joseph, Schutzherr der Kirche*

36 07.05.1945; Humprechtshausen
    Bittmontag
    Predigt: *Unser tägliches Brot gib uns heute!*

37 10.05.1945; Kleinsteinach
    Christi Himmelfahrt
    Predigt: *Unser Wandel ist im Himmel*

38 20.05.1945; Humprechtshausen / Kleinsteinach
    Pfingsten
    Predigt: *Geist der Stärke*

39 27.05.1945
    Dreifaltigkeitsfest
    Predigt: *Benedicta sit Sancta Trinitas*

40 31.05.1945; Humprechtshausen / Kleinsteinach
    Fronleichnam
    Predigt: *Die häufige Kommunion*

41	**24.06.1945; Würzburg, Pestalozzischule**
	Fest des hl. Johannes des Täufers
	Predigt: *Freiheit aus der Hingabe*

42	**29.06.1945; Würzburg, Pestalozzischule**
	Fest der hll. Petrus und Paulus
	Predigt: *Die Kirche auf Petri Fels*

43	**01.07.1945; Würzburg, Pestalozzischule**
	Fest des kostbaren Blutes
	Predigt: *Trunken vom Blute Christi*

44	**14.07.1945; Würzburg, Kilianeum**
	Vortrag für die Schwestern des Kilianeums
	Predigt: *Der Pilgerweg der Ordensfrau zu Gott (Heiligung des Tagewerks)*

45	**22.07.1945; Würzburg, Pestalozzischule**
	9. Sonntag nach Pfingsten
	Predigt: *Die weinende und strafende Liebe Gottes*

46	**29.07.1945; Würzburg, Pestalozzischule**
	10. Sonntag nach Pfingsten
	Predigt: *Die erbarmende Allmacht*

47	**05.08.1945; Würzburg, Kilianeum**
	Vortrag für die Schwestern des Kilianeums
	Vortrag: *Tochter des Allerheiligsten Erlösers*

48	**12.08.1945; Zell am Main**
	Fest des hl. Laurentius (Patrozinium)
	Predigt: *Der Heilige der Glut*

49	**19.08.1945; Würzburg, Stift Haug**
	13. Sonntag nach Pfingsten
	Homilie: *Die Heilung der zehn Aussätzigen*

50	**24.08.1945; Kleinsteinach**
	Fest des hl. Bartholomäus
	Predigt: *Ihr seid der Leib Christi*

51	**30.09.1945; Würzburg, Mariannhiller Kirche**
	19. Sonntag nach Pfingsten
	Predigt: *Der Engel des deutschen Volkes*

52	**07.10.1945**
	Erste hl. Kommunion der Frau von Crailsheim
	Predigt

53	**01.11.1945; Eßfeld bei Giebelstadt**
	Allerheiligen
	Predigt: *Der Ruf der Gottsucher an uns*

54	**02.11.1945**
	Allerseelen
	Betrachtung: *Die Sehnsucht der Armen Seelen*

55 **11.11.1945; Würzburg, Hofkirche**
25. Sonntag nach Pfingsten
Predigt: *Die Bösen in der Kirche*

56 **15.11.1945**
Fest des hl. Albert
Betrachtung

57 **18.11.1945**
Kirchweih
Predigt: *Kirchweih der zerstörten Pfarrkirche*

58 **09.12.1945**
Adventsfeier des Katholischen Frauenbundes
Predigt: *Adventssehnsucht der Stammmutter*

59 **23.12.1945**
4. Adventssonntag
Predigt: *Wachen als christliche Lebenshaltung*

60 **25.12.1945; Humprechtshausen**
Weihnachten
Predigt: *Die Weihnachtsbotschaft unser Glück und Reichtum*

61 **26.12.1945; Humprechtshausen**
Fest des hl. Stephanus
Predigt: *Zeugnis für Christus*

62 **01.01.1946; Humprechtshausen / Kleinsteinach**
Neujahr
Predigt: *Die Erwartungen des neuen Jahres an uns*

63 **06.01.1946**
Erscheinung des Herrn
Predigt: *Kennzeichen echter Religiosität*

64 **20.01.1946; Theilheim**
Fest des hl. Sebastian
Predigt: *Christliche Tapferkeit*

65 **03.02.1946; Würzburg, Mariannhiller Kirche**
4. Sonntag nach Epiphanie
Predigt: *Die Liebe das Band der Vollkommenheit*

66 **11.-13.02.1946; Würzburg, Mariannhiller Kirche**
Triduum zum Vierzigstündigen Gebet
Predigt: *1. Gott, der unendlich vollkommene Geist*

67 **11.-13.02.1946; Würzburg, Mariannhiller Kirche**
Triduum zum Vierzigstündigen Gebet
Predigt: *2. Der unbegreifliche Gott*

68 **11.-13.02.1946; Würzburg, Mariannhiller Kirche**
Triduum zum Vierzigstündigen Gebet
Predigt: *3. Der heilige Gott*

69   **11.-13.02.1946; Würzburg, Mariannhiller Kirche**
      Triduum zum Vierzigstündigen Gebet
      Predigt: *4. Der gerechte Gott*

70   **11.-13.02.1946; Würzburg, Mariannhiller Kirche**
      Triduum zum Vierzigstündigen Gebet
      Predigt: *5. Gott ist die Liebe*

71   **24.02.1946; Gochsheim**
      Fest des hl. Matthias
      Predigt: *Apostolische Gemeinde*

72   **16.03.1946; [Würzburg, Priesterseminar]**
      Vortrag: *Einführung in die heiligen Weihen*

73   **17.03.1946; Würzburg, Mariannhiller Kirche**
      Predigt: *Der unbegreifliche Gott*

74   **27.03.1946; Würzburg**
      Jahrtag für Georg Angermeier
      Predigt

75   **07.04.1946**
      Passionssonntag
      Predigt: *Der verborgene Gott*

76   **14.04.1946; Würzburg, Mariannhiller Kirche**
      Fastenzeit
      Predigt: *6. Offenbarung Gottes im Kreuz*

77   **21.04.1946**
      Ostern
      Predigt: *Fest der Erlösung*

78   **28.04.1946; Würzburg, Hofkirche**
      Weißer Sonntag
      Homilie

79   **30.04.1946**
      Fest des hl. Petrus Canisius
      Betrachtung

80   **01.05.1946**
      Beginn des Maimonats
      Betrachtung

81   **04.05.1946**
      Fest Patrona Bavariae
      Betrachtung: *Zukunft in der Not unseres Landes*

82   **08.05.1946**
      Fest des hl. Joseph
      Betrachtung: *Schutzherr der Kirche*

83   **30.05.1946; Würzburg, Mariannhiller Kirche**
      Christi Himmelfahrt
      Predigt: *Fest des Leibes Christi*

84	**09.06.1946; Hessenthal** Pfingsten Predigt: *Altissimi donum Dei*
85	**20.06.1946** Fronleichnam Betrachtung: *Das süße Brot*
86	**02.07.1946** Mariä Heimsuchung Betrachtung
87	**23.07.1946** Fest des hl. Apollinaris Betrachtung: *Der demütige Hirte*
88	**24.07.1946; [Würzburg, Priesterseminar]** Fest des hl. Jakobus Betrachtung
89	**04.08.1946; Lengfeld** Fest des hl. Laurentius / 25-jähriges Priesterjubiläum von P. Makarius Spitzig Predigt
90	**06.08.1946; Hettstadt** Fest des hl. Sixtus Predigt: *Begegnung mit der Urkirche*
91	**11.08.1946; Mechenried / Humprechtshausen** 9. Sonntag nach Pfingsten Predigt: *Das Weinen des Gottmenschen*
92	**18.08.1946; Mechenried / Humprechtshausen** 10. Sonntag nach Pfingsten Predigt: *Das siebte Gebot*
93	**25.08.1946; Prölsdorf** Herz Mariä Predigt: *Unsere Freude und unser Trost*
94	**08.09.1946; Würzburg, KKV Constantia** Einkehrtag Predigt
95	**08.09.1946; Würzburg, KKV Constantia** Einkehrtag Vortrag: *1. Du und Dein Gott*
96	**08.09.1946; Würzburg, KKV Constantia** Einkehrtag Vortrag: *2. Du und Deine Kirche*
97	**08.09.1946; Würzburg, KKV Constantia** Einkehrtag Vortrag: *3. Du und Dein Leben*

98   **22.09.1946**
        Quatemberandacht des Priesterhilfswerkes
        Predigt: *Des Priesters Versagen – Verpflichtung der Gläubigen*

99   **29.09.1946; Mainberg**
        Fest des hl. Michael
        Predigt: *Des Erzengels Wirken – unsere Verpflichtung*

100   **13.10.1946; Würzburg, Mariannhiller Kirche**
        18. Sonntag nach Pfingsten
        Predigt: *Das Christenleben als Warten auf die Offenbarung Christi*

101   **20.10.1946; Würzburg, Kilianeum**
        Vortrag für die Schwestern des Kilianeums
        Vortrag: *Das Rosenkranzgebet*

102   **01.11.1946; Lengfeld**
        Allerheiligen
        Predigt: *Berufung zu heiligem Leben*

103   **15.-17.11.1946; Würzburg, Mariannhiller Kirche**
        Einstimmung zum Requiem von Wolfgang Amadeus Mozart
        Vortrag

104   **18.11.1946**
        Fest der hl. Elisabeth
        Betrachtung

105   **08.12.1946; Würzburg, Mariannhiller Kirche**
        Fest der Unbefleckten Empfängnis
        Predigt: *Die siegreiche Schutzfrau*

106   **25.12.1946; Humprechtshausen**
        Weihnachten
        Predigt: *Unser Glaube an Christus*

107   **26.12.1946**
        Fest des hl. Stephanus
        Predigt: *Leben in Christus*

108   **29.12.1946**
        Sonntag in der Weihnachtsoktav
        Predigt: *Nachahmung Christi*

109   **02.02.1947**
        Septuagesima
        Predigt: *Zwei Seiten christlichen Lebens*

110   **11.02.1947**
        Fest der Erscheinung der unbefleckten Jungfrau Maria
        Betrachtung: *Das große Zeichen*

111   **17.03.1947**
        Fest der hl. Gertraud / Passionssonntag
        Predigt: *Kreuzesbraut*

112 **19.03.1947**
Fest des hl. Joseph
Predigt: *Des getreuen Gottes treues Volk*

113 **25.03.1947; Würzburg, Kilianeum**
Vortrag für die Schwestern des Kilianeums
Vortrag: *Gottgeweihte Jungfrau (Gelübde der Keuschheit)*

114 **04.04.1947**
Karfreitag
Predigt: *Der Mittler des Neuen Bundes*

115 **06.04.1947**
Ostern
Predigt: *Osterfreude*

116 **20.04.1947; Würzburg, Kilianeum**
Vortrag für die Schwestern des Kilianeums
Vortrag: *Die Freude im Streben der Ordensfrau*

117 **20.04.1947**
2. Sonntag nach Ostern
Predigt: *Schule Gottes*

118 **25.05.1947**
Pfingsten
Betrachtung: *Altissimi donum Dei*

119 **05.06.1947**
Fronleichnam
Betrachtung: *Heiliges Gastmahl*

120 **09.06.1947**
Betrachtung: *Betrachtung über die eucharistische Rede (1)*

121 **11.06.1947**
Betrachtung: *Betrachtung über die eucharistische Rede (2)*

122 **12.06.1947; [Würzburg,] K.St.V. Normannia**
Vortrag: *Ziele der Normannia*

123 **17.06.1947**
Vortrag für Junge Mannschaft
Vortrag: *Die Kirche unsere Mutter und Heimat*

124 **18.06.1947**
Herz-Jesu-Woche
Predigt: *2. Berufung zum Opfer*

125 **24.06.1947**
Fest des hl. Johannes des Täufers
Predigt: *[1.] Geburt und Jugend des Täufers*

126 **25.06.1947**
Johannes-Oktav
Betrachtung: *2. Der frohlockende Vorläufer*

127	27.06.1947
	Johannes-Oktav
	Betrachtung: *3. Die Vollendung des Täufers*

128	**29.06.1947; Würzburg, Mariannhiller Kirche**
	Fest der hll. Petrus und Paulus
	Predigt: *Brüder und Diener der Gläubigen*

129	**30.06.1947**
	Fest des kostbaren Blutes
	Betrachtung: *Blut Christi, berausche mich*

130	**18.07.1947; [Würzburg,] K.St.V. Normannia**
	Stiftungsfest der K.St.V. Normannia
	Predigt: *Das Herz unseres Bundes*

131	**26.07.1947**
	Einkehrtag der Caritasschwestern (Vorabend)
	Vortrag: *1. Das Opfer Christi*

132	**27.07.1947**
	Einkehrtag der Caritasschwestern (früh in der hl. Messe)
	Vortrag: *2. Mitvollzug des eucharistischen Opfers*

133	**27.07.1947**
	Einkehrtag der Caritasschwestern (Vormittag)
	Vortrag: *3. Unser Lebensopfer*

134	**27.07.1947**
	Einkehrtag der Caritasschwestern (Vormittag)
	Vortrag: *4. Abtötung*

135	**27.07.1947**
	Einkehrtag der Caritasschwestern (am Abend)
	Vortrag: *6. Caritas und Opfer*

136	**27.07.1947**
	Einkehrtag der Caritasschwestern (hl. Messe)
	Schlussansprache: *Maria die Opferbraut*

| 137 | **08.08.1947** |
| | Vortrag: *Priester und Zölibat* |

138	**07.09.1947; Würzburg, Kilianeum**
	Vortrag für die Schwestern des Kilianeums
	Vortrag: *Eine Geburtstagsbetrachtung (Gliederung)*

139	**08.09.1947; [Würzburg, Priesterseminar]**
	Semesterbeginn
	Betrachtung: *Zu Beginn des Semesters*

140	**14.09.1947; [Würzburg, Priesterseminar]**
	Sonntagskonferenzen
	Vortrag: *Kreuzerhöhung auf unserem Weg zum Priestertum*

141 **21.09.1947; [Würzburg, Priesterseminar]**
Sonntagskonferenzen
Vortrag: *Die Pflege der Liturgen im Priesterseminar*

142 **27.09.1947; Rothof**
Fest der hll. Cosmas und Damian
Predigt: *Vor zwei Tribunalen*

143 **28.09.1947; [Würzburg, Priesterseminar]**
Sonntagskonferenzen
Vortrag: *Gesamtbewertung des Breviers*

144 **29.09.1947**
Fest des hl. Michael
Betrachtung

145 **12.10.1947; [Würzburg, Priesterseminar]**
Sonntagskonferenzen
Vortrag: *Das andächtige Beten des Breviers*

146 **19.10.1947; [Würzburg, Priesterseminar]**
Sonntagskonferenzen
Vortrag: *Unser Psalmbeten*

147 **04.11.1947**
Requiem für die Toten der K.St.V. Normannia
Predigt: *Liturgische Ansprache über den Kommunionsvers der Requiemsmesse*

148 **05.11.1947**
Allerheiligenwoche
Betrachtung: *1. Heimkehr der Heiligen*

149 **06.11.1947; [Würzburg,] Hl. Kreuz**
Heilige Stunde
Predigt: *Geheimnis des Glaubens*

150 **07.11.1947**
Allerheiligen-Oktav
Betrachtung: *1. Der heiligen Herrlichkeit*

151 **09.11.1947; [Würzburg, Priesterseminar]**
Sonntagskonferenzen
Vortrag: *Die einzelnen Tagzeiten des Breviers*

152 **10.11.1947**
Betrachtung: *Psalm 94,1–5*

153 **13.11.1947**
Betrachtung: *Psalm 94,7b–11*

154 **14.11.1947**
Betrachtung: *Gloria Patri …*

155 **16.11.1947; [Würzburg, Priesterseminar]**
Sonntagskonferenzen
Vortrag: *Das Morgengebet der Kirche (Laudes und Prim)*

156	**17.11.1947** Betrachtung: *Zur Kirchweihe von Peter und Paul: Psalm 136*
157	**19.11.1947** Betrachtung: *Betrachtung über Kapitel und Responsorium breve der Prim*
158	**21.11.1947** Betrachtung: *Das zweite Gebet der Prim*
159	**23.11.1947; [Würzburg, Priesterseminar]** Sonntagskonferenzen Vortrag: *Die monatliche Geisterneuerung*
160	**24.11.1947** Betrachtung: *Der Hymnus der Terz*
161	**26.11.1947** Betrachtung: *Der Hymnus der Non*
162	**28.11.1947** Vigil des Festes des hl. Andreas Betrachtung: *Läuterung zum Apostelberuf*
163	**30.11.1947; [Würzburg, Priesterseminar]** Sonntagskonferenzen Vortrag: *Das Abendoffizium der Kirche*
164	**01.12.1947** Betrachtung: *Adventliches Rufen: Psalm 79*
165	**03.12.1947** Betrachtung: *Verkündigung der Geburt des Johannes*
166	**04.12.1947; [Würzburg,] Hl. Kreuz** Heilige Stunde Predigt: *Inbegriff der Hoffnung*
167	**07.12.1947; [Würzburg, Priesterseminar]** Sonntagskonferenzen Vortrag: *Der Priesterberuf*
168	**07.12.1947** Betrachtung: *Mariä Empfängnis*
169	**10.12.1947** Betrachtung: *Die Verkündigung des Erlösers*
170	**11.12.1947; Würzburg** Schlussgottesdienst der Universität Predigt: *Der Student im Kraftfeld der göttlichen Weisheit*
171	**12.12.1947** Betrachtung: *Mariä Heimsuchung*
172	**14.12.1947; [Würzburg, Priesterseminar]** Sonntagskonferenzen Vortrag: *Das Apostolat in den Vorbereitungsjahren*

173 **14.12.1947**
Weihnachtsfeier der K.St.V. Normannia
Vortrag: *Eine große Freude*

174 **15.12.1947**
Betrachtung: *Das Magnificat*

175 **17.12.1947**
Betrachtung: *Das Benedictus*

176 **17.-19.12.1947**
Exerzitien vor den höheren Weihen
Vortrag: *Das Brevier: ein treuer Begleiter des Priesterlebens*

177 **17.-19.12.1947**
Exerzitien vor den höheren Weihen
Vortrag: *1. Der Subdiakon*

178 **17.-19.12.1947**
Exerzitien vor den höheren Weihen
Vortrag: *2. Der Zölibat*

179 **22.02.1948; Gochsheim**
Fest des hl. Matthias
Predigt: *Gemeinde des Friedensboten*

180 **29.02.1948**
3. Fastensonntag
Predigt: *Schauen auf Gott*

181 **19.03.1948**
Primiz von Oswald Simon / Fest des hl. Joseph
Predigt: *Christus und die Kirche: Des Priesters Liebe*

182 **28.03.1948**
Primiz von Otto Wehner / Ostern
Predigt: *Der Bote des Auferstandenen*

183 **25.04.1948; Würzburg, Mariannhiller Kirche**
Fest des hl. Markus
Predigt: *Gebetsbesinnung in der Osterzeit*

184 **06.05.1948; [Würzburg,] Hl. Kreuz**
Heilige Stunde
Predigt: *Die Eucharistie – Inbegriff der Hoffnung*

185 **13.05.1948; Würzburg, Käppele**
Marienfeier
Predigt: *Mariens Schönheit*

186 **03.06.1948; [Würzburg,] Hl. Kreuz**
Heilige Stunde
Predigt: *Die Liebe des Herzens Jesu*

187 **24.06.1948**
Fest des hl. Johannes des Täufers
Predigt: *Entsagung und Liebe*

188   05.07.1948
      Betrachtung: *Betrachtungen aus dem Leben Jesu*

189   08.07.1948; Würzburg
      Kilianifest
      Betrachtung: *Betrachtungsgedanken auf dem Gang zum Kiliansheiligtum*

190   11.07.1948; Würzburg, Neumünster
      Kilianisonntag
      Predigt: *Reiche Armut*

191   14./16.07.1948
      Betrachtung: *Betrachtungen aus dem Leben Jesu / Ferienpunkte*

192   14.10.1948; Würzburg
      Konsekration und Inthronisation als Bischof von Würzburg / Fest des hl. Burkard
      Hirtenbrief: *Wir aber predigen Christus den Gekreuzigten (1 Kor 1,23)*

193   14.10.1948; Würzburg
      Konsekration und Inthronisation als Bischof von Würzburg / Fest des hl. Burkard
      Hirtenbrief an den Klerus

194   15.10.1948; Würzburg, Marienberg-Lichtspiele
      Ansprache: *Kirche und Film*

195   17.10.1948; Würzburg
      Begrüßungspredigt für Würzburg
      Predigt: *Bischof und Volk*

196   23.10.1948; Vierzehnheiligen
      500-Jahr-Feier des Wallfahrtsortes
      Predigt

197   24.10.1948; Höchberg
      1200-jähriges Jubiläum der Pfarrei
      Predigt: *Festbesinnung einer Muttergottes-Pfarrei*

198   31.10.1948; Würzburg, Mariannhiller Kirche
      Christkönigsfest / Jugendpredigt
      Predigt: *Der Jugend des Bischofs Ruf*

199   02.11.1948; Würzburger, Neumünster
      Allerseelen
      Predigt: *Totengedenken uns heute ein Segen*

200   [03.11.1948]
      Dekanatskonferenzen
      Ansprache

201   10.11.1948; Würzburg, Augustinerkirche
      Semestereröffnungsgottesdienst
      Predigt: *Ruf der Wahrheit*

202   12.12.1948; Würzburg, Augustinerkirche
      3. Adventssonntag / Generalversammlung des Diözesan-Cäcilienvereins
      Predigt

Ansprache nach der Bischofsweihe vor dem Neumünster zu Würzburg, 14. Oktober 1948

203 **14.12.1948; Würzburg, Elisabethenheim**
Versammlung des Priestervereins
Vortrag: *Ergebnisse der Diasporafahrt*

204 **15.12.1948; Würzburg, St. Burkard**
Tagung der Katholischen Erziehergemeinschaft
Predigt: *Der Erzieher im Organismus der Kirche*

205 **25.12.1948; Würzburg, Neumünster**
Weihnachten
Predigt: *Die Herrlichkeit der Menschwerdung*

206 **26.12.1948**
Fest des hl. Stephanus
Rundfunkansprache: *Weihnachtsbesinnung am Stephanitag*

207 **26.12.1948; Würzburg, Mutterhaus der Rita-Schwestern**
Pontifikalmesse für die katholische Ärztevereinigung (St. Lukas-Gilde)
Predigt: *Heilung und Heil*

208 **31.12.1948; Würzburg, St. Adalbero**
Silvester
Predigt: *Der Katholik im öffentlichen Leben unserer Zeit*

209 **06.01.1949; Zell am Main, Kloster Oberzell**
Erscheinung des Herrn
Predigt: *Verpflichtung und Patrozinium des Missionsärztlichen Instituts*

210 **09.01.1949; Würzburg, Mutterhaus der Töchter des Allerheiligsten Erlösers**
Vortrag

211 **16.01.1949; Gochsheim / Schweinfurt**
Bischofsbesuche
Predigt

212 **23.01.1949; Würzburg, Pfarrsaal St. Burkard**
Gründungsversammlung des St.-Bruno-Werkes
Ansprache

213 **23.01.1949; Zell am Main, Kloster Oberzell**
Vortrag

214 **30.01.1949; Würzburg, Don Boscoheim am Schottenanger**
Fest des hl. Johannes Bosco
Predigt: *Die Furcht des Herrn – Quelle der Kraft und Liebe*

215 **02.02.1949; Würzburg, Institut der Englischen Fräulein**
Mariä Lichtmess / Benediktion der Hauskapelle
Predigt

216 **12.02.1949; Würzburg, Priesterseminar**
Vorabend der Priesterweihe
Betrachtung: *Lebensgeheimnis des Priesters*

217 **13.02.1949; Würzburg, Hl. Kreuz**
Betstunde für Erzbischof József Kardinal Mindszenty (Esztergom)
Erklärung

218   **22.02.1949**
Fastenzeit
Hirtenbrief: *Des Meisters erster Ruf*

219   **02./03.03.1949**
Nächtliche Männerwallfahrt
Predigt: *Heilige Wache*

220   **15.03.1949; Obernburg**
Besuch der Vereinigten Glanzstoffwerke
Ansprache

221   **15.03.1949**
Hirtenbrief: *Hirtenwort zur Glockenbeschaffung*

222   **26.03.1949**
Rundfunkansprache BBC

223   **17.04.1949; Würzburg, St. Adalbero**
Ostern
Predigt: *Osterglück im Erdenleid*

224   **06.05.1949**
Rundfunkansprache Radio Vaticana

225   **11.05.1949; Würzburg-Heidingsfeld**
Grundsteinlegung des ersten Bauvorhabens des St.-Bruno-Werkes
Ansprache

226   **12.05.1949; Bad Bocklet**
Trauung Döpfner – Reissig
Predigt

227   **05.06.1949; Würzburg, St. Burkard**
Pfingsten
Predigt: *Hörer im Hl. Geist*

228   **12.06.1949**
Jugend-Bekenntnistag
Ansprache: *Der Glaube an den siegreichen Herrn*

229   **10.07.1949; Würzburg**
Diözesantreffen der Katholischen Jugend
Ansprache: *Aktion der Katholischen Jugend*

230   **10.07.1949; Würzburg, Residenzplatz**
Kilianiwoche, Diözesantreffen der Katholischen Jugend
Predigt: *Selig, die hungern und dürsten ...*

231   **12.07.1949; Würzburg, Neumünster, Kiliansgruft**
Kilianiwoche, Ansprache vor den Priestern
Ansprache

232   **30.07.1949**
Goldenes Priesterjubiläum von Prälat Karl Staab
Predigt

233 **15.08.1949; Würzburg, Franziskanerkirche**
700-Jahr-Feier der Franziskanerkirche Würzburg
Predigt: *Eines nur ist notwendig, Maria hat den besten Teil erwählt, der wird ihr nicht genommen werden*

234 **22.08.1949**
Eröffnung des homiletischen Kurses
Predigt: *Eloquentia cordis*

235 **03.10.1949; Zell am Main, Kloster Oberzell**
Einkleidung
Predigt

236 **05.10.1949; Würzburg, Mariannhiller Kirche**
Requiem für Prälat Benedikt Kreutz, Präsident des Deutschen Caritasverbandes
Predigt

237 **24.10.1949; Saalfeld**
Seelsorgertagung
Ansprache

238 **30.10.1949; Schweinfurt**
Christkönigsfest / Jugendpredigt
Predigt: *Königsfreunde*

239 **31.10.1949; Kleinheubach**
Zweite Studientagung des deutschen Zweigs des Internationalen Instituts für Sozialwissenschaft und Politik
Predigt: *Blick vom Altar auf die Aufgabe des Instituts*

240 **06.11.1949; Würzburg, Neumünster**
Erntedankfest
Predigt: *Warten auf die Gabe des Brotvaters*

241 **20.11.1949**
Caritas-Kollekte
Hirtenbrief

242 **03.12.1949; Würzburg, Priesterseminar**
Vorabend der Priesterweihe
Betrachtung: *Das Morgengebet unseres Priesterlebens*

243 **15.12.1949**
Eröffnung des Heiligen Jahrs
Hirtenbrief

244 **25.12.1949; Würzburg, Neumünster**
Weihnachten
Predigt: *Geboren aus der Jungfrau*

245 **25.12.1949**
Weihnachten
Hirtenbrief [nicht verwendete Vorlage]

246 **26.12.1949; Würzburg, Kapelle des Mutterhauses der Rita-Schwestern**
Pontifikalmesse für die katholische Ärztevereinigung (St. Lukas-Gilde)
Predigt: *Gott und Seele*

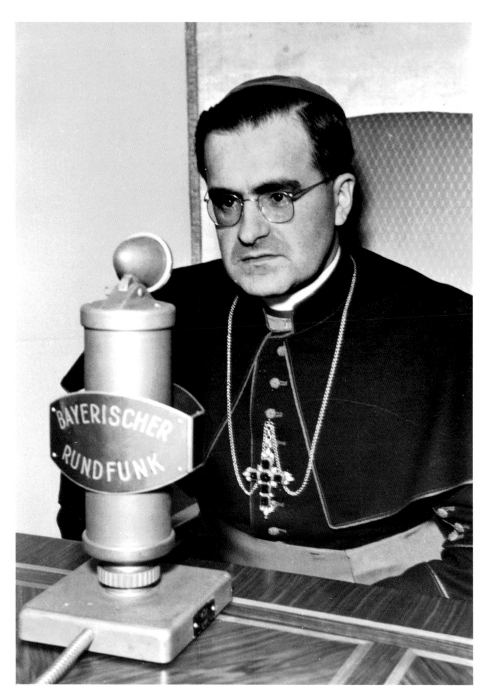

Aufnahme der Ansprache zur Caritas-Opferwoche, 5. März 1950

247   **31.12.1949; Würzburg, Hl. Kreuz**
       Silvester
       Predigt: *Christliche Tat in der Not der Zeit*

248   **01.01.1950; Zell am Main, Kloster Oberzell**
       Vortrag: *Die Demut einer Dienerin der hl. Kindheit Jesu*

249   **19.01.1950; Würzburg, Marmelsteiner Hof**
       Eröffnungsfeier des Ordinariatsgebäudes
       Ansprache

250   **22.01.1950; Würzburg, Mutterhaus der Töchter des Allerheiligsten Erlösers**
       Vortrag

251   **23.01.1950**
       Heiliges Jahr
       Hirtenbrief: *Hirtenwort zur „Heiligen Stunde"*

252   **27.01.1950; Würzburg, Ursulinenkloster**
       Ansprache

253   **31.01.1950; Würzburg, Ordinariat**
       Dekanekonferenz
       Vortrag: *Die rechtzeitige und fruchtbare Erstkommunion*

254   **02.02.1950; Würzburg, Neumünster**
       Predigt: *Gebetssturm über Franken*

255   **10.02.1950**
       Fastenzeit
       Hirtenbrief: *Bedroht die Kirche die Freiheit des Menschen?*

256   **12.02.1950; Würzburg, Neumünster, Kiliansgruft**
       Feierstunde mit den Kilianisten
       Predigt: *Kiliansjugend*

257   **24.02.1950**
       Fastenzeit
       Hirtenbrief an die Priester

258   **28.02.1950**
       Generalversammlung der Unio Apostolica Würzburg
       Betrachtung

259   **04.03.1950; Aschaffenburg, Herz Jesu**
       325 Jahre Marianische Männersodalität
       Predigt: *Christi Apostel um Maria im Hl. Geist*

260   **05.03.1950; Aschaffenburg**
       Männerkundgebung
       Ansprache: *Der katholische Mann*

261   **05.03.1950**
       Caritasopferwoche in Bayern
       Rundfunkansprache BR: *[Die Hand, die hilft]*

Weihe der Pfarrkirche St. Peter und Paul in Gemünden, 29. Juni 1950

262   **09.04.1950; Würzburg, Augustinerkirche**
Ostern
Homilie: *Osterlamm und Osterbrot*

263   **10.04.1950**
Ostermontag / Katholische Morgenfeier
Rundfunkansprache BR

264   **23.04.1950; Würzburg, Huttensäle**
Generalversammlung des St.-Bruno-Werks
Ansprache

265   **21.05.1950**
Bekenntnistag der Jugend
Schriftliches Grußwort

266   **28.05.1950; Würzburg, Augustinerkirche**
Pfingsten
Predigt

267   **09.07.1950; Würzburg, Frankenhalle**
Arbeiterwallfahrt / Kundgebung
Ansprache

268   **11.07.1950; Würzburg, Neumünster, Kiliansgruft**
Kilianiwoche, Ansprache vor den Priestern
Ansprache: *Besinnung in der Mitte des hl. Jahres*

Festgottesdienst zur Kilianifeier auf dem Würzburger Residenzplatz, 9. Juli 1950

269 Juli 1950
Artikel in „Geist und Leben" (Sonderheft über die Laienfrömmigkeit):
Wegweisung in die Zeit

270 **August 1950**
74. Deutscher Katholikentag in Passau
Artikel in „Die Tagespost"

271 **15.08.1950; Würzburg, Käppele**
Mariä Himmelfahrt
Predigt: *Du Herzogin von Franken bist*

272 **03.10.1950; Zell am Main, Kloster Oberzell**
Einkleidung
Predigt

273 **15.10.1950; Würzburg, St. Burkard**
Fest des hl. Burkard
Predigt: *St. Burkards Erbe, der wahre Glaube*

274 **20.10.1950; Rom, Collegium Germanicum**
Betrachtung

275 **12.11.1950; Würzburg, Neumünster**
Orgelweihe
Predigt: *Musica divina praeludium vitae eternae*

276 **19.11.1950; Würzburg, Juliusspital**
Predigt: *Im Zeichen des hl. Johannes*

277 **28.11.1950; Freudenberg**
Brückensegnung
Predigt: *Brückensegen*

278 **08.12.1950; Würzburg, Neumünster**
Weihe des Bistums an die Gottesmutter
Predigt: *Das große Zeichen*

279 **24.12.1950; Würzburg, Mutterhaus der Rita-Schwestern**
Pontifikalmesse für die katholische Ärztevereinigung (St. Lukas-Gilde)
Predigt: *Das Marienbild im Arztzimmer*

280 **25.12.1950; Würzburg**
Weihnachten
Hirtenbrief

281 **31.12.1950; Würzburg, Neumünster**
Silvester
Predigt: *Gottespilger in sorgenvoller Zeit*

282 **25.01.1951; Würzburg, Augustinerkirche**
Abschluss der Weltgebetsoktav für die Einheit der Christen
Predigt: *Unser Beitrag zur Einheit der Christenheit*

283 **27.01.1951**
Fastenzeit
Hirtenbrief: *Die christliche Familie*

284   **14.02.1951; Würzburg, Kilianeum**
Konferenz für die Kilianisten
Ansprache

285   **04.03.1951**
Hirtenbrief: *[Kampf dem schlechten Film!]*

286   **11.03.1951; Würzburg, Neumünster**
Papstsonntag
Predigt: *Der Papst des Heiligen Jahres*

287   **12.03.1951**
Fastenzeit
Hirtenbrief an die Priester: *Sinn und Aufgabe
der priesterlichen Jungfräulichkeit*

288   **25.03.1951; Würzburg, Neumünster**
Ostern
Predigt

289   **13.05.1951; Würzburg, Neumünster**
Pfingsten
Predigt: *Sprechen im Hl. Geist*

290   **26.05.1951; Ochsenfurt**
Grundsteinlegung der Zuckerfabrik Franken
Ansprache

291   **13.06.1951**
Unterfränkische Katholikentage
Hirtenbrief

292   **08.07.1951; Würzburg, Neumünster**
Kilianifest
Predigt: *Leben im Tod*

293   **09.-14.07.1951; Würzburg, Neumünster**
Kilianiwoche
Predigt: *Die Früchte des Geistes*

294   **10.07.1951; Würzburg, Neumünster**
Kilianiwoche, Ansprache vor den Priestern
Ansprache: *Das Bild des Seelsorgers
nach der Adhortatio Pius XII. „Menti nostrae!"*

295   **21.07.1951; Würzburg, Priesterseminar**
Vorabend der Priesterweihe
Betrachtung

296   **15.09.1951**
Adhortatio für die Volksmissionäre
Ansprache

297   **22.09.1951; Bonn, Bundeshaus**
Kundgebung
Vortrag: *Die Kirche als Hüterin der Familie*

298   **30.09.1951; Würzburg, Neumünster**
Abschluss der Würzburger Volksmission / Eröffnung der Anbetungskapelle
Predigt: *Herz des heiligen Würzburg*

299   **14.10.1951; Würzburg, Neumünster**
Päpstliches Werk für Priesterberufe
Predigt: *Das erste Priesterseminar der Diözese*

300   **28.10.1951; Bad Kissingen**
Christkönigsfest / Jugendpredigt
Predigt: *Jugend und Familie*

301   **11.11.1951**
Tag der Kirchenmusik
Hirtenbrief

302   **18.11.1951; Würzburg, Neumünster**
Tag der katholischen Kirchenmusik
Predigt: *Singen im Namen des Herrn Jesus*

303   **08.12.1951; Würzburg, Neumünster**
Mariä Empfängnis
Predigt: *Die Aufgaben der katholischen Frau von heute*

304   **13.12.1951**
Weihnachten
Hirtenbrief

305   **25.12.1951; Würzburg, Neumünster**
Weihnachten
Predigt

306   **31.12.1951; Würzburg, Neumünster**
Silvester
Predigt: *Mitarbeiter der Apostel. Das Apostolat der Laien in unserer Zeit*

307   **27.01.1952**
Vertretertagung
Ansprache: *Gewissen und Verantwortung*

308   **14.02.1952**
Fastenzeit
Hirtenbrief an die Gläubigen in der Diaspora: *Die Kirche unsere Heimat*

309   **15.02.1952**
Fastenzeit
Hirtenbrief: *Gewissen und Verantwortung des Christen in Heimat, Volk und Staat*

310   **Februar 1952**
Fastenzeit
Hirtenbrief an die Priester: *Des Priesters Gehorchen und Befehlen*

311   **03.03.1952**
Caritassammlung
Hirtenbrief: *Loskauf von der Caritas?*

312   **04.03.1952; Würzburg**
        Generalversammlung der Unio Apostolica Würzburg
        Betrachtung: *Die letzte Viertelstunde des Priestertages*

313   **19.03.1952**
        Papstsonntag
        Predigt: *Die Friedensaufgabe der Kirche*

314   **23.03.1952; Schweinfurt, St. Josef**
        Predigt: *Die katholische Frau: Gestalt und Aufgabe*

315   **13.04.1952; Würzburg, Neumünster**
        Ostern
        Predigt: *Sakrament des Todes und der Auferstehung*

316   **17.04.1952**
        Treffen mit den Redaktionsmitgliedern des Volksblatts
        Ansprache

317   **24.05.1952**
        Pontifikalamt für die Vereinigung des katholischen Buchhandels
        Predigt

318   **01.06.1952; Würzburg, Neumünster**
        Pfingsten
        Predigt: *Gedenkjahr im Hl. Geist*

319   **08.06.1952; Würzburg, Hof der Marienfeste**
        Glaubenstag der Katholischen Jugend / Dreifaltigkeitsfest
        Predigt: *Jugend in St. Kilians Land*

320   **13.06.1952; Würzburg, Mainfränkisches Museum**
        Eröffnung der Jubiläums-Ausstellung „Franconia Sacra"
        Ansprache

321   **29.06.1952; Mariabuchen**
        Terziarentag
        Ansprache

322   **12.07.1952; Würzburg, Residenz**
        Wissenschaftliche Morgenfeier anlässlich der 1200-Jahr-Feier des Bistums Würzburg
        Ansprache

323   **15.07.1952; Würzburg**
        Kilianiwoche, Ansprache vor den Priestern
        Ansprache: *Des Priesters Gehorchen und Befehlen*

324   **27.07.1952; Seligenstadt, Liebfrauenheide**
        Ketteler-Gedächtnis-Feier
        Predigt

325   **Sommer 1952**
        Priesterkonferenz
        Ansprache

Einweihung des Kolpinghauses Bad Neustadt an der Saale, 13. Januar 1952

326   **13.08.1952; Fulda**
Fuldaer Bischofskonferenz
Predigt

327   **15.08.1952**
Hirtenbrief: *Hirtenwort über das katholische Schrifttum*

328   **19.08.1952; Berlin, Corpus-Christi-Kirche**
Eröffnung des 75. Deutschen Katholikentags
Ansprache: *Ich bin der Herr, Dein Gott*

329   **21.09.1952; Würzburg, Neumünster**
Generalversammlung des Bonifatius-Vereins
Predigt: *Der Segen der Diasporasorge*

330   **23.09.1952**
400-Jahr-Feier des Collegium Germanicum
Artikel

331   **30.09.1952**
Benediktion der Landesversicherungsanstalt
Ansprache

332   **05.10.1952; Würzburg, Neumünster**
Generalversammlung der Görres-Gesellschaft
Predigt: *Erkenntnis in Christus Jesus*

333   **12.10.1952; Würzburg, Neumünster**
Abschluss der 1200-Jahr-Feier des Bistums Würzburg
Predigt: *Eine ernste Sorge des Jubeljahres*

334   **18.10.1952; Schweinfurt**
Diözesanvertretertagung des Katholischen Werkvolks
Ansprache

335   **26.10.1952; Schweinfurt, St. Anton**
Christkönigsfest / Jugendpredigt
Predigt: *König der Jugend*

336   **07.11.1952; Würzburg, Domschule**
Eröffnung der Domschule
Ansprache

337   **09.11.1952; Würzburg, Neumünster**
Erntedankfest
Predigt

338   **12.11.1952; Würzburg, Augustinerkirche**
Semestereröffnungsgottesdienst
Predigt: *Eure heilige Mutter: die Kirche*

339   **14.11.1952; Würzburg**
Eröffnung des Max-Planck-Instituts
Ansprache

340 **27.11.1952; [Würzburg]**
Weiheexerzitien vor der Priesterweihe
Vortrag

341 **29.11.1952**
Betrachtung: *Der adventliche Priester*

342 **01.12.1952; Münsterschwarzach**
Eröffnung der Landvolkhochschule
Predigt: *Landvolk im Blick und Ruf des Herrn*

343 **31.12.1952; Würzburg, Neumünster**
Silvester
Predigt: *Die Einheit der Katholiken*

344 **nach April 1952**
Dekanatskonferenz
Ansprache

345 **05.01.1953**
Fastenzeit
Hirtenbrief für das Dekanat Meiningen: *Erziehung zur Keuschheit*

346 **16.-18.01.1953; Würzburg, Exerzitienhaus Himmelspforten**
Einkehrtage für die Dekanatsvorsitzenden der Katholischen Aktion
Betrachtung

347 **18.01.1953; Würzburg, Neumünster, Kiliansgruft**
Einkehrtage für die Dekanatsvorsitzenden der Katholischen Aktion

348 **25.01.1953; Würzburg, Augustinerkirche**
Abschluss der Weltgebetsoktav für die Einheit der Christen
Predigt: *Die Kirche des Schweigens. Ihre Sendung – unsere Verpflichtung*

349 **01.02.1953**
Fastenzeit
Hirtenbrief: *Der Sonntag des Katholischen Christen*

350 **17.02.1953**
Fastenzeit
Hirtenbrief an die Priester: *Priester und Liturgie*

351 **03.03.1953**
Generalversammlung der Unio Apostolica Würzburg
Ansprache: *Priester und Entsagung*

352 **19.03.1953; Würzburg, Neumünster**
Tagung der Katholischen Erziehergemeinschaft
Predigt: *Lehrer in St. Josephs Geist*

353 **05.04.1953; Würzburg, Neumünster**
Ostern
Predigt: *Das Isaakopfer im Osterlicht*

354 **03.05.1953; Altötting**
Wallfahrt der KLJB
Predigt: *Katholische Landjugend in der Fülle Christi*

355	**11.05.1953; Würzburg, Augustinerkirche** 371. Stiftungsfest der Universität Predigt: *Universitas Litterarum in Spiritu Veritatis*
356	**24.05.1953; Würzburg, Neumünster** Pfingsten Predigt: *Pfingsten – Fest überquellender Freude*
357	**08.-11.07.1953; Würzburg** Kilianiwoche Predigt: *Gaben des Hl. Geistes*
358	**12.07.1953; Würzburg, Kiliansplatz** Kilianisonntag Predigt: *Gabe der Weisheit*
359	**13.07.1953; Würzburg, Neumünster** Kilianimontag Predigt: *Gabe der Wissenschaft*
360	**17.07.1953; Würzburg, Priesterseminar** Vorabend der Priesterweihe Betrachtung: *Spiritus Sanctitatis*
361	**15.08.1953; Würzburg, Neumünster** Arbeitstagung der Katholischen Deutschen Studenteneinigung Predigt
362	**27.09.1953; Würzburg, Augustinerkirche [Neumünster?]** Arbeitstagung des Zentralkomitees der deutschen Katholiken zum Thema „Kirche und Landvolk" Predigt
363	**26./27.09.1953; Würzburg** Tagung des Verbands katholischer Hausgehilfinnen Predigt
364	**28./29.09.1953; Bonn, Köln** Priesterkonferenzen / Generalversammlung des Bonifatiusvereins Vortrag: *Unsere Verantwortung für die Diaspora*
365	**19.11.1953; Würzburg, Elisabethenheim** 100-Jahr-Feier Predigt: *Kinder des erbarmenden Gottes*
366	**25.11.1953** Eröffnung des Marianischen Jahrs Hirtenbrief
367	**25.11.1953** Hirtenbrief an die Priester: *[Förderung der Exerzitien]*
368	**08.12.1953; Würzburg, Neumünster** Eröffnung des Marianischen Jahrs Predigt: *Der Gruß des Engels*

369   **25.12.1953; Würzburg, Neumünster**
Weihnachten
Predigt: *Erhabene Mutter unseres Herrn*

370   **31.12.1953; Würzburg, Neumünster**
Silvester
Predigt: *Ein Marienjahr im Anruf Christi*

371   **[1954]**
Vortrag [von Döpfner?]: *Die Marienverehrung
als Grundlage rechter priesterlicher Haltung der Kirche gegenüber*

372   **03.01.1954**
Rundfunksendung: *[Über die Diözese Würzburg]*

373   **22.01.1954; Würzburg, Exerzitienhaus Himmelspforten**
Diözesanvertretertagung der Katholischen Aktion
Vortrag: *Maria unsere Mutter*

374   **23.01.1954; Würzburg, Exerzitienhaus Himmelspforten**
Diözesanvertretertagung der Katholischen Aktion
Predigt: *Was hat uns die Immaculata zu sagen?*

375   **23.01.1954; Würzburg, Exerzitienhaus Himmelspforten**
Diözesanvertretertagung der Katholischen Aktion
Betrachtung: *Der Engel des Herrn – unser apostolisches Bundesgebet*

376   **24.01.1954; Würzburg, Exerzitienhaus Himmelspforten**
Diözesanvertretertagung der Katholischen Aktion
Predigt: *Mit Maria zu Christus in der hl. Eucharistie*

377   **24.01.1954; Würzburg, Augustinerkirche**
Weltgebetsoktav für die Einheit der Christen
Predigt: *Die Immaculata und die Una Sancta*

378   **07.02.1954**
Fastenzeit
Hirtenbrief: *Frankenland – Marienland*

379   **09.02.1954**
Fastenzeit
Hirtenbrief für das Dekanat Meiningen:
Unser Marienbistum im Marianischen Jahr

380   **11.02.1954; Würzburg, Luitpoldkrankenhaus**
Eröffnung der Lungenchirurgischen Abteilung
Ansprache

381   **12.02.1954**
9. Jahrgang der Zeitschrift „Der christliche Osten"
Geleitwort

382   **21.02.1954; Würzburg, Kilianeum**
Elterntag
Predigt

383	**09.03.1954; Würzburg, Elisabethenheim** Generalversammlung der Unio Apostolica Würzburg Betrachtung
384	**14.03.1954; Würzburg, Neumünster** Papstsonntag Predigt: *Pius XII. – ein marianischer Papst*
385	**15.03.1954** Fastenzeit Hirtenbrief an die Priester: *Die Priester zwischen Maria und der Kirche*
386	**25.03.1954; Würzburg, Käppele** Mariä Verkündigung / Priesterfeierstunde Predigt: *Der Angelus des Priesters*
387	**08.04.1954** Ostern Artikel in „Volksbote": *Begegnung mit dem Auferstandenen*
388	**18.04.1954; Würzburg, Neumünster** Ostern Predigt: *Die Osterbegegnung der Maria Magdalena*
389	**01.05.1954; Gerolzhofen** Landvolktag Predigt: *Land des Herrn*
390	**21.05.1954; Würzburg, Neumünster** 150-jähriges Jubiläum des Bayerischen Staatskonservatoriums für Musik Predigt
391	**30.05.1954** Heiligsprechung von Papst Pius X. Hirtenbrief
392	**10.06.1954; Fulda, Dom** Bonifatiuswallfahrt des Bistums Würzburg Predigt
393	**18.06.1954; Würzburg, Neumünster** Verkehrsübergabe der Neuen Schleuse Würzburg Predigt
394	**20.06.1954; Mainz, Dom** Bonifatiusfeier Predigt: *Unsere Aufgabe im Leibe Christi*
395	**29.06.1954; Würzburg, Mariannhiller Kirche** 25-jähriges Bestehen des Mariannhiller Pius-Seminars / Heiligsprechung von Papst Pius X. Predigt
396	**08.07.1954; Würzburg, Kiliansplatz** Kilianiwoche Predigt: *Regina martyrum ora pro nobis*

397 **09.07.1954; Würzburg, Neumünster**
Kilianiwoche
Predigt: *Königin der Bekenner*

398 **10.07.1954; Würzburg, Neumünster**
Kilianiwoche
Predigt: *Königin der Jungfrauen*

399 **12.07.1954; Würzburg, Kiliansplatz**
Kilianiwoche
Predigt: *Königin der Apostel*

400 **13.07.1954; Würzburg, Kiliansgruft**
Kilianiwoche, Priestertag
Predigt: *Der jungfräuliche Priester*

401 **13.07.1954; Würzburg, Neumünster**
Kilianisonntag
Predigt: *Klerikalismus – ein Schlagwort der Zeit*

402 **14.07.1954; Würzburg**
Kilianiwoche, Priestertag
Predigt: *Widerstehen und Zusammenstehen in Einem Geiste*

403 **14.07.1954; Würzburg, Kiliansplatz**
Kilianiwoche
Predigt: *Immaculata*

404 **15.07.1954; Würzburg, Kiliansplatz**
Kilianiwoche
Predigt: *Regina in coelum assumpta ora pro nobis*

405 **17.07.1954; Würzburg, Priesterseminar**
Vorabend der Priesterweihe
Betrachtung: *Weihejahrgang im Mariajahr*

406 **25.07.1954; Würzburg, Neumünster**
Goldenes Priesterjubiläum von Vitus Brander, Johann Rößer und Wilhelm Klett
Predigt: *Freund Christi – Vater in Christo*

407 **04.09.1954; Fulda**
76. Deutscher Katholikentag, Gottesdienst für die Heimatvertriebenen
Predigt

408 **19.09.1954**
Diözesansynode
Hirtenbrief

409 **26.09.1954**
Rosenkranzfest des Marianischen Jahres
Hirtenbrief

410 **03.10.1954; Würzburg, Neumünster**
Erneuerung der Marienweihe des Bistums Würzburg / Rosenkranzfest
Predigt: *Das Herzogtum dein eigen ist*

411 **18.10.1954; Würzburg**
Grundsteinlegung des Regierungsgebäudes
Ansprache

412 **21.10.1954**
Landtagswahl
Hirtenbrief der bayerischen Bischöfe

413 **06.11.1954; Würzburg, St. Alfons**
Vorabend der Kirchweihe
Predigt

414 **07.11.1954; Würzburg, St. Alfons**
Kirchweihe
Predigt

415 **13.11.1954; Würzburg, Augustinerkirche**
1600-Jahr-Feier des hl. Augustinus
Predigt: *Gott ist Liebe*

416 **14.11.1954; Rüdenhausen**
Altarweihe
Predigt

417 **21.11.1954; Würzburg**
Einkehrtag des Cartell-Verbands
Ansprache

418 **21.11.1954; Würzburg, Neumünster**
Tag der Kirchenmusik
Predigt: *Liturgie und Musik*

419 **25.11.1954; Würzburg, Mutterhaus der Kongregation der Töchter des Allerheiligsten Erlösers**
50-jähriges Jubiläum des Frauenbunds
Predigt: *Besinnung mit Maria*

420 **28.11.1954; Würzburg, Mutterhaus der Kongregation der Töchter des Allerheiligsten Erlösers**
Benediktion des Noviziatshauses
Ansprache

421 **05.12.1954; Würzburg, Käppele**
Marienfeier der Studentengemeinde
Predigt

422 **08.12.1954; Würzburg, Käppele**
Abschluss des Marianischen Jahrs
Predigt: *Gegrüßet seist du Königin*

423 **19.12.1954; Würzburg, St. Burkardus-Haus**
Benediktion des Burkardushauses
Predigt

424 **19.12.1954; Würzburg, St. Burkardus-Haus**
Benediktion des Burkardushauses
Ansprache

Gottesdienst der Heimatvertriebenen auf dem 76. Deutschen Katholikentag in Fulda,
4. September 1954

425   **25.12.1954; Würzburg, Neumünster**
       Weihnachten
       Predigt: *Das Kind in der Krippe*

426   **26.12.1954**
       Gottesdienst der katholischen Ärztevereinigung (St. Lukas-Gilde)
       Predigt

427   **31.12.1954; Würzburg, Neumünster**
       Silvester
       Predigt: *Im Ansturm der Zeit tut eines not*

428   **04.01.1955**
       Fastenzeit
       Hirtenbrief: *Der Segen des Familiengebetes*

429   **23.01.1955; Würzburg, Augustinerkirche**
       Weltgebetsoktav für die Einheit der Christen
       Predigt: *Die alleinseligmachende Kirche*

430   **28.01.1955; Würzburg, St. Burkardus-Haus**
       Diözesanvertretertagung der Katholischen Aktion
       Vortrag: *Glaube*

431   **29.01.1955; Würzburg, St. Burkardus-Haus**
        Diözesanvertretertagung der Katholischen Aktion
        Predigt: *Hoffnung*

432   **30.01.1955; Würzburg, St. Burkardus-Haus**
        Diözesanvertretertagung der Katholischen Aktion
        Vortrag: *Liebe*

433   **30.01.1955**
        Katholische Morgenfeier
        Rundfunkansprache BR: *Ein Bischof erzählt*

434   **07.02.1955**
        Fastenzeit
        Hirtenbrief: *Die Pfarrei als Lebenszelle des Gottesreiches und ihre lebendige Ein-
        ordnung in die Diözese*

435   **13.02.1955; Würzburg, Mutterhaus der Barmherzigen Schwestern**
        Tagung der katholischen deutschen Lehrerinnen
        Predigt

436   **20.02.1955; München, St. Joseph**
        25-jähriges Bischofsjubiläum von Weihbischof Johannes Remiger (Prag)
        Predigt: *Entscheidung aus Christi Wahrheit*

437   **01.03.1955; [Würzburg]**
        Generalversammlung der Unio Apostolica Würzburg
        Predigt: *Die Sünde des Priesters*

438   **02.03.1955**
        Fastenzeit
        Hirtenbrief an die Priester: *Confraternitas Sancti Kiliani*

439   **13.03.1955; Würzburg, Neumünster**
        Papstsonntag
        Predigt: *Pius XII. und die Schulfrage*

440   **16.03.1955; Würzburg, Neumünster**
        Jahrestag der Zerstörung Würzburgs
        Predigt: *Im Lichte des himmlischen Sion*

441   **16.03.1955**
        Jahrestag der Zerstörung Würzburgs
        Artikel in „Volksblatt"

442   **10.04.1955; Würzburg, Neumünster**
        Ostern
        Predigt: *Zeuge seiner Auferstehung*

443   **21.04.1955**
        Bericht über die Diözesansynode 1954
        Geleitwort

444   **25.04.1955; Würzburg, Mutterhaus der Rita-Schwestern**
        Einkleidung
        Predigt

445   **25.04.1955; Würzburg, St. Michael**
Altarweihe
Betrachtung

446   **26.04.1955; Würzburg, St. Michael**
Altarweihe
Predigt: *Altar der Geistesglut*

447   **01.05.1955; Würzburg, Kolpinghaus**
Fränkischer Kolpingtag
Predigt: *Im Hause des Vaters*

448   **07.05.1955; Schweinfurt**
Vorabend der Firmung
Predigt

449   **11.05.1955; Würzburg, St. Michael**
Stiftungsfest der Universität
Predigt: *Wahrheit und Freiheit*

450   **[nach 23.05.1955]**
Materialien: *Konfessionalismus*

451   **29.05.1955; Würzburg, Neumünster**
Pfingsten
Predigt: *Pfingstgeist über den Völkern*

452   **05.06.1955; Würzburg, Franziskanerkirche**
Dreifaltigkeitsfest / Jugendbekenntnistag
Predigt: *Zur Freiheit berufen*

453   **23.06.1955**
Kirchliche Lage in Argentinien
Hirtenbrief

454   **26.06.1955; Walldürn**
Vertriebenenwallfahrt
Predigt: *Vollbürger mit den Heiligen*

455   **08./09.07.1955; Würzburg, Kiliansplatz**
Kilianiwoche
Predigt: *Das Heil vom Herrn / Betrachtung über das Kirchengebet*

456   **10.07.1955; Würzburg, Kiliansplatz**
Kilianiwoche
Predigt: *Bekenntnis in Kraft und Liebe*

457   **11./14.07.1955; Würzburg, Kiliansplatz / Neumünster**
Kilianiwoche
Predigt: *Das Gebet in Not / Gnade im Leiden*

458   **12.07.1955; Würzburg, Neumünster, Kiliansgruft**
Kilianiwoche
Predigt: *Wir Priester und der neue Katechismus*

459   **15.07.1955; Würzburg, Kiliansplatz**
Kilianiwoche
Predigt

460   **16.07.1955; Münnerstadt, Augustinerkirche**
50-jähriges Jubiläum des Studienseminars St. Joseph
Predigt

461   **16.07.1955; Würzburg, Priesterseminar**
Vorabend der Priesterweihe
Betrachtung

462   **24.07.1955**
Katholische Morgenfeier
Rundfunkansprache BR: *Die Kirche –*
Ich glaube an eine heilige, katholische und apostolische Kirche

463   **11.09.1955**
Rundfunkansprache BR: *Vinzenz von Paul*
und die Landessammlung der Caritas

464   **16.-18.09.1955; Würzburg**
Soziale Bundestagung der Katholischen Landvolkbewegung Deutschlands
Predigt: *Arbeiter in Gottes Ernte*

465   **09.10.1955; Würzburg, Neumünster**
Erntedankfest
Predigt: *Eine gemeinsame Sorge für Stadt und Land*

466   **23.10.1955**
Missionssonntag / Aussendung von sechs Missionsmedizinern
Predigt

467   **11.12.1955**
Weihnachten / Neujahr
Hirtenbrief an Heimatvertriebene und Flüchtlinge

468   **18.12.1955**
Schulsonntag
Artikel in „Elternweckruf"

469   **25.12.1955; Würzburg, Neumünster**
Weihnachten
Predigt: *Kinder vor dem göttlichen Kind*

470   **31.12.1955; Würzburg, Neumünster**
Silvester
Predigt: *In der Wahrheit Gottes durch die Nebel der Zeit*

471   **13.01.1956; Würzburg**
Eröffnung des Psychologischen Instituts
Ansprache

472   **16.01.1956**
Kollekte für die Weltmission anlässlich des 80. Geburtstags von Papst Pius XII.
Hirtenbrief

Gottesdienst der Heimatvertriebenen auf dem 77. Deutschen Katholikentag in Köln,
1. September 1956

487 **13.05.1956; Würzburg, Neumünster**
Wiedererrichtung der St. Nepomuk-Statue auf der Alten Mainbrücke
Predigt: *Unerschrockener Zeuge*

488 **16.05.1956; Würzburg, Thomas-Morus-Burse**
Haussegnung
Predigt: *Der Heilige der Weisheit und Gerechtigkeit*

489 **20.05.1956; Würzburg, Neumünster**
Pfingsten
Predigt: *Schöpfung im Hl. Geist*

490 **27.05.1956; Würzburg, Amerikanische Armeekapelle**
Firmung
Predigt (in englischer Sprache)

491 **01.07.1956; Stift Lambach (Österreich)**
900-Jahr-Feier
Predigt

492 **08.07.1956; Würzburg, Kiliansplatz**
Kilianifest
Predigt: *Bürger zweier Reiche*

493 **10.07.1956; Würzburg, Neumünster, Kiliansgruft**
Kilianiwoche, Priestertag
Ansprache: *Priester und Exerzitien*

494 **15.07.1956; Würzburg, Kiliansplatz**
Kilianiwoche
Predigt: *Humanitas christiana*

495 **15.07.1956**
Goldenes Priesterjubiläum von Eugen Kainz
Predigt: *Diener am hl. Zelt*

496 **21.07.1956; Würzburg, Priesterseminar**
Vorabend der Priesterweihe
Betrachtung: *Sorge und Hoffnung am Weihetag*

497 **23.07.1956; Würzburg, Neumünster**
80. Stiftungsfest der K.St.V. Normannia
Predigt: *Zeugnis im Geiste*

498 **31.08.1956; Köln, Minoritenkirche**
Übertragung der Duns-Scotus-Reliquien
Predigt

499 **01.09.1956; Köln**
77. Deutscher Katholikentag, Gottesdienst für die Heimatvertriebenen
Predigt: *Heimatsehnsucht der Heimatlosen*

500 **07.-12.10.1956; Würzburg, Exerzitienhaus Himmelspforten**
Priesterexerzitien
Betrachtung: *Der jungfräuliche Christus*

355

501	**27.10.1956; Würzburg, Priesterseminar**
	Vor der Erteilung von Weihen
	Betrachtung

501 **27.10.1956; Würzburg, Priesterseminar**
Vor der Erteilung von Weihen
Betrachtung

502 **27.10.1956; Volkersberg, Jugendhaus**
Benediktion des Hauses
Ansprache

503 **07.11.1956; Würzburg, Käppele**
Gebetszug der Katholiken Würzburgs angesichts der Vorgänge in Ungarn und des
Kriegs im Nahen Osten
Predigt: *Ruf der Stunde*

504 **13.12.1956**
Gebetsaufruf angesichts des bedrohten Friedens
Hirtenbrief

505 **25.12.1956; Würzburg, Neumünster**
Weihnachten
Predigt: *Weihnachtsbetrachtung von St. Joseph her*

506 **13.12.1956; Würzburg, Neumünster**
Silvester
Predigt: *Der Christ und die Zeit*

507 **01.01.1957**
Neujahr
Rundfunkansprache

508 **15.01.1957; Bad Neustadt an der Saale**
Landvolktag
Predigt

509 **20.01.1957; Würzburg, Augustinerkirche**
Weltgebetsoktav für die Einheit der Christen
Predigt: *Kirche Christi unterwegs*

510 **09.02.1957; Würzburg, Priesterseminar**
Abschied aus Würzburg
Betrachtung

511 **24.02.1957**
Fastenzeit
Hirtenbrief

512 **10.03.1957; Würzburg, Neumünster**
Papstsonntag / Abschied aus Würzburg
Predigt

513 **10.03.1957; Würzburg, Frankenhalle**
Papstfeier / Abschied aus Würzburg
Ansprache

514 **12.03.1957; Würzburg, Neumünster**
Abschied aus Würzburg, Verabschiedung von den Priestern
Predigt: *Der Priester und die Freude*

515 **23.03.1957**
Rundfunkinterview RIAS

516 **23.03.1957**
Kanonische Besitzergreifung der Diözese Berlin
Ansprache

517 **25.03.1957**
Amtsantritt als Bischof von Berlin
Hirtenbrief

518 **25.03.1957**
Amtsantritt als Bischof von Berlin
Fernsehansprache Deutsches Fernsehen und SFB

519 **25.03.1957**
Amtsantritt als Bischof von Berlin
Hirtenbrief an die Priester

520 **25.03.1957; Berlin-Wedding, St. Sebastian**
Inthronisation als Bischof von Berlin
Predigt

521 **30.03.1957; Berlin-Charlottenburg, Frauenbundhaus**
Wort an die Mitarbeiter im Laienapostolat
Ansprache

522 **06.04.1957; Berlin-Schöneberg, Sporthalle am Sachsendamm**
Bußgang der Berliner Männer
Ansprache

523 **18.04.1957; Berlin-Steglitz, Rosenkranz-Basilika**
Gründonnerstag
Homilie

524 **21.04.1957; Berlin-Steglitz, Rosenkranz-Basilika**
Ostern
Predigt: *Der Ostergruß des Herrn*

525 **21.04.1957**
Ostern
Rundfunkansprache: *Seid getrost!*

526 **21.04.1957**
Ostern
Artikel für KNA-Osterbeilage: *Das Leid wird Gnade*

527 **03.05.1957; Prenzlau, St. Maria Magdalena**
Dekanatsbesuch
Predigt

528 **08.05.1957; Berlin-Dahlem, Freie Universität**
10-Jahr-Feier des BDKJ
Ansprache

529   **26.05.1957; Berlin, Olympiastadion**
Bistumsfeier
Ansprache: *Unser gekreuzigter Herr*

530   **27.05.1957**
Wort der Kirche
Rundfunkansprache SFB

531   **09.06.1957; Berlin-Kreuzberg, St. Bonifatius**
Pfingsten
Predigt: *Pfingstliche Pfarrei*

532   **16.06.1957; Chorin, Kloster**
Bekenntnistag der Katholischen Jugend
Ansprache: *Du kannst die Welt verändern*

533   **25.06.1957**
Interbau-Ausstellung
Artikel für Sondernummer des „Petrusblattes"

534   **28.06.1957**
Vorabend der Priesterweihe
Betrachtung

535   **01.07.1957; Berlin-Kreuzberg, St. Johannes-Basilika**
Primizsegens-Feier des Päpstlichen Werks für Priesterberufe
Predigt

536   **02.07.1957; Berlin-Friedenau, St. Marien**
Mariä Empfängnis
Predigt: *Die Ersterlöste Jesu Christi*

537   **11.07.1957**
Interbau-Ausstellung, Ausstellung „Neue Kunst im Raum der Kirche"
Ansprache (Artikel?)

538   **01.09.1957; Berlin-Hansaviertel, St. Ansgar**
Kirchweihe
Predigt

539   **03.09.1957**
Neues Gebet- und Gesangbuch „Ehre sei Gott"
Hirtenbrief

540   **16.09.1957**
Konzerte mittelalterlicher und zeitgenössischer Kirchenmusik
anlässlich der Berliner Festwochen
Rundfunkansprache RIAS

541   **17.09.1957**
Weihe von Bischof Helmut Hermann Wittler (Osnabrück)
Artikel (?): *Bischofsamt heute*

542   **19.09.1957**
Weltmissionssonntag
Hirtenbrief

543 **22.09.1957; Erfurt**
750. Geburtstag der hl. Elisabeth
Predigt: *Liebe zum Gekreuzigten*

544 **[September] 1957**
Situation der Schulkinder im Demokratischen Sektor
von Groß-Berlin und in der DDR
Hirtenbrief

545 **15.10.1957**
Rundfunkansprache SFB: *Der Bischof erzählt aus seiner Arbeit*

546 **15.10.1957; Berlin-Hansaviertel, St. Ansgar**
Eröffnung des Deutschen Bundestags
Predigt

547 **20.10.1957; Berlin-Gesundbrunnen, St. Petrus**
Fest der hl. Hedwig
Predigt

548 **09.11.1957; Berlin-Schöneberg, Riesengebirgsschule**
25-jähriges Jubiläum des Heliand-Bundes
Ansprache

549 **10.11.1957; Berlin-Charlottenburg, St. Canisius**
Eröffnungsgottesdienst der Katholischen Studentengemeinde (West)
Predigt

550 **11.11.1957**
Wort der Kirche
Rundfunkansprache SFB

551 **13.11.1957; Berlin-Kreuzberg, St. Clemens**
Priester-Recollectio
Vortrag: *Priesterliche Armut*

552 **15.11.1957; Bornheim-Walberberg, Dominikanerkloster St. Albert**
Jahresfeier der Albertus-Magnus-Akademie
Ansprache

553 **17.11.1957; Berlin-Schöneberg, St. Elisabeth**
750. Geburtstag der hl. Elisabeth
Predigt: *[Elisabeth: Ein Genie der Liebe]*

554 **25.11.1957**
Wort der Kirche
Rundfunkansprache SFB

555 **03.12.1957; Berlin-Schöneberg, Canisius-Kolleg**
Pontifikalmesse
Predigt

556 **09.12.1957**
Wort der Kirche
Rundfunkansprache SFB

557	20.12.1957
	Vorabend der Priesterweihe
	Betrachtung

557   **20.12.1957**
Vorabend der Priesterweihe
Betrachtung

558   **24.12.1957**
Heiliger Abend
Rundfunkansprache SFB

559   **24.12.1957; Berlin-Reinickendorf, St. Rita**
Christmette
Predigt

560   **25.12.1957**
Weihnachten
Rundfunkansprache RIAS

561   **25.12.1957; Berlin-Wilmersdorf, St. Ludwig**
Weihnachten
Predigt

562   **28.12.1957**
Neujahrsempfang
Ansprache

563   **31.12.1957; Berlin-Lichtenberg, St. Pius**
Silvester
Predigt: *Unsere Kirche, die Mutter der Freien*

564   **01.01.1958**
Neujahr
Rundfunkansprache SWF

565   **01.01.1958**
Neujahr
Rundfunkansprache SFB

566   **18.01.1958; Berlin-Charlottenburg, St. Canisius**
Weltgebetsoktav für die Einheit der Christen
Predigt: *Das Gebet um die Wiedervereinigung*

567   **22.01.1958; Berlin-Kreuzberg, St. Clemens**
Priester-Recollectio
Vortrag: *Der Gehorsam des Priesters*

568   **25.01.1958**
Fastenzeit
Hirtenbrief: *Christliche Familie heute*

569   **02.02.1958; Berlin-Neukölln, Kliems-Festsäle**
25-jähriges Jubiläum des Malteser-Hilfsdienstes Berlin
Ansprache

570   **06.02.1958**
Interview „Der Sämann"

571   **18.02.1958**
Vorwort Wichmann-Jahrbuch

Kolping-Wallfahrt zu „Unserer lieben Frau von Frohnau", 18. Mai 1958

586   **09.04.1958; Berlin-Charlottenburg, St. Canisius**
Tagung der „Brandenburgia"
Ansprache

587   **13.04.1958; Königs Wusterhausen**
Weißer Sonntag / Firmung
Predigt

588   **27.04.1958; Berlin-Marienfelde, Kloster zum Guten Hirten**
100-Jahr-Feier
Predigt

589   **30.04.1958; Berlin-Kreuzberg, St. Bonifatius**
Andacht der Berliner Werktätigen
Predigt: *Der Christ in der Welt der Arbeit*

590   **[Mai] 1958**
Vorwort Taschenbuch des Lokalkomitees des 78. Deutschen Katholikentags

591   **14.05.1958**
Jugendwallfahrt nach Alt-Buchhorst
Schriftliches Grußwort des an der Einreise gehinderten Bischofs

592   **14.05.1958**
Besuch von bzw. Treffen mit Pfarrgemeinden (Erkner, Schöneiche, Bernau, Schwa-
nebeck, Alt-Buchhorst, Werneuchen, Altlandsberg, Herzfelde, Hoppegarten, Pe-
tershagen, Buckow, Müncheberg, Rüdersdorf, Strausberg, Strausberg-Vorstadt) /
Katholikentreffen von Gemeinden des Dekanats Frankfurt/Oder in Petershagen
Schriftliches Grußwort des an der Einreise gehinderten Bischofs

593   **18.05.1958; Berlin-Tegel, St. Josef**
Wallfahrt der Berliner Kolpingfamilie zu Unserer Lieben Frau von Frohnau
Predigt

594   **21.05.1958; Berlin-Kreuzberg, St. Clemens**
Priester-Recollectio
Vortrag: *Maria und der Priester*

595   **22.05.1958**
Wallfahrt zu Unserer Lieben Frau von Sellin / Treffen mit Pfarrgemeinden (Demmin, Jarmen, Altentreptow, Grimmen, Tribsees, Barth, Zingst, Damgarten, Anklam)
Schriftliches Grußwort des an der Einreise gehinderten Bischofs

596   **25.05.1958; Berlin-Prenzlauer Berg, Hl. Familie**
Pfingsten
Predigt: *Im Geiste der Urkirche*

597   **15.06.1958; Wien, Stephansdom**
Wiener Katholikentag
Predigt

598   **20.06.1958; Berlin-Kreuzberg, St. Clemens**
Priestertag
Betrachtung

599   **28.06.1958 / 28.06.1961**
Vorabend der Priesterweihe
Betrachtung

600   **03.07.1958; Berlin-Charlottenburg, Wilhelm-Weskamm-Haus**
Berliner Filmfestspiele
Ansprache

601   **23.07.1958; Berlin-Charlottenburg, Schloss**
Eröffnung der Ausstellung „Christliche Kunst Europas"
Ansprache

602   **26.07.1958; Berlin-Weißensee, St. Josef-Krankenhaus**
Fest der hl. Anna
Predigt

603   **[August] 1958**
78. Deutscher Katholikentag
Beitrag zum Katholikentags-Film im Deutschen Fernsehen

604   **05.08.1958**
78. Deutscher Katholikentag
Artikel in „Der Tag"

605   **08.08.1958**
Gründungsversammlung des Petrus-Werks
Ansprache

606   **10.08.1958; Berlin-Charlottenburg, Messehallen**
78. Deutscher Katholikentag, Eröffnung der Missionsausstellung
Ansprache

607 **16.08.1958**
78. Deutscher Katholikentag, Kundgebung der Katholischen Akademikerschaft
Ansprache

608 **16.08.1958**
78. Deutscher Katholikentag, Kundgebung der Eltern und Erzieher
Ansprache

609 **17.08.1958; Berlin, Olympiastadion**
78. Deutscher Katholikentag, Schlusskundgebung
Ansprache

610 **17.08.1958; Berlin, Olympiastadion**
78. Deutscher Katholikentag, Schlusskundgebung
Predigt: *[Begegnung im Geiste der Liebe]*

611 **[September] 1958**
78. Deutscher Katholikentag
Dankeswort in „Neue Sonntagszeitung"

612 **[Oktober] 1958**
Tod von Papst Pius XII. / Lage der Kirche in der DDR
Hirtenbrief der Bischöfe und Bischöflichen Kommissare in der DDR

613 **04.10.1958; Berlin-Pankow, Franziskanerkloster**
Fest des hl. Franziskus
Predigt

614 **04.10.1958**
Missionssonntag
Hirtenbrief

615 **05.10.1958; Berlin-Charlottenburg, St. Canisius**
Gottesdienst für das Katholische Bildungswerk
Predigt

616 **09.10.1958**
Tod von Papst Pius XII.
Fernsehansprache Berliner Abendschau

617 **09.10.1958**
Tod von Papst Pius XII.
Rundfunkansprache RIAS (?)

618 **13.10.1958; Berlin-Wedding, St. Sebastian**
Requiem für Papst Pius XII.
Predigt

619 **19.10.1958; Berlin-Spandau, St. Marien [Berlin-Lichtenberg, St. Mauritius?]**
Fest der hl. Hedwig
Predigt: *Die Heilige mit dem Marienbild*

620 **26.10.1958; Berlin-Lichtenberg, St. Mauritius**
Christkönigsfest
Predigt: *Der erniedrigte König*

Eröffnung der Ausstellung „Bild des Herrn" auf dem 78. Deutschen Katholikentag
in Berlin

621	**28.10.1958** Wahl von Papst Johannes XXIII. Hirtenbrief
622	**[November] 1958** Beitrag zum Film „Berliner Predigt"
623	**16.11.1958; Berlin-Zehlendorf, Herz Jesu** 50-jähriges Jubiläum der Kirche Predigt
624	**22.11.1958; Berlin, Bischöfliches Ordinariat** Ernennung zum Kardinal Ansprache
625	**22.11.1958** Mark-Thing des Neudeutschen Bundes Schriftliches Grußwort
626	**23.11.1958; Berlin-Schöneberg, St. Matthias** Pontifikalamt mit den Berliner Kirchenchören Predigt
627	**23.11.1958; Berlin-Friedrichshain, St. Antonius** 50-jähriges Jubiläum der Kirche Predigt
628	**25.11.1958** Wahl zum Berliner Abgeordnetenhaus Hirtenbrief
629	**26.11.1958; Berlin-Charlottenburg, St. Canisius** Pastoralkonferenz Predigt
630	**[November/Dezember] 1958** Ernennung zum Kardinal Ansprache
631	**08.12.1958** Welttag der hl. Kindheit Hirtenbrief
632	**12.12.1958; Rom, Collegium Germanicum** Exhorte
633	**24.12.1958** Heiliger Abend Rundfunkansprache SFB
634	**25.12.1958; Berlin-Friedrichshain, St. Pius** Weihnachten Predigt: *[Die Bedeutung des Kardinalspurpurs]*
635	**26.12.1958** Vorabend der Priesterweihe Betrachtung

Firmung in Berlin-Wilmersdorf, Hl. Kreuz, 16. November 1958

636 **31.12.1958**
Silvester
Rundfunkansprache SFB

637 **31.12.1958; Berlin-Friedrichshain, Ss. Corpus Christi**
Silvester
Predigt

638 **01.01.1959**
Neujahr
Rundfunkansprache SFB

639 **03.01.1959; Berlin, Bischöfliches Ordinariat**
Neujahrsempfang
Ansprache

640 **11.01.1959**
Hallensportfest der DJK
Schriftliches Grußwort

641 **11.01.1959**
Hallensportfest der DJK
Ansprache

642 **12.01.1959**
Worte für den Tag
Rundfunkansprache SFB: *[Gedenket der Bedrängten]*

643   **25.01.1959; Berlin, Messehallen (?)**
Papstfeier
Ansprache

644   **26.01.1959**
Worte für den Tag
Rundfunkansprache SFB: *[Die Weisheit des Menzius]*

645   **01.02.1959; Berlin-Dahlem, Amerikanische Kapelle**
Firmung
Predigt

646   **08.02.1959**
Fastenzeit
Hirtenbrief der Bischöfe und Bischöflichen Kommissare in der DDR: *Kirche unter dem Kreuz*

647   **[09.02.]1959**
Worte für den Tag
Rundfunkansprache SFB: *Über die Freude*

648   **15.02.1959; Hausen**
Pontifikalmesse
Predigt

649   **22.02.1959; Berlin-Grunewald, St. Carl Borromäus**
Semesterschlussgottesdienst der Katholischen Studentengemeinde
Predigt

650   **23.02.1959**
Worte für den Tag
Rundfunkansprache SFB: *Rettendes Seil*

651   **08.03.1959**
Fastenzeit
Hirtenbrief an die Priester: *Sacerdos Crucifixi*

652   **09.03.1959**
Worte für den Tag
Rundfunkansprache SFB: *[Vertrauen auf der Fahrt]*

653   **14.03.1959; Berlin, Schwermaschinenhalle am Funkturm**
Bußgang der Männer
Predigt

654   **23.03.1959**
Worte für den Tag
Rundfunkansprache SFB: *[Der Wappenspruch]*

655   **26.03.1959; Berlin-Schöneberg, St. Matthias**
Gründonnerstag, Abendmahlsmesse
Predigt

656   **26.03.1959; Berlin**
Gründonnerstag
Betrachtung

657 **29.03.1959; Berlin-Schöneberg, St. Matthias**
Ostern
Predigt: *Neuschöpfung im Auferstandenen*

658 **06.04.1959**
Worte für den Tag
Rundfunkansprache SFB: *[Gewissheit der Auferstehung]*

659 **16.04.1959; Berlin-Friedenau, St. Marien**
Lourdesandacht
Predigt

660 **19.04.1959; Berlin, Kongresshalle**
Kolpingfeierstunde
Ansprache

661 **20.04.1959**
Worte für den Tag
Rundfunkansprache SFB: *[Die beiden Blumentöpfe]*

662 **28.04.1959; Bonn, Katholischer Club**
Vortrag: *Die Kirche in Berlin und in der Zone*

663 **30.04.1959; Berlin-Wedding, St. Sebastian**
Andacht für die Berliner Werktätigen
Predigt: *Christ und Masse*

664 **03.05.1959; Berlin, Frauenbundhaus**
Kundgebung des Bundes Katholischer Erzieher
Ansprache

665 **04.05.1959**
Worte für den Tag
Rundfunkansprache SFB: *Naturgesetz – Sittengesetz*

666 **09.05.1959; Berlin-Marienfelde, St. Alfons**
Wallfahrt der Flüchtlinge und Spätaussiedler
Predigt: *Mit Maria unter dem Kreuze Christi*

667 **10.05.1959**
Artikel in „Petrusblatt": *Der Bischof ruft zu Exerzitien*

668 **17.05.1959; Berlin-Pankow, St. Georg**
Pfingsten
Predigt: *[Kirche und Staat]*

669 **17.05.1959; Berlin-Charlottenburg, St. Canisius**
Pfingsten, Andacht
Rundfunkansprache in der Ringsendung des Katholischen Senders Hilversum

670 **18.05.1959**
Pfingstmontag
Rundfunkansprache in der kirchlichen Sendung der Langwelle

671 **18.05.1959; Berlin-Reinickendorf, St. Louis de France**
Firmung in der französischen Militärgemeinde
Predigt

672	**24.05.1959; Berlin, Waldbühne**
	Feierstunde der Katholischen Jugend
	Ansprache

673 **28.05.1959**
Fronleichnam
Schriftliches Dankwort

674 **01.06.1959**
Worte für den Tag
Rundfunkansprache SFB: *[Die entleerte Humanität]*

675 **09.06.1959**
Reise nach Rom
Artikel in „Petrusblatt" und „St. Hedwigsblatt"

676 **11.06.1959; Berlin-Friedrichshain, Ss. Corpus Christi**
Bischofsweihe von Weihbischof Alfred Bengsch
Predigt

677 **13.06.1959; Berlin-Schöneberg, Franziskus-Oberschule**
Segnung des Neubaus
Ansprache

678 **15.06.1959**
Worte für den Tag
Rundfunkansprache SFB: *[Der Brief eines sowjetischen Offiziers]*

679 **23.06.1959**
Sammlung Misereor
Schriftliches Dankwort

680 **29.06.1959**
Konstituierung des Katholikenausschusses Berlin-West
Ansprache

681 **29.06.1959**
Worte für den Tag
Rundfunkansprache SFB: *[Falschmünzer]*

682 **30.06.1959; Berlin-Schöneberg, St. Matthias**
Gebetstag der katholischen Frauen
Predigt: *Die Frau vor Gott, unserem Vater*

683 **30.06.1959; [Berlin, Kongresshalle]**
Gedenkstunde zur Erinnerung an den 30. Juni 1934 („Röhm-Putsch")
Ansprache: *[Das verpflichtende Erbe]*

684 **05.07.1959; Berlin-Charlottenburg, Wilhelm-Weskamm-Haus**
Messe für die Filmschaffenden / Filmfestspiele
Predigt

685 **13.07.1959**
Worte für den Tag
Rundfunkansprache SFB: *[Der todbringende Hass]*

686   **22.07.1959; Berlin-Charlottenburg, Naafi-Club**
Empfang bei der englischen Militärgemeinde /
25-jähriges Priesterjubiläum des britischen Militärgeistlichen
Ansprache (in englischer Sprache)

687   **26.07.1959; Trier, Dom**
Wallfahrt zum Hl. Rock
Predigt: *Gnadenvolle Wallfahrt zum Hl. Rock*

688   **27.07.1959**
Worte für den Tag
Rundfunkansprache SFB: *[Der heilige Rock]*

689   **05.08.1959**
750-jähriges Bestehen des Karmelitenordens
Geleitwort zum Gedenkbuch

690   **10.08.1959**
Worte für den Tag
Rundfunkansprache SFB: *[Brennende Sarkophage]*

691   **24.08.1959**
Worte für den Tag
Rundfunkansprache SFB: *[Weltflüchtlingsjahr]*

692   **07.09.1959**
Worte für den Tag
Rundfunkansprache SFB: *[Die klare Entscheidung]*

693   **09.09.1959**
Priester-Recollectio / 100-Jahr-Feier des Todes des hl. Pfarrers von Ars
Vortrag: *Hl. Pfarrer von Ars*

694   **20.09.1959; Limburg, Dom**
Limburger Kreuzwoche
Predigt: *Kirche unter dem Kreuz*

695   **21.09.1959**
Worte für den Tag
Rundfunkansprache SFB: *[Die Mondrakete]*

696   **27.09.1959; Münster, Dom**
Generalversammlung des Bonifatiusvereins
Predigt

697   **05.10.1959**
Worte für den Tag
Rundfunkansprache SFB: *[Shaw und das Gebet]*

698   **09.10.1959**
Erster Todestag von Papst Pius XII.
Rundfunkansprache RIAS

699   **11.10.1959; Berlin-Friedrichshain, St. Pius**
Eröffnungsgottesdienst des Wintersemesters des Katholischen Bildungswerks Ost
Predigt

700	**11./18.10.1959** Weltmissionssonntag Hirtenbrief
701	**18.10.1959; Berlin-Prenzlauer Berg, St. Augustinus** Fest der hl. Hedwig Predigt
702	**19.10.1959** Worte für den Tag Rundfunkansprache SFB: *[Tod am Montag]*
703	**31.10.1959; Berlin-Charlottenburg, St. Canisius** Abschlussmesse der Cartellwoche des deutschen CV Predigt
704	**02.11.1959** Worte für den Tag Rundfunkansprache SFB: *[Gewissheit vor dem Tod]*
705	**05.11.1959; Berlin-Friedrichshain, Ss. Corpus Christi** Anbetungsstunden der Männer Berlins Predigt: *[Fragen des Friedens]*
706	**08.11.1959; Berlin-Moabit, St. Paulus** Papstsonntag Predigt: *Ein geistliches Wort über das ökumenische Konzil*
707	**16.11.1959** Worte für den Tag Rundfunkansprache SFB: *[Der Kardinal und der Atheist]*
708	**20.11.1959** 25. Jahrgang der Zeitschrift „Sein und Sendung" („Sanctificatio Nostra") Geleitwort
709	**22.11.1959; Berlin-Schöneberg, St. Matthias** 75-jähriges Bestehen der Elisabeth-Konferenz Predigt
710	**[Dezember] 1959** Schlussandacht der Berlin-Tagung des Vereins katholischer deutscher Lehrerinnen Predigt
711	**07.12.1959; Berlin-Kreuzberg, St. Johannes-Basilika** Pontifikalmesse für das Päpstliche Werk für Priesterberufe Predigt
712	**08.12.1959; Berlin-Reinickendorf, St. Marien** Fest Mariä Empfängnis Predigt
713	**24.12.1959** Heiliger Abend Rundfunkansprache SFB / RIAS

714 **25.12.1959**
Weihnachten / Katholische Morgenfeier
Rundfunkansprache RIAS: *[Tröstet Mein Volk]*

715 **28.12.1959**
Worte für den Tag
Rundfunkansprache SFB: *[Die unschuldigen Zeugen]*

716 **31.12.1959; Berlin-Wilmersdorf, St. Ludwig**
Silvester
Predigt: *Nicht vom Brot allein*

717 **01.01.1960**
Neujahr
Rundfunkansprache SFB / RIAS

718 **02.01.1960**
Neujahr
Ansprache

719 **11.01.1960**
Worte für den Tag
Rundfunkansprache SFB: *[Der wichtigste Beruf]*

720 **24.01.1960; Berlin-Charlottenburg, St. Canisius**
Weltgebetsoktav für die Einheit der Christen
Predigt: *Das Ökumenische Konzil und die Wiedervereinigung der Christenheit*

721 **25.01.1960**
Worte für den Tag
Rundfunkansprache SFB: *[Antisemitismus]*

722 **08.02.1960**
Worte für den Tag
Rundfunkansprache SFB: *[Verwerflicher Aberglaube]*

723 **17.02.1960; Berlin-Wedding, St. Sebastian**
Requiem für Erzbischof Alois Kardinal Stepinac (Zagreb)
Predigt

724 **22.02.1960**
Worte für den Tag
Rundfunkansprache SFB: *[Ein großer Bischof seines Volkes]*

725 **01.03.1960**
Fastenzeit
Hirtenbrief: *Der Christ in der Umwelt unserer Stadt*

726 **06.03.1960; Berlin-Prenzlauer Berg, St. Josefsheim**
Gottesdienst mit Firmung in der Studentengemeinde Berlin-Ost
Predigt

727 **18.03.1960; Berlin-Wedding, Wirtschaftsschule**
Woche der Brüderlichkeit
Vortrag: *Toleranz – Wagnis zwischen Wahrheit und Liebe*

728   **21.03.1960**
Worte für den Tag
Rundfunkansprache SFB: *[Wissende Unwissenheit]*

729   **27.03.1960; Berlin-Tegel, St. Bernhard**
Konsekration der Kuratiekirche
Predigt

730   **03.04.1960; Berlin-Charlottenburg, Wihelm-Weskamm-Haus**
Passionssonntag / Messe für den Verein katholischer Lehrer
Predigt

731   **04.04.1960**
Worte für den Tag
Rundfunkansprache SFB: *[Passion in unserer Zeit]*

732   **13.04.1960**
Vorabend von Gründonnerstag
Betrachtung

733   **14.04.1960; Berlin-Schöneberg, St. Matthias**
Gründonnerstag, Abendmahlsmesse
Predigt

734   **17.04.1960; Berlin-Schöneberg, St. Matthias**
Ostern
Predigt: *Die Osterhoffnung der bedrängten Kirche*

735   **17.04.1960**
Ostern
Rundfunkansprache RIAS: *Die Osterhoffnung der bedrängten Kirche*

736   **30.04.1960; Berlin-Wedding, St. Joseph**
Gottesdienst für die Berliner Werktätigen
Predigt: *[Sorge um die Freiheit]*

737   **02.05.1960**
Worte für den Tag
Rundfunkansprache SFB: *[Ein Holzarbeiter]*

738   **[Mai] 1960**
Worte für den Tag
Rundfunkansprache SFB (nicht verwendeter Entwurf)

739   **15.05.1960; Vierzehnheiligen**
Vierzehnheiligenfest
Predigt: *Unser Beten auf der Vierzehnheiligen-Wallfahrt*

740   **16.05.1960**
Worte für den Tag
Rundfunkansprache SFB: *[Das Zeichen der Zeit]*

741   **21.05.1960**
Männerwallfahrt Eichsfeld
Schriftliches Grußwort

Weihe der Kuratiekirche St. Bernhard in Berlin-Tegel, 27. März 1960

742	**30.05.1960**
	Worte für den Tag
	Rundfunkansprache SFB: *[Sehnsucht nach dem Kommenden]*

743	**31.05.1960; Berlin-Prenzlauer Berg, St. Augustinus**
	Gebetstag der Frauen
	Predigt: *Magd des Herrn*

744	**05.06.1960; Berlin-Weißensee, St. Josef**
	Pfingsten
	Predigt: *Einheit des Geistes*

745	**13.06.1960**
	Worte für den Tag
	Rundfunkansprache SFB: *[Kinder des Dreifaltigen Gottes]*

746	**27.06.1960**
	Worte für den Tag
	Rundfunkansprache SFB: *[Alt und einsam]*

747	**28.06.1960**
	Vorabend der Priesterweihe
	Betrachtung

748	**01.07.1960; Berlin-Kreuzberg, St. Clemens**
	Priestertag
	Vortrag: *Priester und Eucharistie*

749	**03.07.1960; Berlin-Charlottenburg, Wilhelm-Weskamm-Haus**
	Messe für die Filmschaffenden / Filmfestspiele
	Predigt

750	**11.07.1960**
	Worte für den Tag
	Rundfunkansprache SFB: *[Das Millionenangebot]*

751	**25.07.1960**
	Worte für den Tag
	Rundfunkansprache SFB: *[Werk des Friedens]*

752	**30.07.1960**
	Wort zum Sonntag
	Fernsehansprache BR

753	**[Juli/August] 1960**
	37. Eucharistischer Weltkongress in München
	Materialsammlung zur Eucharistie

754	**02.08.1960; München, St. Joseph**
	37. Eucharistischer Weltkongress, Pontifikalamt für den Dritten Orden vom hl. Franziskus
	Predigt: *Franziskanische Begegnung*

755	**03.08.1960; München, Theresienwiese**
	37. Eucharistischer Weltkongress, Eröffnung der „Statio orbis"
	Predigt: *Die Erwartung der Völker*

756 **05.08.1960; München, Theresienwiese**
37. Eucharistischer Weltkongress, Opferfeier der Frauen
Predigt: *Eucharistie und Frauenleben*

757 **08.08.1960**
Worte für den Tag
Rundfunkansprache SFB: *[Die tägliche Last]*

758 **14.08.1960; Köln, Dom**
50-jähriges Priesterjubiläum von Erzbischof Josef Kardinal Frings (Köln)
Predigt

759 **22.08.1960**
Worte für den Tag
Rundfunkansprache SFB: *[Adel der Frau]*

760 **05.09.1960**
Worte für den Tag
Rundfunkansprache SFB: *[Höllische Gewalten]*

761 **16.09.1960; Berlin-Hansaviertel, St. Ansgar**
Welt-Ärzte-Kongress / Deutscher Ärzte-Tag
Predigt: *Zwischen Leben und Tod*

762 **17.09.1960**
Einladung zum Bistumstag
Rundfunkansprache SFB

763 **18.09.1960; Berlin, Olympiastadion**
Bistumstag
Predigt

764 **19.09.1960**
Worte für den Tag
Rundfunkansprache SFB: *[Der Anstieg zur Höhe]*

765 **23.09.1960**
XVII. Olympische Spiele in Rom / 37. Eucharistischer Weltkongress in München
Rundfunkansprache

766 **25.09.1960; Berlin-Friedenau, St. Marien**
Eröffnungsgottesdienst des Wintersemesters des Katholischen Bildungswerks
Predigt: *Die Erwachsenenbildung in der Glaubensreifung des Christen*

767 **03.10.1960**
Worte für den Tag
Rundfunkansprache SFB: *[Die Perlenkette]*

768 **09.10.1960; Berlin-Wilmersdorf, St. Ludwig**
300. Todestag des hl. Vinzenz von Paul
Predigt: *Das ist ein Mann voller Erbarmen*

769 **11.10.1960; Berlin-Schöneberg, St. Matthias**
Diözesangemeinschaft der Frauen und Mütter / Fest Mariä Mutterschaft
Predigt: *Mütterliches Beten*

770   **16.10.1960; Berlin-Neukölln, St. Eduard**
Fest der hl. Hedwig
Predigt: *Im Geist der hl. Hedwig*

771   **17.10.1960; Berlin-Schöneberg, St. Matthias**
Tag der katholischen Krankenschwester
Predigt: *Liebendes Herz als Quelle des Dienstes*

772   **17.10.1960; Berlin, Frauenbundhaus**
Tag der katholischen Krankenschwester, Festakt
Ansprache

773   **17.10.1960**
Worte für den Tag
Rundfunkansprache SFB: *[Vom Ich zum Du]*

774   **26.10.1960; Paris**
Vortrag: *Kirche in Zerstreuung und Bedrängnis*

775   **30.10.1960; Paris, Ausländer-Kirche**
Gottesdienst für die deutschsprachige Gemeinde
Predigt: *Christkönigs-Betrachtung, die ausgeht von der Muttersprache*

776   **01.11.1960**
Worte für den Tag
Rundfunkansprache SFB: *[Heilige sind keine Wachsfiguren]*

777   **06.11.1960; Berlin-Oberschöneweide, St. Antonius**
Papstsonntag / Gedenktag der Kirchweihe
Predigt

778   **12.11.1960; Berlin-Plötzensee, Maria Regina Martyrum**
Grundsteinlegung der Kirche Maria Regina Martyrum
Ansprache: *[Die Mahnung der Blutzeugen]*

779   **14.11.1960**
Worte für den Tag
Rundfunkansprache SFB: *[Internationale der Heiligen]*

780   **16.11.1960**
Begegnung mit Westberliner Religionslehrern
Ansprache

781   **23.11.1960; Berlin-Charlottenburg, St. Canisius**
Pastoralkonferenz
Vortrag: *Unde et memores*

782   **28.11.1960**
Worte für den Tag / Erster Advent
Rundfunkansprache SFB (nicht verwendeter Entwurf)

783   **28.11.1960**
Worte für den Tag
Rundfunkansprache SFB: *[Wir wissen, wem wir glauben]*

784 **November 1960**
Pastoralkonferenz
Vortrag: *Der gegenwärtige Stand der Eucharistielehre. Dogmatische Übersicht und pastorale Aufgaben*

785 **30.11.1960**
Pastoralkonferenz
Predigt

786 **08.12.1960; Berlin-Steglitz, Rosenkranz-Basilika**
Fest Mariä Empfängnis
Predigt

787 **11.12.1960; Berlin-Wedding, St. Sebastian**
100-Jahr-Feier der Pfarrei
Predigt

788 **12.12.1960**
Worte für den Tag
Rundfunkansprache SFB: *[Kindergeschichten?]*

789 **16.12.1960**
Vorabend der Priesterweihe
Betrachtung

790 **24.12.1960**
Heiliger Abend
Rundfunkansprache RIAS / SFB

791 **25.12.1960**
Weihnachten / Katholische Morgenfeier
Rundfunkansprache RIAS

792 **31.12.1960**
Silvester / Jahresschlussandacht
Rundfunkansprache SFB

793 **31.12.1960; [Berlin-Friedrichshain, Ss. Corpus Christi]**
Silvester
Predigt: *Durch die Erdenjahre dem Herrn entgegen*

794 **01.01.1961**
Tod von Erzbischof Joseph Kardinal Wendel (München und Freising)
Fernsehansprache Deutsches Fernsehen

795 **05.01.1961; München, Dom**
Requiem für Erzbischof Joseph Kardinal Wendel
Predigt

796 **09.01.1961**
Worte für den Tag
Rundfunkansprache SFB: *Haltet euch bereit!*

797 **23.01.1961**
Worte für den Tag
Rundfunkansprache SFB: *Una Sancta*

798   **25.01.1961**
        Fastenzeit
        Hirtenbrief: *Lebendige Teilnahme der Gläubigen an der Feier der Eucharistie*

799   **26.01.1961; Rom, Päpstliches Bibelinstitut**
        1900-jähriges Jubiläum der Ankunft des hl. Paulus in Rom / Studiorum Paulinorum
        Congressus Internationalis Catholicus
        Vortrag: *Der hl. Paulus und der römische Primat*

800   **06.02.1961**
        Worte für den Tag
        Rundfunkansprache SFB: *[„Wach auf, o Herr!"]*

801   **20.02.1961**
        Worte für den Tag
        Rundfunkansprache SFB: *[Der Kompaß]*

802   **06.03.1961**
        Worte für den Tag
        Rundfunkansprache SFB: *[Gottes Antwort]*

803   **18.03.1961**
        Bußgang der Männer
        Predigt

804   **18.03.1961**
        Misereor-Sammlung
        Rundfunkansprache RIAS / SFB: *[„Mich erbarmt des Volkes"]*

805   **20.03.1961**
        Worte für den Tag
        Rundfunkansprache SFB: *[Freiheit und Religion]*

806   **29.03.1961**
        Vorabend des Gründonnerstags
        Betrachtung: *Sanctum Oleum*

807   **30.03.1961; Berlin-Schöneberg, St. Matthias**
        Gründonnerstag, Abendmahlsmesse
        Predigt

808   **02.04.1961**
        Ostern
        Rundfunkansprache RIAS: *Licht in der Nacht*

809   **02.04.1961; Berlin-Schöneberg, St. Matthias**
        Ostern
        Predigt: *Die Eucharistie, ein Ostersakrament*

810   **17.04.1961**
        Worte für den Tag
        Rundfunkansprache SFB: *[Die Geister des Hasses]*

811   **19.04.1961**
        Unio Apostolica
        Vortrag: *Eucharistie und priesterliche Frömmigkeit*

Requiem für den verstorbenen Erzbischof Joseph Kardinal Wendel im Münchener Dom,
5. Januar 1961

812   **24.04.1961; Frankfurt/Oder**
       Dekanatskonferenz
       Betrachtung: *Laudes und Completorium vom Montag eucharistisch gesehen*

813   **25.04.1961; Pasewalk**
       Dekanatstag
       Betrachtung: *Eucharistisches Breviergebet*

814   **30.04.1961; Berlin-Wedding, St. Joseph**
       Gottesdienst für die Berliner Werktätigen
       Predigt: *Wirtschaft um des Menschen willen*

815   **01.05.1961; Berlin-Charlottenburg, Frauenbundhaus**
       Schlusswort zum Katechetentag
       Ansprache

816   **01.05.1961**
       Worte für den Tag
       Rundfunkansprache SFB: *[Arbeit als Auftrag Gottes]*

817   **15.05.1961**
       Worte für den Tag
       Rundfunkansprache SFB: *[Bestärkt aus Rom zurück]*

818   **18.05.1961; Berlin-Friedrichshain, Ss. Corpus Christi**
       Gottesdienst für die Helfer im Krankenhausdiakonat
       Predigt

819   **21.05.1961; Berlin-Friedrichshain, Hl. Dreifaltigkeit**
       Pfingsten
       Predigt: *Erneuerung im Hl. Geiste*

820   **28.05.1961; Berlin-Charlottenburg, Deutschlandhalle**
       Bekenntnisfeier der Katholischen Jugend
       Ansprache: *[Christi Wahrheit wird siegen!]*

821   **29.05.1961**
       Worte für den Tag
       Rundfunkansprache SFB: *[Zeugin der Wahrheit]*

822   **06.06.1961; Berlin-Dahlem, Amerikanische Kapelle**
       Firmung
       Predigt (in englischer Sprache)

823   **12.06.1961**
       Worte für den Tag
       Rundfunkansprache SFB: *[Gefährliche Pauschalurteile]*

824   **26.06.1961**
       Worte für den Tag
       Rundfunkansprache SFB: *[Tragik des Atheisten]*

825   **02.07.1961; Berlin-Charlottenburg, Wilhelm-Weskamm-Haus**
       Messe für die Filmschaffenden / Filmfestspiele
       Predigt: *[Der Film in Gottes Schöpfungsauftrag]*

826   04.07.1961
Ernennung zum Erzbischof von München und Freising
Fernsehansprache Berliner Tagesschau

827   07.07.1961
Ernennung zum Erzbischof von München und Freising
Fernsehansprache BR

828   08.07.1961
Ernennung zum Erzbischof von München und Freising
Rundfunkansprache RIAS

829   [08.07.1961]
Ernennung zum Erzbischof von München und Freising
Interview

830   09.07.1961
Ernennung zum Erzbischof von München und Freising
Hirtenbrief an die Priester

831   09.07.1961
Ernennung zum Erzbischof von München und Freising
Hirtenbrief

832   10.07.1961
Worte für den Tag
Rundfunkansprache SFB: *[Segensgruß zum Abschied]*

833   **12.08.1961; Nürnberg**
4. Bundessportfest der DJK
Ansprache

834   17.08.1961
Bau der Berliner Mauer
Rundfunk- und Fernsehansprache

835   **20.08.1961; Berlin-Charlottenburg, St. Canisius**
Abschied aus Berlin, Abschiedsgottesdienst
Predigt: *Bistum unter dem Kreuz*

836   21.08.1961
Abschied aus Berlin
Hirtenbrief an die Priester von Ost-Berlin und aus der Diaspora

837   **22.08.1961; Berlin-Charlottenburg, Herz Jesu**
Abschied aus Berlin, Abschiedsgottesdienst mit den Priestern
Predigt: *Mit Maria unter dem Kreuz*

838   **31.08.1961; Fulda, [Dom]**
Schlussandacht nach der Fuldaer Bischofskonferenz
Predigt

839   09.09.1961
Wort zum Sonntag
Fernsehansprache Deutsches Fernsehen

840   10.09.1961; Speyer
        Domjubiläum
        Ansprache

841   30.09.1961; München, Dom
        Inthronisation als Erzbischof von München und Freising
        Predigt

842   30.09.1961
        Amtsantritt als Erzbischof von München und Freising
        Hirtenbrief

843   03.10.1961
        Amtsantritt als Erzbischof von München und Freising
        Hirtenbrief an die Priester: *Grußwort an die Priester im Erzbistum*

844   06.10.1961; München, Dom
        Abendmesse zur Abwendung der Not des gespaltenen Vaterlandes und für den
        Frieden der Welt
        Predigt

845   14.10.1961; München, Erzbischöfliches Ordinariat
        Ordinariatssitzung
        Ansprache

846   22.10.1961; Passau, Nibelungenhalle
        25-jähriges Bischofsjubiläum von Bischof Simon Konrad Landersdorfer OSB
        Ansprache: *Das Bischofsamt in unseren Tagen*

847   11.11.1961; Münster, Dom
        Beisetzung von Bischof Michael Keller
        Predigt

848   14.11.1961
        Artikel in „Volkswirt": *Der Glaube in unserer Zeit*

849   20.11.1961; Freising, Dom
        Korbiniansfest
        Predigt: *Heiligem Erbe verpflichtet*

850   25.11.1961
        80. Geburtstag von Papst Johannes XXIII.
        Rundfunkansprache Italienischer Rundfunk

851   26.11.1961; Freising, Dom
        Korbinianswallfahrt der Jugend
        Predigt

852   26.11.1961; München, Dom
        Papstsonntag
        Predigt: *Fragen an das kommende Konzil*

853   03.12.1961; München, Altersheim St. Nikolaus am Biederstein
        Diözesanvertretertagung der Katholischen Aktion
        Predigt: *Ein Wort auf dem Weg*

Inthronisation als Erzbischof von München und Freising im Münchener Dom, 30. September 1961; links: Sekretär Matthias Defregger; rechts: Domzeremoniar Josef Hillreiner

854   03.12.1961; München, Herkulessaal der Residenz
       Kundgebung des Diözesanverbands des Katholischen Werkvolks zur Enzyklika
       „Mater et Magistra"
       Ansprache

855   07.12.1961; München, St. Ludwig
       Adventsfeier der Katholischen Studentengemeinde
       Predigt

856   08.12.1961; München, Dom
       Abendmesse zur Abwendung der Not des gespaltenen Vaterlandes und für den
       Frieden der Welt / Fest Mariä Empfängnis
       Predigt: *Das große Zeichen im Kampf*

857   10.12.1961
       2. Adventssonntag
       Rundfunkansprache RIAS

858   10.12.1961; München, Dom
       Adventsfeier für die Helfer im Wohnviertelapostolat
       Predigt

859   11.12.1961; München, Antiquarium der Residenz
       Verleihung von Auszeichnungen an Förderer und Mitarbeiter des 37. Eucharisti-
       schen Weltkongresses in München
       Ansprache

860 **14.12.1961; München, St. Paul**
Requiem für die Opfer des Flugzeugunglücks vom 17.12.1960
Predigt

861 **16.12.1961**
Geleitwort für „Meminisse fratrum"

862 **20.12.1961; München, Hl. Geist**
Adventsgottesdienst für Krankenschwestern
Predigt

863 **20.12.1961**
Geleitwort zum Hirtenbrief der mitteldeutschen Bischöfe

864 **25.12.1961; München, Dom**
Weihnachten
Predigt / Rundfunkübertragung: *Die Friedensbotschaft der hl. Weihnacht*

865 **31.12.1961; München, Dom**
Silvester
Predigt: *Würde und Sendung des Laien*

866 **31.01.1962; München-Pasing**
Benediktion des Studentenwohnheims Albertus-Magnus-Haus
Ansprache

867 **05.02.1962**
75. Geburtstag von Erzbischof Josef Kardinal Frings (Köln)
Artikel für KNA: *Kardinal Frings – 75 Jahre*

868 **18.02.1962**
Fastenzeit
Hirtenbrief: *Das Ökumenische Konzil, die große Aufgabe des Jahres 1962*

869 **19.02.1962**
Jugendkreuzweg in Ost und West
Schriftliches Grußwort

870 **07.03.1962**
Fastenzeit
Hirtenbrief an die Priester: *Die Aufgabe des Priesters in der Zeit vor dem Konzil*

871 **07.03.1962; München, St. Kajetan**
Aschermittwoch der Künstler
Predigt: *Memento homo!*

872 **09.03.1962**
3. Internationales Treffen der Kriegsteilnehmer und Kriegsopfer
Schriftliches Grußwort

873 **11.03.1962; München, Zentralkolpinghaus**
Messe für die Senioren und Altsenioren der deutschen Kolpingfamilie,
Arbeitstagung des Diözesanverbands
Predigt

874 **16.03.1962; München, Dom**
Woche der Brüderlichkeit / Abendmesse zur Abwendung der Not
des gespaltenen Vaterlandes und für den Frieden der Welt
Ansprache

875 **18.03.1962; München, Königsplatz**
Internationales Kameradschaftstreffen ehemaliger Frontkämpfer und Kriegsopfer
Predigt (in deutscher und italienischer Sprache)

876 **22.03.1962; München-Nymphenburg, Krankenhaus des Dritten Ordens**
50-jähriges Jubiläum des Krankenhauses
Predigt

877 **01.04.1962**
Misereor
Fernsehansprache

878 **[02.04.]1962**
Sammlungen für „Adveniat" und „Misereor"
Hirtenbrief: *Lasst uns die Hand reichen allen Völkern*

879 **05.04.1962**
Fernsehansprache: *[Das Bischofsamt]*

880 **06.04.1962; München-Pasing**
Verleihung der Missio canonica
Predigt

881 **13.04.1962; Dachau, St. Jakob**
Jugendkreuzweg in Ost und West
Predigt

882 **16.04.1962; München, Bürgersaalkirche**
Gottesdienst für Pfarrhaushälterinnen
Predigt

883 **21.04.1962**
Ostern
Rundfunkansprache an die in Deutschland lebenden Italiener
(in italienischer Sprache)

884 **22.04.1962; München, Dom**
Ostern
Predigt: *Unsere Osterfeier*

885 **29.04.1962; Linz (Österreich)**
Domfest
Predigt

886 **01.05.1962; Petersberg b. Dachau**
Dachauer Heimattag
Predigt

887 **13.05.1962**
Schulsonntag
Hirtenbrief an die Eltern

888   **13.05.1962; München**
Tagung der Katholischen Akademie in Bayern
Ansprache: *Zu aktuellen Problemen der Landwirtschaft*

889   **20.05.1962**
100-Jahr-Feier Kolpingfamilie Mühldorf
Schriftliches Grußwort

890   **23.05.1962; München-Haidhausen, St. Johann Baptist**
Firmung
Predigt

891   **02.06.1962; Salzburg (Österreich)**
Österreichischer Katholikentag, Gottesdienst für die verfolgte Kirche
Predigt

892   **03.06.1962; München, Dom**
Woche „Berlin in München"
Predigt

893   **10.06.1962; Lomé (Togo)**
Bischofsweihe von Erzbischof Robert Dosseh (Lomé/Togo)
Predigt

894   **10.06.1962**
Pfingsten
Rundfunkansprache Deutsche Welle

895   **14.06.1962; Rom, Domitilla-Katakomben**
Wallfahrt der Hausgehilfinnen
Predigt

896   **24.06.1962; Holzkirchen**
Weihe der Pfarrkirche St. Josef der Arbeiter
Predigt

897   **28.06.1962**
Rundfunkansprache BR: *In Erwartung des Konzils*

898   **30.06.1962; München, Hotel Europäischer Hof**
47. Generalversammlung des Bonifatiusvereins
Ansprache

899   **[Juli] 1962**
Aufruf zum freiwilligen Dienst als „Jahresdienstschwester"
Hirtenbrief (?)

900   **01.07.1962; München, Dom**
Abendgottesdienst bei der 47. Generalversammlung des Bonifatiusvereins
Predigt

901   **08.07.1962; Würzburg**
Kilianifest
Predigt: *Gnadenvoller Hunger*

902   **12.07.1962**
Zweites Vatikanisches Konzil
Fernsehansprache Italienisches Fernsehen

903   **15.07.1962; Planegg, Maria Eich**
250-jähriges Jubiläum
Predigt

904   **18.07.1962; München, Galeriestraße, Katechetinnenseminar**
Verleihung der Missio canonica
Predigt

905   **19.07.1962; München-Pasing, Maria Schutz**
Verleihung der Missio canonica
Predigt

906   **20.07.1962**
Diözesan-Sportfest der DJK
Schriftliches Grußwort

907   **23.08.1962; Hannover**
79. Deutscher Katholikentag, Feierstunde „Zeugnis der dienenden Liebe"
Ansprache

908   **24.08.1962; Hannover, Niedersachsen-Stadion**
79. Deutscher Katholikentag, Pontifikalamt
Predigt

909   **09.09.1962; München, Dom**
Besuch des französischen Präsidenten Charles de Gaulle in Bayern
Predigt

910   **09.09.1962**
Presse-Sonntag
Hirtenbrief

911   **16.09.1962; München, St. Hedwig**
Weihe der Pfarrkuratiekirche
Predigt

912   **24.09.1962; München, Angerkloster**
Eröffnung des 12. Generalkapitels der Kongregation der Armen Schulschwestern
von Unserer Lieben Frau
Ansprache

913   **25.09.1962**
Portrait Kardinal Döpfners
Rundfunkansprache Deutsche Welle

914   **28.09.1962**
Interview L'Italia (hat nicht stattgefunden)

915   **28.09.1962; München, Dom**
Abendmesse zur Abwendung der Not des gespaltenen Vaterlandes und für den
Frieden der Welt
Predigt

916   **29.09.1962; München, Kardinal-Wendel-Haus**
        Benediktion des Hauses der Katholischen Akademie in Bayern
        Ansprache

917   **07.10.1962; München, Dom**
        Abschiedsgottesdienst vor der Reise zum Zweiten Vatikanischen Konzil
        Predigt

918   **15.10.1962; Rom, S. Maria della Scala**
        Fest der hl. Theresia
        Predigt

919   **[05.11.]1962**
        Jahreskonferenz der Jugendseelsorge
        Schriftliches Grußwort

920   **11.11.1962**
        Zweites Vatikanisches Konzil
        Interview Münchener Katholische Kirchenzeitung

921   **18.11.1962**
        Korbinianswallfahrt der Jugend
        Schriftliches Grußwort

922   **03.12.1962; Rom**
        Zweites Vatikanisches Konzil
        Fernsehansprache BR

923   **03.12.1962**
        Zweites Vatikanisches Konzil
        Fernsehinterview Katholisches Radio Hilversum

924   **16.12.1962; München, Dom**
        Tag der Schwester
        Predigt: *[Dem Herrn begegnen im Krankendienst]*

925   **20.12.1962; München, Altersheim St. Nikolaus am Biederstein**
        Vorweihnachtliche Feier des Erzbischöflichen Ordinariats
        Homilie

926   **25.12.1962; München, Dom**
        Weihnachten
        Predigt: *Weihnachtliche Gedanken zum Konzil*

927   **31.12.1962; München, Dom**
        Silvester
        Predigt: *Die Freiheit als Aufgabe und Gefahr unserer Zeit*

928   **01.01.1963**
        Katholische Morgenfeier
        Rundfunkansprache BR: *In Deine Wunden verberge mich*

929   **15.01.1963; München, Mutterhaus der Barmherzigen Schwestern**
        Generalkapitel
        Predigt

930 19.01.1963
Zweites Vatikanisches Konzil
Rundfunkansprache BR: *Aufgabe der Koordinierungskommission*
für die nächste Sitzungsperiode des Zweiten Vatikanischen Konzils

931 [11.02.]1963
Fastenzeit
Hirtenbrief: *Unsere Feier der Ostergeheimnisse*

932 28.02.1963; Würzburg, St. Michael
25-jähriges Priesterjubiläum
Predigt

933 [12.03.]1963
Fastenzeit
Hirtenbrief an die Priester: *Unsere Sorge um die geistlichen Berufe*

934 14.03.1963; Dachau
Benediktion des Altersheims Marienstift
Homilie

935 14.03.1963; Dachau
Benediktion des Altersheims Marienstift
Ansprache: *[Die Sorge der Kirche für Alte und Kranke]*

936 22.03.1963; München, Dom
Abendmesse zur Abwendung der Not des gespaltenen Vaterlandes
und für den Frieden der Welt
Ansprache vor der Messe

937 23.03.1963
Altötting-Wallfahrt der KLJB Bayern am 4./5. Mai 1963
Schriftliches Grußwort

938 [April] 1963
Film über die Arbeit des Diözesan-Caritasverbandes
Ansprache im Film

939 04.04.1963
Kreuzweg der Jugend in Ost und West
Fernsehansprache

940 14.04.1963; München, Dom
Ostern
Predigt: *Auferstehung – Mitte des Glaubens oder Ärgernis?*

941 22.04.1963
Treffen junger Arbeitnehmer in Landshut
Schriftliches Grußwort

942 27.04.1963; München, St. Kajetan
Tagung des Zentralrats der Caritas
Predigt: *Liturgie und Caritas*

943 29.04.1963
3. Bayerischer Kolpingtag in Altötting
Schriftliches Grußwort

944	**05.05.1963; Berlin-Plötzensee, Maria Regina Martyrum** Weihe der Gedächtniskirche Ansprache nach der Weihe
945	**15.05.1963; München, Akademie der Bildenden Künste** Eröffnung der Dominikus-Böhm-Ausstellung Ansprache
946	**19.05.1963; München, Johannes-Kolleg** Benediktion des Kollegs Predigt
947	**23.05.1963** Christi Himmelfahrt / Katholische Morgenfeier Rundfunkansprache BR
948	**26.05.1963; München, St. Michael** Pontifikalmesse für die katholischen Hausgehilfinnen anlässlich der Benediktion des Notburgaheimes Predigt
949	**02.06.1963; München, Dom** Pfingsten Predigt
950	**03.06.1963; München, Bürgersaalkirche** Tagung der Marianischen Kongregationen Deutschlands Predigt
951	**03.06.1963** Tod von Papst Johannes XXIII. Rundfunkansprache BR
952	**[Juni] 1963** Tod von Papst Johannes XXIII. Ansprache (?)
953	**12.06.1963** Tod von Papst Johannes XXIII. Fernsehansprache BR
954	**12.06.1963** Verbandstag des Katholischen Werkvolks Süddeutschland in Augsburg Schriftliches Grußwort
955	**15.06.1963** Fest des hl. Benno Schriftliches Grußwort
956	**23.06.1963** Wahl von Papst Paul VI. Artikel in „Münchener Katholische Kirchenzeitung"
957	**28.06.1963** Amtseinführung von Papst Paul VI. Artikel in „L'Osservatore Romano"

958   **07.07.1963; Altötting**
Schlussandacht auf dem 3. Bayerischen Kolpingtag
Predigt

959   **12.07.1963; München, Dom**
Dankgottesdienst zur Wahl von Papst Paul VI.
Predigt

960   **06.09.1963; Raubling-Redenfelden**
Betriebsbesuch der Aschaffenburger Zellstoff-Werke
Ansprache

961   **20.09.1963**
Zweites Vatikanisches Konzil
Rundfunkansprache BR: *Rückschau und Ausblick vor der zweiten Sitzungsperiode*

962   **22.09.1963; München, Dom**
Pontifikalamt vor der zweiten Konzilsperiode
Predigt

963   **27.10.1963; München, Dom**
Christkönigsfest
Predigt

964   **19.11.1963; Rom, Collegium Germanicum**
Kirchweihfest
Predigt

965   **[20.11.]1963**
Korbiniansfest
Schriftliches Grußwort

966   **08.12.1963; München, St. Michael**
125 Jahre Ludwig-Missions-Verein
Predigt

967   **08.12.1963; München, Dom**
Rückblick auf die zweite Konzilsperiode
Predigt: *Was bedeuten die Diskussionen der Bischöfe auf dem Konzil?*

968   **25.12.1963; München, Dom**
Weihnachten
Predigt: *Die Mitte und der Anruf der rechten Weihnachtsfreude*

969   **31.12.1963; München, Dom**
Silvester
Predigt: *Gottes Wort. Sein Anruf – unsere Antwort*

970   **01.01.1964**
Neujahr
Rundfunkansprache BR

971   **04.01.1964**
Zum Sonntag
Rundfunkansprache BR

972	**06.01.1964; München, Dom**
	Fest der Erscheinung des Herrn
	Predigt

973	**25.01.1964; Rosenheim, St. Nikolaus**
	Zweites Vatikanisches Konzil
	Predigt: *Was geht das Konzil die Laien an?*

974	**29.01.1964; München, Deutsches Museum**
	Jahresfeier der Katholischen Akademie in Bayern
	Vortrag: *Reform – ein Wesenselement der Kirche.*
	Überlegungen zum Zweiten Vatikanischen Konzil

975	**[05.02.]1964**
	Fastenzeit
	Hirtenbrief: *Unsere Sorge um den Priesternachwuchs*

976	**12.02.1964; München, St. Kajetan**
	Aschermittwoch der Künstler
	Predigt: *Der Künstler in der gegenwärtigen Stunde der Kirche*

977	**14.02.1964; München, St. Ludwig**
	Triduum für die Studentengemeinde
	Predigt: *Die Sache Gottes in unserer Welt*

978	**07.03.1964**
	Zum Sonntag
	Rundfunkansprache BR

979	**08.03.1964; München, St. Michael**
	25. Jahrestag der Wahl von Papst Pius XII.
	Predigt

980	**08.03.1964**
	Fastenzeit
	Hirtenbrief an die Priester: *Priesterliche Existenz in der Gegenwart –*
	Fragen und Aufgaben

981	**09.03.1964**
	Filmbericht „Dienst am Nächsten" der Tellux-Film GmbH
	Ansprache

982	**19.03.1964**
	Vorabend des Jugendkreuzwegs in Ost und West
	Fernsehinterview BR

983	**19.03.1964; München-Pasing, St. Hildegard**
	Aussendungsfeier des Katholischen Seminars für Sozialberufe
	Predigt

984	**20.03.1964; Wolfratshausen**
	Jugendkreuzweg in Ost und West
	Predigt: *Gleiches und Unterschiedliches in Ost und West*

985	**27.03.1964**
	Karfreitag
	Rundfunkansprache BR

986 **29.03.1964; München, Dom**
Ostern
Predigt: *Das Pascha-Mysterium*

987 **09.04.1964; München, Zentralkolpinghaus**
Arbeitstagung des Katholischen Deutschen Frauenbunds
Ansprache

988 **10.04.1964; München, Dom**
Gebetsgottesdienst für die bedrängten Christen in den Ländern des Kommunismus, besonders in der Sowjetunion
Predigt

989 **21.04.1964; München, Dom**
9. Bundestagung Heim- und Heilerziehung
Predigt: *[Familie im Heim]*

990 **23.04.1964; Mainz**
Schlussfeier des 3. Deutschen Liturgischen Kongresses
für das gesamte Sprachgebiet
Homilie: *Priesterliches Gottesvolk*

991 **30.04.1964; München, Dom**
Vorabend des „Tags der Arbeit"
Predigt: *Der katholische Arbeitnehmer im Umbruch der Zeit*

992 **[Mai] 1964**
Grußwort für das Landvolk-Jahrbuch 1964

993 **02.05.1964**
Zum Sonntag
Rundfunkansprache BR

994 **03.05.1964; Tuntenhausen**
Fest Patrona Bavariae / Männerwallfahrt
Predigt

995 **07.05.1964; München, St. Ludwig**
Christi Himmelfahrt / Semestereröffnungsgottesdienst
Predigt: *Der Auftrag des Herrn*

996 **10.05.1964; München, Dom**
Tag der Ordensschwestern
Predigt: *Die Ordensfrau in der gegenwärtigen Stunde der Kirche*

997 **13.05.1964; München, Mutterhaus der Barmherzigen Schwestern**
Einkleidung und Profess
Predigt: *[Die Berufung der Schwester in der Welt]*

998 **17.05.1964; München, Dom**
Pfingsten
Predigt: *Geist der Liebe*

999 **24.05.1964; Gars am Inn**
Dreifaltigkeitsfest / Triduum zu Ehren des seligen Johann Nepomuk Neumann /
Bekenntnisfeier der Jugend des Dekanats Gars am Inn
Predigt

1000	**04.06.1964; Bad Reichenhall** Besuch der Hotelfachschule Ansprache
1001	**07.06.1964; Altötting, Basilika** Wallfahrt der Frauen Predigt: *Was hat das Konzil der Frau zu sagen?*
1002	**21.06.1964; München, Dom** 65-jähriges Priesterjubiläum von Domdekan Ferdinand Buchwieser Predigt
1003	**01.07.1964; München, Kardinal-Wendel-Haus** Jahrestagung der Katholischen Rundfunk- und Fernseharbeit in Deutschland Ansprache
1004	**02.07.1964; München, Pius-Maria-Heim** Familienpflegewerk Predigt
1005	**04.07.1964** Zum Sonntag Rundfunkansprache BR
1006	**05.07.1964; München, Bürgersaalkirche** 50-jähriges Jubiläum der Schwestern von der hl. Familie Predigt
1007	**05.07.1964; Rosenheim, St. Nikolaus** Vorabend der Firmung Predigt
1008	**08.07.1964** Brief an die Abiturienten Hirtenbrief
1009	**12.07.1964; München, Dom** Papstsonntag Predigt: *Das Papsttum in der gegenwärtigen Stunde der Kirche*
1010	**20.07.1964; Berlin-Plötzensee, Maria Regina Martyrum** 20. Jahrestag des Attentats auf Adolf Hitler am 20.7.1944 Predigt
1011	**26.07.1964** Landessportfest der DJK Predigt
1012	**16.08.1964; Ottobeuren** Fest des seligen Rupert Predigt
1013	**03.09.1964; Stuttgart, St. Eberhard** 80. Deutscher Katholikentag, Pontifikalmesse Predigt

1014 **04.09.1964; Stuttgart**
80. Deutscher Katholikentag, Wortgottesdienst
Homilie: *Das Volk Gottes unter dem Worte Gottes*

1015 **05.09.1964; Stuttgart, Marienkirche**
80. Deutscher Katholikentag, Gottesdienst für den Dritten Orden
des hl. Franziskus
Predigt

1016 **05.09.1964; Stuttgart**
80. Deutscher Katholikentag, Wortgottesdienst
Homilie

1017 **05.09.1964**
Zum Sonntag
Rundfunkansprache BR

1018 **11.09.1964**
Zweites Vatikanisches Konzil
Rundfunkansprache BR: *Vor der dritten Konzilsperiode*

1019 **14.09.1964; Rom, Kolleg S. Maria dell'Anima**
Konferenz der deutschsprachigen Bischöfe
Vortrag

1020 **25.10.1964; Rom, Collegium Germanicum**
Christkönigsfest / 25-jähriges Priesterjubiläum Kardinal Döpfners
Predigt: *[Dienst am Volk Gottes]*

1021 **07.11.1964**
Zum Sonntag
Rundfunkansprache BR

1022 **11.11.1964; Rom**
Erster Diözesantag der Mesner
Schriftliches Grußwort

1023 **13.11.1964; Rom**
38. Eucharistischer Weltkongress in Bombay (Indien),
Botschaft an die Katholiken von Goa
Schriftliches Grußwort

1024 **20.11.1964; Rom**
Korbiniansfest
Schriftliches Grußwort

1025 **22.11.1964**
Zweites Vatikanisches Konzil
Fernsehansprache ZDF

1026 **27.11.1964**
38. Eucharistischer Weltkongress in Bombay
Rundfunkansprache BR

1027 **02./05.12.1964; Bombay**
38. Eucharistischer Weltkongress, Bußtag
Predigt (in englischer Sprache)

1028 **13.12.1964; München, Dom**
Konzelebrationsmesse anlässlich des 25-jährigen Priesterjubiläums Kardinal Döpfners
Predigt: *Knechte in froher Liebe*

1029 **14.12.1964; München, Herzogliches Georgianum**
Stiftungsfest
Predigt

1030 **23.12.1964; München, Altersheim St. Nikolaus am Biederstein**
Vorweihnachtliche Feier des Erzbischöflichen Ordinariats
Predigt

1031 **24.12.1964; München, Pfarrheim St. Ursula**
Heiliger Abend bei den spanischen Gastarbeitern
Ansprache

1032 **24.12.1964; München, Dom**
Christmette
Predigt

1033 **25.12.1964; München, Dom**
Weihnachten
Predigt: *Geboren aus Maria der Jungfrau*

1034 **31.12.1964; München, Dom**
Silvester
Predigt: *Gelebtes Konzil*

1035 **01.01.1965**
Neujahr
Rundfunkansprache BR

1036 **02.01.1965**
Zum Sonntag
Rundfunkansprache BR

1037 **24.01.1965; München, Dom**
Weltgebetsoktav für die Einheit der Christen
Predigt: *Unser ökumenischer Auftrag in der gegenwärtigen Stunde*

1038 **24.01.1965; Grafing**
Altarweihe
Predigt: *Der Segen der Liturgie in der Pfarrfamilie*

1039 **28.01.1965**
Rundfunkansprache RIAS: *Katholisches Bayern*

1040 **28.01.1965; München, Kardinal-Wendel-Haus**
Hochschulkreis der Katholischen Akademie
Vortrag: *Bericht über das Konzil*

1041 **31.01.1965; Stockholm (Schweden)**
Ansgar-Jubiläum
Predigt

1042   08.02.1965; München, St. Ludwig
Modellgottesdienst
Predigt: *[Die Erneuerung der Liturgie]*

1043   [10.02.]1965
Fastenzeit
Hirtenbrief: *Betendes Volk Gottes*

1044   13.02.1965; Neuhaus, Jugendhaus Josefstal
Werkwoche für Oberinnen und Novizenmeisterinnen
Vortrag: *Das Konzil und die Ordensfrau*

1045   21.02.1965; München, Krankenhaus rechts der Isar, Maria Heil der Kranken
Benediktion des neuen Kreuzwegs
Predigt

1046   23.02.1965; Freising, Klerikalseminar
Vortrag: *Gedanken zum Konzil*

1047   26.02.1965; Paris (Frankreich)
Tagung der Katholischen Akademie in Bayern
Vortrag: *Deutscher Katholizismus und konziliare Erneuerung.*
Erfahrungen des Bischofs in Würzburg, Berlin und München

1048   06.03.1965
Zum Sonntag
Rundfunkansprache BR

1049   07.03.1965; München, Willi-Graf-Heim
Verleihung der Missio canonica an Laientheologen an höheren Schulen
Predigt

1050   17.03.1965; München, Gaststätte Peterhof
Abendessen im Presseclub
Vortrag: *Die Kirche im Spiegel unserer Zeit*

1051   19.03.1965
Caritas-Sonntag
Rundfunkansprache BR: *[Der Christ und das Kind]*

1052   28.03.1965
Fastenzeit
Hirtenbrief an die Priester: *Mann des Glaubens.*
Das geistliche Leben des Priesters heute

1053   30.03.1965; München, Kardinal-Wendel-Haus
Vollversammlung des Zentralkomitees der deutschen Katholiken
Vortrag

1054   31.03.1965
60. Stiftungsfest der K.St.V. Vandalia
Schriftliches Grußwort

1055   [April] 1965
Schriftliches Grußwort: *Die katholische Krankenschwester in unseren Tagen*

1056	03.04.1965
	Wort zum Sonntag
	Fernsehansprache Erstes Deutsches Fernsehen: [„ Christus ist das geteilte Brot "]

1057	04.04.1965; München-Milbertshofen, St. Georg
	Altarweihe
	Predigt: Erneuerung der Gemeinde

1058	08.04.1965; München, Dom
	Requiem für Erzbischof Johannes Erik Müller (Stockholm/Schweden)
	Predigt

1059	09.04.1965; München, Kardinal-Wendel-Haus
	Arbeitsbesprechung der Architekten im Kirchenbau
	Ansprache

1060	09.04.1965; München, Zentralkolpinghaus
	Versammlung der katholischen Elternvereinigung
	Ansprache

1061	18.04.1965; München, Dom
	Ostern
	Predigt

1062	19.04.1965
	15. Freundschaftstreffen der Katholischen Landjugend des Landkreises Mühldorf
	Schriftliches Grußwort: Die kommende Zeit braucht uns

1063	23.04.1965; Dachau, Karmel Hl. Blut
	7. Kongress der Bewegung katholischer ungarischer Studenten und Akademiker
	Predigt: Wenn das Weizenkorn nicht stirbt …

1064	26.04.1965
	Schuleinschreibung / Brief an die Eltern
	Hirtenbrief

1065	26.04.1965; München, Zentralkolpinghaus
	Mesner-Tagung der Erzdiözese München und Freising
	Ansprache: Der große, schöne Dienst in der Kirche

1066	30.04.1965
	Einladung zur Tagung für Arbeiterseelsorge
	Hirtenbrief an die Priester

1067	01.05.1965
	Zum Sonntag
	Rundfunkansprache BR

1068	02.05.1965; Dachau, Todesangst-Christi-Kapelle
	20. Jahrestag der Befreiung des Konzentrationslagers Dachau
	Predigt

1069	16.05.1965; München, Dom
	Gottesdienst für Italiener und Deutsche in der Münchner Italienischen Woche
	Predigt

Dankgottesdienst an der Todesangst-Christi-Kapelle anlässlich des 20. Wiederkehr der Befreiung des Konzentrationslagers Dachau, 2. Mai 1965; sitzend v.r.: Erzbischof Josef Kardinal Beran (Prag), Ordinariatsrat Michael Höck

1070   **19.05.1965**
Diözesantag des Katholischen Werkvolks
Schriftliches Grußwort

1071   **21.05.1965; Garmisch, St. Martin**
Requiem für die Lawinenopfer auf der Zugspitze vom 15.5.1961
Predigt

1072   **28.05.1965; Stuttgart, Neckarstadion**
Europa-Festival der KLJB, Wortgottesdienst
Predigt

1073   **28.05.1965**
88. Generalversammlung des Verbandes der wissenschaftlichen katholischen Studentenvereine Unitas e.V.
Schriftliches Grußwort

1074   **30.05.1965; Herrenchiemsee**
750-Jahr-Feier der Gründung des Bistums Chiemsee
Predigt: *Verpflichtendes Erbe*

1075   **[Juni] 1965**
Aufruf zum freiwilligen Dienst als Jahresschwestern und Sonntagsschwestern
Hirtenbrief (?)

1076   **06.06.1965; München, Dom**
        Pfingsten
        Predigt: *Die Kirche zwischen Beharrung und Voranschreiten*

1077   **17.06.1965; München, Dom**
        Fest des hl. Benno / Fronleichnam
        Predigt

1078   **20.06.1965; München, Spanisches Zentrum**
        Treffen mit spanischen Gastarbeitern
        Ansprache

1079   **27.06.1965; Maria Thalheim**
        Jahreswallfahrt des Dekanats Erding
        Predigt

1080   **30.06.1965; München, Deutsches Museum**
        3. Verkehrskongress der Bundesverkehrswacht
        Vortrag: *Verkehrssicherheit als christliche Verantwortung*

1081   **[Juli] 1965**
        Artikel in „Bild am Sonntag": *Nächstenliebe im Straßenverkehr*

1082   **02.07.1965**
        40. Stiftungsfest der Katholischen Deutschen Burschenschaft Rheno-Isaria
        Schriftliches Grußwort

1083   **03.07.1965**
        Zum Sonntag
        Rundfunkansprache BR

1084   **03.07.1965; Augsburg, Dom**
        Domjubiläum
        Predigt: *Kirche im Bild der Heimsuchung Mariens*

1085   **04.07.1965; München, St. Jakob am Anger**
        Gottesdienst mit den Laientheologen
        Predigt

1086   **04.07.1965; München, Dom**
        Papstsonntag
        Predigt: *Der Dialog der Kirche mit der Welt*

1087   **18.07.1965; München, St. Maximilian**
        Messe vor der Autosegnung
        Predigt

1088   **18.08.1965; München-Au, Kloster der Armen Schulschwestern**
        Ewige Profess
        Predigt

1089   **04.09.1965**
        Zum Sonntag
        Rundfunkansprache BR

1090   **06.09.1965; Landshut**
Benediktion des Caritas-Altersheims St. Rita
Predigt: *[Bruderliebe kennt keine Grenzen]*

1091   **10.09.1965; München, Dom**
Fürbittgottesdienst vor der vierten Konzilsperiode
Predigt: *[Die rechte Einstellung zum Konzil]*

1092   **12.09.1965**
Zweites Vatikanisches Konzil
Hirtenbrief an die Priester

1093   **12.09.1965**
Zweites Vatikanisches Konzil
Rundfunkansprache BR: *Die Erneuerung der Kirche in der modernen Welt*

1094   **02.10.1965; Rom, S. Maria Maggiore**
Hl. Messe
Predigt (in italienischer Sprache)

1095   **15.10.1965; Rom, S. Maria della Scala**
Fest der hl. Theresia
Predigt (in italienischer Sprache)

1096   **31.10.1965; München, Dom**
Christkönigsfest
Predigt: *Christusbezogenheit der letzten fünf Konzilsdokumente [Erneuerung der Kirche in Jesus Christus]*

1097   **06.11.1965**
Zum Sonntag
Rundfunkansprache BR: *[Verwirklichung des Konzils im Leben der Kirche]*

1098   **20.11.1965; Freising, Dom**
Korbiniansfest
Predigt: *Dei Verbum – Das Wort Gottes*

1099   **23.11.1965; Freising, Klerikalseminar**
Vortrag: *[Über das Dekret zur Priesterausbildung]*

1100   **03.12.1965**
Abschluss des Zweiten Vatikanischen Konzils
Rundfunkansprache Deutsche Welle (in deutscher und englischer Sprache)

1101   **05.12.1965; Rom, San Policarpo**
Abschluss des Zweiten Vatikanischen Konzils
Predigt (in italienischer Sprache)

1102   **10.12.1965; München, Regina-Palast-Hotel**
Abschluss des Zweiten Vatikanischen Konzils
Pressekonferenz

1103   **10.12.1965; München, Dom**
Begrüßung nach dem Abschluss des Zweiten Vatikanischen Konzils
Ansprache

1104   **25.12.1965; München, Dom**
Weihnachten
Predigt: *Fahrlässigkeit im Glauben*

1105   **31.12.1965; München, Dom**
Silvester
Predigt: *Erneuerte christliche Brüderlichkeit*

1106   **01.01.1966**
Neujahr / Katholische Morgenfeier
Rundfunkansprache BR

1107   **08.01.1966**
Zum Sonntag
Rundfunkansprache BR

1108   **19.01.1966**
Beitrag in einem Film der Gesellschaft Sartor-Film: *Diakonat als eigenständiges Amt*

1109   **22.01.1966; München, Altersheim St. Nikolaus am Biederstein**
Neujahrsempfang der Katholischen Aktion
Ansprache: *Gedanken zum Laien*

1110   **23.01.1966; München, Dom**
Katholisch-ukrainischer Gottesdienst
Predigt: *[Die Vielfalt in der Einheit]*

1111   **24.01.1966; München, Herzogliches Georgianum**
Vortrag: *[Über das Dekret zur Priesterausbildung]*

1112   **24.01.1966; München, Herzogliches Georgianum**
Eucharistiefeier
Homilie

1113   **09.02.1966; München, Mutterhaus der Barmherzigen Schwestern**
Generalkapitel
Ansprache

1114   **13.02.1966; München, Kardinal-Wendel-Haus**
Tagung der Katholischen Akademie in Bayern über das Zweite Vatikanische Konzil
Vortrag: *Wissende Liebe. Leben aus dem Geist des Konzils*

1115   **14.02.1966; Bonn, St. Elisabeth-Krankenhaus**
Gottesdienst mit den Mitgliedern des Klubhauses e.V.
Predigt: *[Der Öffentlichkeitsauftrag der Kirche und des Christen]*

1116   **17.02.1966; München**
Besuch in der Bayerischen Hypotheken- und Wechselbank
Ansprache

1117   **[23.02.]1966**
Fastenzeit
Hirtenbrief: *Die Kirche, wie sie in der Pfarrgemeinde lebt*

1118   **23.02.1966; München, St. Kajetan**
Aschermittwoch der Künstler
Predigt: *Kirche und Künstler – Ein lebendiges Wechselverhältnis*

Pressekonferenz zum Abschluss des Zweiten Vatikanischen Konzils im Regina-Palast-Hotel, München, 10. Dezember 1965

1119	**04.03.1966; Hofheim am Taunus** Frühjahrskonferenz der deutschen Bischöfe Fernsehansprache ZDF
1120	**04.03.1966; Hofheim am Taunus** Frühjahrskonferenz der deutschen Bischöfe Fernsehansprache Erstes Deutsches Fernsehen
1121	**05.03.1966** Zum Sonntag Rundfunkansprache BR
1122	**19.03.1966; München, Dom** Fest des hl. Joseph / Außerordentliches Heiliges Jahr Predigt: *Das christliche Leben als Glaubensgehorsam*
1123	**25.03.1966** Misereor-Kollekte Interview ZDF
1124	**08.04.1966** Karfreitag Rundfunkansprache (in italienischer Sprache)

1125   10.04.1966
        Ostern
        Rundfunkansprache Deutsche Welle

1126   **10.04.1966; München, Dom**
        Ostern
        Predigt

1127   **[10.04.]1966**
        Ostern
        Hirtenbrief an die Priester: *Der arme Knecht. Priesterliche Armut heute*

1128   **16.04.1966; München, Dom**
        Gottesdienst für Ordensleute zum Heiligen Jahr
        Predigt: *[Die Erneuerung des Ordenslebens]*

1129   **21.04.1966; Ottobrunn**
        Besuch der Bölkow-Werke
        Ansprache

1130   **24.04.1966; München, Dom**
        Außerordentliches Heiliges Jahr
        Predigt: *Nachkonziliare Fragen und Aufgaben um den Gottesdienst*

1131   **25.04.1966**
        Deutsch-polnischer Dialog
        Fernsehansprache ZDF

1132   **28.04.1966; Fürstenfeldbruck, Fliegerhorst**
        Vortrag: *Die Katholische Kirche nach dem Zweiten Vatikanischen Konzil*

1133   **30.04.1966; Tutzing, Evangelische Akademie**
        Evangelisch-katholisches Publizistentreffen
        Vortrag: *Bilanz der Ökumenischen Situation*

1134   **01.05.1966; München, Dom**
        Außerordentliches Heiliges Jahr
        Predigt: *Die Kirche und der Friede*

1135   **03.05.1966; München, Dom**
        1000-Jahr-Feier der Christianisierung Polens
        Predigt

1136   **07.05.1966**
        Zum Sonntag
        Rundfunkansprache BR

1137   **08.05.1966; Scheyern**
        Kreuzfest
        Predigt

1138   **20.05.1966; Fürstenfeldbruck**
        Übergabe der Gedenkstätte für die Toten der Luftwaffe und der Luftfahrt
        Ansprache

1139   **29.05.1966; München, Dom**
Pfingsten
Predigt

1140   **31.05.1966; München, McGraw-Kaserne**
Firmung
Predigt (in englischer Sprache)

1141   **04.06.1966**
Jahr „Dienst am Nächsten"
Hirtenbrief

1142   **12.06.1966; Berlin-Schöneberg, St. Matthias [Berlin-Charlottenburg, St. Canisius?]**
80. Cartellversammlung des CV
Predigt

1143   **29.06.1966; Freising, Dom**
Priesterweihe
Predigt: *Liebt die Kirche!*

1144   **[Juli] 1966**
81. Deutscher Katholikentag in Bamberg
Interview: *[Das Konzil „eindeutschen"]*

1145   **03.07.1966**
Zum Sonntag
Rundfunkansprache BR: *[Unruhe, die aus der Liebe kommt]*

1146   **03.07.1966; München, Dom**
Papstsonntag
Predigt: *Hirtenamt in Liebe*

1147   **09.07.1966; München, Kolpinghaus St. Theresia**
Empfang für Abiturienten
Ansprache

1148   **10.07.1966; Frauenchiemsee**
1100-Jahr-Feier des Todes der seligen Irmengard
Predigt

1149   **15.07.1966; Bamberg, Dom**
81. Deutscher Katholikentag, Eucharistiefeier um die Einheit der Kirche
Predigt: *[Sorge um die Einheit der Kirche]*

1150   **17.07.1966; Bamberg, Domplatz**
81. Deutscher Katholikentag, Hauptkundgebung
Ansprache: *Auf Dein Wort hin*

1151   **20.07.1966; München, St. Ludwig**
Erteilung der Missio canonica für die Katechetinnen und Katecheten des Erzbischöflichen Seminars für Katechese und Seelsorgehilfe
Predigt

1152   **22.07.1966; Würzburg, Stift Haug**
90. Stiftungsfest der K.St.V. Normannia
Predigt: *[„Sie verharrten in der Lehre der Apostel"]*

1153   03.09.1966
Zum Sonntag
Rundfunkansprache BR: *[Grundgebot unseres Glaubens: Bruderliebe]*

1154   10.09.1966
Sendung über die Ausführungsbestimmungen von vier Konzilsdekreten
Fernsehansprache Berliner Fernsehen

1155   **10.09.1966; München, Kolpinghaus St. Theresia**
Diözesanversammlung der Deutschen Kolpingfamilie in der Erzdiözese
Ansprache

1156   **11.09.1966; Ettal**
Außerordentliches Heiliges Jahr
Predigt

1157   **14.09.1966; München, Maria Ramersdorf**
Andacht zum Abschluss des Frauendreißigers
Predigt

1158   16.09.1966
Fernsehinterview: *[Einfluss der Gedanken John Henry Newmans auf Geist und Beschlüsse des Zweiten Vatikanischen Konzils]*

1159   **21.09.1966; München, Theresienwiese**
Schaustellergottesdienst auf dem Oktoberfest
Predigt

1160   **25.09.1966; Landshut, St. Martin**
Außerordentliches Heiliges Jahr
Predigt

1161   **27.09.1966; Fulda, Dom**
Messe zum Hl. Geist vor Beginn der Deutschen Bischofskonferenz
Predigt

1162   **[08.10.]1966; Washington, D.C. (USA), Georgetown University**
Bildungs- und Informationsreise der Katholischen Akademie in Bayern, Gruß an
den Präsidenten der Georgetown University
Ansprache (in englischer Sprache)

1163   **08.10.1966; Washington, D.C. (USA), Georgetown University**
Bildungs- und Informationsreise der Katholischen Akademie in Bayern
Vortrag (in deutscher und englischer Sprache): *Der Weg der Kirche nach dem Konzil*

1164   **13.10.1966; Notre Dame (USA), Notre Dame University**
Bildungs- und Informationsreise der Katholischen Akademie in Bayern
Vortrag: *Kirche und Wissenschaft aus der Weltsicht des Konzils*

1165   **24.10.1966; Jersey City (USA), St. Peter's College**
Bildungs- und Informationsreise der Katholischen Akademie in Bayern
Vortrag: *Religionsfreiheit als Voraussetzung menschlicher Brüderlichkeit*

1166   **30.10.1966; München, Dom**
Diözesankirchenmusiktag
Predigt: *[Die Kirchenmusik nach dem Konzil]*

1167 **05.11.1966**
Zum Sonntag
Rundfunkansprache BR

1168 **10.11.1966; München, Kardinal-Wendel-Haus**
Dekanekonferenz
Vortrag: *Seelsorger und Seelsorge in unserem Bistum*

1169 **13.11.1966; Freising, Dom**
Korbinianswallfahrt der Jugend
Predigt

1170 **15.11.1966; München, Deutsches Museum**
Diözesantag der Frauen
Predigt

1171 **19.11.1966; Freising, Dom**
Korbiniansfest
Predigt: *Seht, der Hohepriester*

1172 **21./22.11.1966; Königstein im Taunus**
Sitzung der Pastoralkommission der Deutschen Bischofskonferenz
Vortrag

1173 **25./26.11.1966; München, Altersheim St. Nikolaus am Biederstein**
Diözesankonferenz der Katholischen Aktion
Vortrag: *Auftrag und Sendung des Laien nach dem Zweiten Vatikanischen Konzil*

1174 **[Dezember] 1966**
Interview Deutschlandfunk

1175 **02.12.1966; München-Haidhausen, St. Johann Baptist**
Eröffnung des Bayerischen Landtags
Predigt

1176 **02.12.1966; München, Dom**
50. Todestag von Charles de Foucauld
Predigt

1177 **08.12.1966; München, Dom**
Außerordentliches Heiliges Jahr / Jahrestag des Abschlusses des Zweiten Vatikanischen Konzils
Predigt: *Bilanz nach einem Jahr*

1178 **24.12.1966; München, Dom**
Christmette
Predigt

1179 **25.12.1966; München, Dom**
Weihnachten
Predigt: *Geboren aus Maria der Jungfrau*

1180 **31.12.1966; München, Dom**
Silvester
Predigt: *Glaube in der Bewährung*

Kongress der FICEP (Fédération Internationale Catholique d'Education Physique et sportive) in der Katholischen Akademie in Bayern, 30. März 1967

1181   07.01.1967
Zum Sonntag
Rundfunkansprache BR

1182   **21.01.1967; München, Altersheim St. Nikolaus am Biederstein**
Neujahrsempfang der Katholischen Aktion
Ansprache

1183   **24.02.1967; Graz (Österreich), Katholisches Bildungswerk**
Vortrag: *Die christliche Botschaft an die Menschen von heute*

1184   26.02.1967
Fastenzeit
Hirtenbrief an die Priester: *Um des Himmelreiches willen. Priesterliche Ehelosigkeit heute*

1185   **03.03.1967; Landshut, St. Martin**
Eröffnung der Volksmission
Predigt

1186   04.03.1967
Zum Sonntag
Rundfunkansprache BR

Kongress der FICEP (Fédération Internationale Catholique d'Education Physique et sportive) in der Katholischen Akademie in Bayern, 30. März 1967

1187	05.03.1967 Eröffnung der Woche der Brüderlichkeit Ansprache: *Seid wachsam*
1188	09.03.1967; München, Dom Bußgottesdienst Predigt
1189	22.03.1967 Karfreitag Rundfunkansprache (in italienischer Sprache)
1190	24.03.1967 Karfreitag Rundfunkansprache Deutschlandfunk
1191	26.03.1967; München, Dom Ostern Predigt: *Das älteste Zeugnis von der Auferstehung Christi*
1192	29.03.1967; München, Hansaheim Besuch beim KKV Ansprache
1193	30.03.1967; München, Kardinal-Wendel-Haus Generalversammlung der Fédération Internationale Catholique Education Physique et sportive (FICEP) Predigt
1194	[April] 1967 Fernsehansprache BR: *[Aufruf für das Bistum Meißen]*
1195	01.04.1967; München, Johannes-Kolleg Tagung des Arbeitskreises für Führungskräfte der Wirtschaft Predigt
1196	01.04.1967; München, Johannes-Kolleg Tagung des Arbeitskreises für Führungskräfte der Wirtschaft Vortrag
1197	04.04.1967; Tuntenhausen Requiem für Bundesminister a.D. Fritz Schäffer Predigt
1198	06.04.1967 Diasporasonntag Hirtenbrief
1199	10.04.1967 Beginn der Volksmission im oberen Inntal Hirtenbrief
1200	11.04.1967; Bonn, Wilhelm-Böhler-Haus Benediktion des Hauses Ansprache

Gottesdienst zum Staatsbegräbnis des ehemaligen Bundesfinanzministers Fritz Schäffer in Tuntenhausen, 4. April 1967

1201   17.04.1967; Berlin, Katholisches Bildungswerk
        Vortrag: *Dienst am Menschen. Zur pastoralen Zielsetzung
        des Zweiten Vatikanischen Konzils*

1202   20.04.1967; Rom
        Internationaler Kongress über die geistigen Werte des Tourismus
        Vortrag: *Päpstliche und konziliare Dokumente über den Tourismus*

1203   [24.04.]1967
        Internationaler Kongress über die geistigen Werte des Tourismus
        Rundfunkansprache BR

1204   28.04.1967; München, Dom
        Requiem für Bundeskanzler a.D. Konrad Adenauer
        Predigt

1205   30.04.1967; Hohenaschau, Katholisches Sozialinstitut
        Aussendung junger Arbeiter
        Predigt

1206   04.05.1967; München, Dom
        Christi Himmelfahrt / Semestereröffnungsgottesdienst
        Predigt

1207   06.05.1967
        Zum Sonntag
        Rundfunkansprache BR

1208   07.05.1967; Würzburg, Dom
        Eröffnung des wiederaufgebauten Doms
        Predigt

1209   14.05.1967; München, Dom
        Pfingsten
        Predigt: *Christusbekenntnis im Hl. Geist*

1210   19.05.1967
        Hirtenbrief an die Abiturienten

1211   20.05.1967
        25-jähriges Bischofsjubiläum von Erzbischof Josef Kardinal Frings (Köln)
        Artikel: *Vorsitzender der Bischofskonferenz – Bischof für die Weltkirche*

1212   21.05.1967; Tuntenhausen
        25-jähriges Jubiläum der Basilika
        Predigt

1213   23.05.1967; Eichstätt
        Benediktion der Pädagogischen Hochschule
        Ansprache

1214   26.05.1967; Guayaquil (Ecuador)
        4. Nationaler Eucharistischer Kongress von Ecuador
        Ansprache nach der Begrüßung

1215   **28.05.1967; Cuenca (Ecuador)**
4. Nationaler Eucharistischer Kongress von Ecuador
Ansprache nach der Begrüßung

1216   **28.05.1967; Cuenca (Ecuador)**
Weihe der Kathedrale
Predigt

1217   **01.06.1967; Cuenca (Ecuador)**
4. Nationaler Eucharistischer Kongress von Ecuador
Ansprache

1218   **17.06.1967; Grünwald, Schwesternheim des Bayerischen Roten Kreuzes**
Altarweihe
Predigt: *Dienst an den leidenden und hilfsbedürftigen Menschen ist marianischer Dienst*

1219   **23.06.1967**
Autofahrer-Sendung
Rundfunkinterview

1220   **24.06.1967; Nürnberg**
Verbandstag des Katholischen Werkvolks Süddeutschland
Vortrag: *Das Katholische Werkvolk im Aufbruch der Kirche*

1221   **25.06.1967; Köln, Dom**
25-jähriges Bischofsjubiläum von Erzbischof Josef Kardinal Frings (Köln)
Predigt: *Knecht des Herrn*

1222   **01.07.1967**
Zum Sonntag
Rundfunkansprache BR: *Jahr des Glaubens*

1223   **02.07.1967; München, Dom**
Papstsonntag
Predigt: *Ein Jahr des Glaubens*

1224   **15.07.1967; München, St. Michael**
Jubiläumstagung des Bayerischen Landesverbandes Katholischer Kindertagesstätten
Predigt: *[Ein mütterlicher Dienst]*

1225   **07.08.1967**
Fernsehinterview ZDF: *[Über den Zölibat]*

1226   **22.08.1967; München-Au, Kloster der Armen Schulschwestern**
Ewige Profess
Predigt

1227   **27.08.1967; Unterhaching, Schwesternaltersheim der Barmherzigen Schwestern „St. Katharina Laboré"**
Altarweihe
Predigt: *Entzünde in uns das Feuer deiner Liebe*

1228   **02.09.1967**
Zum Sonntag
Rundfunkansprache BR

Weihe der Pfarrkirche St. Joseph in Karlsfeld, 9. Juli 1967

1229   08.09.1967; München, Dom
        9. Kongress der Internationalen Union des Lateinischen Notariats
        Predigt

1230   10.09.1967; Zugspitze, Gatterl
        Gatterlmesse
        Predigt

1231   16.09.1967; Wang, Schloss Isareck
        Jahresversammlung der bayerischen Mitglieder des Souveränen Malteserritterordens
        Vortrag: *Aufgaben in der gegenwärtigen Stunde der Kirche*

1232   16.09.1967; Wang, Schloss Isareck
        Jahresversammlung der bayerischen Mitglieder des Souveränen Malteserritterordens
        Predigt: *Ich will Euch Worte geben und Weisheit*

1233   [16.09.]1967; Wang, Schloss Isareck
        Jahresversammlung der bayerischen Mitglieder des Souveränen Malteserritterordens, Diskussion mit katholischen Adeligen
        Diskussion

1234   22.09.1967; Fulda, Dom
        Abschluss der Deutschen Bischofskonferenz
        Predigt: *Hundert Jahre Fuldaer Bischofskonferenz*

Weihe der Pfarrkirche St. Joseph in Karlsfeld, 9. Juli 1967

Eurovisionsübertragung der Christmette aus der Jesuitenkirche St. Michael in München,
24. Dezember 1967

1235   **02.10.1967; Rom**
3. Internationaler Katholischer Landvolk-Kongress, Eröffnung
Vortrag: *Das Zweite Vatikanische Konzil und die Lebenssituation auf dem Lande*

1236   **15.10.1967; Rom, S. Maria della Scala**
Fest der hl. Theresia
Predigt

1237   **22.10.1967; München, Dom**
Katholischer Deutscher Akademikertag
Predigt: *Der katholische Akademiker in der Bewährung des Glaubens*

1238   **03.11.1967**
Römische Bischofssynode
Fernsehinterview ZDF

1239   **03.11.1967; München-Neuhausen, Herz Jesu**
Requiem für Prälat Emmeran Scharl
Predigt: *In die Furchen des Ackerfeldes hineingesunken*

1240   **04.11.1967**
Zum Sonntag
Rundfunkansprache BR

1241   **08.11.1967; Bonn, St. Elisabeth-Krankenhaus**
Gottesdienst mit katholischen Bundestagsabgeordneten
Predigt

1242   **13.11.1967; München, Kardinal-Wendel-Haus**
Landesvorstandssitzung des Katholischen Deutschen Frauenbunds Bayern
Ansprache

1243   **19.11.1967; Freising, Dom**
Korbinianswallfahrt der Jugend
Predigt: *Ja zur Kirche*

1244   **20.11.1967; Freising, Dom**
Korbiniansfest
Predigt: *Erkenntnis deines Namens*

1245   **21.11.1967; München-Haidhausen, St. Johann Baptist**
2. Diözesantag der Mesner
Predigt

1246   **23.11.1967; München, Lerchenauer Straße**
Besuch im BMW-Werk
Ansprache

1247   **26.11.1967; Freiburg i. Br., Münster**
Sitzung des Internationalen Rates der Pax-Christi-Bewegung / Fest des hl. Konrad
von Konstanz
Predigt

1248   **29.11.1967; München, Landesblindenanstalt**
Altarweihe
Predigt

1249   **05.12.1967**
Weihnachten
Ansprache für Sehbehinderte

1250   **08.12.1967; München-Perlach, Pfarrsaal St. Michael**
Abend der Familiengruppen Unserer Lieben Frau
Predigt

1251   **13.12.1967; München-Neuforstenried**
Benediktion des Altenheims St. Elisabeth
Predigt: *Die Sendung des erbarmenden Gottes*

1252   **24.12.1967**
Weihnachten
Rundfunkansprache Deutsche Welle

1253   **24.12.1967; München, St. Michael**
Christmette
Predigt

1254   **25.12.1967; München, Dom**
Weihnachten
Predigt: *Gehet hin in Frieden!*

1255	**31.12.1967; München, Dom** Silvester Predigt: *Unsere Aufgabe – Die Kirche von München und Freising*
1256	**26.01.1968; Brüssel** Vortrag: *Die Zukunft des Glaubens*
1257	**28.01.1968; München, Dom** 80. Geburtstag von Weihbischof Johannes Neuhäusler Predigt
1258	**06.02.1968; München, Kaufmanns-Casino** Vortrag: *Glaube in einer säkularisierten Welt*
1259	**09.02.1968; München, Dom** 500-Jahr-Feier der Grundsteinlegung der Münchener Frauenkirche Predigt: *Die Frauenkirche in München*
1260	**10.02.1968; München, St. Josefsheim** Benediktion von Kindergarten und Altenwohnheim Predigt: *Gottesdienst im Alltag*
1261	**[15.02.]1968** Fastenzeit Hirtenbrief: *Christus, die Mitte unseres Glaubens*
1262	**22.02.1968; München** Übergabe des Präsidentenamts im Ludwig-Missions-Verein Ansprache
1263	**28.02.1968; München, St. Kajetan** Aschermittwoch der Künstler Predigt: *Der Einzelne und die Kirche*
1264	**01.03.1968; München, Haus des Sports** Eröffnungsveranstaltung zur 10. Fastenaktion Misereor Ansprache: *[Alle Kraft einsetzen zur Überwindung der Kluft zwischen Reichen und Armen]*
1265	**02.03.1968** Zum Sonntag Rundfunkansprache BR: *[Dem Wohlstandsdenken verfallen?]*
1266	**19.03.1968; München, Johannes-Kolleg** Gottesdienst mit Laienreligionslehrern Predigt
1267	**31.03.1968** Fastenzeit Hirtenbrief an die Priester: *Der Priester im Umbruch der gegenwärtigen Stunde der Kirche*
1268	**04.04.1968; Bonn-Bad Godesberg** Festakademie zum 100-jährigen Bestehen des Zentralkomitees der deutschen Katholiken Ansprache

1269   05.04.1968
        Karfreitag
        Rundfunkansprache (in italienischer Sprache)

1270   **12.04.1968; München, Dom**
        Karfreitag
        Predigt

1271   **14.04.1968; München, Dom**
        Ostern
        Predigt: *Der Herr ist bei uns*

1272   **22.04.1968; München, Bürgersaalkirche**
        Generalversammlung der Internationalen Katholischen Vereinigung für Rundfunk
        und Fernsehen (UNDA)
        Predigt

1273   **28.04.1968; Gars am Inn**
        Priesterweihe
        Predigt

1274   **02.05.1968; München, St. Bonifaz**
        100-Jahr-Feier der Technischen Hochschule / Eröffnung des Sommersemesters
        Predigt

1275   05.05.1968
        Zum Sonntag
        Rundfunkansprache BR

1276   **10.05.1968; München, Ufa-Luitpold-Theater**
        Festaufführung des Dokumentar-Farbfilms „Lux Mundi" über das Zweite Vatika-
        nische Konzil
        Ansprache

1277   **11.05.1968; München, Deutsches Museum**
        Europakongress des Katholischen Weltbunds für Krankenpflege CICIAMS
        Vortrag: *Das Bild des Menschen in der Lehre des Zweiten Vatikanischen Konzils*

1278   **18.05.1968; Augsburg**
        Jahresversammlung der Internationalen Pax-Christi-Bewegung
        Ansprache

1279   **23.05.1968; Raithen**
        Christi Himmelfahrt / Kriegerdankwallfahrt
        Predigt

1280   **24.05.1968; München-Freimann**
        Besuch im Fernsehstudio
        Ansprache

1281   **02.06.1968; München, Dom**
        Pfingsten
        Predigt: *Pfingstgedanken nach einer Romreise*

1282   [25.06.]1968
        Volksentscheid über die christliche Gemeinschaftsschule
        Interview BR

Besuch im Fernsehstudio Freimann, 24. Mai 1968

1283   **30.06.1968; München, Dom**
       Papstsonntag
       Predigt: *Aktuelle Überlegungen zum Lehramt der Kirche*

1284   **06.07.1968**
       Zum Sonntag
       Rundfunkansprache BR

1285   **08.07.1968; München, Dom**
       Investiturfeier des Ritterordens vom Hl. Grab
       Predigt

1300	**04.10.1968; München, St. Ludwig** Requiem für Romano Guardini Predigt
1301	**06.10.1968; Altötting** Bayerische Friedenswallfahrt Predigt
1302	**15.10.1968; Istanbul (Türkei)** Begegnung mit Patriarch Athenagoras und dem Heiligen Synod Ansprache
1303	**[15.10.]1968; Istanbul (Türkei)** Begegnung mit dem Gouverneur von Istanbul Ansprache
1304	**17.10.1968; Istanbul (Türkei)** Begegnung mit den Professoren und Schülern der theologischen Hochschule von Chalki Ansprache
1305	**01.11.1968; Speyer** 10. Internationaler Studienkongress von Pax Christi Ansprache
1306	**02.11.1968** Zum Sonntag Rundfunkansprache BR
1307	**03.11.1968; Speyer, Dom** 10. Internationaler Studienkongress von Pax Christi Predigt
1308	**07.11.1968; München-Harlaching** Segnung des Krankenhauses für Naturheilweisen Ansprache
1309	**17.11.1968; Freising, Dom** Korbinianswallfahrt der Jugend Predigt: *Friede: Gottes Geschenk – unsere Aufgabe*
1310	**20.11.1968; Freising, Dom** Korbiniansfest / 1200-Jahr-Feier der Übertragung der Korbiniansreliquien Predigt: *Den Glauben leben*
1311	**29.11.1968; München, St. Michael** Gedächtnisgottesdienst für Augustin Kardinal Bea SJ Predigt
1312	**04.12.1968; München, Dom** Fest der hl. Barbara / Gottesdienst der beim U-Bahn-Bau beschäftigten Bergleute Predigt
1313	**24.12.1968** Weihnachten Rundfunkansprache (in italienischer Sprache)

1314   **24.12.1968; München, Dom**
Christmette
Predigt

1315   **25.12.1968; München, Dom**
Weihnachten
Predigt: *Gläubige Besinnung inmitten einer veräußerlichten Weihnacht*

1316   **31.12.1968; München, Dom**
Silvester
Predigt: *Unsere Aufgabe in einer ernsten Stunde*

1317   **01.01.1969**
Neujahr / Katholische Morgenfeier
Rundfunkansprache BR: *Ansprache zum Tag des Friedens*

1318   **01.01.1969; München, Dom**
Neujahr / Tag des Friedens
Predigt

1319   **04.01.1969**
Zum Sonntag
Rundfunkansprache BR

1320   **30.01.1969; München, Haus des Pflug**
20-jähriges Jubiläum des „Pflug" / Benediktion der Kapelle
Predigt

1321   **01.02.1969**
Fastenzeit
Hirtenbrief: *Bei aller Verschiedenheit eine Gemeinde des Herrn*

1322   **01.03.1969**
Zum Sonntag
Rundfunkansprache BR

1323   **16.03.1969; Landshut, St. Martin**
Hauptfest der Marianischen Männerkongregation
Predigt

1324   **28.03.1969; München, Dom**
Weltgebetstag der Frauen / Bußgottesdienst
Predigt

1325   **03.04.1969**
Fastenzeit
Hirtenbrief an die Priester: *[Christus muss uns treiben]*

1326   **04.04.1969**
Karfreitag / Katholische Morgenfeier
Rundfunkansprache Deutschlandfunk

1327   **06.04.1969; München, Dom**
Ostern
Predigt: *In anderer Gestalt*

1328   09.04.1969; München, Dom
        Requiem für Erzbischof Joseph Schubert (Bukarest)
        Predigt

1329   20.04.1969; Traunstein, Studienseminar St. Michael
        Welttag der geistlichen Berufe
        Predigt

1330   01.05.1969; Nittendorf, Haus Werdenfels
        20. Landesversammlung der KLJB Bayerns
        Predigt: *Unsere Berufung in Christus*

1331   03.05.1969
        Zum Sonntag
        Rundfunkansprache BR

1332   14.05.1969; Rotterdam (Niederlande), Wiederkunft des Herrn
        Kirchweihe
        Predigt

1333   17.05.1969; München, St. Matthäus
        Evangelisch-katholischer Abendgottesdienst /
        Weltgebetsoktav für die Einheit der Christen
        Predigt

1334   19.05.1969; München, Bayernhalle
        DGB-Bundeskongress
        Ansprache

1335   25.05.1969; München, Dom
        Pfingsten
        Predigt

1336   26.05.1969; München, Kardinal-Wendel-Haus
        Tagung der Christophorusgemeinschaft
        Predigt: *Sind katholische Gemeinschaften noch zeitgemäß?*

1337   05.06.1969; München
        Fronleichnam
        Predigt

1338   06.06.1969; Hamminkeln-Dingden, Klausenhof
        10-jähriges Jubiläum der Landjugendakademie
        Vortrag: *Die Kirche im ländlichen Raum*

1339   06.06.1969; Krefeld
        Jahresversammlung der deutschen Pax-Christi-Sektion
        Vortrag: *Was tun die Christen für den Frieden?*

1340   07.06.1969; Krefeld
        Jahresversammlung der deutschen Pax-Christi-Sektion
        Predigt: *Der Friede Christi in seiner Kirche*

1341   13.06.1969; München, St. Kajetan
        Requiem für Herzogin Marie von Bayern
        Predigt

1342   **15.06.1969; Aschau im Chiemgau, Kampenwand**
Diözesan-Verbandstag des Werkvolks / Benediktion eines
neu errichteten Bergkreuzes
Predigt

1343   **19.06.1969; Rosenheim**
10-jähriges Bestehen des sozialen Seminars
Ansprache

1344   **22.06.1969; München, Zu den Hl. Zwölf Aposteln**
20-jähriges Bestehen des Diözesansiedlungswerks
Predigt

1345   **23.06.1969; München, St. Helena**
Verkehrsübergabe der Candidauffahrt / Segnung des Brückenbauwerks
Ansprache

1346   **28.06.1969; Freising, Bildungszentrum**
Vorabend der Priesterweihe
Betrachtung

1347   **29.06.1969; Freising, Dom**
Priesterweihe
Predigt

1348   **30.06.1969; Freising, Bildungszentrum**
Sendungsfeier des Katholischen Sozialinstituts
Predigt

1349   **02.07.1969; München, Kardinal-Wendel-Haus**
Künstlerempfang
Ansprache

1350   **05.07.1969**
Zum Sonntag
Rundfunkansprache BR

1351   **06.07.1969; München, Dom**
Papstsonntag
Predigt: *Der Papst als Prinzip und Fundament der Einheit*

1352   **07.07.1969; Chur (Schweiz), Seminar St. Luzi**
Symposion der Europäischen Bischöfe
Vortrag: *Das Bleibende und Sich-Wandelnde im Priestertum der Kirche*

1353   **16.07.1969; München, Schloss Fürstenried**
Betriebsseelsorgerkonferenz für Süddeutschland
Predigt

1354   **20.07.1969; Berlin-Plötzensee, Maria Regina Martyrum**
25. Jahrestag des Attentats auf Adolf Hitler am 20.7.1944
Predigt

1355   **06.09.1969**
Zum Sonntag
Rundfunkansprache BR

Zweites Europäisches Bischofssymposion in Chur, 7. Juli 1969

1356 **06.09.1969; München, Haus des Sports**
Eröffnung der Aktion der KLJB Deutschlands
Ansprache: *Gerechtigkeit – Zukunft für alle*

1357 **07.09.1969; Altötting**
Abschluss der Bruder-Konrad-Festwoche
Predigt: *Der Knecht des Herrn und der Brüder*

1358 **09.09.1969; Freising, Dom**
Jahreskonferenz des Päpstlichen Werks für Priesterberufe
Predigt

1359 **14.09.1969; Zugspitze, Gatterl**
Gatterlmesse / Fest Kreuzerhöhung
Predigt

1360 **15.09.1969; München, Mutterhaus der Barmherzigen Schwestern**
Reform-Generalkapitel
Predigt

1361 **22.09.1969; Fulda, Dom**
Messe vom Hl. Geist vor Beginn der Deutschen Bischofskonferenz
Homilie

1362 **08.10.1969**
Römische Bischofssynode
Rundfunkansprache

1363   **15.10.1969; Rom, S. Maria della Scala**
Fest der hl. Theresia
Predigt (in italienischer Sprache)

1364   **[31.10.]1969**
Römische Bischofssynode
Interview Ordinariats-Korrespondenz: *Es ging um die eine Sorge für die Kirche*

1365   **01.11.1969**
Zum Sonntag
Rundfunkansprache BR

1366   **18.12.1969; München, Altersheim St. Nikolaus am Biederstein**
Vorweihnachtliche Feier des Erzbischöflichen Ordinariats
Predigt

1367   **25.12.1969; München, Dom**
Weihnachten
Predigt: *Christ der Retter ist da – Erfüllung – Hoffnung – Auftrag*

1368   **31.12.1969; München, Dom**
Silvester
Predigt: *Gegen alle Hoffnung in Hoffnung leben*

1369   **03.01.1970**
Zum Sonntag
Rundfunkansprache BR: *Erziehung zum Frieden durch Versöhnung*

1370   **09.01.1970; München, Altersheim St. Nikolaus am Biederstein**
Neujahrsempfang des Diözesanrats der Katholiken
Ansprache

1371   **22.01.1970; München, Kardinal-Wendel-Haus**
Empfang für die Mitglieder der Katholisch-Theologischen Fakultät der Universität München
Ansprache

1372   **28.01.1970; Aachen**
Tagung des Päpstlichen Werks der Glaubensverbreitung
Ansprache: *[Entwicklungshilfe und Seelsorge]*

1373   **31.01.1970; München, Preysingstraße, Seminar für Katechese und Seelsorgehilfe**
Eucharistiefeier für den Arbeitskreis für Führungskräfte in der Wirtschaft
Predigt

1374   **07.03.1970**
Zum Sonntag
Rundfunkansprache BR

1375   **20.03.1970; München, Dom**
Bußgottesdienst
Predigt

1376   **29.03.1970; München, Dom**
Ostern
Predigt: *Wettlauf zum Osterglauben*

Pressekonferenz zum Abschluss der Frühjahrsvollversammlung der Deutschen Bischofskonferenz in Essen, 19. Februar 1970; Mitte: Karl Forster (Sekretär der Bischofskonferenz)

1377   07.04.1970; München, Kardinal-Wendel-Haus
        Priestertreffen „Europax"
        Predigt: *Was sind eigentlich Sinn und Sendung der Kirche heute?*

1378   08.04.1970; Freising, Bildungszentrum
        Dekanekonferenz
        Vortrag: *Fragen und Aufgaben der Seelsorge in unserem Bistum*

1379   21.04.1970; München, St. Ludwig
        Semestereröffnungsgottesdienst
        Predigt

1380   23.04.1970; Zangberg
        Landestagung Sozialdienst Katholischer Frauen
        Predigt

1381   24.04.1970; München, St. Jakob am Anger
        Gottesdienst für Kursteilnehmerinnen der Vereinigung Höherer Ordensoberinnen
        Deutschlands
        Predigt

1382 **25.04.1970; München, Sophiensaal**
75-jähriges Jubiläum des Verbands für Katholische Mädchensozialarbeit
Predigt

1383 **01.05.1970; Ettal**
600-jähriges Weihejubiläum der Klosterkirche
Predigt

1384 **02.05.1970**
Zum Sonntag
Rundfunkansprache BR

1385 **08.05.1970; München, Dom**
Friedensmesse / 25 Jahre Ende des Zweiten Weltkriegs
Predigt

1386 **10.05.1970; Maria Eck**
Wallfahrt der Gebirgstrachtenvereine
Predigt: *Der Trachtler in der Kirche Christi*

1387 **16.05.1970; Oberammergau**
Eröffnung des Passionsspiels
Predigt

1388 **17.05.1970; München, Dom**
Pfingsten
Predigt: *Charisma und Amt in der Kirche*

1389 **20.05.1970; Dachau, Todesangst-Christi-Kapelle**
Treffen der KZ-Priester
Ansprache

1390 **20.05.1970; München, Regina-Palast-Hotel**
Empfang für polnische Priester und Bischöfe
Ansprache

1391 **24.05.1970; München, St. Kajetan**
84. Cartellversammlung des CV
Predigt

1392 **25.05.1970; München, Theresianum**
Besuch
Predigt

1393 **28.05.1970; München, Odeonsplatz**
Fronleichnam
Predigt

1394 **31.05.1970; München, Salesianum**
50-Jahr-Feier der Salesianer in München
Predigt

1395 **04.07.1970**
Zum Sonntag
Rundfunkansprache BR

1396 **05.07.1970; München, Dom**
Papstsonntag
Predigt: *Gedanken zum Motu Proprio zur Mischehe*

1397 **20.08.1970; München, St. Jakob am Anger**
Ewige Profess bei den Armen Schulschwestern
Predigt

1398 **06.09.1970**
Zum Sonntag
Rundfunkansprache BR: *[Menschlichkeit eine entscheidende Dimension]*

1399 **09.09.1970; Trier**
83. Deutscher Katholikentag, Eröffnung
Ansprache

1400 **13.09.1970; Trier**
83. Deutscher Katholikentag, Festgottesdienst
Predigt: *Gemeinde des Herrn – Ein Leib und ein Geist in Christus*

1401 **13.09.1970; Trier**
83. Deutscher Katholikentag, Schlusskundgebung
Ansprache

1402 **04.10.1970; Passau, Dom**
90. Geburtstag von Altbischof Simon Konrad Landersdorfer OSB
Predigt

1403 **07.10.1970; München, Grand Hotel Continental**
Treffen mit Militärgeistlichen
Ansprache

1404 **08.10.1970; München, St. Peter**
Besuch des Rumänisch-Orthodoxen Patriarchen Justinian Marina von Bukarest
Ansprache

1405 **16.10.1970; München, St. Michael**
Vertreterversammlung des Deutschen Caritasverbandes
Predigt: *Christus in den Notleidenden dienen*

1406 **18.10.1970; München, Dom**
7. Landestreffen des Verbandes der Katholiken in Wirtschaft und Verwaltung
Predigt: *Bekenntnis und Dienst*

1407 **25.10.1970; München, Dom**
Diözesankirchenmusiktag
Predigt

1408 **06.11.1970; Zürich, Paulus-Akademie**
Gemeinsame Tagung der Katholischen Akademie in Bayern und der Paulus-Akademie Zürich
Ansprache

1409 **07.11.1970**
Zum Sonntag
Rundfunkansprache BR

Abschlussgottesdienst des 83. Deutschen Katholikentags in Trier, 13. September 1970

1410	10.11.1970; Bonn, Wilhelm-Böhler-Klub
	Treffen mit Bundestagsabgeordneten
	Ansprache

1410   10.11.1970; Bonn, Wilhelm-Böhler-Klub
        Treffen mit Bundestagsabgeordneten
        Ansprache

1411   11.11.1970; Bonn
        Gottesdienst für Bundestagsabgeordnete
        Predigt

1412   13.11.1970; Würzburg
        Jahrestagung von Pax Christi (deutscher Zweig)
        Vortrag: *Die Friedensfunktion der Kirche*

1413   14.11.1970; Würzburg, Dom
        Jahresversammlung von Pax Christi (deutscher Zweig)
        Predigt

1414   21.11.1970; Freising, Dom
        Korbiniansfest
        Predigt: *Herrlichkeit und Gefährdung unserer Berufung*

1415   22.11.1970; München, St. Hildegard
        Christkönigsfest / Weihe der ersten Ständigen Diakone
        Predigt

1416   23.11.1970; München, Bürgersaalkirche
        3. Diözesantag der Mesner
        Predigt

1417   26.11.1970; München, Karlsplatz (Stachus)
        Segnung des Stachusbauwerks
        Ansprache

1418   29.11.1970
        Erster Advent / Katholische Morgenfeier
        Rundfunkansprache BR

1419   03.12.1970; München, Hofkapelle der Residenz
        Eröffnung des Bayerischen Landtags
        Predigt: *Politische Tätigkeit aus dem Glauben*

1420   06.12.1970; München, Vinzentinum
        Generalversammlung des St. Vinzenz-Zentralvereins
        Predigt

1421   06.12.1970; München, Dom
        Dies migrationis / Gottesdienst für Kroaten und Slowenen
        Predigt: *Heimat als Gabe und Aufgabe*

1422   08.12.1970; München, Marienplatz
        Wiederaufstellung der Mariensäule
        Ansprache

1423   17.12.1970; München, Altersheim St. Nikolaus am Biederstein
        Vorweihnachtliche Feier des Erzbischöflichen Ordinariats
        Predigt: *Adventliches Leben*

Eröffnung des Stachus-Untergeschosses in München, 26. November 1970

1424   **24.12.1970; München, Dom**
Christmette
Predigt: *Verherrlicht ist Gott in der Höhe*

1425   **25.12.1970; München, Dom**
Weihnachten
Predigt: *Und Friede ist auf der Erde*

1426   **30.12.1970**
Gemeinsame Synode der Bistümer in der BRD
Rundfunkansprache BR: *Aufgabe der Synode*

1427   **31.12.1970; München, Dom**
Silvester
Predigt: *Im Auftrag Gottes Anwalt der Menschen*

1428   **02.01.1971**
Zum Sonntag
Rundfunkansprache BR

1429   **03.01.1971; Würzburg, Dom**
Gemeinsame Synode der Bistümer in der BRD, Eucharistiefeier zur Eröffnung der
1. Sitzungsperiode
Statio und Predigt: *Die Einheit des Geistes wahren*

1430   **03.01.1971; Würzburg, Dom**
Gemeinsame Synode der Bistümer in der BRD, Konstituierende Sitzung
Ansprache

1431   **18.01.1971; München, Altersheim St. Nikolaus am Biederstein**
Neujahrsempfang der Räte und der Synodalen im Bistum
Ansprache

1432   **23.01.1971; München, St. Michael**
Ökumenischer Wortgottesdienst zur Weltgebetsoktav für die Einheit der Christen
Predigt

1433   **07.02.1971**
25-jähriges Bestehen des RIAS / Katholische Morgenfeier
Rundfunkansprache RIAS

1434   **22.02.1971**
Pfarrgemeinderatswahl
Hirtenbrief: *Gemeinsame Verantwortung für die Kirche*

1435   **[Februar] 1971**
Pfarrgemeinderatswahl
Hirtenbrief an die Priester

1436   **[Nach 22.02.]1971**
Fastenzeit
Hirtenbrief an die Priester: *Erneuertes Stundengebet*

1437   **24.02.1971; München, St. Kajetan**
Aschermittwoch der Künstler
Predigt: *Gerechtigkeit vor dem Vater, der ins Verborgene sieht*

1438   **28.02.1971; München, Erscheinung des Herrn**
Diakonenweihe
Predigt: *Knecht Gottes und Knecht aller*

1439   **28.02.1971; München, St. Michael**
Fastenzeit
Predigt: *1. Der Mensch Jesus Christus*

1440   **06.03.1971**
Zum Sonntag
Rundfunkansprache BR

1441   **07.03.1971; Gauting, St. Benedikt**
Weihe eines Ständigen Diakons
Predigt

1442   **07.03.1971; München, St. Michael**
Fastenzeit
Predigt: *2. Jesus Christus: Sohn Gottes*

1443   **10.03.1971; München, Roncalli-Kolleg**
Benediktion des Kollegs für Studierende an Ingenieurschulen, höheren Wirtschafts-
und Sozialfachschulen
Homilie

Ökumenischer Gottesdienst mit dem Landesbischof der Evangelisch-Lutherischen Kirche in Bayern, Hermann Dietzfelbinger, in der Jesuitenkirche St. Michael, München, 23. Januar 1971

1444   14.03.1971; München, St. Michael
         Fastenzeit
         Predigt: *3. Geboren aus Maria, der Jungfrau*

1445   17.03.1971; München, Kardinal-Wendel-Haus
         Jahresfeier der Katholischen Akademie in Bayern
         Ansprache

1446   21.03.1971; München, St. Michael
         Fastenzeit
         Predigt: *4. Jesus Christus, unser Lehrer und Heiland*

1447   24.03.1971; München
         Konstituierende Sitzung des 2. Priesterrats
         Ansprache: *Aufgaben des Priesterrats*

1448   28.03.1971; München, St. Michael
         Fastenzeit
         Predigt: *5. Jesus Christus, unser Erlöser*

1449   02.04.1971; München, Dom
         Bußgottesdienst
         Predigt

1450   08.04.1971; München, Dom
         Gründonnerstag, Chrisammesse
         Predigt

1451   08.04.1971; München, Dom
         Gründonnerstag, Abendmahlsmesse
         Predigt

1452   11.04.1971
         Ostern
         Rundfunkansprache Deutsche Welle: *Wort zu Ostern*

1453   11.04.1971
         Ostern
         Artikel in „Der Tagesspiegel": *Von der Angst zur Sorge. Gedanken zum Osterfest*

1454   11.04.1971; München, Dom
         Ostern
         Begrüßung und Predigt: *Der Auferstandene Herr und seine Kirche*

1455   13.04.1971; München, Mutterhaus der Barmherzigen Schwestern
         Generalkapitel, Eröffnungsgottesdienst
         Homilie

1456   14.04.1971; Zangberg
         Wahl der Regionaloberin der Schwestern von der Heimsuchung Mariä
         Predigt

1457   30.04.1971; Neuhaus, Jugendhaus Josefstal
         22. Landesversammlung der KLJB Bayerns
         Homilie

1458 **01.05.1971; Planegg, Maria Eich**
Fest der Schutzfrau Bayerns
Predigt: *Die Mutter der Glaubenden*

1459 **02.05.1971; München, Dom**
Welttag der geistlichen Berufe
Statio und Predigt: *Die Kirche, die in ihren Dienst ruft*

1460 **14.05.1971**
Fernsehansprache ZDF: *Wort über die Ackermann-Gemeinde*

1461 **14.05.1971; München, Stadtmuseum**
Eröffnung der Ausstellung „Johannes von Nepomuk"
Ansprache

1462 **23.05.1971; Würzburg, Dom**
Bundestreffen der KAB
Predigt: *Katholische Arbeitnehmerbewegung in der gegenwärtigen Stunde*

1463 **24.05.1971; München, Kardinal-Wendel-Haus**
Welttag der Kommunikationsmittel
Begrüßung und Predigt: *Einheit der Menschen und Kommunikation*

1464 **30.05.1971; München, Dom**
Pfingsten
Predigt: *Der Geist des Herrn*

1465 **05.06.1971; Augsburg**
Ökumenisches Pfingsttreffen, Schlussgottesdienst
Predigt

1466 **05.06.1971**
Wort zum Sonntag / Ökumenisches Pfingsttreffen
Fernsehansprache ZDF

1467 **10.06.1971; [München]**
Fronleichnam, Eucharistiefeier
Einführung und Predigt

1468 **10.06.1971; [München]**
Fronleichnam, Wortgottesdienst
Predigt

1469 **27.06.1971; Bonn, Münster**
Papstsonntag
Predigt

1470 **03.07.1971**
Zum Sonntag
Rundfunkansprache BR: *[Schutz des menschlichen Lebens]*

1471 **03.07.1971; München-Solln, St. Johann Baptist**
Aussendung der ersten Pastoralassistenten
Predigt

1472	**18.07.1971; Würzburg, Dom**
	100-Jahr-Feier des Bischöflichen Studienseminars Kilianeum
	Predigt: *Ein Erbe, das in die Zukunft weist*
1473	**24.07.1971; Passau, Dom**
	Requiem für Altbischof Simon Konrad Landersdorfer OSB
	Predigt: *Knecht, Verwalter und Freund des Herrn*
1474	**15.08.1971; Lienz (Österreich)**
	Mariä Himmelfahrt
	Predigt
1475	**29.08.1971; München, St. Paul**
	50-Jahr-Feier der Legio Mariae
	Predigt: *Erbe und Auftrag der Legio Mariae*
1476	**04.09.1971**
	Zum Sonntag
	Rundfunkansprache BR
1477	**12.09.1971; Nürnberg, Kaisersaal der Burg**
	20-jähriges Bestehen des Kulturkreises im Bundesverband der Deutschen Industrie
	Vortrag: *Freiheit, Kunst und Christentum*
1478	**14.09.1971**
	Ergebnisse der Umfrage unter allen katholischen Priester der BRD / Römische Bischofssynode
	Hirtenbrief an die Priester
1479	**19.09.1971; Unterhaching, St. Birgitta**
	Kirchweihe
	Predigt
1480	**26.09.1971**
	Katholische Welt
	Rundfunkansprache BR: *Um die Zukunft der Kirche. Die Aufgaben der römischen Bischofssynode*
1481	**[02./03.10.]1971**
	Wort zum Sonntag aktuell
	Rundfunkansprache Radio Vatikan: *Von der Römischen Bischofssynode*
1482	**10.10.1971; Rom, S. Ignazio**
	Priesterweihe
	Predigt
1483	**19.10.1971; Rom, Dodici Apostoli**
	Triduum anlässlich der Seligsprechung von P. Maximilian Kolbe
	Predigt
1484	**[Oktober] 1971**
	Artikel für die Zeitschrift der Znak-Gruppe: *Pater Maximilian Kolbe – Ein Apostel der Versöhnung*
1485	**06.11.1971**
	Zum Sonntag
	Rundfunkansprache BR: *Von der Macht der Ohnmacht*

1486   **14.11.1971; Freising, Dom**
Korbinianswallfahrt der Jugend
Predigt: *Unbequem aus Verantwortung*

1487   **17./18.11.1971; Freising, Bildungszentrum**
Dekanekonferenz
Vortrag: *[Das priesterliche Dienstamt]*

1488   **24.12.1971; München, St. Michael**
Christmette
Predigt

1489   **31.12.1971; München, St. Michael**
Silvester
Predigt: *Besinnung auf das Gebet zur Jahreswende*

1490   **08.01.1972**
Zum Sonntag
Rundfunkansprache BR: *Von der „Sonntagspflicht"*

1491   **14.01.1972; München, Altersheim St. Nikolaus am Biederstein**
Neujahrsempfang des Diözesanrats der Katholiken und des Priesterrats
Ansprache

1492   **19.01.1972; Pullach**
Benediktion der Schule des Katholischen Familienwerks
Predigt

1493   **23.01.1972; München, St. Anna**
50 Jahre Katholische Heimatmission München
Homilie

1494   **26.01.1972; München, Kardinal-Wendel-Haus**
60 Jahre Katholischer Deutscher Frauenbund – Landesverband Bayern
Predigt

1495   **[02.02.]1972**
Fastenzeit
Hirtenbrief: *Unser Ja zur Kirche*

1496   **13.02.1972**
Sendung „Zu Protokoll"
Fernsehinterview

1497   **16.02.1972; München, St. Kajetan**
Aschermittwoch der Künstler
Predigt: *Lasst euch mit Gott versöhnen!*

1498   **04.03.1972**
Zum Sonntag
Rundfunkansprache BR: *Von der Ehrfurcht*

1499   **18.03.1972; Freising, Dom**
Bischofsweihe von Heinrich Graf von Soden-Fraunhofen und Franz Xaver
Schwarzenböck
Predigt

Neujahrsempfang des Diözesanrats der Katholiken und des Priesterrats, 14. Januar 1972; v.l.:
Ministerpräsident Alfons Goppel, Kardinal Döpfner, Weihbischof Franz Schwarzenböck,
Weihbischof Heinrich Graf von Soden-Fraunhofen

1500 **21.04.1972; München, Hansa-Haus**
14. Vollversammlung des Aktionskreises München
Ansprache

1501 **22.04.1972; Traunstein, Studienseminar St. Michael**
Gespräch mit den Oberklassen
Ansprache

1502 **23.04.1972; Traunstein, Studienseminar St. Michael**
Tag der geistlichen Berufe / Firmung
Predigt

1503 **23.04.1972; München, St. Michael**
25-jähriges Bischofsjubiläum von Weihbischof Johannes Neuhäusler
Predigt

1504 **26.04.1972; München, Kardinal-Wendel-Haus**
Sitzung des Priesterrats
Betrachtung

1505 **06.05.1972**
Zum Sonntag
Rundfunkansprache BR: *Synode und betende Kirche*

1506 **10.05.1972; Würzburg, Dom**
Gemeinsame Synode der Bistümer in der BRD, Eröffnung der 2. Sitzungsperiode
Ansprache

1507 **10.05.1972; Würzburg, Dom**
Gemeinsame Synode der Bistümer in der BRD, Bericht des Präsidenten
Vortrag

1508 **14.05.1972; Würzburg, Dom**
Gemeinsame Synode der Bistümer in der BRD, Festgottesdienst für die Synodalen
Predigt

1509 **15.05.1972; München, St. Kajetan**
100-Jahr-Feier der Schwesternschaft des Bayerischen Roten Kreuzes
Predigt

1510 **21.05.1972; München, St. Michael**
Pfingsten
Predigt: *Ich glaube an den Hl. Geist*

1511 **22.05.1972; Gars am Inn**
Priesterweihe
Homilie

1512 **01.06.1972; [München]**
Fronleichnam
Predigt: *Mein Fleisch für das Leben der Welt*

1513 **13.06.1972; München, Hauskapelle des Erzbischöflichen Palais**
Gottesdienst mit der Znak-Gruppe
Predigt

1514   **13.06.1972; München, Kardinal-Wendel-Haus**
Empfang der Znak-Gruppe
Ansprache

1515   **18.06.1972; München, St. Michael**
Papstsonntag
Predigt: *Sorge um zentrale Glaubenswahrheiten*

1516   **24.06.1972; München, St. Clara**
Aussendung von Pastoralassistenten
Predigt

1517   **25.06.1972; Flintsbach, Petersberg**
Altarweihe
Predigt

1518   **27.06.1972; München, St. Ludwig**
500-jähriges Jubiläum der Ludwig-Maximilians-Universität
Predigt: *Glauben heute*

1519   **01.07.1972**
Zum Sonntag
Rundfunkansprache BR: *Zur Lage der katholischen Kirche in Litauen*

1520   **02.07.1972; Freising, Dom**
Priesterweihe
Predigt

1521   **09.07.1972; Vierzehnheiligen**
Diözesanwallfahrt
Predigt

1522   **10.07.1972; Irschenberg**
Benediktion des Kinderdorfes
Predigt: *[Ehrfurcht vor dem Kinde]*

1523   **13.07.1972; München, Hauskapelle des Johannes-Kollegs**
Erteilung der Missio canonica an Religionslehrer an Realschulen und Gymnasien
Predigt

1524   **16.07.1972; Freising, Dom**
Schließung des Erzbischöflichen Knabenseminars
Homilie

1525   **16.07.1972; Freising, Erzbischöfliches Knabenseminar**
Schließung des Erzbischöflichen Knabenseminars
Ansprache

1526   **19.08.1972; Scheyern**
Abtweihe von Bernhard Maria Lambert OSB
Predigt

1527   **20.08.1972; München, St. Ludwig**
1900. Todestag des Apostels Thomas
Homilie

Diözesanwallfahrt nach Vierzehnheiligen, 9. Juli 1972

1528	**20.08.1972; Dachau, Todesangst-Christi-Kapelle**
	Enthüllung einer Gedenktafel für polnische KZ-Häftlinge
	Ansprache
1529	**23.08.1972; München, Kardinal-Wendel-Haus**
	Empfang für die Teilnehmer am Wissenschaftlichen Kongress anlässlich der XX. Olympischen Spiele in München
	Ansprache
1530	**27.08.1972**
	XX. Olympische Spiele in München / Katholische Morgenfeier
	Rundfunkansprache BR
1531	**27.08.1972; München, Dom**
	Eröffnung der XX. Olympischen Spiele in München
	Predigt: *Friede und Völkerverständigung*
1532	**02.09.1972**
	Zum Sonntag
	Rundfunkansprache BR: *Von menschlicher Begegnung*
1533	**03.09.1972; München, Olympisches Dorf**
	Gottesdienst für die Sportler und Bewohner
	Predigt
1534	**06.09.1972; München, Dom**
	Gedenkgottesdienst für die Opfer des Terroranschlags auf die israelische Olympia-mannschaft
	Predigt
1535	**07.09.1972; München, Dom**
	Ökumenischer Gottesdienst für die Opfer des Terroranschlags auf die israelische Olympiamannschaft
	Predigt
1536	**19.09.1972; Fulda, Dom**
	Deutsche Bischofskonferenz, Eröffnungsgottesdienst
	Predigt
1537	**27.09.1972; Bonn**
	Jahresempfang des Kommissariats der deutschen Bischöfe
	Ansprache
1538	**01.10.1972; Lenggries**
	250-jähriges Jubiläum der Pfarrkirche
	Predigt
1539	**03.10.1972; München, Johannes-Kolleg**
	Besuch von Missio München
	Predigt: *Missio – Neuer Name für ein bewährtes Werk*
1540	**04.10.1972; München, Preysingstraße**
	Eröffnung des Fachhochschulstudienganges für Religionspädagogik und kirchliche Bildungsarbeit
	Predigt

1541   **05.10.1972; München, Zentralkolpinghaus**
Diözesantag der Pfarrhaushälterinnen
Predigt

1542   **08.10.1972**
[Zum Sonntag]
[Rundfunkansprache BR]: *Zum 10. Jahrestag der Konzilseröffnung*

1543   **09.10.1972; Freising**
[Tagung von Jungpriestern]
Predigt

1544   **12.10.1972; Dachau, Karmel Hl. Blut**
Ewige Profess
Predigt

1545   **04.11.1972**
Zum Sonntag
Rundfunkansprache BR

1546   **05.11.1972**
Caritas-Sonntag / Katholische Morgenfeier
Rundfunkansprache BR: *Hilf einen Schritt weiter*

1547   **10.11.1972; Münster, Dom**
Jahresversammlung von Pax Christi
Predigt

1548   **12.11.1972; München, Dom**
50-jähriges Jubiläum des Diözesan-Caritasverbandes
Predigt: *[Eine Gemeinschaft helfender Liebe]*

1549   **12.11.1972; Freising, Dom**
Korbinianswallfahrt der Jugend
Predigt

1550   **15.11.1972; Wilparting**
Fest der hll. Marinus und Anianus
Predigt

1551   **17.11.1972; Freising, Bildungszentrum**
Dekanekonferenz
Betrachtung: *Die Gemeinschaft der Seelsorger im Dekanat*

1552   **03.12.1972; Würzburg**
50-jähriges Jubiläum des Missionsärztlichen Instituts
Ansprache

1553   **08.12.1972; Eichstätt**
Eröffnung der kirchlichen Gesamthochschule
Ansprache

1554   **11.12.1972; München-Riem**
Gedenkfeier für die Opfer des Flugzeugunglücks von Teneriffa
Ansprache

1555	**13.12.1972; Bonn, Münster**
	Eröffnung des Deutschen Bundestages
	Predigt

1555 **13.12.1972; Bonn, Münster**
Eröffnung des Deutschen Bundestages
Predigt

1556 **15.12.1972; Petersberg b. Dachau**
Verabschiedung von Landjugendpfarrer Hans Wittmann und Hannes Schrüfer
Predigt

1557 **20.12.1972; Bonn-Bad Godesberg, Apostolische Nuntiatur**
Päpstliche Auszeichnung für Oberbürgermeister Albrecht Beckel
Ansprache

1558 **25.12.1972; München, Dom**
Weihnachten
Predigt: *Weihnachten als Frage und Antwort*

1559 **31.12.1972; München, Dom**
Silvester
Predigt: *Segenswünsche zur Jahreswende*

1560 **02.01.1973; München-Au, Mariahilf**
Requiem für Landescaritasdirektor Msgr. Adolf Mathes
Homilie: *[Christliches Leben erweist sich im Ernstfall]*

1561 **03.01.1973; Würzburg**
Gemeinsame Synode der Bistümer in der BRD, Pressekonferenz zur 3. Sitzungsperiode
Ansprache

1562 **03.01.1973; Würzburg, Dom**
Gemeinsame Synode der Bistümer in der BRD, Eröffnung der 3. Sitzungsperiode
Ansprache

1563 **03.01.1973; Würzburg, Dom**
Gemeinsame Synode der Bistümer in der BRD, Meditativer Gottesdienst zur Eröffnung der 3. Sitzungsperiode
Predigt

1564 **07.01.1973; Würzburg, Dom**
Gemeinsame Synode der Bistümer in der BRD, Eucharistiefeier
Predigt

1565 **12.01.1973; München, Altersheim St. Nikolaus am Biederstein**
Neujahrsempfang des Diözesanrats der Katholiken
Ansprache

1566 **15.01.1973; München, Kardinal-Wendel-Haus**
Empfang für Professoren der Katholisch-Theologischen Fakultät der Universität München
Ansprache

1567 **03.02.1973**
Zum Sonntag
Rundfunkansprache BR: *Christlicher Glaube: horizontal oder vertikal?*

1568 **25.02.1973**
Fastenzeit
Hirtenbrief: *Fürchte Dich nicht, Du kleine Herde!*

1569   11.03.1973
       Fastenzeit
       Hirtenbrief an die Priester: *[Das Geheimnis, aus dem wir leben]*

1570   23.03.1973; München, Kardinal-Wendel-Haus
       Jahresfeier der Katholischen Akademie in Bayern / Verleihung des Romano-Guar-
       dini-Preises an Werner Heisenberg
       Ansprache

1571   27.03.1973; [München, Erzbischöfliches Ordinariat]
       [Ordinariatssitzung]
       Ansprache: *Diözesanleitung: Geistliche und menschliche Formen*

1572   07.04.1973
       Zum Sonntag
       Rundfunkansprache BR: *Was haltet ihr vom Menschen?*

1573   13.04.1973; Traunstein, St. Oswald
       100-Jahr-Feier des Chiemgau-Gymnasiums
       Predigt: *Rückblick im Geiste*

1574   14.04.1973; Ettal
       Abtweihe von Edelbert Hörhammer OSB
       Predigt

1575   15.04.1973; München, Dom
       Palmsonntag
       Predigt

1576   16.04.1973
       Hirtenbrief an die Seelsorger im ländlichen Bereich

1577   19.04.1973; München, Dom
       Gründonnerstag, Missa chrismatis
       Predigt

1578   19.04.1973; München, Dom
       Gründonnerstag, Abendmahlsmesse
       Predigt

1579   22.04.1973; München, Dom
       Osternacht
       Predigt: *Kurzes Wort vor der Erneuerung des Taufversprechens*

1580   22.04.1973; München, Dom
       Ostern
       Begrüßung und Predigt: *Der Mensch, der Zukunft hat*

1581   25.04.1973; München, Dom
       Seelengottesdienst für Domkapitular Josef Thalhamer
       Predigt

1582   04.05.1973; München, St. Kajetan
       100-Jahr-Feier der katholischen Frauengemeinschaft
       Predigt

Altarweihe im Krankenhaus Neuwittelsbach der Barmherzigen Schwestern in München, 19. Mai 1973

1583   09.05.1973; München, Kardinal-Wendel-Haus
        Jahrestagung der katholischen Rundfunk- und Fernseharbeit in Deutschland
        Predigt

1584   12.05.1973; München, Bürgersaalkirche
        70-jähriges Stiftungsfest des Landesverbands Katholischer Männergemeinschaften
        in Bayern
        Begrüßung und Predigt: *Glaube als Entscheidung*

1585   16.05.1973; München, Kardinal-Wendel-Haus
        Dekanekonferenz
        Vortrag: *Schwerpunkte im Aufgabenbereich des Dekans*

1586   16.05.1973; München, Kardinal-Wendel-Haus
        Sitzung des geschäftsführenden Ausschusses des Zentralkomitees der deutschen
        Katholiken
        Predigt

1587   19.05.1973; München, Krankenhaus Neuwittelsbach
        Altarweihe und Benediktion des Hauses
        Predigt

1588   28.05.1973; München, Kardinal-Wendel-Haus
        Diözesantag der Religionslehrer an Gymnasien
        Predigt

Schlusswort bei der Großkundgebung „Für das Leben" auf dem Münchener Odeonsplatz,
2. Juni 1973

1589   **31.05.1973; München, Stadtmuseum**
        Eröffnung der Ausstellung „Kirchenbau in der Diskussion"
        Ansprache

1590   **02.06.1973**
        Zum Sonntag
        Rundfunkansprache BR: *Zum 10. Todestag von Papst Johannes XXIII.*

1591   **02.06.1973; München, Odeonsplatz**
        Kundgebung der „Aktion für das Leben"
        Ansprache: *[Sorge um das ungeborene Leben]*

1592   **06.06.1973**
        Besuch am Krankenbett
        Rundfunkansprache BR: *[Krankheit ein Stück des Lebens]*

1593   **10.06.1973; München, Dom**
        Pfingsten
        Begrüßung und Predigt: *Heiliges Jahr 1975*

1594   **17.06.1973; Velden**
        1200-Jahr-Feier von Pfarrei und Gemeinde / Dreifaltigkeitsfest
        Predigt

1595   21.06.1973; [München]
        Fronleichnam
        Predigt: *Feierversammlung des Bundesvolkes*

1596   15.07.1973; Frankfurt am Main, Universitätsklinik
        Begrüßung, Predigt und Fürbitten: *Der heilende Herr*

1597   25.07.1973; München, Hotel Deutscher Kaiser
        Pressekonferenz zur Dürrekatastrophe in der Sahel-Zone
        Ansprache

1598   04.08.1973
        Zum Sonntag
        Rundfunkansprache BR: *Auf der Suche nach Jesus*

1599   29.08.1973; Altenerding
        Eröffnung des Kreiskrankenhauses Erding
        Predigt

1600   01.09.1973; Hamburg
        Eröffnung der Katholischen Akademie
        Ansprache: *Die Kirche im Anspruch der Welt*

1601   02.09.1973; Hamburg, Kleiner Michel
        Gottesdienst
        Predigt: *Der Christ in der Welt*

1602   13.09.1973; Wolfratshausen-Waldram, Studienseminar St. Matthias
        Schuljahresbeginn / Einführung des neuen Direktors
        Predigt

1603   15.09.1973; Würzburg, Bürgerspitalkirche
        Treffen der Klassenkameraden
        Predigt

1604   25.09.1973; Fulda, Dom
        Deutsche Bischofskonferenz, Eröffnungsgottesdienst
        Homilie

1605   29.09.1973; Bonn
        Kundgebung der katholischen Verbände für das Leben
        Ansprache

1606   30.09.1973; München, St. Stephan (Thalkirchner Straße)
        Gottesdienst für die tschechische katholische Gemeinde anlässlich des 1000. Jahres-
        tags der Errichtung des Bistums Prag
        Predigt: *Festlicher Anlass*

1607   02.10.1973
        Fernsehansprache BR: *Notizen über mein Leben*

1608   05.10.1973; München, Kardinal-Wendel-Haus
        Wissenschaftliches Symposion der Katholischen Akademie in Bayern „Wissenschaft
        und Kirche – Kirche und Wissenschaft" anlässlich des 25-jährigen Bischofsjubilä-
        ums Kardinal Döpfners
        Predigt

1609 **06.10.1973**
Zum Sonntag
Rundfunkansprache BR: *Freiheit in Verantwortung*

1610 **07.10.1973; Altomünster**
200-jähriges Weihejubiläum der Kloster- und Pfarrkirche
Homilie

1611 **10.10.1973; Rom**
Grußadresse an Papst Paul VI. im Namen des Collegium Germanicum
Ansprache

1612 **10.10.1973; Rom, S. Ignazio**
Priesterweihe
Homilie

1613 **12.10.1973; München, Dom**
25-jähriges Bischofsjubiläum, Gottesdienst mit Priestern und Diakonen
Predigt: *Unsere Sendung und Berufung – Seligkeit und Anfechtung*

1614 **13.10.1973; München, St. Kajetan**
76. Deutscher Ärztetag
Begrüßung und Predigt: *Der Arztberuf in der Sicht des Glaubens*

1615 **14.10.1973; München, Dom**
25-jähriges Bischofsjubiläum
Statio

1616 **17.10.1973; Bonn, Katholisches Büro**
Empfang anlässlich des 25-jährigen Bischofsjubiläums
Ansprache

1617 **18.10.1973; Bonn**
Gottesdienst mit Bundestagsabgeordneten
Predigt: *Auf dem Feld der Politik – in der Sendung des Herrn*

1618 **20.10.1973; Freising, Dom**
Fest des hl. Lantpert
Predigt: *Der betende Bischof*

1619 **21.10.1973; Bad Aibling, St. Georg**
Landestagung des Bayerischen Roten Kreuzes
Predigt: *Der Dienst des Glaubenden am Nächsten*

1620 **28.10.1973; München, Dom**
Diözesantag der KAB
Predigt: *Der katholische Arbeitnehmer als Jünger und Bote Christi*

1621 **[November] 1973**
25-jähriges Bischofsjubiläum
Interview Münchner Merkur

1622 **[November] 1973**
Interview Bergsteiger: *Sicherheit oder Risiko? Hochgebirge oder Mittelgebirgswanderungen? Münchens Kardinal Döpfner als Bergsteiger*

| 1623 | **03.11.1973; München, Mutterhaus der Barmherzigen Schwestern**
Generalkapitel
Predigt |
|------|------|

1623   **03.11.1973; München, Mutterhaus der Barmherzigen Schwestern**
Generalkapitel
Predigt

1624   **07.11.1973; Freising**
Eröffnung der Bayerischen Bischofskonferenz
Predigt

1625   **11.11.1973; Freising, Dom**
Korbinianswallfahrt der Jugend
Predigt

1626   **14.11.1973; München, Kardinal-Wendel-Haus**
Empfang der Verantwortlichen des bayerischen Büchereiwesens
Ansprache

1627   **17.11.1973; Freising, Dom**
Korbiniansfest
Predigt: *Die rechte Feier am Feste unseres Glaubensvaters*

1628   **21.11.1973; Würzburg**
Gemeinsame Synode der Bistümer in der BRD, Pressekonferenz zur 4. Sitzungsperiode
Ansprache

1629   **21.11.1973; Würzburg, Dom**
Gemeinsame Synode der Bistümer in der BRD, Eröffnung der 4. Sitzungsperiode
Ansprache

1630   **21.11.1973; Würzburg, Dom**
Gemeinsame Synode der Bistümer in der BRD, Bericht des Präsidenten
Vortrag

1631   **24.11.1973; Würzburg**
Gemeinsame Synode der Bistümer in der BRD, Pressekonferenz nach Abschluss der 4. Sitzungsperiode
Ansprache

1632   **25.11.1973; Würzburg, Neumünster**
Christkönigsfest / Gedenkgottesdienst anlässlich des 25-jährigen Bischofsjubiläums
Predigt: *Besinnung und Segenswünsche in der Weihekirche*

1633   **28.11.1973; Eching**
Treffen der Wehrkreisseelsorger
Predigt: *Kirche in der Prüfung*

1634   **01.12.1973**
Zum Sonntag
Rundfunkansprache BR

1635   **01.12.1973; München, St. Thomas**
Vigil vor der Kirchweihe
Predigt

1636   **03.12.1973**
Essen mit dem Bayerischen Presseclub
Ansprache

1637   **16.12.1973; München, Dom**
Diakonenweihe
Predigt

1638   **18.12.1973; München, Dom**
Requiem für Weihbischof Johannes Neuhäusler
Predigt: *Kämpfer des Herrn, Freund des Bräutigams*

1639   **23.12.1973; München, St. Clemens**
50-jähriges Jubiläum der Pfarrei
Predigt: *Pfarrei im Geheimnis der Heimsuchung*

1640   **24.12.1973; München, Dom**
Christmette
Predigt: *Vor dem Retter in der Krippe*

1641   **25.12.1973; München, Dom**
Weihnachten
Predigt: *Vom Himmel gekommen*

1642   **25.12.1973; München, Dom**
Weihnachten: Pontifikalvesper
Predigt

1643   **27.12.1973; Mainz, [Kapitelsaal des Doms]**
70. Geburtstag von Bischof Hermann Kardinal Volk (Mainz)
Ansprache

1644   **31.12.1973; München, Dom**
Silvester
Predigt: *Ein Gnadenjahr des Herrn*

1645   **04.01.1974; Bernried**
Gottesdienst mit Diakonatsweihekandidaten
Predigt

1646   **04.01.1974; Bernried**
Bibelgespräch mit Diakonatsweihekandidaten
Betrachtung

1647   **06.01.1974; München, Dom**
Diakonenweihe
Predigt

1648   **09.01.1974; München, Dom**
Jahresgedächtnis für Joseph Kardinal Wendel
Predigt

1649   **11.01.1974; München, Kardinal-Wendel-Haus**
Neujahrsempfang der diözesanen Räte
Ansprache

1650   **23.01.1974; München, Kardinal-Wendel-Haus**
Sitzung des Priesterrats
Betrachtung: *Geistliches Wort*

1651	**25.01.1974; Würzburg** Verleihung der Ehrendoktorwürde der Theologischen Fakultät der Universität Würzburg Ansprache
1652	**02.02.1974** Zum Sonntag Rundfunkansprache BR
1653	**05.02.1974; Eichelsdorf, Kloster St. Alfonsus** Gottesdienst Predigt
1654	**27.02.1974; München, St. Kajetan** Aschermittwoch der Künstler Predigt: *Die Frage nach Gott*
1655	**02.03.1974; München, Hochschule für Philosophie** Ansprache: *Karl Rahner zum 70. Geburtstag*
1656	**03.03.1974** Fastenzeit Hirtenbrief: *Besinnung tut not*
1657	**03.03.1974; München, Dom** Fastenzeit Predigt: *1. Buße als gnadenhafte Umkehr zu Gott*
1658	**10.03.1974; München, Dom** Fastenzeit Begrüßung und Predigt: *2. Die Kirche als Ursakrament der Vergebung*
1659	**13.03.1974** Gottesdienst für Kursteilnehmerinnen der Vereinigung Höherer Ordensoberinnen Deutschlands Predigt: *Prophetische Berufung*
1660	**15.03.1974; Breslau (Polen)** Requiem für Erzbischof Boleslaw Kardinal Kominek (Breslau) Predigt (in lateinischer Sprache)
1661	**16.03.1974; München, Schloss Fürstenried** Einkehrtag der Kirchenmusiker Predigt
1662	**17.03.1974; München, Dom** Fastenzeit Predigt: *3. Der Christ als Sünder*
1663	**19.03.1974; München, Kardinal-Wendel-Haus** Jahresfeier der Katholischen Akademie in Bayern / Verleihung des Romano-Guardini-Preises an Carl Orff Ansprache
1664	**21.03.1974; Rottach-Egern** Verlegerkonferenz der Arbeitsgemeinschaft Katholische Presse Ansprache

1665   **24.03.1974; München, Dom**
Fastenzeit
Predigt: *4. Über die Beichte*

1666   **25.03.1974; Rom, S. Gregorio VII**
Gottesdienst mit Pilgern anlässlich der Seligsprechung von Liborius Wagner
Predigt: *Der Weg des Glaubens*

1667   **31.03.1974; München, Dom**
Fastenzeit
Predigt: *5. Fruchtbare Osterbeichte*

1668   **04.04.1974; München, Dom**
Bußgottesdienst
Predigt

1669   **05.04.1974; Traunstein, Studienseminar St. Michael**
Welttag der geistlichen Berufe / Firmung
Predigt

1670   **05.04.1974; Freising, Bildungszentrum**
Vollversammlung des Diözesanrats der Katholiken
Predigt

1671   **06.04.1974**
Zum Sonntag
Rundfunkansprache BR

1672   **07.04.1974; München, Dom**
Palmsonntag
Predigt

1673   **10.04.1974; München, Dom**
Missa chrismatis
Predigt: *Auftakt zum Heiligen Jahr*

1674   **11.04.1974; München, Dom**
Gründonnerstag, Abendmahlsmesse
Predigt: *Vorbehaltloses Ja zu Wort und Auftrag des Herrn*

1675   **12.04.1974; München, Dom**
Karfreitag
Predigt

1676   **14.04.1974; München, Dom**
Osternacht
Predigt

1677   **14.04.1974; München, Dom**
Ostern
Begrüßung und Homilie: *Österliches Leben*

1678   **14.04.1974; München, Dom**
Ostern: Pontifikalvesper
Predigt

1679   **21.04.1974; München, Dom**
Gebetstag für den Schutz des Lebens
Begrüßung und Predigt: *Christliche Verantwortung für das menschliche Leben*

1680   **25.04.1974; München, Preysingstraße**
Semestereröffnung des Fachhochschulstudiengangs Religionspädagogik und kirchliche Bildungsarbeit
Predigt

1681   **28.04.1974; Glonn**
1200-Jahr-Feier der Pfarrei
Predigt: *Österliche Besinnung am Festtag der Gemeinde*

1682   **30.04.1974; München, Erzbischöfliches Ordinariat**
Ordinariatssitzung
Betrachtung

1683   **03.05.1974; München, St. Paul**
Firmung / Fest der Apostel Philippus und Jakobus
Homilie und Stellungnahme zum § 218

1684   **10.05.1974; Volkersberg**
Silberhochzeit von Paul und Anna Döpfner
Homilie: *Christus, der Weg zum Vater*

1685   **11.05.1974; München, St. Kajetan**
150-jähriges Bestehen des Ludwig-Gymnasiums
Predigt

1686   **14.05.1974; München, Kardinal-Wendel-Haus**
Generalversammlung der Coopération Internationale pour le Développement et la Solidarité (CIDSE)
Ansprache

1687   **18.05.1974; Petersberg b. Dachau**
Maiandacht
Predigt: *Maria als Mutter des Glaubens und der Glaubenden*

1688   **19.05.1974; Kelheim**
3. Landestreffen der KLJB
Predigt: *Begegnen – Bewegen – Befreien. Emmaus-Betrachtung für die Katholische Jugend*

1689   **22.05.1974; Würzburg, Mutterhaus der Rita-Schwestern**
Jubelprofess
Predigt: *Dankbarer Rückblick, neuer Anfang*

1690   **23.05.1974; Berchtesgaden**
4. Bayerischer Kolpingtag
Ansprache

1691   **23.05.1974**
Christi Himmelfahrt / Katholische Morgenfeier
Rundfunkansprache BR: *Himmelfahrt – Weggang des Herrn?*

1692   **26.05.1974; Würzburg, Dom**
Gemeinsame Synode der Bistümer in der BRD, Abschlussgottesdienst
der 5. Sitzungsperiode
Predigt: *Unser Auftrag im Blick auf den erhöhten Herrn*

1693   **28.05.1974; München, St. Sylvester**
Welttag der Kommunikationsmittel
Predigt: *Zeugnis für die Wahrheit*

1694   **28.05.1974; München, Kardinal-Wendel-Haus**
Empfang zum Welttag der Kommunikationsmittel
Ansprache

1695   **30.05.1974; München, Marienplatz**
Maiandacht der Stadtkirche Münchens
Predigt: *Begegnung mit der Königin des Friedens*

1696   **31.05.1974**
Fernsehinterview NDR: *Was tut die Kirche für Frauen in Not?*

1697   **[Juni] 1974**
Interview Weltbild: *[Änderung des § 218]*

1698   **01.06.1974**
Zum Sonntag
Rundfunkansprache BR: *Frucht des Geistes*

1699   **02.06.1974; München, Dom**
Pfingsten
Predigt: *Kirche im Heiligen Geist*

1700   **02.06.1974; München, Dom**
Pfingsten: Pontifikalvesper
Predigt

1701   **09.06.1974; Paderborn, Dom**
125 Jahre Bonifatiuswerk / Dreifaltigkeitsfest
Predigt: *Kirche der Liebe*

1702   **13.06.1974; [München]**
Fronleichnam
Begrüßung und Predigt: *Brot in der Wüste*

1703   **14.06.1974; Landshut, Dominikanerkirche**
Landesvertreterversammlung der Katholischen Erziehergemeinschaft
Predigt: *Das Glaubenszeugnis des katholischen Lehrers*

1704   **18.06.1974; München, Herzogliches Georgianum**
Gottesdienst
Predigt

1705   **22.06.1974; München, Allerheiligen**
Aussendung von Pastoralassistenten
Predigt

1706 **27.06.1974; Flintsbach, Petersberg**
Jugendwallfahrt des Landkreises Rosenheim
Predigt: *Christus – Mitte unseres Lebens*

1707 **28.06.1974**
Vorabend der Priesterweihe, Gespräch mit Weihekandidaten
Betrachtung

1708 **29.06.1974; Freising, Dom**
Priesterweihe
Begrüßung und Predigt: *Die zwei Brennpunkte unseres Priesterlebens*

1709 **03.07.1974; München, Dom**
Gottesdienst in Konzelebration mit Erzbischof József Kardinal Mindszenty (Esztergom)für die bedrängte Kirche in Osteuropa
Ansprache

1710 **04.07.1974**
Artikel in „Münchener Katholische Kirchenzeitung": *Kardinal Suenens – 70 Jahre*

1711 **04.07.1974; München, Haus der Bäcker-Innung**
Benediktion des Hauses
Ansprache

1712 **05.07.1974; München, Klinikum Großhadern**
Eröffnung und Benediktion des Klinikums
Ansprache

1713 **05.07.1974; München, Kardinal-Wendel-Haus**
Kirchlicher Empfang anlässlich der Fußballweltmeisterschaft 1974
Ansprache

1714 **07.07.1974; München, Dom**
Papstsonntag
Predigt: *Stadt der Freude in Gott*

1715 **13.07.1974; München, Kardinal-Wendel-Haus**
Zusammenkunft des Stiftungsrates der Kirchlichen Stiftung „Katholische Bildungsstätten für Sozialberufe in Bayern" mit den hauptberuflichen Dozenten
Ansprache: *[Ausbildung im Geiste des Glaubens]*

1716 **14.07.1974; Altötting**
Krankenwallfahrt mit dem Malteser-Hilfsdienst
Predigt: *Samariter-Wallfahrt*

1717 **21.07.1974; München, Dom**
Gebetstag für die Weltmission
Statio und Predigt

1718 **03.08.1974**
Zum Sonntag
Rundfunkansprache BR: *Verantwortung für unsere Welt*

1719 **31.08.1974; München, Mutterhaus der Barmherzigen Schwestern**
Ewige Profess
Predigt: *Radikale Nachfolge*

1720   **04.09.1974; München, Staatskanzlei**
Unterzeichnung des Ergänzungsvertrags zum Konkordat zwischen dem Hl. Stuhl
und dem Freistaat Bayern
Ansprache: *Dank der bayerischen Diözesen*

1721   **08.09.1974; Scheyern**
Kreuzfest
Predigt

1722   **09.09.1974; Glonn**
Segnung des Jugenddorfes „Pius-Heim"
Predigt: *Jugenddorf – Pius-Gemeinde*

1723   **11.09.1974; Mönchengladbach**
84. Deutscher Katholikentag, Eröffnung
Ansprache

1724   **12.09.1974; Mönchengladbach, St. Mariae Himmelfahrt**
84. Deutscher Katholikentag
Predigt: *Gott braucht uns*

1725   **15.09.1974; Mönchengladbach**
84. Deutscher Katholikentag, Hauptgottesdienst
Predigt: *Steh' auf und iss!*

1726   **16.09.1974; Schäftlarn**
Abtweihe von Otmar Kranz OSB
Predigt: *Knecht des Herrn im Dienst der Versöhnung*

1727   **05.10.1974**
Zum Sonntag
Rundfunkansprache BR

1728   **10.10.1974; Rom, S. Ignazio**
Priesterweihe
Predigt

1729   **20.10.1974**
Landtagswahl in Bayern
Hirtenbrief der bayerischen Bischöfe

1730   **20.10.1974; Rom, Seminario Romano**
Giornata Missionaria
Predigt (in italienischer Sprache): *Evangelizzazione nel mondo d'oggi*

1731   **31.10.1974; Bamberg, St. Michael**
850. Jubiläum der Pommern-Mission des hl. Otto von Bamberg
Predigt: *Evangelisation heute nach dem Beispiel des hl. Otto*

1732   **10.11.1974; Freising, Dom**
Korbinianswallfahrt der Jugend
Predigt: *Brücken bauen*

1733   **12.11.1974; München, Residenz**
Eröffnung des Bayerischen Landtags
Predigt: *Verantwortung vor Gott für unsere Welt*

Korbiniansfest im Freisinger Dom, 16. November 1974

1734   **16.11.1974; Freising, Dom**
Korbiniansfest
Begrüßung und Predigt

1735   **17.11.1974; München, Dom**
70-jähriges Bestehen des Katholischen Deutschen Frauenbunds
Begrüßung und Homilie

1736   **18.11.1974; München, Mutterhaus der Barmherzigen Schwestern**
Generalkapitel
Ansprache: *Im Namen Jesu versammelt*

1737   **20.11.1974; Würzburg**
Gemeinsame Synode der Bistümer in der BRD, Pressekonferenz zur 6. Sitzungsperiode
Ansprache

1738   **20.11.1974; Würzburg, Dom**
Gemeinsame Synode der Bistümer in der BRD, Begrüßung zur 6. Sitzungsperiode
Ansprache

1739   **24.11.1974; Würzburg, Dom**
Christkönigsfest / Gemeinsame Synode der Bistümer in der BRD
Predigt: *Der Retter aus dem Hause David*

1740   01.12.1974; München-Neuaubing, St. Markus
Weihe der Pfarrkirche
Predigt

1741   07.12.1974
Zum Sonntag
Rundfunkansprache BR

1742   18.12.1974; Bonn
Gottesdienst mit Bundestagsabgeordneten
Predigt

1743   19.12.1974; München, Erzbischöfliches Ordinariat
Pressekonferenz Adveniat
Ansprache: *[Brüderlich teilen]*

1744   19.12.1974; München, Altersheim St. Nikolaus am Biederstein
Vorweihnachtliche Feier des Erzbischöflichen Ordinariats
Betrachtung

1745   22.12.1974
Aus der katholischen Welt
Rundfunkansprache BR: *Das Heilige Jahr 1975*

1746   22.12.1974; München, Universitätsaugenklinik
Gottesdienst
Statio und Homilie

1747   24.12.1974; München, Dom
Christmette
Predigt: *Weihnachten als glückselige und gefährliche Erinnerung*

1748   25.12.1974; München, Dom
Weihnachten
Predigt: *Der Sohn Gottes*

1749   30.12.1974; Augsburg
10. Bezirkskonferenz des Deutschen Gewerkschaftsbundes
Schriftliches Grußwort

1750   31.12.1974; München, Dom
Silvester
Predigt: *Stellung und Aufgabe der Kirche in der heutigen Gesellschaft*

1751   01.01.1975
Neujahr
Rundfunkansprache Deutsche Welle

1752   16.01.1975; München, Herzogliches Georgianum
Beauftragung zum Lektoren- und Akolythendienst
Homilie

1753   17.01.1975; München, Kardinal-Wendel-Haus
Neujahrsempfang der diözesanen Räte
Ansprache

1754	**19.01.1975; Freising, Bildungszentrum**
	Einführung des neuen Direktors des Bildungszentrums, Sebastian Anneser
	Ansprache

1754 **19.01.1975; Freising, Bildungszentrum**
Einführung des neuen Direktors des Bildungszentrums, Sebastian Anneser
Ansprache

1755 **23.01.1975; München, St. Matthäus**
Ökumenischer Gottesdienst
Predigt

1756 **01.02.1975**
Zum Sonntag
Rundfunkansprache BR: *[Lichtmessbetrachtung im „Jahr der Frau"]*

1757 **12.02.1975; München, St. Kajetan**
Aschermittwoch der Künstler
Predigt: *Der Künstler und die Botschaft des Heiligen Jahres*

1758 **09.03.1975**
Fastenzeit
Hirtenbrief an die Priester: *[Wachsen zwischen Anpassung und Unterscheidung]*

1759 **11.03.1975; München, Alter Rathaussaal**
Trauerfeier für die Opfer des Eisenbahnunglücks in München-Allach
Ansprache

1760 **11.03.1975; [Bonn]**
Bundesverband der Deutschen Industrie
Vortrag: *Ethische Grundsätze einer Wirtschaftsführung aus Sicht der Katholischen Kirche*

1761 **12.03.1975; Wies bei Freising**
Aussendung in der Dorfhelferinnenschule
Predigt

1762 **17.03.1975; München, Hotel Deutscher Kaiser**
Erscheinen des neuen Einheitsgebet- und Gesangsbuches Gotteslob, Pressekonferenz
Ansprache

1763 **26.03.1975; München, Dom**
Missa chrismatis
Predigt: *Einheit im Geiste*

1764 **27.03.1975**
Ostern
Rundfunkansprache (in italienischer Sprache)

1765 **27.03.1975; München, Dom**
Gründonnerstag, Abendmahlsmesse
Predigt: *Mein Leib für euch*

1766 **28.03.1975; München, Dom**
Karfreitag
Predigt

1767 **30.03.1975; München, Dom**
Osternacht
Predigt

1768   **30.03.1975; München, Dom**
Ostern
Predigt: *Ostern – Die Wahrheit über den Menschen*

1769   **30.03.1975; München, Dom**
Ostern, Pontifikalvesper
Predigt

1770   **02.04.1975; Berlin, St. Hedwig**
25-jähriges Priesterjubiläum von Erzbischof Alfred Kardinal Bengsch (Berlin)
Predigt: *Zwischen Jerusalem und Emmaus. Österliche Besinnung
auf unsere priesterliche Berufung*

1771   **05.04.1975**
Zum Sonntag
Rundfunkansprache BR: *Bleibe bei uns!*

1772   **10.04.1975; München, Kardinal-Wendel-Haus**
Zusammenkunft des Stiftungsrates der Kirchlichen Stiftung „Katholische Bildungs-
stätten für Sozialberufe in Bayern" mit den hauptberuflichen Dozenten
Ansprache

1773   **13.04.1975; München, Dom**
Predigt: *Österliche Besinnung am Vietnam-Opfertag*

1774   **14.04.1975; München, Schloss Fürstenried**
Dekanekonferenz
Ansprache

1775   **19.04.1975; München, St. Sylvester**
25 Jahre Katholischer Männerfürsorgeverein
Predigt: *Zu wem sollen wir gehen?*

1776   **23.04.1975; München, St. Michael**
Fest des hl. Adalbert / Gottesdienst mit den in München lebenden Volksgruppen
der Tschecho-Slowaken, Ungarn und Polen
Begrüßung und Predigt: *Begegnung der Völker am Fest des hl. Adalbert*

1777   **24.04.1975; München, Kardinal-Wendel-Haus**
Jahrestagung des Katholischen Siedlungsdienstes
Predigt: *Zeichen des Heils*

1778   **02.05.1975; München, Herkulessaal der Residenz**
Verabschiedung von Landesbischof D. Hermann Dietzfelbinger
Ansprache

1779   **04.05.1975; München, St. Kajetan**
300-jähriges Jubiläum der Weihe
Predigt

1780   **07.05.1975; Würzburg, KBA-Haus**
Gemeinsame Synode der Bistümer in der BRD, Pressekonferenz zur 7. Sitzungsperiode
Ansprache

1781   **07.05.1975; Würzburg, Dom**
Gemeinsame Synode der Bistümer in der BRD, Eröffnung der 7. Sitzungsperiode
Vortrag

1782   **11.05.1975; Würzburg, Dom**
        Gemeinsame Synode der Bistümer in der BRD,
        Abschlussgottesdienst der 7. Sitzungsperiode
        Homilie: *Versammelt um den betenden Herrn*

1783   **13.05.1975; München, Kardinal-Wendel-Haus**
        Diözesantag des Verbands der Katholischen Religionslehrer an Gymnasien Bayerns
        Vortrag: *Zur Situation des Religionsunterrichts*

1784   **14.05.1975; Freising, Dom**
        Tagung der Arbeitsgemeinschaft der Pfarrhaushälterinnen
        Predigt

1785   **16.05.1975; Rosenheim, Heilpädagogisches Zentrum**
        Benediktion des Hauses
        Predigt: *Unsere Einstellung zu den Behinderten*

1786   **18.05.1975; München, Dom**
        Pfingsten
        Predigt: *Gemeinschaft in dem einen Geist*

1787   **18.05.1975; München, Dom**
        Pfingsten, Pontifikalvesper
        Predigt

1788   **19.05.1975; Altötting**
        Wallfahrt der Legio Mariae
        Predigt: *Pfingstlicher Sinn dieser Wallfahrt*

1789   **21.05.1975; Stuttgart**
        Spitzengespräch zwischen dem Präsidium des Deutschen Sportbundes
        und Vertretern der evangelischen und der katholischen Kirche
        Ansprache: *Grundlagen der Zusammenarbeit zwischen Kirche und Sport
        aus Sicht der katholischen Kirche*

1790   **29.05.1975; [München]**
        Fronleichnam
        Begrüßung und Predigt: *Mein Herr und mein Gott!*

1791   **30.05.1975; München, Marienplatz**
        Maiandacht der Münchener Stadtkirche
        Predigt: *Magnificat an der Mariensäule*

1792   **31.05.1975; München, Zirkus-Krone-Bau**
        Verbandstag der KAB Süddeutschlands
        Predigt: *Freiheit und Solidarität in der Sicht des Glaubens*

1793   **01.06.1975; Mainz, Dom**
        1000-jähriges Jubiläum des Doms
        Predigt: *Was bedeutet uns dieser Dom?*

1794   **07.06.1975**
        Zum Sonntag
        Rundfunkansprache BR: *Barmherzigkeit will ich, nicht Opfer*

1795   **08.06.1975; Andechs**
Deutsch-polnische Wallfahrt
Predigt: *St. Hedwig, die völkerverbindende Heilige*

1796   **11.06.1975; Miesbach**
Trauerfeier für die Opfer des Eisenbahnunglücks von Warngau
Ansprache

1797   **11.06.1975; München, Kardinal-Wendel-Haus**
Tagung „Der Konflikt im Südlichen Afrika" des Katholischen Arbeitskreises
für Entwicklung und Frieden
Ansprache

1798   **12.06.1975; Würzburg, [Exerzitienhaus Himmelspforten]**
Mitgliederversammlung des Deutschen Katholischen Missionsrats
Ansprache

1799   **12.06.1975; Würzburg, [Exerzitienhaus Himmelspforten]**
Mitgliederversammlung des Deutschen Katholischen Missionsrats
Homilie: *Der Missionar und seine Botschaft*

1800   **14.06.1975; Mühldorf, St. Nikolaus**
200-jähriges Jubiläum der Wiederherstellung der Pfarrkirche
Predigt

1801   **15.06.1975; München, Salesianum**
Benediktion des umgebauten Hauses
Homilie

1802   **19.06.1975; München, Dom**
Requiem für Erzbischof József Kardinal Mindszenty (Esztergom)
Predigt

1803   **21.06.1975; Unterschleißheim, St. Ulrich**
Aussendung von Pastoralassistenten
Predigt

1804   **29.06.1975**
Interview der Woche
Interview Deutschlandfunk

1805   **29.06.1975; Freising, Dom**
Priesterweihe
Begrüßung und Homilie

1806   **04.07.1975; Freising, Bildungszentrum**
Gottesdienst für Kursteilnehmerinnen der Vereinigung Höherer Ordensoberinnen
Deutschlands
Begrüßung und Homilie

1807   **06.07.1975; München, Dom**
Papstsonntag
Predigt: *Rufer zur Freude*

1808   **07.07.1975; Eichstätt, Dom**
Fest des hl. Willibald
Predigt: *Alles in Christus*

1809	**08.07.1975; München, Zentralkolpinghaus** Jahresversammlung des Priestervereins Ansprache
1810	**11.07.1975; Pullach, Tagesheimschule** 25 Jahre Katholisches Familienwerk / Fest des hl. Benedikt Statio und Homilie
1811	**12.07.1975; München, St. Michael** Priesterweihe bei den Jesuiten Predigt
1812	**13.07.1975; Erding, Hl. Blut** 300-Jahr-Feier der Wallfahrtskirche Predigt
1813	**14.07.1975; München, Johannes-Kolleg** Erteilung der Missio canonica an Religionslehrer Predigt
1814	**16.07.1975; Schönbrunn** Benediktion der Johannes-Neuhäusler-Schule Statio und Predigt
1815	**26.07.1975; Münnerstadt** 14. Studiengenossenfest / Fest der hll. Joachim und Anna Predigt
1816	**02.08.1975** Zum Sonntag Rundfunkansprache BR: *Kauft ohne Silber!*
1817	**28.08.1975; München, St. Jakob am Anger** Ewige Profess bei den Armen Schulschwestern Predigt
1818	**31.08.1975; Hörlkofen** 50-jähriges Jubiläum der Pfarrkirche Begrüßung und Homilie
1819	**10.09.1975; Bonn-Bad Godesberg, Stadthalle** Verabschiedung von Erzbischof Corrado Bafile, Apostolischer Nuntius in Deutschland Ansprache
1820	**11.09.1975; München, Volksschule an der Stuntzstraße** Aktion „Sicher zur Schule, sicher nach Hause" Ansprache
1821	**12.09.1975; Attel** Benediktion des Altenpflegeheimes Begrüßung und Homilie: *[Nehmen wir uns an, wie wir sind]*
1822	**13.09.1975; Kleinhelfendorf** Wallfahrt des Dekanats Ottobrunn Begrüßung und Homilie

1823 **14.09.1975; Gmund a. Tegernsee**
900-Jahr-Feier der Pfarrgemeinde / Fest Kreuzerhöhung
Predigt

1824 **22.09.1975; Fulda**
Begegnung mit Vertretern der Arbeitsgemeinschaft Marianischer Vereinigungen
Ansprache

1825 **23.09.1975; Fulda, Dom**
Deutsche Bischofskonferenz, Eröffnungsgottesdienst
Begrüßung und Homilie

1826 **29.09.1975; München, Kardinal-Wendel-Haus**
70. Geburtstag des Bayerischen Ministerpräsidenten Alfons Goppel
Predigt

1827 **01.10.1975**
Zehn Jahre Abschluss des Zweiten Vatikanischen Konzils
Fernsehinterview

1828 **03./04.10.1975; Freising, Bildungszentrum**
Vollversammlung des Diözesanrats der Katholiken
Betrachtung

1829 **04.10.1975**
Zum Sonntag
Rundfunkansprache BR: *Erntedankfest*

1830 **05.10.1975; Fürstenfeldbruck, St. Magdalena**
300-Jahr-Feier der Pfarrkirche
Begrüßung und Homilie: *Das Haus Gottes – Mitte der Gemeinde*

1831 **08.10.1975; Bonn**
Gespräch zwischen dem Präsidium der CDU und Vertretern der Deutschen Bischofskonferenz
Ansprache

1832 **12.10.1975; München, Dom**
Tag des Ausländischen Mitbürgers
Begrüßung und Predigt: *Miteinander für Gerechtigkeit*

1833 **14.10.1975; [München, Herzogliches Georgianum]**
Aufnahme unter die Kandidaten für Diakonat und Presbyterat
Predigt

1834 **18.10.1975; Traunstein**
100. Kurs des Lehrerkreises
Ansprache

1835 **26.10.1975; München, Dom**
Diözesankirchenmusiktag
Begrüßung und Homilie: *Liebende Gemeinde – Singende Gemeinde*

1836 **29.10.1975; Karlsfeld**
Benediktion des Caritasaltenheims
Begrüßung und Homilie

1837	**02.11.1975; München, Salesianum** 50-jähriges Jubiläum des Berufsverbandes katholischer Erzieher und Sozialpädagogen Deutschlands Begrüßung und Homilie: *[Unfertig und der Gnade Gottes bedürftig]*
1838	**03.11.1975; München, Deutsches Museum** Bundeskongress des Zentralverbands katholischer Kindergärten und Kinderhorte Deutschlands Ansprache: *[Ein demütiger Dienst der Liebe]*
1839	**05.11.1975; München, St. Ludwig** Semestereröffnungsgottesdienst Begrüßung und Homilie: *Wir und die Kirche*
1840	**08.11.1975; Petersberg b. Dachau** Benediktion des Erweiterungsbaus Begrüßung und Homilie
1841	**09.11.1975; Freising, Dom** Korbinianswallfahrt der Jugend Predigt: *Glücklich seid ihr, wenn …*
1842	**12.11.1975; München-Pasing, St. Hedwig** 100-jähriges Bestehen der Steyler Missionare / Seligsprechung von P. Josef Freinademetz SVD und P. Arnold Janssen SVD Begrüßung und Homilie: *Künder des fleischgewordenen Wortes*
1843	**15.11.1975; Freising, Dom** Korbiniansfest Begrüßung und Homilie: *Missionarische Bewusstseinsbildung für morgen – durch Korbinian gesandt*
1844	**15.11.1975; Freising, Dom** Korbiniansfest, Vesper Predigt
1845	**04.12.1975; München, St. Nikolaus am Gasteig** Gottesdienst mit Studenten für Religionspädagogik und kirchliche Bildungsarbeit Predigt
1846	**05.12.1975; München, St. Sylvester** Vertreterversammlung des Diözesan-Caritasverbandes Begrüßung und Homilie
1847	**06.12.1975** Zum Sonntag Rundfunkansprache BR
1848	**07.12.1975; Rom, Campo Santo** Kirchweihe Predigt
1849	**08.12.1975; München, Dom** Fest Mariä Empfängnis Predigt

1850   11.12.1975; München, Schloss Fürstenried
Altarweihe
Begrüßung und Homilie

1851   18.12.1975; München, Altersheim St. Nikolaus am Biederstein
Vorweihnachtliche Feier des Erzbischöflichen Ordinariats
Begrüßung und Homilie

1852   21.12.1975; München, Dom
Diakonenweihe
Predigt: *Magd des Herrn*

1853   24.12.1975; München, Dom
Christmette
Predigt: *Wir beten zum Kind im Stall*

1854   25.12.1975; München, Dom
Weihnachten
Predigt: *Eines Wesens mit dem Vater*

1855   25.12.1975; München, Dom
Weihnachten, Vesper
Predigt

1856   31.12.1975; München, Dom
Silvester
Predigt: *Der Auftrag der gemeinsamen Synode der Bistümer
in der Bundesrepublik Deutschland*

1857   04.01.1976; München, Dom
Weltfriedenstag
Begrüßung und Predigt: *Macht Frieden möglich!*

1858   09.01.1976; München, Kardinal-Wendel-Haus
Neujahrsempfang der diözesanen Räte
Ansprache

1859   10.01.1976; München, Altersheim St. Nikolaus am Biederstein
Vertreterversammlung der geistlichen Schwestern in der Erzdiözese
Predigt: *Der Auftrag der Orden im Sinne der Gemeinsamen Synode*

1860   18.01.1976; München, Herzogliches Georgianum
Beauftragung zum Lektorendienst
Predigt

1861   19.01.1976; München, Schloss Fürstenried
Erteilung der Missio canonica an Religionslehrer an Realschulen und Gymnasien
Predigt: *Die Grundeinstellung des Religionslehrers*

1862   20.01.1976; München, Kardinal-Wendel-Haus
Begegnung mit den Professoren der Katholisch-Theologischen Fakultät
der Universität München
Ansprache

1863   22.01.1976
Hirtenbrief: *[Über Sinn und Bedeutung sonntäglicher Wort-
und Kommuniongottesdienste]*

1864	**24.01.1976; München, St. Michael** 100. Geburtstag von P. Rupert Mayer SJ Predigt: *Selig im Herrn*
1865	**07.02.1976** Zum Sonntag Rundfunkansprache BR: *Unser Leib für den Herrn*
1866	**25.02.1976** Fastenzeit Hirtenbrief: *Zeichen der Hoffnung*
1867	**29.02.1976** 100. Geburtstag von Papst Pius XII. Rundfunkansprache BR
1868	**[März] 1976** Artikel in „L'Osservatore Romano": *Pius XII. und Deutschland*
1869	**02.03.1976; München, St. Michael** Abschluss des Eucharistischen Triduums zum 100. Geburtstag von Papst Pius XII. Predigt: *Treu dem heiligen Erbe*
1870	**06.03.1976; Königstein im Taunus** 20-jähriges Bestehen des Cusanuswerks Predigt
1871	**06.03.1976; Königstein im Taunus** 20-jähriges Bestehen des Cusanuswerks Ansprache
1872	**09.03.1976; München, Kardinal-Wendel-Haus** Jahresfeier der Katholischen Akademie in Bayern Ansprache
1873	**13.03.1976; Taufkirchen am Wald, Pfarrzentrum St. Georg** Diözesantag des DJK-Diözesanverbandes Ansprache
1874	**19.03.1976** Interview Manager-Magazin
1875	**21.03.1976; Scheyern** Priesterweihe Predigt
1876	**22.03.1976; München, Kardinal-Wendel-Haus** Zusammenkunft des Stiftungsrates der Kirchlichen Stiftung „Katholische Bildungs-stätten für Sozialberufe in Bayern" mit den hauptberuflichen Dozenten Ansprache: *[Sachwalter der heranwachsenden Generation]*
1877	**22.03.1976; München, Kardinal-Wendel-Haus** Zusammenkunft des Stiftungsrates der Kirchlichen Stiftung „Katholische Bildungs-stätten für Sozialberufe in Bayern" mit den hauptberuflichen Dozenten Predigt

Gottesdienst zum 100. Geburtstag von P. Rupert Mayer SJ in der Münchener Jesuitenkirche
St. Michael, 24. Januar 1976

1878 **28.03.1976; Landshut, St. Martin**
Hauptfest der Marianischen Männerkongregation Landshut und Umgebung
Predigt

1879 **02.04.1976; München, Dom**
Bußgottesdienst
Predigt: *Das große Gebot*

1880 **03.04.1976**
Zum Sonntag
Rundfunkansprache BR: *Das Gesetz des Weizenkorns*

1881 **11.04.1976; München, Dom**
Palmsonntag
Predigt

1882 **12./17.04.1976**
Fastenzeit
Hirtenbrief an die Priester: *Wie begegnen wir den gegenwärtigen
und kommenden Schwierigkeiten?*

1883 **14.04.1976; München, Dom**
Missa chrismatis
Begrüßung und Homilie

1884 **15.04.1976; München, Dom**
Gründonnerstag, Abendmahlsmesse
Begrüßung und Homilie: *Die umgestiftete Paschafeier*

1885 **16.04.1976; München, Dom**
Karfreitag
Predigt

1886 **18.04.1976; München, Dom**
Osternacht
Homilie

1887 **18.04.1976; München, Dom**
Ostern
Begrüßung und Homilie: *Aus Gottes Schrecken wachsender Osterglaube*

1888 **18.04.1976; München, Dom**
Ostern, Pontifikalvesper
Predigt

1889 **20.04.1976; Freising, Dom**
Osterdienstag / 40-jähriges Priesterjubiläum des Weihekurses 1936
Predigt

1890 **28.04.1976**
Interview KNA: *Priester muss Dienst an der Einheit leisten*

1891 **20.05.1976; Bonn, Bundespressekonferenz**
Ansprache

1892 **21.05.1976; Bonn**
Vollversammlung des Zentralkomitees der deutschen Katholiken
Vortrag: *Aufgaben der Kirche in Deutschland*

1893 **21.05.1976; Bonn**
Vollversammlung des Zentralkomitees der deutschen Katholiken
Predigt und Fürbitten

1894 **23.05.1976; Petersberg b. Dachau**
KLJB-Diözesantreffen
Predigt: *Ihr seid meine Freunde*

1895 **24.05.1976; Freising, Dom**
Begegnung mit Priestern im Ruhestand
Begrüßung und Homilie

1896 **29.05.1976; München, Dom**
Jahresfeier des Landesjagdverbands Bayern, Hubertusmesse
Begrüßung und Homilie

1897 **02.06.1976; München, Kardinal-Wendel-Haus**
75-jähriges Bestehen des St. Michaelsbundes
Ansprache

1898 **03.06.1976**
Priestertag der Region München
Vortrag: *Was können wir von Afrika lernen?*

1899 **05.06.1976**
Zum Sonntag
Rundfunkansprache BR: *Ein pfingstliches Trostwort*

1900 **06.06.1976; München, Dom**
Pfingsten
Predigt: *Geisterfüllte Kirche heute*

1901 **06.06.1976; München, Dom**
Pfingsten, Pontifikalvesper
Predigt

1902 **12.06.1976**
Gespräche im Studio Nürnberg des Bayerischen Rundfunks
Rundfunkansprache BR: *Meine fränkischen Jahre*

1903 **15.06.1976; München, Kardinal-Wendel-Haus**
Hochschulkreis der Katholischen Akademie in Bayern
Vortrag: *Meine Afrikareise*

1904 **17.06.1976; [München]**
Fronleichnam
Begrüßung und Homilie

1905 **18.06.1976; Bernried**
Beauftragung mit den Dienstämtern von Bewerbern des Ständigen Diakonats
Predigt

Einweihung des Schulzentrums an der Engadiner Straße in München-Fürstenried,
23. Juli 1976

1906   **19.06.1976; München, Leiden Christi**
        Aussendung von Pastoralassistenten
        Predigt

1907   **20.06.1976; München, St. Michael**
        90. Cartellversammlung / 120-jähriges Bestehen des Cartellverbandes der katholi-
        schen farbentragenden Studentenverbindungen
        Begrüßung und Homilie: *Farbe bekennen – im Geist des hl. Paulus*

1908   **26.06.1976; Freising, Dom**
        Priesterweihe
        Begrüßung und Homilie: *Helfer der göttlichen Liebe*

1909   **27.06.1976; Augsburg, St. Ulrich und Afra**
Bayerischer Männertag
Predigt: *Freiheit in Verantwortung*

1910   **28.06.1976; München, Kardinal-Wendel-Haus**
Konferenz mit den Schulräten
Vortrag: *Über das Synodenpapier „Religionsunterricht in der Schule"*

1911   **01.07.1976; München, St. Bonifaz**
Vertreterversammlung der Religionslehrer
Begrüßung und Predigt: *Voraussetzungen eines fruchtbaren Religionsunterrichts*

1912   **04.07.1976; Baierbrunn**
1200-jähriges Jubiläum der Gemeinde
Predigt: *Geistliche Besinnung zum Gemeindejubiläum*

1913   **11.07.1976; Eichstätt**
Fest des hl. Willibald
Ansprache

1914   **16.07.1976; Würzburg, Dom**
100. Stiftungsfest der K.St.V. Normannia
Begrüßung und Homilie: *Katholisches Erbe – eine Herausforderung*

1915   **19.07.1976; München, Bürgersaalkirche**
Jahresversammlung des Priestervereins
Predigt: *Zwischen Aussendung und Rast beim Herrn*

1916   **21.07.1976; Adelholzen, Noviziatsschule**
Predigt

1917   **23.07.1976; München-Fürstenried, St. Matthias**
Schuljahresschlussgottesdienst
Homilie

1918   **23.07.1976; München-Fürstenried, Schulzentrum an der Engadiner Straße**
Benediktion des Schulzentrums
Ansprache

1919   **07.08.1976**
Zum Sonntag
Rundfunkansprache BR: *Begegnung mit Gott*

Ortsregister

Susanne Kaup

Erfasst wurden alle Orte, Diözesen, Länder und Kontinente, z.T. auch geographische Bezeichnungen, die in direkter, indirekter und adjektivischer Nennung vorkommen. In den Diözesen Würzburg, Berlin sowie München und Freising gelegene Orte sind (außer bei kreisfreien Städten) nach Gemeinde- und Landkreiszugehörigkeit näher bestimmt, bei den übrigen deutschen Orten ist nur das Bundesland angegeben. War eine eindeutige Identifizierung nicht möglich, ist ggf. die Diözesanzugehörigkeit genannt. Alle ausländischen Orte sind nach dem Land lokalisiert. Die Bestimmungen richten sich nach der derzeit gültigen politischen Zugehörigkeit. Eine genauere Differenzierung innerhalb der Orte wurde in Auswahl vorgenommen.
Folgende Abkürzungen werden verwendet: B. (Bistum), Erzb. (Erzbistum, erzbischöflich), Gde. (Gemeinde), Lkr. (Landkreis), St. (Stadt).

PERSONENREGISTER

Susanne Kaup

Aufgenommen wurden alle in Text und Anmerkungen namentlich vorkommenden Personen (mit Ausnahme von Julius Kardinal Döpfner), in Auswahl auch indirekte Nennungen. Die Namen von Heiligen in den Festbezeichnungen oder Vereinigungen wurden ebenfalls in Auswahl erfasst. Charakteristiken erfolgen nach der Funktion, die die betreffende Person im Kontext innehat, in Ausnahmefällen wurden frühere oder spätere Funktionen hinzugefügt.
Folgende Abkürzungen werden verwendet: B. (Bischof, Bistum), Erzb. (Erzbischof, Erzbistum), Kard. (Kardinal), Prof. (Professor), Wb. (Weihbischof).

Abkürzungsverzeichnis

BBC	British Broadcasting Corporation
BDKJ	Bund der deutschen katholischen Jugend
BR	Bayerischer Rundfunk
BRD	Bundesrepublik Deutschland
CAJ	Christliche Arbeiterjugend
CDU	Christlich-Demokratische Union
CIDSE	Coopération Internationale pour le Développement et la Solidarité
CSU	Christlich-Soziale Union
CV	Cartellverband der Katholischen Deutschen Studentenverbindungen
DDR	Deutsche Demokratische Republik
DGB	Deutscher Gewerkschaftsbund
DJK	Deutsche Jugendkraft
DLG	Deutsche Landwirtschafts-Gesellschaft
DRK	Deutsches Rotes Kreuz
FICEP	Fédération Internationale Catholique Education Physique et sportive
IVA	Internationale Verkehrsausstellung
KAB	Katholische Arbeitnehmer-Bewegung
KDSE/KDStE	Katholische Deutsche Studenten-Einigung
KEG	Katholische Erziehergemeinschaft
KKV	Verband der Katholiken in Wirtschaft und Verwaltung e.V. (Katholischer Kaufmännischer Verein)
KLB	Katholische Landvolkbewegung
KLJB	Katholische Landjugendbewegung
KNA	Katholische Nachrichten-Agentur
K.St.V./KV	Kartellverband Katholischer Deutscher Studentenvereine
LVH	Landvolkshochschule
MAN	Maschinenwerke Augsburg-Nürnberg
MCV	Münchner Cartellverband
NDR	Norddeutscher Rundfunk

OESA	Ordo Fratrum Eremitarum Sancti Augustini (Augustiner-Eremiten)
OFM	Ordo Fratrum Minorum (Franziskaner)
OP	Ordo Praedicatorum (Dominikaner)
OPraem	Ordo Praemonstratensis (Prämonstratenser)
OSB	Ordo Sancti Benedicti (Benediktiner)
OSBM	Ordo Sancti Basilii Magni (Basilianer)
RIAS	Rundfunk im amerikanischen Sektor
SFB	Sender Freies Berlin
StGB	Strafgesetzbuch
SJ	Societas Jesu (Jesuiten)
SVD	Societas Verbi Divini (Steyler Missionare)
SWF	Südwestfunk
TH	Technische Hochschule
UNESCO	United Nations Educational, Scientific and Cultural Organization
UV	Verband der wissenschaftlichen katholischen Studentenvereine Unitas
ZDF	Zweites Deutsches Fernsehen

ABBILDUNGSNACHWEIS

Wir haben uns nach Kräften bemüht, alle Inhaber von Bildrechten ausfindig zu machen. Für versehentlich nicht oder falsch angegebene Quellen bitten wir bereits im Voraus um Nachsicht. Mögliche Rechteinhaber werden gebeten, gegebenenfalls mit dem Archiv des Erzbistums München und Freising (Karmeliterstraße 1, 80333 München, archiv@eomuc.de) Kontakt aufzunehmen.

Die Fotos stammen ausschließlich aus dem Bestand „Julius Kardinal Döpfner" des Erzbischöflichen Archivs München und aus dem Archiv des Erzbistums München und Freising (Dokumentation Personen, Erzbischof Julius Kardinal Döpfner).

Angegeben wird im Folgenden jeweils die Seitenzahl und gegebenenfalls die Platzierung. Folgende Fotografen bzw. Bildagenturen können namhaft gemacht werden:

KNA-Bild, Bonn · 16, 152 (oben), 171, 250, 255, 258 (oben), 261 (unten), 262, 280 (oben), 428, 430, 476

Foto-Atelier „Harmonie", Würzburg · 20

Photohaus Liebisch, Bad Kissingen · 22

Deutscher Caritasverband, Presse-Bildstelle, Frankfurt/Main (E. Erd) · 23, 24, 52

Photo-Spezialgeschäft M. Werkmeister, Freising · 27

Pontificia Fotografia G. Felici, Rom · 35, 109

Archiv Wolf-Christian von der Mülbe, München · 49

Alois Scheller, Mömbris · 63 (oben)

Schneider-Pillat, Marktheidenfeld · 64

Foto-Röder, Würzburg · 68, 86

Georg Meuch, Würzburg · 72

Hepperlin, Hammelburg · 75

Hans Heer, Bildberichter BfV, Würzburg · 81

Mainpost (Röder) · 89, 96, 119, 333, 349

Foto Gossner, Römhild (Thüringen) · 93 (oben)

Fotodienst Hans L. Pillat, Rothenfels am Main · 100, 101

Franz Pack, Miltenberg · 107

Paul Schech, Würzburg · 110

Foto Weinkauf, Obernburg am Main · 127

Volksblatt (Hans Heer) · 130

Foto berlin Kirsch · 152

Harry Wagner, Berlin · 169

Münchener Katholische Kirchenzeitung (Gustl Tögel) · 182, 186, 206, 207, 213, 229, 233, 234, 235, 237, 238, 240, 253, 259, 271, 274, 277, 305, 405, 422

Chez Kondo, Lébénè Photolux, Lomé (Togo) · 184

The Associated Press, Bilderdienst, Frankfurt am Main · 193, 268

Engelbert Reineke, Eberbach · 196

Presse- und Informationsamt der Bundesregierung, Bundesbildstelle · 216

Bischof Hermann Volk, Mainz · 230

Anton Lindermüller, Wolfratshausen · 247 (oben)

dpa · 261 (oben), 435, 451

Pressefoto Hans Lachmann, Düsseldorf-Urdenbach · 303

Zoltan Nagy, Rom · 307

Fotoatelier Alberti, Pä. Josef Herrsche, Hammelburg · 335

Gundermann, Würzburg · 336

Werner Pütz, Overath-Marialinden · 433

Fotoreporter Walter Kleiner, München · 437

Alfons Steber, Bamberg · 445